W0055583

Geest-Verlag
Verlag für engagierte Literatur

*Für Marica
und unsere Kinder Martin, Jonas
und Mirjam*

Dietmar Linke

Bedrohter Alltag

Als Pfarrer im Fokus des MfS

Linke, Dietmar
Bedrohter Alltag
Als Pfarrer im Fokus des MfS

© 2015 Geest, Vechta
Verlag: Geest-Verlag, Lange Straße 41 a,
49377 Vechta-Langförden

Tel.: 04447/856580
Email: Geest-Verlag@t-online.de
www.Geest-Verlag.de

Druck: Geest-Verlag

ISBN 978-3-86685-512-0

INHALT

VORWORT 8

EINLEITUNG 11

ERSTE PFARRSTELLE IN MEINSDORF 1971 -
1978 16
Nachdenken über unser Verhältnis zu den Juden –
Chronologie eines Konflikts 26
Nutzung von Gaststätten für kirchliche
Veranstaltungen 36
Ein Kirchdach wird zum Politikum 40
Ökumenische Kontakte 44
Reaktion auf die Selbstverbrennung von Pfarrer
Brüsewitz 57
Kundschafter im Einsatz 65
Das MfS zieht Bilanz – OV „Jugendfreund" 82
Aufbruch 87

PFARRER IN NEUENHAGEN BEI BERLIN
1978 - 1983 94
Lesung mit Stefan Heym – Auslöser der operativen
Bearbeitung 96
Eröffnung des OV „Kreuz" 121
Einbau einer *Wanze* – Februar 1980 129
Sowjetischer IM im Einsatz 139
Konfliktfeld Schule 152
750-Jahrfeier Neuenhagen – Juni 1980 167

Fingierter Brief der MfS-Hauptabteilung XX/4   185
Ökumenische Woche – Juni 1981   197
Frieden schaffen ohne Waffen – Ein Aufkleber und
seine Wirkung   202
Verunsicherung des Gemeindekirchenrates   206
Brandschutzkontrolle   213
„Missbrauch des Kirchenlandes"   217
Verhinderung der Teilnahme an der Beerdigung von
Robert Havemann   222
„Offensiver Einsatz" im Gesprächskreis – Mai 1982   226
„Friedenswerkstatt" – Juni 1982   232
Kurprediger auf Usedom und auf Ummanz   238
Lesungen mit Stefan Heym und Rolf Schneider –
Herbst 1982   247
„Frauen für den Frieden"   254
„Genossin S." und ihr Auftrag   270
Absender „Amos"   277
Signale an die Kirchenleitung   284
Neue Strategie im Zersetzungsprozess   291
Konfliktkatalog – Herausforderung zum Handeln   299
IM „Dorothea" – Reisebegleiterin nach Mittelasien   306
IM „Helga Grusche" im Einsatz   312
Skizze eines normalen Tages   325
Einbruch des MfS ins Pfarrhaus   330
Fasten für das Leben   339
Lichterkette am Weltfriedenstag 1983 und ihre
Folgen   347
Friedensdekade 1983   367

Gehen oder Bleiben? – Ausbürgerung nach West-
Berlin im Dezember 1983   377

AUCH IN WEST-BERLIN IM BLICKFELD DES
MFS – Eröffnung der OPK „Kreuz II"   407

ANHANG
„Das produktive Dagegen, human natürlich"
Barbe Maria und Dietmar Linke im Gespräch
mit Jürgen Fuchs im Februar 1997   435

Abkürzungsverzeichnis   459
Quellen- und Literaturverzeichnis   465
Personenregister   475
Mitarbeiter im Staatsapparat (MiS)   487
Mitarbeiter des MfS   489
Dank   493

VORWORT

„Die Kirche ist der letzte organisierte Feind in der DDR." Albert Norden hat das 1958 konstatiert, der langjährige Chefpropagandist der SED. In seinem Verdikt manifestiert sich im Grunde genommen die Kirchenpolitik der Staatspartei in der zweiten deutschen Diktatur. Ungeachtet politischer Kurswechsel ist sie zeit ihrer Existenz konstant feindselig geblieben. Es konnte nicht anders sein unter einem Regime, in dem sich die Herrschenden von einer marxistisch-leninistischen Ideologie leiten ließen. Ihre prinzipiell atheistische Orientierung bedingte eo ipso eine religions- und kirchenfeindliche Haltung gegenüber den Christen in der DDR. Sie hatten den offenen Kirchenkampf der frühen neunzehnhundertfünfziger Jahre erlebt, die Verfolgung der Jungen Gemeinden der evangelischen Kirche zu erleiden gehabt, die offene Repression von Pfarrern, Diakonen, Vikaren und Gemeindehelferinnen, die verdeckte geheimpolizeiliche Überwachung von Geistlichen durch den Staatssicherheitsdienst. Und so weiter. Hoffnungen, die eine kirchenpolitische Kurskorrektur nach dem Volksaufstand im Juni 1953 aufkeimen ließ, erwiesen sich bald als trügerisch.

Taktische Scheinkompromisse und bescheidene Konzessionen in Fragen von Religion und Kirche konnten darüber nicht hinwegtäuschen. Das von Staats wegen sanktionierte Konzept der „Kirche im Sozialismus", verbunden mit dem Postulat einer gesellschaftlichen Einordnung der Kirche „zur vollen Entfaltung der sozialistischen Menschengemeinschaft", war keine akzeptable Alternative. Das Resultat war eine nachhaltig wirkende „Entchristlichung" erheblicher Teile der Bevölkerung zwischen Rügen und Rennsteig.

Wie diese Politik den Alltag eines evangelischen Pfarrers in der DDR bestimmt und geprägt hat, wird in dem vorliegenden Buch geschildert – anschaulich und authentisch. Dietmar Linke hat sich als evangelischer Seelsorger in den Jahren 1971 bis 1983 mit der Realität in Meinsdorf und Neuenhagen „vor Ort" auseinandersetzen müssen, gemeinsam mit seiner Frau Barbe Maria. Sie hatte ebenfalls Theologie studiert. Beide waren Drangsalierungen der Staatssicherheit ausgesetzt. Zersetzungsarbeit, Operative Personenkontrolle, Installierung von Abhör-„Wanzen", geheime Wohnungsdurchsuchung, Operativer Vorgang, Bespitzelung durch Inoffizielle Mitarbeiter der Staatssicherheit – das sind die Stichwörter. Nichts blieb dem Ehepaar und seinen beiden Söhnen erspart. Die letzte Konsequenz hieß Ausbürgerung nach West-Berlin im Dezember 1983. Und selbst hier setzte die DDR-Staatssicherheit die „operative Bearbeitung" Dietmar Linkes fort.

Die Darlegungen des Autors beruhen mithin auf konkreter Erfahrung in Kirche und Gesellschaft. Seine akribisch dokumentierten Aufzeichnungen machen die Schikane der Staatssicherheit exemplarisch, denen die Geistlichkeit im Staat der SED ausgesetzt war. Ein Pfarrer im Fokus des MfS – so lautet der Untertitel des Buches treffend. Herausgearbeitet wird die Absurdität des Überwachungs- und Unterdrückungssystems in der DDR. Im zeitgeschichtlichen Kontext tritt sie besonders deutlich hervor. Vergegenwärtigung der historischen Erfahrung im Lichte der Erkenntnis, dass die friedliche Revolution in der DDR trotz aller Repression nicht aufzuhalten war.

Das Buch ist nicht nur von biografischem Interesse. Es ist auch und nicht zuletzt ein Zeugnis christlicher Selbstbehauptung und Opposition und damit ein belangvoller Beitrag zur Aufarbeitung der DDR-Vergangenheit. Dietmar Linke war Zeitzeuge speziell der ersten Jahre nach dem Machtwechsel von Walter Ulbricht zu Erich Honecker, der mit mancher Hoffnung auf inneren Wandel der DDR verbunden war. Erst die dramatische Selbstverbrennung des Pfarrers Oskar Brüsewitz am 18. August 1976 auf dem Marktplatz in Zeitz, ein verzweifelter Protest gegen die Unterdrückung der Kirche, warf ein grelles Schlaglicht auf die Wirklichkeit im Staat-Kirche-Verhältnis der DDR.

Daran zu erinnern, ist in einer Zeit nostalgischer Verklärung und postdiktatorischer Schönfärberei sinnvoll und notwendig. Darin besteht das Verdienst des Autors. Seinem Buch ist eine breite Leserschaft zu wünschen. Namentlich Pastoren und Pädagogen der jüngeren Generation sollten sich für die Lektüre interessieren.

Köln, im Juni 2015

Karl Wilhelm Fricke

Wie im Vergangenen das Künftige reift,
so modert im Künftigen noch das Vergangene.
Anna Achmatowa [1]

EINLEITUNG

Diese Bilder haben sich eingeprägt. Menschen versammeln sich in einer übervollen Kirche und ziehen von hier aus mit Kerzen auf die Straße. Die Sicherheitskommandos in den Seitenstraßen warten auf den Befehl zum Einsatz. Bilder von den Montagsdemos aus Leipzig und anderen Städten der DDR in den Wochen vor dem Fall der Mauer gingen um die Welt. Pfarrer und Gemeindekirchenräte hatten die Türen der Kirchen geöffnet. Diese Momentaufnahmen spiegeln auch die Rolle der Kirche wider.

Davon hatten einige Ideologen in diesem Land geträumt: Kirche als Rudiment einer vergangenen Gesellschaftsordnung wird es in der sozialistischen Gesellschaft, die wir aufbauen, nicht mehr geben. Aber es gab die Kirche, gab Suchende und Fragende und die, die Verhältnisse verändern wollten. Die Kirchen boten einen Freiraum. Es war der einzige Freiraum in der vom Totalitätsanspruch der SED geprägten Gesellschaft.

Durch den Fall der Mauer ist die DDR eine Epoche der Geschichte. Andererseits hat uns diese Gesellschaft geprägt und Spuren hinterlassen, die über das Ende der DDR hinaus wirken. Die Erinnerungen derer, die diese Geschichte miterlebt haben, sind sehr unterschiedlich. Sie sind geprägt von dem Ort und von den jeweiligen Erfahrungen.

---

[1] Achmatowa, Anna: Poem ohne Held, a. a. O., S. 153.

Ich war Pfarrer in der DDR von 1971 bis 1983 in zwei unterschiedlichen Gemeinden. Nach dem Theologiestudium habe ich mit Freude und Engagement den Dienst begonnen. Ich wollte nicht ein Amt verwalten, sondern den Freiraum Kirche erlebbar machen. Willkommen waren alle. Die Offenheit und das Vertrauen, das meine Frau Barbe und ich den Menschen entgegenbrachten, haben wir auch selbst erfahren. Dem offenen Gespräch wollten wir Raum geben, unterschiedliche Meinungen und Positionen gelten lassen.

Ende der Siebziger-, Anfang der Achtzigerjahre entstanden unter dem Dach der Kirche die ersten Basisgruppen, die sich mit Fragen der Wehrdienstverweigerung, der Friedenserziehung und der Bewahrung der Schöpfung auseinandersetzten. Eine wichtige Frage war: Was können wir tun, um uns der immer stärker werdenden Militarisierung der Gesellschaft entgegenzustellen? Menschen aus den verschiedensten Schichten der Bevölkerung kamen miteinander ins Gespräch. Eine Zuspitzung erfuhr diese Frage, als 1983 bekannt wurde, dass in Ost und West Raketen stationiert werden sollten. „Was können wir dagegen tun?", fragten wir. Wir wollten den Weltfriedenstag, den 1. September 1983, zum Anlass nehmen und mit einer Lichterkette zwischen der US-amerikanischen Botschaft und der Botschaft der UdSSR in Ost-Berlin symbolisch zum Ausdruck bringen, dass die beiden Supermächte wieder miteinander reden müssen. Mit dieser Aktion verließen wir den Schutzraum Kirche und gingen auf die Straße. Damit überschritten wir die abgesteckte Grenze. Kirchenvertreter und Staatsfunktionäre waren irritiert und nervös. Was damals begann, fand 1989 in Leipzig, in Ost-Berlin und anderswo seine Fortsetzung.

In meinem 1988 erschienenen Buch *Niemand kann zwei Herren dienen*[2] schildere ich meine Erfahrungen, die ich als Pfarrer in der Gemeindearbeit und der Gesellschaft der DDR gemacht habe. Ich berichte von Situationen und Konflikten, deren Ursachen unerklärlich waren. Die Existenz der Staatssicherheit als *Schild und Schwert der Partei* war uns bekannt; seine Mitarbeiter lebten von der Konspiration, vom Agieren im Verborgenen. Wir ahnten, dass diese konspirativen Kräfte am Werke waren. Durch die Öffnung der Archive der ehemaligen DDR nach der Wende erhielt ich Antwort auf viele offene Fragen.

In diesem Buch erzähle ich von Chancen und Grenzen im Pfarramt, aber auch von den Akteuren, die im Verborgenen tätig waren. 1993 begann ich mit der Einsichtnahme in unsere Akten, die die Mitarbeiter der Staatssicherheit der DDR über meine Frau Barbe und mich angelegt hatten. Die Akten liefern wichtige Hintergrundinformationen. Gegen Feinde der Republik waren alle Mittel recht. Die zielgerichteten und planmäßigen Menschenrechtsverletzungen sind dokumentiert und seit der Öffnung der Archive einsehbar.

Die Diskussionen über die Rolle des Staatssicherheitsdienstes nach Öffnung der Archive regten mich an, die Einflussnahme des Staatssicherheitsdienstes auf die kirchliche Arbeit und auf unser Leben darzustellen. Dabei haben die über uns angelegten Akten aus den MfS-Archiven, aus den Archiven

---

[2] Linke, Dietmar, Niemand kann zwei Herren dienen, a. a. O.

des Rates des Kreises und des Bezirks, aus dem Evangelischen Konsistorium Berlin-Brandenburg, eigene Unterlagen und Erinnerungen einen Niederschlag gefunden. An einzelnen, chronologisch geordneten Beispielen aus der pfarramtlichen Arbeit werden die Rolle und der Einfluss des MfS im Zusammenspiel mit den anderen staatlichen Dienststellen beleuchtet. Zugleich wird das Bemühen des MfS aufgezeigt, die Kirchenleitung zu instrumentalisieren.

Zweiundachtzig Inoffizielle Mitarbeiter (IM) habe ich in unseren Akten gezählt, die von 1971 bis 1983 in unserem Umfeld tätig waren. Diese Zahl sagt nichts über den Wert der Informationen und über den Aktionsradius der Informanten aus. Es gab diejenigen, die beauftragt waren, über uns über einen längeren Zeitpunkt zu berichten. Es gab andere, die peripher in konkreten Situationen zum Einsatz kamen, aber auch diejenigen, die von sich aus dem MfS Informationen lieferten. Von einigen habe ich ergänzend die IM-Akten gelesen, die unter anderem einen Aufschluss über die Hintergründe der Werbung des IM und seinen Aktionsradius geben. Es tauchen Gesichter auf, denen wir vertrauten und die unser Vertrauen missbrauchten. Auch von ihnen wird in diesem Buch die Rede sein.

Die Kirche in der DDR gab es nicht. Kirchliches Leben und Christsein waren auch in der straff politisch-ideologisch strukturierten Gesellschaft der DDR bunt und vielfältig. Der pfarramtliche Alltag wurde sehr stark durch die jeweilige Amtsperson, die Gemeinde und durch die örtlichen Bedingungen geprägt. Natürlich waren alle, die in der Kirche tätig waren, in besonderer Weise im Blickfeld der staatlichen Organe. Es gab diejenigen, die den klar abgegrenzten Kultraum nicht überschritten haben, und die anderen, die durch Aktivitäten den Raum ausweiten wollten. Aber es gab auch diejenigen, die sich instrumentalisieren ließen und mit dem MfS zusammenarbeiteten. Die Staatsorgane analysierten kontinuierlich die Verhaltensweisen der Pfarrer in ihrem Einzugsbereich. So meldet zum Beispiel der Stellvertreter für Inneres beim Rat des Kreises Strausberg im April 1982 dem Rat des Bezirks Frankfurt/O., es gäbe im Kreisgebiet Strausberg sechs „progressive", fünfzehn „schwankend loyale" Geistliche, sechs „Geistliche mit kritischer Distanz" und zwei „ausgesprochen reaktionäre". Unter der letzten Rubrik wird mein Name genannt.[3] Auf der Grundlage dieser Analysen wurden Vorschläge für den künftigen „Differenzierungsprozess unter kirchlichen Amtsträgern" erarbeitet.

Auch wenn ich die genannte Analyse nicht teile, so muss ich aus eigener Erfahrung feststellen, dass die politischen Positionen im Pfarrkonvent breit gefächert waren. Nicht alle, die im pfarramtlichen Dienst tätig waren, sind ins Spannungsfeld des MfS geraten. An den als „reaktionär" eingestuften Personen hat das MfS im Zusammenspiel mit der offiziellen staatlichen Ebene Exempel statuiert. Wie das geschah, davon will ich berichten.

---

[3] Brandenburgisches Landeshauptarchiv, Rep. 601-27330.

ERSTE PFARRSTELLE IN MEINSDORF 1971 - 1978

Wo liegt Meinsdorf? So fragte ich mich, als ich diesen Orts-
namen im Herbst 1971 zum ersten Mal hörte. Ich sollte nach
Meinsdorf in den Kreis Jüterbog als Pastor entsandt werden.
Fünf Jahre Studium an der Theologischen Fakultät der Humboldt-Universität in Ost-Berlin, ein Jahr Praxis im Vikariat
in Luckenwalde und ein Jahr Predigerseminar in Wittenberg
lagen hinter mir. Im Herbst 1971 machte ich mein II.
Theologisches Examen. Während des Studiums lernte ich die
Theologiestudentin Barbe Maria Hain kennen. Im Sommer
1967 haben wir geheiratet. 1968 wurde unser Sohn Martin
und 1970 unser Sohn Jonas geboren. Nach der Ausbildung
sollte Meinsdorf unser erstes gemeinsames Zuhause werden.
Wir freuten uns auf die Arbeit in der Gemeinde.
Der Pfarrsprengel Meinsdorf umfasst sieben Dörfer, das
sogenannte *Ländchen Bärwalde*. Als gewachsene Einheit,
abseits der Verkehrsstraße zwischen Jüterbog und Luckau,
im Niederen Fläming gelegen, hat das *Ländchen* eine bewegte Geschichte hinter sich. An diese erinnern eine alte
Wasserburg in Bärwalde aus dem 13. Jahrhundert und das
Schloss Wiepersdorf. Aus dem Geschlecht derer von Arnim,
die seit 1780 das *Ländchen* prägten, ragt das Dichterehepaar
Bettina von Arnim, geborene Brentano (1785-1859) und
Achim von Arnim (1781-1831) heraus. Für die DDR waren
beide *Vertreter des humanistischen Kulturerbes.* Daher
wurde das Schloss Wiepersdorf nach dem 2. Weltkrieg nicht
zerstört oder dem Verfall preisgegeben, sondern als *Arbeits-*

Kirche und Pfarrhaus Meinsdorf / Privatarchiv D. Linke

Schloss Wiepersdorf / Privatarchiv D. Linke

und Erholungsstätte für Kulturschaffende und Schriftsteller genutzt, die dem Kulturministerium unterstellt war.

Anders verlief die Geschichte der Wasserburg mit dem weiträumigen Park im Nachbarort Bärwalde, die aus Raseneisenstein errichtet war und 1948 zerstört wurde, obwohl sie nach dem Krieg von Flüchtlingen bewohnt wurde. Wie diese Burg wurden nach dem Krieg viele Gebäude, die an die Gutsbesitzer erinnerten, dem Erdboden gleichgemacht. Aus dem Abrissmaterial sollte Baumaterial für die zu errichtenden Häuser der Neusiedler gewonnen werden. Allerdings hätte man die Feldsteine, aus denen diese Burg in Bärwalde errichtet war, einfacher auf dem Acker zusammentragen können. Als 1976 ein neues Denkmalpflegegesetz verabschiedet wurde, brachte man an dem noch stehenden Rumpf des Turmes eine Tafel an: „Burgruine aus dem 13. Jahrhundert – Denkmalschutz." Nach dem Zusammenbruch der DDR wurden die Fundamente freigelegt und der Turm-Rumpf mit einem Satteldach versehen.

Unweit vom Schloss Wiepersdorf steht die im Jahr 1661 erbaute und 1895 im neuromanischen Stil umgestaltete Gutskirche. Die ehemalige Herrschaftsloge wurde nach 1945 zu einem Gemeinderaum umgebaut. Vor der Kirche befindet sich ein Begräbnisplatz, auf dem auch Bettina und Achim von Arnim begraben sind. Viele der Gäste des Schlosses, wie es nach wie vor genannt wurde, lernten wir in diesen Jahren kennen. Sie kamen zum Gottesdienst oder zu anderen Veranstaltungen in der Kirche. Um das Gespräch fortzusetzen, trafen wir uns am Abend oder in den Tagen danach im Pfarrhaus oder im Schloss. Dabei wurde über Gott und die Welt, aber auch über die Kulturpolitik diskutiert.

Zum Pfarrsprengel Meinsdorf gehörte auch das nur 50 Einwohner zählende Dorf Kossin. Hier steht eine kleine, aus Feldsteinen errichtete Kirche, daneben ein hölzerner Glockenturm. Meinsdorf ist durch seinen hohen Kirchturm schon aus der Ferne zu sehen. Die Kirche, die etwa 500 Personen Platz bietet, wurde 1855 im neugotischen Stil errichtet. Meinsdorf verstand sich immer als das Zentrum des *Ländchens*. An größeren Festen war hier der zentrale Versammlungsort. Uns empfing eine herrliche Landschaft mit Kiefernwäldern und weiten Feldern, die durch die Zusammenlegung der kooperativen Landwirtschaft entstanden waren.

Für mich war die Dorfsituation fremd, auch wenn ich seit 1966 oft bei Barbes Eltern im Spreewalddorf Briesen im Pfarrhaus war. Es waren Freude und Neugier, die uns auf die neue Situation zugehen ließen.

Das Pfarrhaus in Meinsdorf war noch vor dem 2. Weltkrieg vom Baron gebaut worden, ein solider Klinkerbau. Die Zeit hatte dennoch ihre Spuren hinterlassen und machte Reparaturen erforderlich.

Unser Sohn Martin war inzwischen drei und Jonas zwei Jahre alt. Im Februar 1973 wurde Mirjam geboren. Für die Kinder waren Haus und Garten Spiel- und Abenteuerplatz. Barbe war von Anfang an mit in der Gemeindearbeit tätig.

Die Kollektivierung der Landwirtschaft hatte die Strukturen und das Leben in den Dörfern verändert. Man war auf dem Weg zur industriellen Produktion in der Landwirtschaft; immer größere Zusammenschlüsse wurden angestrebt. Der

Lebensrhythmus der Menschen wurde durch die Arbeit im Stall oder in der Feldbaubrigade bestimmt. Nach Feierabend bewirtschafteten sie ihr eigenes kleines Stück Land und fütterten das eigene Vieh, das für gutes Entgelt den Markt der DDR bereicherte.

Die Menschen begegneten uns mit großer Offenheit, akzeptierten unsere Andersartigkeit und erleichterten so unser Einleben. Sie waren bereit, mit anzupacken, wenn es ihre Zeit erlaubte. Auf jeden Fall nahmen sie die Angebote der Gemeindearbeit dankbar an. Etwa 95 Prozent der Menschen im Pfarrsprengel Meinsdorf gehörten zur Kirche. Das war für DDR-Verhältnisse ungewöhnlich. Fast vollzählig erreichten wir die Kinder und Jugendlichen durch die Christenlehre, den Konfirmandenunterricht und durch die kirchliche Jugendarbeit. Dies erregte den Unmut der staatlichen Stellen, da die FDJ mit ihren außerschulischen Angeboten sich nur schwer behaupten konnte.

„Der Pfarrer ist verpflichtet, in der ihm anvertrauten Gemeinde das Wort Gottes zu verkündigen und die heiligen Sakramente zu spenden. Dabei ist er an die Botschaft des Evangeliums gebunden [...] Getreu seiner Ordination soll er als rechter Prediger und Seelsorger lehren, trösten, warnen und mahnen, der Gemeinde zum Zeugendienst helfen und ihr mit christlichem Leben vorangehen." So heißt es in der Berufungsurkunde für den pfarramtlichen Dienst.

Es gab und gibt für das Umsetzen dieses Auftrags keine Patentrezepte. Der Umsetzungsprozess hängt ab von dem Beauftragten, von den Menschen, an die er gewiesen wird, von den örtlichen Bedingungen. Andererseits setze ich fort, was andere begonnen haben, knüpfe an eine Tradition an. Ich bin beauftragt, aber ich verstehe mich nicht als Funktionär oder als Befehlsempfänger. Nur das, womit ich deckungsgleich bin, kann ich weitergeben. Parolen und Phrasen haben wir im DDR-Alltag reichlich vernehmen können. In unserer Arbeit kommt es darauf an, den Menschen nicht Steine, sondern Brot zu reichen und sie als Gesprächspartner mit ihren Erfahrungen und Fragen ernst zu nehmen. Das Evangelium verkündigen heißt, den Menschen die frei und froh machende Botschaft von Jesus Christus weiterzusagen. In einer Diktatur, in der der Totalitätsanspruch jeden Einzelnen vereinnahmen möchte, wird dieses Evangelium von der Freiheit in Konflikte führen. Wenn ich diesen Auftrag ernst nehme, dann bin ich nicht nur an den Einzelnen gewiesen, sondern auch an die Gesellschaft, um in dieser für Bedingungen Sorge zu tragen, die Selbstbestimmung und Freiheit zulassen. In der Geschichte der DDR gab es immer wieder Einzelne und Gruppen, die für eine Veränderung der gesellschaftlichen Verhältnisse eintraten. Am Ende dieses Prozesses fiel die Mauer, ein steinernes Symbol für die inneren Verhältnisse.

Mein Auftrag als Pfarrer endete nicht am Zaun des Pfarrgeländes oder an den Umgrenzungsmauern der Kirche. Die Türen weit öffnen für alle, das war unser Motto. Die Parteizugehörigkeit des anderen war kein Hindernis, um aufeinander zuzugehen. In der Begegnung mit dem Bürgermeister, mit dem für Kirchenfragen zuständigen Mitarbeiter im Rat des Kreises oder mit anderen Staatsfunktionären wollte ich die Möglichkeiten der damals propagierten Formel einer

Zusammenarbeit zwischen Christen und Marxisten prüfen. Einige Daten markieren die Rahmenbedingungen der Jahre, in denen wir unseren Dienst versehen haben.

Im Juni 1969 war der Bund der Evangelischen Kirchen in der DDR gegründet worden. Damit war eine eigenständige, von den Kirchen in der Bundesrepublik unabhängige Organisationsform für die Kirche geschaffen worden. Auf der Bundessynode in Eisenach wurde 1971 das Selbstverständnis der DDR-Kirche umschrieben: „Wir wollen Kirche nicht neben, nicht gegen, sondern Kirche im Sozialismus sein." Der Kirchenbund versuchte in diesen Jahren, das Rahmenkonzept für das Staat-Kirche-Verhältnis und für die kirchliche Arbeit zu entwickeln. Welche Auswirkungen hatte diese Entwicklung auf die Arbeit an der Basis?

Die Zeit der konfliktreichen Auseinandersetzungen zwischen Staat und Kirche, in denen an den Grundfesten der kirchlichen Arbeit gerüttelt wurde, der Kampf gegen die *Junge Gemeinde* in den Fünfzigerjahren oder gegen die Rüstzeiten der kirchlichen Jugendarbeit in den Sechzigerjahren, schien Vergangenheit zu sein. Auch wenn ideologisch die Kirche als Rudiment der Vergangenheit und als künftig absterbendes Gebilde propagiert wurde, so galt es, mit der Existenz der Kirche in dieser Gesellschaft zu leben. Kirche war geduldet, solange sie die ihr gesteckten Grenzen nicht überschritt. Gottesdienste, Amtshandlungen, Christenlehre in kircheneigenen Räumen, Jugendarbeit, Altenarbeit, das war das Standardprogramm, das akzeptiert wurde. Kritisch konnte es werden, wenn zum Beispiel − wie in Meinsdorf geschehen − die kirchliche Jugendarbeit zur Konkurrenz der FDJ wurde.

Einmischung in Bereiche, in denen der Staat für sich das Monopol beanspruchte, wie im Bildungswesen, in der Frage Jugendweihe oder Konfirmation und bei der vormilitärischen Ausbildung, wurden in der Regel staatlicherseits zurückgewiesen. Wenn ich mich als Pfarrer von Anfang an an den klar abgesteckten Rahmen gehalten hätte, wenn mein Kirchenverständnis dem des staatlichen Gegenübers entsprochen hätte, wäre es kaum zu Konflikten gekommen. Aber es kam anders. Neben dem Rahmenkonzept, das das Staat-Kirche-Verhältnis bestimmte, war ausschlaggebend, welches Verhältnis die sich begegnenden Akteure vor Ort entwickelten. In den Dörfern waren für mich die Bürgermeister Ansprechpartner. In diesen Jahren erlebte ich, wie stark sie von den Weisungen des Rates des Kreises abhängig waren.

Im Rat des Kreises war der stellvertretende Vorsitzende der Abteilung Inneres der Ansprechpartner in Sachen Kirchenfragen. In meiner Meinsdorfer Zeit war das Herr Möhle. Er hielt die örtlichen Räte der Gemeinden an, alle Vorkommnisse zu melden, und erarbeitete Beschlussvorlagen, die die kommunalen Vertreter in den Räten der Gemeinden zu beschließen hatten. In besonderen Konfliktsituationen erschien er vor Ort, um einzugreifen, und verfasste entsprechende Meldungen an den stellvertretenden Vorsitzenden für Inneres beim Bezirk. Herr Möhle leitete kontinuierlich offizielle Informationen als staatliches Organ an das MfS weiter; dabei war er zugleich als *Gesellschaftlicher Mitarbeiter für Sicherheit (GMS)* für das MfS tätig. Diese Informationen wurden gesammelt und politisch-operativ und strafrechtlich ausgewertet. Sie waren wesentliches Ausgangsmaterial, als das MfS im Februar 1976 zu meiner Person eine Operative Personenkontrolle (OPK) einleitete und im April 1977 den Operativen Vorgang (OV) „Jugendfreund" anlegte, um Beweise nach § 106 StGB (staatsfeindliche Hetze) zu erarbeiten. Die Gespräche mit Herrn Möhle waren grundsätzlich dadurch gekennzeichnet, dass er mir den staatlichen Standpunkt mitteilte. Es waren Belehrungen, keine Auseinandersetzungen in der Sache. Die Arbeiter- und Bauernmacht hat entschieden! Meine Meinung, meine Argumente waren nicht gefragt. Akklamation wurde erwartet.

So hatte ich mir ein Miteinander nicht vorgestellt. Dieses administrative Vorgehen provozierte meinen Protest. Herr Möhle als Vertreter der Staatsmacht saß am längeren Hebel. Aber wenn es um die Sache ging, wollte ich es nicht unwidersprochen hinnehmen. So spitzte sich das Verhältnis in diesen Jahren zu.

Auch dem Superintendenten, dem Generalsuperintendenten und der Kirchenleitung wollte das staatliche Gegenüber eine Rolle zuweisen. In entscheidenden Situationen wandte sich Herr Möhle an den Superintendenten, in der Hoffnung, ihn zu gewinnen, um staatliche Interessen über die innerkirchliche Leitungsebene durchzusetzen. Dabei hat er verkannt, dass sich die kirchlichen Strukturen von den staatlichen wesentlich unterschieden. Pfarrer und Gemeindekirchenrat haben in der synodalen Struktur unserer Kirche eine viel größere Eigenständigkeit und Eigenverantwortlichkeit und sind nicht Befehlsempfänger der mittleren oder oberen Ebene. In der Regel fanden monatliche Begegnungen mit dem Su-

perintendenten im Rat des Kreises statt. Wenn der Superintendent – vielleicht nur beiläufig – zu erkennen gab, dass
der Pfarrer X auch innerkirchlich ein Problem darstellte,
dann bot sich für den staatlichen Gesprächspartner die Möglichkeit, dieses operativ zu nutzen. Es war nicht zu übersehen, dass die zunehmenden Konflikte, die durch unsere
Aktivitäten entstanden, verschiedentlich den Unwillen des
Superintendenten hervorriefen. „Linke bräuchte einen eigenen Superintendenten", war die Aussage in einer brisanten
Situation. In diesen Begegnungen war das Verhalten der
kirchlichen Seite entscheidend.

Bei gravierenden Konflikten wandte sich Herr Möhle an den
stellvertretenden Vorsitzenden für Inneres beim Bezirk
Potsdam. Kirchlicher Gesprächspartner auf dieser Ebene war
der Generalsuperintendent, zugleich Mitglied der Kirchenleitung. Generalsuperintendent Dr. Lahr, Potsdam, war bemüht,
einerseits zur Versachlichung eines Problems beizutragen
und sich andererseits schützend und helfend vor den in
Konflikt geratenen Pfarrer zu stellen.

An einigen Beispielen möchte ich Chancen und Grenzen
pfarramtlichen Handelns in unserer Meinsdorfer Zeit verdeutlichen.

Nachdenken über unser Verhältnis zu den Juden
− Chronologie eines Konflikts −

Als ich 1971 mit dem Dienst begann, entdeckte ich neben dem Friedhof in Meinsdorf, der der Kirchengemeinde gehört, einen kleinen jüdischen Begräbnisplatz aus dem vorigen Jahrhundert. Dieser Platz ist ein Zeugnis dafür, dass hier einmal Bürger jüdischen Glaubens lebten. Er war umgeben von einer inzwischen verfallenen Rasensteinmauer. Zwischen den wild gewachsenen Sträuchern standen noch elf Grabsteine aus Sandstein, die beidseitig hebräisch und deutsch beschriftet und deren Inschriften noch gut zu identifizieren waren. Die erste Beisetzung ist offensichtlich 1850 erfolgt.[4] Für einen Außenstehenden war dies ein verwildertes Gelände. Doch die Tatsache, dass dieser jüdische Begräbnisplatz − wenn auch verwildert − erhalten war und nicht in der Zeit der Nazi-Diktatur zerstört wurde − wie viele andere jüdische Friedhöfe −, erkannte ich als eine Herausforderung, mich für die Instandsetzung einzusetzen.

1972 hatte die kommunale Gemeinde eine Leichenhalle in unmittelbarer Nähe zu dem jüdischen Begräbnisplatz errichtet. Ich erfuhr, dass es Überlegungen gab, auf dem jüdischen Friedhof einen Parkplatz anzulegen. Ich schlug Alarm und intervenierte im Rat der Gemeinde, doch ohne das gewünschte Ergebnis.

Daraufhin schrieb ich eine Eingabe an den Rat des Kreises. Ich wies darauf hin, dass es hierbei um die Erhaltung eines

---

[4] Vgl. Brocke, Michael u. a.: Stein und Name. Die jüdischen Friedhöfe in Ostdeutschland. A. a. O., S. 499 f.

Kulturdenkmals ginge und dass jüdische Friedhöfe niemals eingeebnet werden dürften. Zum anderen könnte dieser Ort anregen, über unser Verhältnis zu den jüdischen Mitbürgern in der Geschichte nachzudenken. Ich stellte den Antrag, für die Instandsetzung des jüdischen Begräbnisplatzes Baukapazitäten zur Verfügung zu stellen. Zugleich setzte ich mich mit dem Vorsitzenden der Jüdischen Gemeinden in der DDR, Herrn Aris aus Dresden, in Verbindung. Herr Aris kam nach Meinsdorf. Es stellte sich heraus, dass dieser Friedhof bisher nicht von der jüdischen Gemeinde erfasst war. Ich sagte Herrn Aris zu, mich weiter dieses Platzes anzunehmen.

Im November 1974 fand im Rat der Gemeinde Meinsdorf eine Aussprache statt. Daran nahmen teil: der Bürgermeister aus Meinsdorf, vom Rat des Kreises ein Vertreter der Abteilung Kultur, der Stellvertreter für Inneres – Herr Möhle, die Referentin für Kirchenfragen, mein Nachbar-Kollege Pfarrer Liedtke aus Illmersdorf und ich. In diesem Gespräch wurde erkennbar, dass man von dem geplanten Parkplatz Abstand genommen hatte. Das war ein Teilerfolg. Herr Möhle erklärte mir, dass es unmöglich sei, für dergleichen Bauvorhaben eine Bereitstellung von Baukapazitäten zu erhalten. Vorrangig würden Wohnungsbauten in den Plan aufgenommen. Doch es wurde akzeptiert, dass der jüdische Friedhof wieder instandgesetzt werden sollte. Herr Möhle übergab eine Aktennotiz über das Gespräch an die MfS- Kreisdienststelle und erwähnte dabei, Pfarrer Linke unterstelle den staatlichen Stellen, dass sie im 25. Jahr der DDR keine richtige Einstellung zu den Juden hätten.[5]

[5] BStU, ASt Potsdam, AOP 1557/78, Bd. I, S. 84.

Indem wir rechtzeitig den Vorsitzenden der Jüdischen Gemeinden eingeschaltet hatten, war dies nicht mehr nur ein regionales Problem. Der jüdische Begräbnisplatz konnte erhalten bleiben. Im Frühjahr 1975 haben wir als Kirchengemeinde den Platz gesäubert, altes Strauchwerk entfernt, die Grabsteine freigelegt und eine Hecke gepflanzt.

Der 8. Mai wurde in der DDR in jedem Jahr als *Tag der Befreiung vom Faschismus* gefeiert. Angeregt durch die Auseinandersetzungen um den jüdischen Friedhof, wollten wir in der Kirchengemeinde im Jahr 1975 den 30. Jahrestag des Kriegsendes zum Anlass nehmen und der Frage nachgehen: Was haben wir aus der Vergangenheit gelernt? Die DDR proklamierte: Unsere Geschichte beginnt erst mit der Gründung 1949. Für die Entstehung des Faschismus und den Ausbruch des Krieges sind die Imperialisten und das Großkapital verantwortlich. Diese haben sich nach dem Krieg im Westen niedergelassen. Wir knüpfen in der DDR an die fortschrittlichen Traditionen der deutschen Geschichte an. Damit sprach die DDR sich und ihre Bürger von der Verantwortung für die Vergangenheit frei.
In Polen hatte ich erlebt, dass ich als DDR-Bürger nicht anders behandelt wurde als ein Westdeutscher, wenn es um die Verantwortung für die Vergangenheit ging. Dort wurde ich mit persönlichen Schicksalen konfrontiert. „Von Deutschen umgebracht." Mit diesen Worten wurden Täter und Tat benannt. Hätte ich dort sagen sollen, ich komme aus der DDR, dem anderen deutschen Staat, und bin für diese Verbrechen nicht zuständig?

Wie können wir uns diesem Problem nähern? Mich beschäftigte die Frage: Wie können wir die Menschen interessieren, sich mit dieser, mit unserer Geschichte auseinanderzusetzen? Kleine Schritte waren nötig. Der jüdische Begräbnisplatz in Meinsdorf war ein sichtbarer Aufhänger, um über die Vergangenheit und unser Verhältnis zu den Juden in der Geschichte nachzudenken. *Juden und Christen – ökumenische Fragen unserer Zeit* war das Thema, das uns als Gemeinde wie ein roter Faden durch das Jahr 1975 begleiten sollte. Geplant waren eine Rentnerfreizeit im Mai in Hirschluch, bei der ich mit den Älteren über die Zeit des Faschismus ins Gespräch kommen wollte, ein regionaler Kinderkirchentag in Meinsdorf, eine Gemeindefahrt ins ehemalige Konzentrationslager Sachsenhausen, verbunden mit einem Besuch der Synagoge in Berlin, und eine *Ökumenische Woche* im Juni.

In den vergangenen Jahren hatten wir mit den beiden Nachbarpfarrsprengeln Illmersdorf und Werbig vor den Sommerferien einen gemeinsamen Kindertag in Meinsdorf durchgeführt mit circa 180 Kindern. Der für den 11. Mai 1975 geplante Kindertag sollte sich thematisch in das gewählte Jahresthema einfügen. Ausgehend von Geschichten des Alten Testaments wollten wir die Geschichte Israels bis in die jüngste Vergangenheit hinein den Kindern nahebringen. Im Unterricht der Christenlehre liefen dafür die Vorbereitungen. Aus Sperrholz sägten die Kinder Plaketten, einen Davidstern mit dem Thema: Israel – gehasst – gejagt – geprügelt. Geplant war ein Zusammensein von 10 bis 15 Uhr.

Was sich in diesen Tagen hinter den Kulissen abspielte, lese ich in den Akten des MfS.

Der Kollege in Illmersdorf hatte es übernommen, die Vorlagen für die Sterne mithilfe eines Ormig-Gerätes zu vervielfältigen. Auf dem Postweg schickte er einige Abzüge an den Kollegen in Werbig. Dieser Brief in den Nachbarort geriet am 17. April 1975 um 13 Uhr in Jüterbog in die Postkontrolle und wurde geöffnet. Eine Stunde später, um 14 Uhr, fertigte die MfS-Kreisdienststelle Jüterbog eine *Sofortmeldung* an die MfS-Bezirksverwaltung in Potsdam. In der Meldung heißt es, die Einladungen würden einen „politischen Inhalt haben".[6] Aus dem Brief wurde ein Blatt als Beweismaterial entnommen.

Am 8. Mai schickte der Leiter der Kreisdienststelle Jüterbog, Oberstleutnant Schinkel, ein Telegramm an die MfS-Bezirksverwaltung nach Potsdam: „Nach Rücksprache mit der Abteilung XX wird durch den Stellvertreter für Inneres beim Rat des Kreises eine Aussprache mit dem Superintendenten durchgeführt [...]."[7]

Dieses Gespräch fand noch am selben Tag, vier Tage vor dem Kindertag, statt. Herr Möhle teilte dem Superintendenten mit, dass der Kindertag verboten sei. Es läge keine polizeiliche Anmeldung vor. Die von den Kindern angefertigten Plaketten seien „Symbole eines imperialistischen Staates". Der Superintendent wurde aufgefordert, diese am Sonnabend im Rat des Kreises abzuliefern.

[6] BStU, AST Potsdam, AOP 1557/78, Bd. I, S. 98-99.
[7] Ebenda, S. 106.

Einen Tag nach dem von Herrn Möhle ausgesprochenen Verbot traf sich die Vorbereitungsgruppe. Einigkeit bestand darüber, dass der Kindertag nicht anmeldepflichtig sei, da er eine andere Form eines Kindergottesdienstes darstelle. Es sei eine Unterstellung, wir würden mit diesem Vorhaben „Propaganda für den imperialistischen Staat Israel" betreiben. Bevor wir als Verantwortliche reagieren konnten, war durch andere Informanten die Nachricht, dass der Kindertag verboten sei, schon in Umlauf gesetzt worden. Dies führte zu Irritationen und dazu, dass der Kollege in Werbig bereits seine Kinder ausgeladen hatte. Als Notlösung planten wir schließlich, an zwei Orten, in Illmersdorf und Meinsdorf, mit den eingeladenen Kindern Kindergottesdienste durchzuführen. Obwohl das Programm verkürzt werden musste, hielten wir am Inhaltlichen fest.

Schon im Vorfeld war die Kirchenleitung über die Veranstaltungen informiert worden. Jetzt setzte ich sie auch über diese Entwicklung in Kenntnis. Gleichzeitig informierte ich den Generalsuperintendenten Dr. Lahr in Potsdam. In seiner Antwort vom 3. Juni schreibt Dr. Lahr, dass die Aufschrift auf den Plaketten „in unserer gegebenen gesellschaftlichen Situation faktisch das Missverständnis provozierte. Natürlich bedaure ich diese Entwicklung sehr. Denn die Zielstellung konnte und kann ich nur unterstützen. Umso mehr begrüße ich das Vorhaben und das Programm für die Tage vom 13. bis 15. Juni. Die große Mühe, die Sie darauf verwendet haben, hat reichen Ertrag gehabt. Darüber freue ich mich und kann nur hoffen, dass Sie und die Gemeinden durch die Ereignisse um den 11. Mai nicht entmutigt sind.".[8]

Die DDR hatte Probleme mit dem Staat Israel. Die Freundschaft mit Ägypten schloss die Ablehnung Israels ein. Israel galt als verlängerter Arm des US-amerikanischen Imperialismus. Der Hass gegen Israel wurde auch in den Medien der DDR geschürt. Uns wurde der Vorwurf gemacht, wir wären von außen, das heißt vom Westen, gelenkt und gesteuert.

Am 15. Juni 1975 waren alle Gemeinden des Kirchenkreises zu einem Kreiskirchentag nach Meinsdorf eingeladen. Dieser Tag sollte den Abschluss der vorausgegangenen ökumenischen Woche darstellen, die unter dem Motto stand *Juden und Christen – ökumenische Fragen unserer Zeit*.
Vor dem Kreiskirchentag fanden an unterschiedlichen Orten Gemeindeabende statt. In Meinsdorf las am Freitag, dem 13. Juni, der Schriftsteller Fred Wander aus seinem Buch *Der siebente Brunnen*, in dem er seine Erfahrungen als Jude in den Konzentrationslagern des Dritten Reichs verarbeitete. Der Sonnabend stand unter dem Thema *Der ökumenische Auftrag im Nahen Osten*. Dazu wurde nach Meinsdorf eingeladen. Dr. Kirchner, der Vorsitzende der Jüdischen Gemeinde Ost-Berlin, gab einen ausführlichen Bericht über die politische Lage im Nahen Osten. Dr. Blauert, Direktor des Berliner Missionshauses, analysierte in seinem Vortrag den jüdisch-christlichen Dialogs der letzten 20 Jahre. Er sagte: Nach den Erfahrungen in der Zeit des Faschismus und nach

[8] Privatarchiv D. Linke.

einer Neubesinnung nach 1945 habe sich für beide Religionen eine neue Ebene der Begegnung eröffnet. Auf christlicher Seite war es notwendig, die Vorurteile abzubauen, die zur antisemitischen Propaganda im Dritten Reich beigetragen haben.

Der Kreiskirchentag am Sonntag, dem 15. Juni, wurde mit einem Festgottesdienst eröffnet. Über dreihundert Personen waren gekommen. Die Predigt über das Gleichnis vom verlorenen Sohn hielt Generalsuperintendent Dr. Lahr aus Potsdam. „Ich habe keine Feinde; ich habe nur Freunde, die ich noch kennenlernen muss" – das war der Leitsatz seiner Predigt. Im Anschluss sind wir in Arbeitsgruppen auseinandergegangen. Die Nutzung von Räumen der Gaststätte war von den staatlichen Stellen untersagt worden. Doch es war ein sonniger Tag, sodass wir uns auch im Freien niederlassen konnten. Nach dem Mittagessen pilgerten wir alle zum jüdischen Friedhof am Rande des Ortes. Über die alten Grabsteine hinweg erklang der Liedvers: „Hewenu schalom alechem – Wir bringen Frieden euch allen". Nach einer großen Kaffeetafel im Freien, für die die Gemeindeglieder reichlich Kuchen gespendet hatten, schloss sich eine Podiumsdiskussion an. *Was bleibt, wenn dieser Tag vorüber ist?* Diese Frage war der Leitsatz der Diskussion, an der folgende Gesprächspartner teilnahmen: Generalsuperintendent Dr. Lahr, Professor Dr. Bernhardt (Alttestamentler an der Humboldt-Universität), Pfarrer Magirius (Aktion Sühnezeichen), Dr. Kirchner (Jüdische Gemeinde Berlin) und Dr. Althausen (Ökumenereferent des Berliner Konsistoriums).

Diese Tage waren ein Experiment, ein Stück Dialog, der Versuch, Vergangenheit ein wenig aufzuarbeiten – 30 Jahre nach Kriegsende.

Dieses alles hatte ein Nachspiel. Am 8. August 1975 fand im Rat des Bezirks Potsdam ein Gespräch zwischen dem Generalsuperintendenten, Dr. Lahr, und dem Stellvertretenden Vorsitzenden für Inneres beim Bezirk, Herrn Wenzel, statt. Über den Inhalt des Gesprächs erfuhr ich aus einem Aktenvermerk, den mir der Generalsuperintendent übersandte: „Herr Wenzel habe verhindert, dass ein Ermittlungsverfahren gegen Pfarrer Linke eingeleitet würde. Die Vorfälle seien aber sehr ernst zu nehmen. Die Aktion mit den Judensternen und die Veranstaltungen in Meinsdorf unterstützten eine zionistische Propaganda [...] Sie seien durch Mitwirkung auswärtiger Personen ökumenisch getarnt gewesen [...]. Lahr erläuterte im Gesprächsverlauf den Auftrag, den die Kirche im Ganzen zur Aufarbeitung ihres in der Geschichte und auch in der jüngsten Vergangenheit schuldhaft gestörten Verhältnisses zum Volk des Alten Testamentes habe. Es sei klar, dass in der heutigen weltpolitischen Situation (Staat Israel/Nahostkonflikt) die Möglichkeit von Missverständnissen mitgegeben sei. Zumal im Blick auf den 30. Jahrestag (8. Mai) liege hier aber ein spezifischer Auftrag der Kirche zu selbstkritischer Aufarbeitung der Vergangenheit vor. Sie müsse so gut wie möglich die Missverständnisse vermeiden. Dem Auftrag könne sie sich aber nicht entziehen. Wichtig sei für ihn (Lahr) zunächst, ob dies staatlicherseits anerkannt und ob dem Raum gegeben werde [...] Das Programm sei rechtzeitig mit den zuständigen kirchlichen

Stellen abgesprochen worden. Eine ökumenische Tarnung sei insofern nicht geschehen, als die Frage ‚Christen und Juden' von der Ökumene selbst als eine innerökumenische behandelt wurde."[9]

Im August war ich mit der Familie als Urlauberseelsorger auf Usedom. Ich erfuhr erst nach meiner Rückkehr von diesem Gespräch und dass der Stellvertreter für Inneres beim Bezirk die Einleitung eines Ermittlungsverfahrens verhindert hätte. Der Konflikt hatte sich zugespitzt. Seit den Auseinandersetzungen dieser Monate hat sich das Verhältnis zu den Staatsorganen nie mehr entkrampft. Die nächsten Konflikte waren vorprogrammiert.

[9] Privatarchiv D. Linke.

Nutzung von Gaststätten für kirchliche Veranstaltungen

Die Kirche in Wiepersdorf wurde 1661 erbaut, aber 1895 nach einer längeren Umbauphase wieder in Dienst genommen. Dieses Ereignis vor 80 Jahren wollten wir zum Anlass nehmen, die Geschichte der Kirche und des Ortes Wiepersdorf in Erinnerung zu rufen. *Kirche zwischen gestern und morgen: 1661 – 1895 – 1975*, unter diesem Motto sollte am 1. Advent 1975 in die Kirche eingeladen werden. Da es in der Kirche nur einen kleinen Gemeinderaum in der ehemaligen Patronatsloge gab, wollten wir den großen Saal der örtlichen Gastwirtschaft für ein Zusammensein im Anschluss an den Gottesdienst nutzen. Im Rahmen des Kreiskirchentages im Juni wurde uns die Nutzung der Gaststätte in Meinsdorf verwehrt. Ich hätte den Rat der Gemeinde vor der Anmeldung bei der Polizei informieren müssen, war die Begründung. Aus den Erfahrungen hatte ich gelernt, und so unterrichtete ich diesmal rechtzeitig als Erstes den Bürgermeister in Wiepersdorf, kurz darauf Herrn Möhle im Rat des Kreises. Als die Einladungen mit dem Programm des Jubiläums verschickt waren, teilte mir der Bürgermeister Herr Hanisch am 24. November mit, der Rat des Kreises hätte ihn verständigt, dass die Veranstaltung am Sonntag in der Gaststätte nicht möglich sei. Für den 30. November war das Jubiläum geplant. Ich fuhr sofort nach Wiepersdorf, um mit dem Bürgermeister zu sprechen. Er berichtete, dass der im Juni in Meinsdorf stattgefundene Kreiskirchentag umfassend bei einer Konferenz der Bürgermeister ausgewertet worden sei. Sie hätten die Weisung erhalten, dass kirchliche Veranstaltungen künftig nur in kirchlichen Räumen stattfinden könnten. Ich machte ihm deutlich, dass er und der Rat der Gemeinde ein von den Bürgern gewähltes Organ seien. Es liege wohl nicht im Interesse der Bürger, dass der Rat einen Beschluss fasse, der die Benutzung der Gaststätte für das Kirchenjubiläum untersage. Er sagte, er sei vom Rat des Kreises aufgefordert worden, einen solchen Ratsbeschluss herbeizuführen. „Wenn es nach mir ginge, könnte die Veranstaltung durchgeführt werden", ergänzte er. Ich erlebte den Bürgermeister stark verunsichert. Ich teilte ihm mit, dass ich am nächsten Tag die Veranstaltung beim Volkspolizei-Kreisamt anmelden würde.

Als ich die Anmeldung bei der Polizei in Jüterbog abgeben wollte, wurde mir erklärt, dass diese erst vom örtlichen Rat abgezeichnet werden müsse. In Wiepersdorf bat ich den Bürgermeister um die Bestätigung. Er sagte mir, dass er dazu nicht berechtigt sei. Also schrieb ich einen Brief an den Rat des Bezirkes, Sektor Kirchenfragen. Bevor ich auf die aktuellen Probleme einging, nahm ich Bezug auf die im selben Jahr erfolgte Unterzeichnung der Schlussakte von Helsinki:

„In dem Miteinander zwischen Christen und Marxisten, in der Begegnung zwischen staatlichen Vertretern und Vertretern der Kirchen könnte ‚Helsinki' eine gemeinsame Plattform der Begegnung darstellen. Ich würde es begrüßen, wenn es von diesem Ansatz her zu einer Entkrampfung in der Begegnung miteinander käme. Leider haben wir in der Vergangenheit einander oft missverstanden und haben wertvolle Kräfte, anstatt sie für das ‚Wohl der Menschen' einzusetzen, in gegenseitigen unliebsamen Reibereien verschwendet. Zeiten des Kalten Krieges im Miteinander zwischen staatlichen und kirchlichen Vertretern sollten der Vergangenheit angehören."[10]

Neun Kirchenälteste haben den Brief mitunterschrieben.

Am 26. November informierte ich den Superintendenten und fuhr im Anschluss nach Potsdam, um dem Sektorenleiter für Kirchenfragen im Rat des Bezirkes den Brief zu übergeben. Dieser warf mir vor, dass ich schon wieder neue Aktivitäten entfalten würde, obwohl die Angelegenheiten vom Juni noch nicht bereinigt seien. Das ist alles im Rahmen der normalen Gemeindearbeit zu sehen, entgegnete ich. Auch könne diesmal keiner am Thema Anstoß nehmen.

Im Anschluss fuhr ich zum Generalsuperintendenten, um ihn zu informieren.

Am 27. November wurde der Superintendent in dieser Angelegenheit noch einmal beim Rat des Kreises vorstellig, er unterstrich, dass es zu einer Belastung des Verhältnisses zwischen Staat und Kirche führen würde, wenn die Veranstaltung in Wiepersdorf nicht durchgeführt werden könne.

Am 28. November rief der Superintendent beim Rat des Kreises an. Ihm wurde mitgeteilt, dass die geplante Veranstaltung in der Gaststätte nicht stattfinden könne, aber gegen ein Kaffeetrinken wäre nichts einzuwenden. Grußworte und alles andere gehörten in die Kirche. Der Bürgermeister war von dieser Entscheidung nicht unterrichtet worden. Er sagte: Erst wenn ich grünes Licht habe, kann das Kaffeetrinken stattfinden.

---

[10] Ebenda.

Am Sonnabend tagte in Jüterbog die Kreissynode. Ich nahm diese Gelegenheit wahr, um die Synodalen über diese Angelegenheit zu informieren. Abschließend sagte ich: „Wir erwarten als Christen in diesem Staat keine Privilegien, sondern wir wollen mit gleichem Recht ausgestattet und behandelt werden wie alle Bürger dieses Landes. Auf dem Weltkongress der Friedenskräfte in Moskau hieß es: ‚Es ist notwendig, alle Formen der Diskriminierung nach Merkmalen der Rasse, der Nationalität, der Sprache, Religion und Geschlecht auszurotten.‛ Wir sind der Meinung, dass wir solche Aktionen nicht wortlos hinnehmen können, denn sie stellen einen Angriff auf unsere kirchliche Arbeit dar."[11]

Als Reaktion verabschiedete die Synode eine Erklärung, in der es unter anderem heißt:

„Die Kreissynode nimmt zur Kenntnis, dass im Verlauf dieses Jahres im Pfarrsprengel Meinsdorf in zwei Fällen die Benutzung von Räumen der Gaststätte nicht genehmigt worden ist. In beiden Fällen handelt es sich um größere Zusammenkünfte, die die Kapazität der vorhandenen kirchlichen Räume übersteigt [...] Die Synode stellt fest, dass es das Recht der Kirchengemeinde ist, auch außerkirchliche Räume bei Bedarf in Anspruch zu nehmen, soweit die Veranstaltungsverordnung berücksichtigt wird."[12]

Am Nachmittag wurde der Gaststätte in Wiepersdorf mitgeteilt, dass die Kirchengemeinde im Anschluss an den Festgottesdienst ein Kaffeetrinken in der Gaststätte durchführen könne.

[11] Ebenda.
[12] Ebenda.

Ein Kirchdach wird zum Politikum

Die Zeit nagt an jedem Gebäude, davon sind auch Kirchen und Pfarrhäuser nicht ausgenommen. Die wirtschaftliche Situation in der DDR machte es erforderlich, dass ein großer Teil der Reparaturen in Eigeninitiative oder sogenannter Feierabendarbeit ausgeführt werden musste. Es gab nur selten Handwerker oder Betriebe, die diese Arbeiten an Kirche und Pfarrhaus in ihrer Planziffer unterbringen konnten. Am Anfang des Jahres vergab der Rat des Kreises die Baukapazitäten. Kirchliche Einrichtungen, wenn sie nicht unter das mit Westgeld finanzierte Sonderbauprogramm fielen, fanden dabei nur selten Berücksichtigung. So wurde es erforderlich, dass die Gemeinde, häufig der Pfarrer, das Material für die erforderlichen Arbeiten besorgte. Dabei konnte allein ein Sack Zement zum Problem werden. Es galt, die Fachleute ausfindig zu machen, die bereit waren, Arbeiten nach Feierabend auszuführen.

Im Frühjahr 1974 stellten wir plötzlich einen großen Schaden am Dachstuhl der Meinsdorfer Kirche fest. Tragendes Gebälk war angebrochen. Provisorische Reparaturen waren zwecklos. Das Dach musste umgehend erneuert werden, um größeren Schaden auch für den Innenraum abzuwenden. Fachleute kalkulierten die Kosten mit 12.000 Mark. Bezüglich des Geldes meinte der Gemeindekirchenrat, dass wir alle Bürger um eine Spende bitten sollten, um die Kirche als das Wahrzeichen der umliegenden Dörfer zu erhalten. Ich schrieb einen Brief an alle Bürger, in dem ich über die Situation informierte und zugleich um Mithilfe bat. Diesen

Brief habe ich mit einem Spiritusabzugsgerät in der Superintendentur vervielfältigt und anschließend in den Dörfern verteilen lassen. Die Mitglieder des Gemeindekirchenrates gingen von Haus zu Haus und trugen die jeweilige Spendensumme in eine Liste ein.

Wieder wurde der Stellvertreter für Inneres, Herr Möhle, aktiv. Er hatte den Superintendenten und mich für den 19. November 1974 zu einer Aussprache in den Rat des Kreises geladen. Da die Sammlung für das Kirchdach eine ungesetzliche Handlung sei, sollte ich die Sammellisten und die Spendenbeträge umgehend dem Bürgermeister in Meinsdorf übergeben.[13]

Um zu verhindern, dass das gesammelte Geld beschlagnahmt würde, galt es, schnell zu handeln. Also haben wir die einzelnen Beträge in Briefumschläge eingetütet und den Spendern zurückgegeben mit dem Hinweis, dass diese Spende am kommenden Sonntag in die Kollekte gegeben werden kann.

Am 3. Dezember 1974 fand eine öffentliche Sitzung der örtlichen Volksvertretung in Meinsdorf statt, einziger Tagungsordnungspunkt: „Verstoß des Pfarrers Linke gegen die Sammlungs- und Lotterieverordnung". Der Stellvertreter für Inneres, Herr Möhle, und die Referentin für Kirchenfragen waren angereist. Barbe und ich nahmen an der Sitzung teil. Über diesen Abend schreibt Herr Möhle in einer Aktennotiz: „Bürgermeister Marx eröffnete die Versammlung, danach erläuterte Genosse Möhle nochmals eingehend die Vorkommnisse in Meinsdorf und erklärte den Sachverhalt. Die Proble-

---

[13] BStU, ASt Potsdam, AOP 1557/78, Bd. I, S. 85 und 87.

41

matik wurde zur Diskussion gestellt. Leider nahm keiner der Volksvertreter zu dem Vorfall Stellung. Pfarrer Linke seinerseits versuchte nach wie vor, die Vorkommnisse zu bagatellisieren [...] Er vertrat die Ansicht, dass die Sammlung eine rein kirchliche Angelegenheit sei. Bestärkt wurde er in seiner Meinung durch den Tierarzt [...], der als einziger Diskussionsredner sprach und erklärte, dass die Kirche von Meinsdorf ein Wahrzeichen für das Ländeken sei und unter Denkmalschutz stehe [...]"[14]

Dieser Abend hinterließ einen bitteren Beigeschmack. Herr Möhle hatte die Haltung der Staatsmacht demonstriert. Ich fragte mich: Warum hat keiner der Volksvertreter den Mund aufgemacht? Es ging doch um ein Wahrzeichen ihres Ortes. Mit der schweigenden Mehrheit können Beschlüsse herbeigeführt werden, die im Rat des Kreises formuliert werden. So konnte gesagt werden, der örtliche Rat hat beschlossen. Viele Bürgermeister, die ich in diesen Jahren erlebte, waren Befehlsempfänger, die Volksvertreter, wenn ich sie einzeln ansprach, wirkten eingeschüchtert.

In den darauffolgenden Monaten habe ich alles versucht, um die Arbeiten einer regulären Firma zu übertragen. „Wir haben keine freien Kapazitäten", war die Antwort. So machten wir uns selbst ans Werk. Ein Zufall ergab, dass ein Dachziegelwerk kurzfristig Dachziegel abgab. Diese mussten aber direkt vom Werk mit dem Lkw geholt werden. Jetzt wurden die Bürger aktiv. Die Hänger wurden gemeinsam mit den Dorfbewohnern entladen. Für das Holz, um Sparren und

---

[14] BStU, ASt Frankfurt/O., AOP 889/84, Bd. VI, S. 154.

Dachlatten zu erneuern, erhielten wir vom Kirchenförster ein Kontingent, schließlich verfügte die Kirchengemeinde Meinsdorf über eine größere Fläche Kirchenwald. Ein Teil der Giebelfront musste erneuert werden, dazu waren Klinker nötig, die schwer zu beschaffen waren. Handwerker aus den Dörfern erklärten sich bereit, die Arbeiten in Feierabendarbeit durchzuführen. Nun fehlte noch die Rüstung. War die Rüstung zu haben, waren die Handwerker anderweitig verplant und umgekehrt. Woher bekommen wir Kupfer, um die Wetterfahne zu erneuern? Ein Freund, der Kunstschmied Christian Röhl aus Potsdam, konnte helfen. So sind schließlich drei Jahre ins Land gegangen. Im Herbst 1977 waren die Arbeiten abgeschlossen; die Kirche hatte wieder ein neues Dach. Anfang Oktober feierten wir einen Festgottesdienst. Ich hatte aus den Unterlagen des Kirchenarchivs eine Broschüre über die Geschichte der Meinsdorfer Kirche zusammengestellt, für die bei den Gemeindegliedern reges Interesse bestand.

Ökumenische Kontakte

Ökumene ist der Ausdruck der Verbundenheit zwischen den christlichen Konfessionen, im eigenen Land, aber auch über Ländergrenzen hinweg. Was die Verbundenheit der evangelischen Kirchen in der DDR mit den Kirchen in der Bundesrepublik betraf, so konnte man hierbei im engeren Sinne nicht von Ökumene reden. Nach der Loslösung der DDR-Kirchen von der EKD im Jahre 1969 heißt es in der Ordnung des Bundes der evangelischen Kirchen in der DDR in Artikel 4,4: „Der Bund bekennt sich zu der besonderen Gemeinschaft der evangelischen Christenheit in Deutschland."

Durch die Mauer begrenzt, mussten wir uns einrichten in diesem Land, wie man sich einrichtet, wenn die Türen verschlossen sind. Daher waren wir dankbar für Kontakte, die in diesen Jahren über die Mauer hinweg geknüpft werden konnten. Gott sei Dank gab es diejenigen, die die Einbahnstraße zu uns nutzten. Aber sie fuhren wieder, wir blieben. Briefe gingen hin und her, erreichten den Empfänger oder landeten durch die Postkontrolle auf den Schreibtischen der Mitarbeiter des MfS. Nach der Öffnung der MfS-Archive konnte ich diese Briefe lesen.

Während des Studiums hatten Barbe und ich mit dem damaligen Theologie-Studenten der Kirchlichen Hochschule West-Berlin, Eberhard Schäfer, Freundschaft geschlossen. Es war die Zeit, als 1967/1968 Studenten in West-Berlin gegen die bestehenden Verhältnisse an der Universität und in der Gesellschaft demonstrierten. Eberhard hatte uns, häufig auch mit anderen Kommilitonen, in Ost-Berlin besucht. Jetzt waren wir im Pfarramt, er in Gnarrenburg in der Hannoverschen Landeskirche, wir in Meinsdorf. Eberhard hatte mehrmals keine Einreisegenehmigung nach Meinsdorf erhalten. In der zu meiner Person vom MfS angelegten Kerblochkartei[15] steht unter den beantragten Reisen kontinuierlich der Vermerk: „Die Reise wurde nach Rücksprache mit Rat des Kreises, Abt. Inneres, durch VP mit Schreiben vom [...] abgelehnt." Dennoch wollten wir an dieser Freundschaft, die inzwischen auch seine Frau Edith mit einbezog, festhalten. Und was lag näher, als dass wir die privaten Kontakte auch für unsere Arbeit nutzbar machten. Wir verabredeten regelmäßige Wochenendtreffen in Ost-Berlin. Eberhard und Edith kamen mit ihrer Jugendgruppe und wir kamen mit den Jugendlichen der Jungen Gemeinde aus Meinsdorf. Die Jugendlichen fanden das toll. Auf diese Weise lernten sie Gleichaltrige aus dem anderen Deutschland kennen. Eine gemeinsame Verständigungsebene war immer schnell gefunden. Sie erzählten einander, was ihnen wichtig war, und sie konnten ihre Fragen stellen. Es fand ein lebhafter Austausch statt. So sind über die Grenzen hinweg Freundschaften entstanden. Gemeinsame Bibelarbeit, Erkunden der Stadt oder Fahrten mit dem Dampfer auf dem Müggelsee gehörten bald zu den festen Programmpunkten dieser Tage. Diese Kontakte festigten sich durch Briefwechsel, durch Besuche in Ost-Berlin oder durch Einladungen in die Familien in der DDR. Solche Begegnungen waren eine enorme Bereicherung unserer Arbeit, sie halfen, vorhandene Vorurteile abzubauen.

---

[15] Datenträger zur Erfassung und Speicherung operativ bedeutender Informationen.

„Wie ist das bei euch? Stimmt das, was man uns in der Schule sagt?" Diese Fragen wurden immer wieder gestellt. Auch nach der Meinsdorfer Zeit wurden die Kontakte und Begegnungen fortgesetzt, als Eberhard Schäfer in Buxtehude und wir in Neuenhagen waren.

Mit dem Beginn meines Dienstes im Pfarrsprengel Meinsdorf wurde ich mit der Funktion als Kreispfarrer für Ökumene und Mission betraut, bald danach auch von der Kirchenleitung in den landeskirchlichen Beirat für Ökumene und Mission berufen. Teilhaben an der ökumenischen Diskussion erweiterte den Blick über die Grenzen hinweg und regte an, die eigenen gesellschaftlichen und kirchlichen Verhältnisse zu reflektieren. Ich erinnere mich, dass ich in diesen Jahren sehr stark angeregt war von dem, was uns an Informationen aus Lateinamerika erreichte und mit dem Kürzel *Theologie der Befreiung* umschrieben wurde. Als Kreispfarrer nahm ich an den Jahrestagungen des Berliner Missionshauses teil und nutzte vielfach die Möglichkeiten, um mithilfe dieser Einrichtung offizielle Kirchenvertreter, die den DDR-Kirchen einen Besuch abstatteten, in unsere Gemeinden einzuladen. Wenn wir selbst nicht ins westliche Ausland reisen konnten, dann wollten wir die wenigen Möglichkeiten nutzen, um mit Menschen, die unser Land besuchten, ins Gespräch zu kommen. Ich erinnere mich an den Besuch des Präsidenten der Gossner Kirche aus Indien, der im Mai 1977 mit seiner Frau in den Kreis Jüterbog kam. Es kam zu bewegenden Begegnungen mit ihnen in verschiedenen Gemeinden, auf Gemeindeabenden, Kindernachmittagen, im Pfarrkonvent. Auch an die Vertreter afrikanischer Kirchen oder einer kanadischen Delegation, Letztere war später in Neuenhagen zu Gast, denke ich dabei. So wurden Kontakte geknüpft, die die Gemeindearbeit bereichert haben.

Im August 1972 fuhren Barbe und ich mit einer Jugendgruppe aus Meinsdorf in die ČSSR, bis Prag mit dem Zug und weiter mit einem Bus an der Moldau entlang in das 35 km entfernte Dorf Hvozdnice. Einige schliefen in Zelten im Pfarrgarten, andere wohnten in einem herrlich ausgebauten Dachboden des Pfarrhauses. Daniela Brodska war Pastorin in dieser Gemeinde. Ihr Mann Peter studierte Theologie in Prag. Im Pfarrhaus wohnte noch eine zweite Familie, Dan und Milena. Dan war 1968 Abgeordneter des Studentenparlaments und hatte das Theologiestudium abgeschlossen, bekam aber keine Staatserlaubnis, um eine Pfarrstelle zu übernehmen. Seine Frau war Malerin. Die Gespräche und Begegnungen mit unseren Gastgebern haben sich tief eingeprägt, auch die Jugendlichen nahmen teilweise daran teil. So erfuhren wir, was die Menschen in diesem Land nach dem *Prager Frühling* von 1968 bewegte. Wir lernten die Menschen dieses wunderschönen Dorfes an der Moldau kennen und erkundeten die nahe gelegene Stadt Prag.
Daniela und Peter Brodski haben später die *Charta 77* mit unterzeichnet. Danach wurden sie in eine ganz im Osten der ČSSR gelegene Pfarrstelle zwangsversetzt.
Im Sommer 1963 besuchte ich mit meinen Eltern zusammen Polen, das Land, in dem meine Geburtsstadt Breslau liegt. Es

war meine erste Auslandsreise. Damals war es noch erforderlich, eine persönliche Einladung von einem polnischen Bürger zu erhalten, die dem Antrag der Reise beigefügt werden musste.

In den folgenden Jahren bin ich häufig nach Polen gefahren, durch das Land getrampt, bis an die Ostsee, oder mit dem Zug nach Warschau gefahren. Im Januar 1972 wurde der Pass- und Visazwang zwischen Polen und der DDR aufgehoben. Jetzt kamen auch mehr Touristen aus Polen in die DDR. Plötzlich wurden alte Vorurteile über *die Polen* laut, von denen ich dachte, sie würden der Vergangenheit angehören.

Der Bund der Evangelischen Kirchen in der DDR rief zu Spenden für ein Kinderkrankenhaus in Warschau auf. Diese Aktion nutzte ich, um mit Diavorträgen über Polen und über meine Erfahrungen dort zu informieren. Im Mai 1977 fuhren wir mit 45 Gemeindegliedern für vier Tage nach Danzig und Sopot. Während der Busfahrt registrierten die Teilnehmer, was es längs des Weges zu entdecken gab. In Danzig trafen wir den Pfarrer der dortigen evangelischen Gemeinde, der uns über die Situation im Land erzählte und uns durch das wiederaufgebaute Danzig führte. Wir fuhren auch zur Westernplatte, wo am 1. September 1939 der Zweite Weltkrieg begonnen hatte. Es wurde deutlich, dass vieles in unserem Nachbarland nur zu verstehen ist, wenn die grausame Geschichte des Dritten Reichs nicht ausgeklammert wird.

Günter D. (IM „Egon"), der einen Monat vor unserer Reise vom MfS als IMV angeworben wurde, hatte sich auch zu dieser Fahrt angemeldet und dafür die nötigen

Instruktionen von seinem Führungsoffizier erhalten. Sieben Tage nach der Reise übergab er zwei schriftliche Berichte und eine Teilnehmerliste.[16] Im Sachstandsbericht, den die MfS-Kreisdienststelle Jüterbog im August 1977 anfertigte, wird vermerkt, dass IM „Egon" „ausschließlich im Interesse des MfS mitfuhr."[17]

Trotz aller Schwierigkeiten, die die Organisation einer solchen Reise mit sich brachte, war es sehr ermutigend, miterleben zu können, wie offen die Teilnehmer das Gehörte und Gesehene aufnahmen. Für viele war es die erste Reise, die sie aus der Enge der dörflichen Strukturen hinausführte.

Barbe lernte im Frühjahr 1972 bei einer Pfarrfrauenrüste in Ost-Berlin, an der Frauen aus der Bundesrepublik und Holland teilnahmen, Annemie Janssen aus Amstelveen in Holland kennen. Die beiden Frauen schlossen Freundschaft und es entwickelte sich ein intensiver Kontakt. Annemie wollte uns im Juni 1973 mit ihrem Mann Wim in Meinsdorf besuchen. Als Ausländer mussten sie von sich aus die Reise beantragen. Die Einreise in die DDR wurde ihnen nicht genehmigt. In der vom MfS zu meiner Person angelegten Kerblochkartei finde ich den Vermerk: „Antrag hierfür wurde am 15.05.73 beim Reisebüro Lissone-Lindemann Amsterdam/Holland gestellt. Die Einreise dieser beiden Personen wurde aus Sicherheitsgründen, nach Rücksprache mit dem Stellvertreter Abteilung Inneres beim Rat des Kreises, am

---

[16] BStU, ASt Potsdam, AIM 22/83, Bd. II/I, D. 123.

[17] BStU, ASt Potsdam, AOP 1557/78, Bd. I, S. 314-318.

06.06.73 durch die VP abgelehnt."[18] Im Sommer 1974 reisten Wim und Annemie mit einem Campingvisum in die DDR ein und zelteten auf einem Campingplatz bei Potsdam. Als Campingtouristen konnten sie sich frei in der DDR bewegen und besuchten uns in Meinsdorf. Annemie und Wim waren sehr interessiert an unserem Leben, gerade auch als Pfarrersleute. So nahmen sie auch Kontakte zu Gemeindegliedern auf, stellten ihre Fragen und waren oft überrascht, wie real diese Landleute ihr Leben beschrieben. Der Besuch blieb den Sicherheitsorganen aber nicht verborgen, schließlich parkte auf unserem Hof ein Auto mit einem holländischen Kennzeichen. Man versuchte festzustellen, ob die Eingereisten ein gültiges Visum hatten und ob sie bei uns übernachten würden. Der Abschnittsbevollmächtigte wurde beauftragt, das Hausbuch zu kontrollieren, das in jedem Haus existierte und von den Hauseigentümern auszufüllen war, wenn Fremde übernachteten. Dabei stellte er fest, dass von uns bisher keine Eintragung vorgenommen wurde. Das war der Anlass, um gegen mich eine Ordnungsstrafe zu verhängen.

Über die persönliche Freundschaft mit Annemie und Wim hinaus entwickelten wir gemeinsam Überlegungen, wie dieser Kontakt auch für die Gemeinde geöffnet und ausgebaut werden konnte. In den folgenden Jahren, auch in der Gemeinde Neuenhagen, besuchten uns regelmäßig Gemeindeglieder aus Amstelveen. Diese Besuche nutzten wir, um zu Gemeinde- und Gesprächsabenden einzuladen. So entstanden immer neue Verbindungen.

---

[18] BStU, ASt Frankfurt/O., AOP 889/84, Bd. VI, S. 112.

Im Frühsommer 1977 erhielt ich eine offizielle Einladung der Evangelischen Akademie „Kerk en Wereld" in Driebergen zu einer Tagung. Die Kirchenleitung gab ihre Zustimmung und leitete den Antrag über den Kirchenbund an das Staatssekretariat für Kirchenfragen weiter. Seit dem Sommer 1975 lagen konfliktreiche Erfahrungen mit der Abteilung Inneres hinter uns, daher waren meine Erwartungen bezüglich einer Reisegenehmigung gedämpft. Dass diese Skepsis nicht unbegründet war, entnehme ich den MfS-Akten. Am 8. September 1977 schrieb der Stellvertreter für Inneres, Herr Möhle, an den Stellvertreter für Inneres beim Bezirk Potsdam:

„In der Anlage übersenden wir Ihnen eine Einschätzung des Pfarrers Linke aus Meinsdorf. Wie uns bekannt wurde, ist für Herrn Pfarrer Linke eine Hollandreise in der Zeit vom 5.-25.10.1977 zu zwei katechetischen Kursen beantragt. Die Koordinierungsgruppe der SED-Kreisleitung ist der Auffassung, dass bezüglich des Ausreiseantrages bei Pfarrer Linke entsprechend den gesetzlichen Bestimmungen der DDR gehandelt werden muss. Dabei möchten wir zu bedenken geben, dass Linke bei seinem Aufenthalt im kapitalistischen Ausland bestimmt mit solchen kirchlichen Personen, die der DDR negativ gegenüberstehen, Kontakt aufnehmen wird. Das wiederum würde sich in seiner weiteren Tätigkeit im Kirchenkreis Jüterbog in noch krasserer Form als bisher widerspiegeln. Wir sind der Meinung, dass Pfarrer Linke sich durchaus bei ähnlichen Kursen in unserer Republik und nicht im kapitalistischen Ausland weiterbilden sollte."[19]

---

[19] BStU, ASt Frankfurt/O., AOP 889/84, Bd. VI, S. 169-171.

Dieser Ablehnung war eine zweiseitige Einschätzung meiner Person angefügt, in der es unter anderem heißt:

„Pfarrer Linke hat eine negative Einstellung zu unserer sozialistischen Deutschen Demokratischen Republik, die er durch sein Gerede vom ‚Miteinander, Aufeinanderzugehen und fruchtbarer Zusammenarbeit' zwischen Christen und Marxisten usw. zu überspielen versucht [...] Linke identifiziert sich voll und ganz mit Brüsewitz."[20]

Aber die Reise wurde schließlich von den DDR-Behörden für die Zeit vom 20. bis zum 25. Oktober genehmigt. Da die Reiseunterlagen erst drei Tage vor dem Reiseantritt vorlagen, konnte das Einreisevisum nach Holland nicht rechtzeitig beschafft werden. Am Nachmittag des 4. November erfuhr ich von der Dienststelle des Kirchenbundes in der Auguststraße in Berlin: Die Papiere sind fertig. Noch am selben Tag fuhr ich nach Berlin und reiste nach Erhalt der Unterlagen über den Bahnhof Friedrichstraße aus. Nach sechzehn Jahren, seit dem Bau der Mauer, war ich erstmals wieder in West-Berlin. Ich wollte die Zeit bis zur Weiterfahrt mit dem Zug nutzen. Mit der S-Bahn fuhr ich zunächst zum Bahnhof Zoo. Vor mir sah ich die Gedächtniskirche. Wie im Traum ging ich in die Hardenbergstraße und gelangte zur Mensa der Technischen Universität. Kommunistische Studentengruppen hatten Infostände aufgebaut und luden zur Diskussion ein. Eine maoistische Gruppe bot Schriftenmaterial an und wollte mich in ein Gespräch verwickeln. Nein, das wollte ich jetzt nicht. Mit dem Zug verließ ich West-Berlin.

[20] Ebenda.

Da die Tagung, zu der ich eingeladen wurde, vorbei war, hatten die Gastgeber, Annemie und Wim Janssen, ein umfangreiches Besuchsprogramm zusammengestellt. In Amsterdam besuchte ich zusammen mit Annemie das Anne-Frank-Haus. In unmittelbarer Nähe entdeckte ich an einer Plakatwand Plakate mit den Fotos von Andreas Baader und Gudrun Ensslin, die im Gefängnis in Stuttgart-Stammheim Mitte Oktober Selbstmord begangen hatten. In Holländisch war zu lesen: „ermordet". Mit Filzstift hatte jemand ein Fragezeichen dahinter gesetzt. Die Aussage und die Infragestellung spiegelten die Spannung in diesen Tagen.

In Amstelveen, in Wims Kirche, hielt ich einen Vortrag über die Kirche in der DDR. Unter den zahlreichen Besuchern waren auch zwei Vertreter von der DDR-Botschaft. In der Pause traten einige Männer an mich heran und fragten: Wie stehen Sie zu dem Mord an Baader und Ensslin? Wie kann sich jemand in einem so perfekten System, wie es die Deutschen haben, selbst töten?

Das Ergebnis der internationalen Untersuchungskommission war bekannt. Und doch gab es dieses tiefe Misstrauen gegenüber den Deutschen in unmittelbarer Nachbarschaft. Ich erlebte, wie bei den Diskussionen in diesen Tagen von meinen Gesprächspartnern immer wieder zwischen der Bundesrepublik und der DDR unterschieden wurde. Was sich nach 1945 in der Bundesrepublik entwickelt hatte, wurde kritisch gesehen oder verurteilt. Dahinter standen die Erfahrungen der Holländer im Dritten Reich. Als Besucher aus der DDR begegnete man mir mit großer Herzlichkeit. Einmal wurde mir das so erklärt: Wir sehen in dem, was ihr in der DDR macht, etwas Neues, durch das die grässliche Vergangenheit überwunden wird. In diesen Gesprächen versuchte ich deutlich zu machen, dass die Deutschen in Ost und West in gleicher Weise für die Vergangenheit verantwortlich sind. Wir können uns in der DDR nicht damit herausreden, dass unsere Geschichte erst mit der Gründung 1949 beginnt und dass für die Vergangenheit die anderen dort im Westen verantwortlich sind.

Holland überschwemmte mich mit einer Vielzahl von Eindrücken, Erfahrungen und Impulsen. Am 11. November kehrte ich zurück. Ich war mir bewusst, dass es nur wenige waren, die in diesen Jahren eine derartige Reise antreten konnten. Durch Diavorträge und Erzählungen versuchte ich, etwas von meinen Erfahrungen, die ich gesammelt hatte, weiterzugeben und andere daran teilhaben zu lassen.

Während dieser Reise hatte ich in Utrecht Hebe Kohlbrugge kennengelernt, eine kleine, zierliche Frau, die Energie ausstrahlte. Sie war mit den Verhältnissen in der DDR gut vertraut. Ich erfuhr, dass sie 1938 als Vierundzwanzigjährige in die Kirchenprovinz Brandenburg gegangen war und ihre Mitarbeit als Vikarin in der Bekennenden Kirche anbot. Kurt Scharf, der Präses der Brandenburger Bekenntnissynode, schickte sie damals nach Fehrbellin, wo sie mit dem dortigen Pfarrer, Günther Harder, zusammenarbeitete. 1939 wurde sie verhaftet und aus Deutschland ausgewiesen. Als Holland durch die Nazis besetzt war, arbeitete sie als Kurier für den Widerstand. Sie wurde 1944 erneut verhaftet und kam ins Konzentrationslager Ravensbrück. Nach dem Krieg hatte sie an den ökumenischen Kontakten nach Deutschland und Osteuropa mitgebaut.[21] Über die gegenwärtige Entwicklung in der ČSSR war sie gut informiert. Sie zeigte mir in Utrecht eine Liste mit Namen derer, die die *Charta 77* unterschrieben hatten. Auf dieser Liste entdeckte ich die Namen von Daniela und Peter Brodski, die wir im August 1972 mit einer Jugendgruppe aus Meinsdorf in der Nähe von Prag besucht hatten. Auch Hebe kannte Daniela und Peter. Sie hatte sie in ihrem Pfarramt besucht. Hebe erzählte mir, dass beide mit ihren Kindern ihre Pfarrstelle verlassen mussten und an die äußerste Ostgrenze versetzt worden waren. Sofort überlegte ich, sie in Kürze dort zu besuchen. Da Hebe zu diesem Zeitpunkt mehrfach keine Einreisegenehmigung in die ČSSR erhielt, gab sie mir für die beiden einen speziellen Gruß mit. Hebe besuchte uns auch in der DDR. Es blieb nicht aus, dass Hebe Kohlbrugge bald nach unserem Wechsel nach Neuenhagen in das Visier der MfS Kreisdienststelle Strausberg geriet. Gespräche, die wir miteinander im Wohnzimmer in Neuenhagen führten, wurden durch eine *Wanze* mitgeschnitten und dokumentiert.

In den Winterferien im Februar 1978 fuhren wir mit unseren Kindern in die ČSSR, um Daniela und Peter Brodski zu besuchen. Es war eine aufregende Fahrt durch eine verschneite Landschaft, ohne Winterreifen. Es schneite unaufhörlich, die Sicht war eingeschränkt, die Straße spiegelglatt, die Ortsschilder nicht zu lesen. Das alles aber war sofort ver-

---

[21] Vgl. Ökumenische Selfmade-Frau: Hebe Kohlbrugge. In: See, W.; Weckerling, R.: Frauen im Kirchenkampf, a. a. O., S. 123 ff.

gessen, als wir unsere Freunde wiedersahen. Das gemeinsame Erzählen und das Berichten der politischen Schwierigkeiten wollte kein Ende nehmen. Aber wir konnten auch feiern, tanzen und fröhlich sein, auch mit den Menschen in der Gemeinde. Von dort schrieben wir einen Gruß an die Freunde in Holland. In Tschechisch stand auf dem Briefkopf ein Satz von Konfuzius: „Reichtum und Karriere wünscht sich jedermann, aber er muss sie hergeben, wenn sie den Weg verraten, zu dem er sich bekennt." Daniela fügte hinzu: „Es freut uns, dass wir nicht allein sind, dass Ihr an uns denkt."

Reaktion auf die Selbstverbrennung von Pfarrer Brüsewitz

Aus den westlichen Medien erfuhren wir die Nachricht, dass am 18. August 1976 Oskar Brüsewitz, Pfarrer der Kirchenprovinz Sachsen, in Zeitz versucht hatte, sich öffentlich zu verbrennen. Am 22. August erlag er seinen Verletzungen. In seinem Abschiedsbrief an den Pfarrkonvent heißt es abschließend: Es „tobt zwischen Licht und Finsternis ein mächtiger Krieg. Wahrheit und Lüge stehen nebeneinander."[22]
Die Medien der DDR schwiegen lange. Am 23. August veröffentlichte die CDU-Zeitung *Neue Zeit* einen Artikel mit der Überschrift „Die Handlungsweise des Pfarrer Brüsewitz wird abgelehnt". Darin wurde Brüsewitz als ein „abnormal und krankhaft veranlagter Mensch, der oft unter Wahnvorstellungen litt", bezeichnet. Zugleich wurde festgestellt, dass „westliche Nachrichtenagenturen und Fernsehstationen" diesen „Selbstmordversuch zu einer verleumderischen Hetze gegen die DDR" nutzen würden. In verschiedenen Stellungnahmen wurde diese Lesart unterstrichen. In den Tagen danach erfolgte in der DDR-Presse eine breit angelegte Verleumdungskampagne gegen Brüsewitz. Die SED-Zeitung *Neues Deutschland* veröffentlichte am 31. August einen Kommentar unter der Überschrift „Du sollst nicht falsch Zeugnis reden". Am selben Tag erschien in der CDU-Presse *Neue Zeit* ein Artikel unter der Überschrift „Schamlose Hetze mit menschlichem Versagen". In beiden Artikeln wurden die

---

[22] Müller-Engbergs, Helmut u. a.: Das Fanal, a. a. O., S. 264.

westdeutschen Medien gescholten, die „den Selbstmordversuch eines von Wahnvorstellungen Befallenen zur Hetze gegen unseren sozialistischen Staat und zum Ablenken von ihrer eigenen Krise ausnutzen". In beiden Zeitungen wurde die Person Brüsewitz diffamiert. Den „Lügen", die die Westmedien über die DDR verbreiten würden, wurden die Möglichkeiten entgegengestellt, die die Christen in der DDR hätten.

Da wir unmittelbar an der Grenze zur Kirchenprovinz Magdeburg wohnten, besorgte ich mir die Erklärungen, die die Magdeburger Kirchenleitung inzwischen abgegeben hatte. Am 6. September schrieb ich an die Redaktion der CDU-Zeitung *Neue Zeit* und protestierte gegen die veröffentlichten Verleumdungen. In meinem Schreiben hieß es unter anderem: „Auch wenn Sie der Tat als solcher nicht zustimmen, können Sie nicht die Person und den ganzen Lebensweg unter dem Vorzeichen ‚abnormal und krankhaft' sehen wollen. Woher nehmen Sie das Recht, Pfarrer Brüsewitz als einen ‚von Wahnvorstellungen Befallenen' zu verurteilen? Soll das Aneinanderreihen von Halbwahrheiten vielleicht eine Beweiskette darstellen? [...] Wenn Sie sich mit Darstellungen der BRD in dieser Sache auseinandersetzen, so wäre es gut, wenn nicht vermeintliche Lügen über die DDR durch neue Lügen beantwortet würden. Über die Nöte auf dem Gebiet des Bildungswesens haben sich einzelne Christen und die kirchlichen Organe in den vergangenen Monaten ausführlich geäußert [...] Wie können Sie solche Nöte als ‚Märchen' zurückweisen? Auch wenn Sie einige Argumente für den Bewegungsraum der Kirche in der DDR anführen, können die vorhandenen Konflikte,

Sorgen und Nöte nicht einfach ignoriert werden. Es stimmt einfach nicht, dass pauschal von einer ‚sorgenfreien [...] Perspektive' der ‚Kinder der Christen in der DDR' gesprochen werden kann. Wunsch und Wirklichkeit sind hier wohl voneinander z. Z. noch zu unterscheiden.'"[23]

In diesen Tagen wurde ich von vielen angesprochen und nach den Hintergründen der Selbstverbrennung gefragt. Die Magdeburger Kirchenleitung hatte am 2. September 1976 einen Brief an die Redaktionen der Zeitungen *Neues Deutschland* und *Neue Zeit* geschrieben, um den „Fakten, Gerüchten und freien Erfindungen" über Oskar Brüsewitz entgegenzutreten und um Veröffentlichung dieses Briefes als Entgegnung auf die zuvor abgedruckten Kommentare gebeten. Da dieses nicht passierte, entschloss ich mich, diesen Brief der Magdeburger Kirchenleitung in unserem Schaukasten neben dem Eingangstor zum Kirchengelände auszuhängen. Diese Erklärung hing erst wenige Stunden im Schaukasten, als vor dem Pfarrhaus ein Wolga vorfuhr und der Stellvertreter für Inneres, Herr Möhle, ausstieg. Aufgebracht trug er die Forderung vor, ich möge unverzüglich dieses Schriftstück aus dem Schaukasten entfernen. Ich versuchte ihm zu erklären, dass ich dem Schreiben keine staatsfeindliche Hetze entnehmen könne und dass es wichtig sei, die Bürger zu informieren. Ich könne seiner Aufforderung, das Schriftstück aus dem Schaukasten zu entfernen, nicht nachkommen. Aufgebracht verließ er mein Arbeitszimmer. Da ich nur dieses eine Exemplar besaß und

---

[23] Privatarchiv D. Linke.

vermeiden wollte, dass es gewaltsam aus dem Schaukasten entfernt würde, nahm ich es aus dem Kasten. Bald danach fuhr der Wolga abermals vor. Diesmal brachte Herr Möhle eine Mitarbeiterin mit. In meinem Amtszimmer versuchte ich noch einmal, auf den Inhalt einzugehen. Plötzlich stand Herr Möhle auf, griff nach dem Schreiben, faltete es zusammen, steckte es in seine Tasche und ging zur Tür. Ich forderte ihn auf, das Papier wieder auf den Tisch zu legen. „Das, was Sie machen, ist Hausfriedensbruch", sagte ich mit aufgebrachter Stimme. Mit dieser Reaktion hatte er nicht gerechnet. Er sagte, er wolle damit zu meinem Dienstvorgesetzten; wenn ich wolle, könne ich mitkommen, aber das Schriftstück gebe er nicht heraus. Sein Gehen wurde nur dadurch verhindert, dass ich mich ihm in den Weg stellte. Nach einer kurzen Pause ging er zum Tisch, legte das Schreiben zurück und bat seine Mitarbeiterin, den Text abzuschreiben. Dann verließen sie beide das Pfarrhaus.

Herr Möhle schrieb noch am selben Tag in einer Information an den Rat des Bezirkes:

„Am 9.9.1976 gegen 8.45 Uhr informierte mich der Bürgermeister der Gemeinde Meinsdorf über einen Aushang im Schaukasten der Kirchengemeinde, in dem ein Brief der evangelischen Landeskirche Sachsen zum Fall Brüsewitz veröffentlicht wurde [...]. Ich begab mich sofort nach Meinsdorf, besichtigte diesen Schaukasten und ging daraufhin zu Pfarrer Linke. In dem folgenden Gespräch erklärte Pfarrer Linke, dass er sich mit dem Schreiben der Landeskirche Sachsen voll inhaltlich identifiziert und durch diese Veröffentlichung einschließlich der Unterstreichung seine politische Meinung zum Fall Brüsewitz und der DDR zum Ausdruck bringen wollte. Seiner Meinung nach entsprechen die Veröffentlichungen und Erklärungen, besonders im ND, nicht den Tatsachen. Pfarrer Linke wurde befragt, ob er noch ein weiteres Exemplar dieses Schreibens der Landeskirche hätte. Das wurde verneint. Er wurde gebeten, diese Veröffentlichung aus seinem Schaukasten zu entfernen. Dies lehnte er kategorisch ab. Er meinte, dass dieses Schreiben von allen Pfarrern in einem der nächsten Gottesdienste zur Verlesung kommt.

Ich begab mich daraufhin zum Rat der Gemeinde, nahm telefonisch Rücksprache mit dem Rat des Kreises und bat die Genossin [...], sofort nach Meinsdorf zu kommen, damit diese mehrseitige Veröffentlichung im Schaukasten abgeschrieben wird. Ich hielt mich ungefähr 30 Minuten beim Rat der Gemeinde Meinsdorf auf. Als die Genossin [...] etwa gegen 9.50 Uhr in Meinsdorf eintraf, stellten wir fest, dass Pfarrer Linke in der Zwischenzeit die Veröffentlichung aus dem Schaukasten entfernt hatte. Es muss angenommen werden, dass er diese Veröffentlichung vernichten wollte.

Die Genossin [...] und ich begaben uns erneut zu Pfarrer Linke. In dem folgenden Gespräch zum gleichen Problem wiederholte Pfarrer Linke, dass er das Recht hätte, in dem Schaukasten der Kirche zu veröffentlichen, was er für richtig hält. Er legte auf meine ausdrückliche Bitte die von ihm selbst aus dem Schaukasten entfernte mehrseitige Veröffentlichung vor. Als ich dieses Schreiben an mich nahm und ihn bat, mit uns gemeinsam zum Superintendenten zu fahren, protestierte er energisch, wurde unsachlich und herausfordernd. Meiner weiteren Bitte, diese Veröffentlichung auszugsweise abzuschreiben, wurde schließlich entsprochen [...].“[24]

Am folgenden Tag schrieb ich an den Vorsitzenden des Rates des Kreises, skizzierte den Vorfall und verwahrte mich gegen die Kompetenzüberschreitung durch Herrn Möhle:

„In dieser Angelegenheit hat der Benannte das Gastrecht verletzt. Es ist schlecht möglich, dass ich aus dem Dienstzimmer eines Pfarramtes und auch sonst Schriftenmaterial oder anderes Eigentum entferne. Ich verwahre mich mit Nachdruck gegen ein derartiges Auftreten eines Mitarbeiters des Staatsapparates und wünsche, dass dieses nicht noch einmal passiert, ganz abgesehen davon, dass dieses nicht zu einem guten Miteinander auf der Basis des Vertrauens beitragen kann.“[25]

Die Selbstverbrennung von Pfarrer Brüsewitz „hat eine tiefe Beunruhigung ausgelöst“, so begann ein Brief der Konferenz der Kirchenleitungen in der DDR an die Gemeinden vom 11. September. „Wir alle sind betroffen. Aus dieser Betroffenheit werden Anfragen laut: an unsere Kirchen, ob in ihnen das Zeugnis von Jesus Christus nicht unentschlossen und ängstlich ausgerichtet wird; an die Kirchenleitungen, ob sie die tatsächlichen Sorgen und Nöte der Gemeinden, Pfarrer und Mitarbeiter entschieden genug aufnehmen und vertreten; an Pfarrer, Mitarbeiter und Gemeinden, ob sie einander tragende Gemeinschaft gewähren; an staatliche Organe, ob Glaubens- und Gewissensfreiheit, besonders für junge Menschen, wirklich Raum bekommt [...]. Durch die Tat von Bruder Brüsewitz sind

---

[24] BStU, ASt Frankfurt/O., AOP 889/84, Bd. VI, S. 165 f.
[25] Privatarchiv D. Linke.

unüberhörbar Fragen laut geworden, die unter uns nicht aus-
getragen worden sind."[26]

Für den 19. September war in Halle ein Kirchentag geplant.
Wir fuhren mit einer Gemeindegruppe in einem Bus hin. Die
Wogen nach der Selbstverbrennung waren noch längst nicht
geglättet. An diesem Tag fand auch eine Podiumsdiskussion
statt, in der Bischof Werner Krusche auf Fragen, die durch
die Diskussion der letzten Tage aufgebrochen waren, einging.
Aus dem Publikum kamen Anfragen nach dem Verhältnis
zwischen Basis und Kirchenleitung, wurde das Paktieren
kirchlicher Vertreter mit dem Staat kritisiert und die Benach-
teiligung junger Christen im Bildungswesen benannt.

IM „Egon" erhielt am 16. September durch Leutnant Letzel
den Auftrag, unsere Stimmung zum Fall Brüsewitz zu erkun-
den. Er konnte berichten:
„Am Sonnabend, dem 18. September 1976 suchte ich Pastor
Linke auf [...] Wir kamen über die Selbstverbrennung des
Pastors Brüsewitz zu sprechen. Er sagte mir, dass die
Kirchenleitung in einem Brief eine Stellungnahme zu den
Veröffentlichungen im ‚ND' und in der ‚Neuen Zeit' an diese
Zeitungen geschrieben hätte, um einiges richtigzustellen. Er
sollte nach Vorstellung der Kirchenleitung in vollem Wortlaut
abgedruckt werden. Dieser Brief ist aber nicht abgedruckt
worden. Nun soll morgen, also am 19. September '76, von
allen Kanzeln dazu eine Erklärung abgegeben werden. Seine

---

[26] Ebenda.

persönliche Meinung ist, dass Brüsewitz wohl ziemlich aktiv war und es einfach für ihn keinen anderen Ausweg gab, als es in dieser Weise zu demonstrieren. Dazu bemerkte er noch, dass alle großen Veränderungen durch Einzelne, die etwas Ausgefallenes wagten, bewirkt wurden. Er selbst würde so niemals handeln, aber niemals würde er behaupten, der Brüsewitz sei anormal. Dann stellte er auch die Frage: Was ist normal? Es ließen sich nicht alle Spannungen, die zwischen Kirche und Staat bestünden, so einfach vom Tisch fegen, als existierten sie nicht."[27]

[27] BStU, ASt Potsdam, AIM 22/83, Bd. II/I, S. 81 f; auch BStU, ASt Potsdam, AOP 1557/78, Bd. I, S. 186.

Kundschafter im Einsatz

Damals habe ich kein Tagebuch geschrieben. Häufig hatten sich die Ereignisse überschlagen und ließen kaum Zeit, um etwas festzuhalten. Bei der Durchsicht der im MfS-Archiv abgelegten Akten stelle ich fest, dass es die Innoffiziellen Mitarbeiter (IM) dafür umso ausführlicher getan haben. Sie haben festgehalten, auf Tonbänder gesprochen, dem Führungsoffizier in die Feder diktiert oder eigenhändig aufgeschrieben. Die Ironie des Schicksals will es, dass ich heute anhand ihrer Berichte wieder an Einzelheiten erinnert werde und Vergangenes heraufholen kann. In den Akten, die Meinsdorfer Zeit betreffend, finde ich ihre Decknamen: „Beyer", „Bleck", „Bodo", „Burkhardt", „Egon", „Gabi", „Hannelore", „Hannibal", „Igel", „Landmann", „Paul", „Pflüger", „Roland", „Tietzel", „Tini" und die Gesellschaftlichen Mitarbeiter für Sicherheit (GMS) „Möhle" und „Seehausen".
Zwei von ihnen, denen ich häufiger begegnet bin, möchte ich vorstellen.

1. IM „Egon"

Der Kollege in Illmersdorf war im Frühsommer 1975 verreist; ich hatte die Vertretung übernommen. In einem Nachbarort war jemand verstorben. Es war schwierig, sich vorher telefonisch anzumelden, die meisten hatten keinen eigenen Telefonanschluss, daher fuhr ich am Abend hin. Der Ort ist ein lang gezogenes Straßendorf, beidseitig stehen stattliche Häuser, die die Höfe der einstigen Großbauern zur Straße hin begrenzen. Vor einem Zweifamilienhaus aus dunklem Klinker, die Fassade von Weinlaub überwuchert, parkte ich. Das Hoftor oder die Haustür waren in den Dörfern meistens unverschlossen. Ich trat in den Flur und klopfte an eine Tür. Aus der Ferne hörte ich eine Frauenstimme. „Sind sie Frau D.?", fragte ich und stellte mich vor. „Sie kommen wegen der Beerdigung meines Mannes?", versicherte sie sich und bat mich in ein geräumiges Wohnzimmer. „Ich werde meinen Sohn rufen", sagte sie und ging in den Hof. „Ich war im Garten, da gibt es immer was zu tun", sagte Herr D., der Sohn, als wir uns begrüßten. Wir setzten uns an den großen Tisch. Frau D. holte die Unterlagen, ich notierte die Daten und ließ mir von dem Verstorbenen, dem Vater und Ehemann, erzählen. Nach dem Beerdigungsgespräch erzählte mir der Sohn von seiner Arbeit, von seinen beiden Töchtern, die in den nächsten Tagen kommen würden. Wir kamen auf Wiepersdorf zu sprechen. Er sagte, dass er einige Bücher der Bettina von Arnim hätte. „Könnte ich mir da mal etwas ausleihen?", fragte ich ihn. „Natürlich, kommen Sie mal mit rüber in mein Zimmer." Wir gingen über den Flur in das gegenüberliegende Zimmer. „Ich lese gern", sagte er und zeigte auf Bücher, die er neu erworben hatte. Dann zog er zwei Bücher der Bettina von Arnim heraus.

So lernte ich Günter D. kennen. Er lebte zusammen mit seiner Mutter; seine Ehe war geschieden. Diese geliehenen Bücher waren der Anknüpfungspunkt für weitere Kontakte. Er war Brigadier bei der Kooperativen Abteilung Pflanzenproduktion (KAP). Verschiedentlich kam er spontan bei uns in Meinsdorf vorbei. „Ich hatte in Meinsdorf zu tun und muss doch mal reinschauen." Wir kamen ins Gespräch. Er war sehr interessiert an Literatur. Das war mir in den Dörfern bisher so noch nicht begegnet. Auch unsere Meinung zu aktuellen politischen Problemen interessierte Günter D., ebenso die Verbindungen, die wir hatten, oder Reisen, die wir unternahmen. Es kam zu privaten Einladungen. Dabei lernte er auch unseren Freundeskreis kennen. Obwohl er nicht Mitglied der Kirche war und seine SED-Mitgliedschaft nicht verschwieg, war dies kein Hindernis für uns, ihn auch zu besonderen Höhepunkten des Gemeindelebens, zu privaten Feiern oder zu einer Gemeindefahrt nach Polen einzuladen.

Als unsere Konflikte mit den staatlichen Organen eskalierten, wurde Günter D. im Juli 1975 als IMV angeworben.[28] Die Treffen fanden in der Regel in der konspirativen Wohnung „Schneider" in Dahme statt. Leutnant Letzel war der Führungsoffizier. Dieser schrieb am 10. März 1976:

„Während des Treffs konnte erarbeitet werden, dass ‚Egon' zur Bearbeitung des Pfarrers Linke eingesetzt werden kann. Linke

---

[28] IMV: IM, der unmittelbar an der Bearbeitung und Entlarvung im Verdacht der Feindtätigkeit stehender Personen mitarbeitet.

hat sich beim IM zwei Bücher über Bettina v. Arnim ausgeliehen und diese bisher nicht zurückgebracht. ‚Egon' ist bereit, den Kontakt zum Pfarrer auszubauen und ihn in unserem Interesse auch persönlich aufzusuchen. Es erfolgte eine entsprechende erste Einweisung."[29]

Ende März 1976 kam Günter D. (IM „Egon") nach Meinsdorf. Barbe empfing ihn, da ich zu dieser Zeit zu einer Rentnerrüste in Oberbärenburg war. Er wolle die beiden Bücher abholen, sagte er. Er würde nach Berlin fahren und diese gern einem Freund mitnehmen. Doch Barbe fand die Bücher nicht und sagte zu, dass ich sie vorbeibringen würde.[30]

Damit die künftigen Besuche von Günter D. bei uns glaubwürdig erscheinen und um den Kontakt von Günter D. als IM „Egon" zu uns ausbauen zu können, erarbeitete der Führungsoffizier mit seinem Inoffiziellen Mitarbeiter eine Legende. Leutnant Letzel schrieb am 2. Dezember 1976:

„Da der IM sehr belesen ist, starkes kulturelles Interesse (Theater) besitzt, Reisen unternimmt und umfangreiche Verbindungen, auch zu Ausländern, pflegt, konnte ‚Egon' überzeugt werden, auf dieser Basis seine Legende für die Aktivierung der Verbindung zu ‚Jugendfreund' aufzubauen. Entsprechende Anfragen von ‚Jugendfreund' aus könnten immer damit begründet werden, dass es für den IM in seinem Wohn- und Arbeitsbereich niemanden weiter gibt, mit dem er sich über die genannten Interessengebiete unterhalten könnte und dazu der Pfarrer wohl

[29] BStU, ASt Potsdam, AIM 22/83, Bd. II/I, S. 37.
[30] Ebenda, S. 39 f; auch: BStU, ASt Potsdam, AOP 1557/78, Bd. I, S. 155.

noch der Einzige ist. Denn die sich deckenden Interessengebiete zwischen ihm und dem Pfarrer sind erwiesen."[31]

IM „Egon" berichtete, dass er sich bei einem Besuch im Pfarrhaus in der Bibliothek umsehen konnte, während die Pfarrfrau telefonierte. Im Bericht heißt es: „Ein großer Teil der Bücher war aus dem Westen, von der dtv-Reihe, Rowohlt, Suhrkamp usw., z. B. ‚Dialektik ohne Dogma' von Robert Havemann, von Rudi Dutschke ein Exemplar und auch von Wolf Biermann."[32]

In der Folgezeit lieh sich IM „Egon" bei uns Bücher aus, über die wir bei einem Glas Wein sprachen. Die Inhalte der Gespräche wurden von ihm berichtet. Diese Informationen des IM wurden von Leutnant Letzel „verdichtet".[33]

„Wir unterhielten uns über den Fall Biermann", wusste IM „Egon" über einen Besuch am 10. Dezember 1976 bei uns zu berichten. „Sie sagten mir beide, dass sie ebenfalls ein Protestschreiben zur Ausweisung des Liedermachers Biermann an Erich Honecker geschrieben hatten."[34]

IM „Egon" sollte auch nach meiner Hollandreise über meine dortigen Erfahrungen berichten. Da kam es sehr gelegen, dass er zu Barbes Geburtstag 1978 eingeladen wurde. An diesem Abend erzählte ich von meiner Reise, nannte Namen von Menschen, die ich kennengelernt hatte, und zeigte Dias und Fotos. IM „Egon" schreibt in seinem Bericht unter anderem:

„Was er mir vorher niemals gesagt hatte, ging daraus hervor,

---

[31] BStU, ASt Potsdam, AIM 22/83, Bd. II/I, 83 f.
[32] Ebenda, S. 56 f.; auch BStU, ASt Potsdam, AOP 1557/78, Bd. I, S. 165.
[33] Die Informationen des IM wurden in einem Bericht zusammengefasst.
[34] BStU, ASt Potsdam, AIM 22/83, Bd. II/I, S. 94 f.

dass er in Westdeutschland Station gemacht hatte. Er zeigte Dias von Bad-Godesberg und von den Bodelschwingschen Anstalten in Bethel bei Bielefeld."[35]

Es war Barbes Geburtstagsfeier, deshalb zeigte ich Bilder, die ich in einem öffentlichen Gemeindeabend nicht zeigte. IM „Egon" war dabei und schrieb danach seinen Bericht. Linke hat in West-Berlin Station gemacht und sich auch illegal bei Verwandten in Bielefeld aufgehalten. Er weiß, bei solchen Reisen gilt es auf direktem Weg, ohne Abwege, das Ziel anzusteuern. IM „Egon" hat darüber berichtet, es wurde dokumentiert und ausgewertet.

Namen sind für das MfS wichtig. IM „Egon" hatte ein gutes Gedächtnis. Er nannte Namen, denen das MfS nachging. Wer ist wer?

Im September 1977 war Barbe im Krankenhaus. In diesen Tagen nahm IM „Egon" auftragsgemäß Kontakt zu mir auf und berichtet: „Es geht dem Linke z. Z. nicht besonders gut [...]. Der gesundheitliche Zustand seiner Frau ist sehr ernst. L. erzählte mir, dass er besonders aus diesem Grunde sehr viel Arbeit hat."[36]

Leutnant Letzel wertete diese Information mit IM „Egon" aus: „Wesentlich ist dabei, dass die Darlegungen des Linke gute Voraussetzungen bieten, das Vertrauensverhältnis zu L. auszubauen und zu festigen. Wenn L. gerade in der jetzigen Situation über größere Sorgen spricht, könnte sich ‚Egon' anbieten, den L. even-

---

[35] Ebenda, S. 174 – 177; auch BStU, ASt Potsdam, AOP 1557/78, B. I, S. 440 – 442.
[36] Ebenda, S. 147; auch BStU, ASt Potsdam, AOP 1557/78, Bd. I, S. 411.

tuell zu unterstützen. Allein die ausgesprochene Bereitschaft schafft Bindungen.'"[37]

Über einen anderen Besuch am 1. Mai 1978 berichtet IM „Egon":

„Da wir von unserem Betrieb aus in Meinsdorf am 1. Mai demonstrierten, bot sich die Gelegenheit, Linkes einen Besuch abzustatten. Ich traf ihn beim Gießen [...] Ich foppte ihn, weil er seine Schafe im Kirchengarten herum zu laufen hatte, während wir an der Kirche vorbeimarschierten und seine Schafe im lauten Chor losblökten."[38]

Günter D. bombardierte mich häufig mit Fragen: Was macht ihr Silvester? Habt ihr schon Urlaubspläne? Wie war es in Polen? Wann fahrt ihr wieder in die ČSSR? Diese und ähnliche Fragen tauchen in den Berichten des IM auf, aber auch unsere Antworten. Sie geben Auskunft über Reiseorte, über Personen, über Vorhaben und Erfahrungen.

Im Frühsommer 1978 sickerte die Information durch, dass ab September, mit dem Beginn des neuen Schuljahres, in der 9. und 10. Klasse das Fach Wehrkundeunterricht eingeführt würde. Darauf nahm eine Kanzelabkündigung Bezug, die am 25. Juni im Gottesdienst verlesen wurde. IM „Egon" nahm selbst nicht teil, ließ sich aber darüber von mir erzählen und schrieb seinen Bericht:

„Auf mein Befragen wegen der Kanzelabkündigung am letzten Sonntag über den geplanten Wehrkundeunterricht in der 9. und 10.Klasse stellt er sich hinter die Kirchenleitung und ist voll mit ihr einer Meinung, dass junge Menschen, die es seiner

---

[37] BStU, ASt Potsdam, AIM 22/83, Bd. II/I, S. 145.
[38] BStU, ASt Potsdam, AOP 1557/78, Bd. I, S. 527.

Meinung nach noch nicht richtig einschätzen könnten, entsprechend nicht gefestigt sind, nicht zu diesem Wehrkundeunterricht herangezogen werden [dürften]. Die Kirche will die Eltern auf die evtl. Folgen aufmerksam machen, was diese Erziehung nach sich ziehen könnte, und möchte deshalb ihren Zeigefinger erheben [...]. Wie er mir weiter sagte, hätte die Kirchenleitung mit unserer Regierung darüber schon verhandelt, aber kein entsprechendes Echo gefunden und sei deswegen diesen Weg über die Kanzelverlesungen gegangen."[39]

Dann erfuhr Günter D., dass wir aus Meinsdorf weggehen würden. Er berichtet Anfang März 1978:

„Nach meinem Befragen des Linke, er wolle weg aus Meinsdorf, bejahten es beide, wollten es aber nicht konkret sagen, wo sie genau hinzögen."[40]

Zwei Tage später wusste er Bescheid. IM „Egon" schreibt: „Am Sonnabend, am 4. März, fuhren sie nach Berlin und nahmen mich mit ihrem Wartburg-Kombi mit. Sie luden mich an der S-Bahnstation Hoppegarten aus, denn wie sie mir bekundeten, wird ihre neue Pfarrstelle Neuenhagen sein."[41]

Nach der *Wende*, in den Herbstferien 1992, fuhr ich mit einer Konfirmandengruppe aus Berlin in ein kirchliches Freizeitheim nach Dahme in der Mark. An einem Abend besuchte ich einen alten Bekannten. Es war Günter D., von dem ich zu dieser Zeit noch nicht wusste, dass er als Inoffizieller Mit-

[39] Ebenda, S. 534.
[40] BStU, ASt Potsdam, AIM 22/83, Bd. II/I, S. 187.
[41] Ebenda, S. 184-186.

arbeiter für die Stasi tätig gewesen war. Ich öffnete die Haustür, trat in den Flur und klopfte. Die Tür öffnete sich. Vor mir stand Günter D. Über meinen Besuch schien er überrascht. „Kennen wir uns?", fragte er. Ich schwieg eine Weile, ehe ich meinen Namen nannte. „Ach, ja."

Wir saßen an diesem Abend in seinem Wohnzimmer, tranken Tee, tauschten Erinnerungen aus. Günter D., der ehemalige Brigadier der LPG, erzählte, dass er jetzt im Vorruhestand sei. Seine Ländereien habe er zurückerhalten und nun verpachtet. Er schilderte die gegenwärtige Situation in der Landwirtschaft, berichtete von einigen, die als *Wendehälse* schnell die Kurve gekriegt hätten. Ich erfuhr, dass er mein Buch *Niemand kann zwei Herren dienen* gelesen hatte. „Das war schlimm damals!", war sein kurzer Kommentar.

1993 machte ich in den Akten die Entdeckung, dass Günter D. in unserer Meinsdorfer Zeit als IM „Egon" Informant für die KD Jüterbog war. Dreiunddreißig Begegnungen des IM „Egon" mit Linkes sind dokumentiert. Der größte Teil der Berichte wurde von Günter D. per Hand geschrieben. Etliche Berichte umfassen mehrere Seiten. Nun war mir auch verständlich, dass er mich nicht kannte, als ich im Herbst 1992 vor ihm stand. Warum hat er an diesem Abend nichts davon gesagt? Lebte er in der Hoffnung, dass er vielleicht zu denen gehören würde, deren Informationen vernichtet worden sind? Im Sommer 1993 war ich mit Barbe in Meinsdorf zu Besuch. Wir wollten schon die Heimreise antreten, als ich Barbe im Auto fragte: „Wollen wir nicht bei IM ‚Egon' vorbeifahren?" Wieder standen wir vor seiner Tür. Zunächst wurden

Belanglosigkeiten ausgetauscht. Schließlich sagte ich: „Ich habe in den Akten festgestellt, dass Sie in unserer Zeit als IM ‚Egon' für das MfS gearbeitet haben."

„Das habe ich gewusst, dass Sie deswegen kommen. Man hat mich unter Druck gesetzt. Hätte ich verweigert, hätten sie mir Berlin-Verbot erteilt. Für mich war es wichtig, dass ich nach Berlin fahren konnte."

Barbe versuchte Günter D. zu erklären, welche Folgen der Einfluss des MfS auf unser Leben genommen hatte, bis hin zur Ausreise im Dezember 1983. Günter D. blieb stumm.

2. IM „Tini"

Gertrud L. lernte ich bald nach meinem Dienstbeginn in Meinsdorf kennen. Sie war jung und gehörte, schon zur Zeit meines Vorgängers, zum Kreis der ehrenamtlichen Mitarbeiter der Kirchengemeinde. Sie hatte die Aufgabe übernommen, in ihrem Wohnort den *Opfergroschen* einzusammeln. Gemeindeglieder konnten sich neben der Kirchensteuer oder dem Kirchgeld freiwillig verpflichten, monatlich einen Betrag, den sie selbst festsetzten, als Opfergroschen zu zahlen. Dieser Opfergroschen wurde in der Regel in jedem Quartal von ehrenamtlichen Helfern eingesammelt. Die Abrechnung der Opfergroschenbeträge war für Gertrud L. ein Anlass, um ins Pfarramt zu kommen. Außerdem wurde sie zu den Zusammenkünften der Opfergroschenhelfer eingeladen oder zu Treffen mit der Patengemeinde aus Düsseldorf, die wir jährlich in Berlin durchführten. An Veranstaltungen der Kirchengemeinde hat sie selten teilgenommen. Sie war in der Bürgermeisterei Meinsdorf als Sekretärin tätig. Dadurch war es ihr auch möglich, darüber zu berichten, was sie in ihrem Arbeitsumfeld über Pfarrer Linke erfuhr.

Gertrud L. wurde im Februar 1975 als IMV „Tini" angeworben. In der Regel fanden die Treffen mit ihrem Führungsoffizier in der konspirativen Wohnung „Schneider" in Dahme statt, in der sich auch Günter D. mit seinem Führungsoffizier traf. Welchen Auftrag bekam IMV „Tini"? Im „Maßnahmeplan" der MfS-Kreisdienststelle Jüterbog vom 8. März 1975 heißt es:

„Direkte Bearbeitung des Linke durch den IMV ‚Tini' mit der Zielstellung, das Vertrauensverhältnis zu festigen und die Taktik des Vorgehens von Linke gegenüber Kandidaten der SED zu erkennen."[42]

Bei einem Treffen mit dem Führungsoffizier, Leutnant Letzel, am 24. April 1975 berichtete „Tini", dass sie vierteljährlich Opfergroschen bei Pfarrer Linke abrechnet. Das war künftig die „Legende". Sie rief bei mir an und fragte: „Ich habe eben Zeit, kann ich mal zu Ihnen kommen, um den Opfergroschen abzurechnen?"

IMV „Tini" übergab ihrem Führungsoffizier Daten von Personen, für die ich eine Einreise in die DDR beantragt hatte. Weiter übergab sie von mir verfasste Umlaufzettel und Gemeindebriefe, berichtete über Veranstaltungen der Kirchengemeinde, über Treffen mit der Patengemeinde Düsseldorf in Ost-Berlin, über Gemeindefahrten, auch über die Teilnahme von Barbe und mir an einer Gemeindevertretersitzung.

Ihrem Auftrag gemäß sollte IMV „Tini" „die Taktik des Vorgehens von Linke gegenüber Kandidaten der SED" auskundschaften. Sie berichtet:

„Am 5.4.76 gegen 12.45 Uhr habe ich L. vom Büro aus angerufen und gefragt, ob ich ihn mal sprechen kann. L. gab zur Antwort, ich habe gerade Zeit, am besten, Sie kommen gleich [...].

Gegen 13 Uhr habe ich L. dann in seiner Wohnung aufgesucht. Da er mich erwartete, begleitete er mich in sein Arbeitszimmer [...]. Ich selbst habe dann mit dem eigentlichen Gespräch be-

---

[42] BStU, ASt Potsdam, AOP 1557/78, Bd. I, S. 78.

gonnen. Ich sagte: ‚Herr L., Sie hatten mir angeboten, wenn ich mal ein Problem habe, könnte ich zu Ihnen kommen. Und zwar geht es darum, Sie wissen ja, dass ich Kandidat bin. Man hat mich wiederholt angesprochen, aus der Kirche auszutreten. Dazu hätte ich gerne Ihren Rat.'

L. bemerkte dazu, na ja, so kann man das ja auch nicht sehen. Man kann nicht einfach sagen, du musst aus der Kirche austreten, wenn du Mitglied der Partei bist. Außerdem gibt es Parteimitglieder, auch in Meinsdorf, die noch Mitglied der Kirche sind. Meine Antwort darauf war, dass man das nicht mehr wünscht, sondern dass Kandidaten dazu einen klaren Standpunkt haben. L. versuchte mir zu begründen, dass es keine gesetzliche Grundlage dafür gibt, denn in der Verfassung ist freies Glaubensbekenntnis festgelegt. Es gibt Pfarrer, die Mitglied der SED sind. Während seines Gespräches suchte er in seinen Unterlagen, um irgendwelche Texte herauszusuchen, die er aber nicht fand. Meiner Meinung nach ging es ihm um irgendwelche Beweise und Beispiele. Des weiteren versuchte er mir anhand der Entwicklung und Bedeutung der Kirche zu erläutern, dass man für den Sozialismus sein kann und trotzdem Mitglied der Kirche ist.

Bemerken möchte ich, dass ich zu Beginn meines Gespräches den Genossen [...] angeführt habe, der mir wiederholt die Frage gestellt hatte, betr. Austritt. L. bemerkte dazu, dass es für mich ratsam wäre, mir darüber klar zu werden, warum ich nicht die Absicht habe, aus der Kirche auszutreten, um damit dem [...] die Frage zu stellen, ob er eine gesetzliche Grundlage dafür weiß. Mit dieser Frage gewinnen sie dann Zeit. Meine Frage darauf, [...] ist immerhin mein Chef und wenn ich ihn danach frage, bekomme ich bestimmt Ärger. L. ging dann im Gespräch darauf ein, dass er sich mit [...] mal unterhalten möchte. Darauf meine Reaktion: um Himmelswillen, bloß nicht. Worauf L. erwiderte, wenn Sie das nicht möchten, werde ich nichts sagen [...]"[43]

Bei einem erneuten Besuch am 3. Juni 1976 gab ich Gertrud L. Hinweise auf einschlägige Literatur. Sie berichtet:

„Er sagte mir folgendes: Programm des IX. Parteitages, Abschnitt II ‚Politische Organisation'; Verfassung der DDR, Artikel 20, Abs. 1; Artikel 39, Abs. 1; Strafgesetzbuch 1968, § 133, Abs. 1; GBL Teil I von 1968, Nr. 1, Seite 1, § 133; Beitrittserklärung zur UNO; Menschenrechte.

Zwischendurch erschien Frau Linke und fragte, ob ich einen Kaffee mit trinke. Während und nach dem Kaffee unterhielten wir uns über die Zusammenarbeit − Kirche und Staat. Er meinte, dass es kein Gegeneinanderarbeiten geben sollte und darf. Er würde es begrüßen, wenn sich eine Zusammenarbeit zwischen dem Rat der Gemeinde, besonders Herrn [...], entwickeln würde [...] Als er mich verabschiedete, wünschte er mir viel Glück und er würde sich freuen, wenn ich ihn bei Gelegenheit vom Ergebnis unterrichte."[44]

Ich habe damals nicht geahnt, dass Gertrud L. mit dem von ihr vorgebrachten „Problem" lediglich meine Reaktion testen sollte. Ich nahm sie und ihr Problem ernst.

An einem Beispiel soll die Brisanz der durch IM „Tini" weitergeleiteten Informationen verdeutlicht werden. Bei vervielfältigten Papieren versuchten der Stellvertreter für In-

---

[43] BStU, ASt Potsdam, AIM 101, 82, Bd. II/I, S. 69-72; auch BStU, ASt Potsdam, AOP 1557/78, Bd. I, S. 160 f.

[44] BStU, ASt Potsdam, AOP 1557/78, Bd. I, S. 171 f.

neres, Herr Möhle, und andere häufig herauszufinden, auf welchem Abzugsgerät sie vervielfältigt worden sind. Nach dem Konflikt um den Kinderkirchentag 1975 forderte Herr Möhle den Superintendenten auf, dass dieser künftig alle Vervielfältigungen auf dem Abzugsgerät der Superintendentur zuvor genehmigen solle. Jeweils ein Exemplar solle in der Superintendentur abgelegt werden mit dem Vermerk der Stückzahl. Diese „Zensur" erschwerte das künftige Vervielfältigen. Eines Tages stand ein Freund aus einem Nachbarort vor unserer Tür. Er fragte mich, ob ich an einem Vervielfältigungsgerät interessiert sei. Er arbeite in Dahme im Maschinenwerk und könnte mir eines aus Schrottteilen zusammensetzen. Natürlich nahm ich das Angebot an. Beim nächsten Mal stellte mir dieser Freund ein nagelneues Gerät auf den Tisch, aber ich solle keinem sagen, von wem ich es hätte. Mit diesem Geschenk blieben mir künftig viele Sorgen und Wege erspart. IM „Tini" rechnete am 19.6.1977 ihren Opfergroschen ab. Am Ende ihres Berichtes über diese Begegnung schreibt sie: „Während meines Aufenthaltes im Büro konnte ich feststellen, dass L. einen Vervielfältigungsapparat besitzt."[45] Gertrud L., die im Staatsapparat tätig war, konnte die Brisanz einer solchen Information sehr wohl einschätzen. Mir geht die Frage nach, warum hat sie diese Information weitergegeben und Menschen in Gefahr gebracht?

Im September 1999 fuhr ich nach Meinsdorf und besuchte Freunde in der ehemaligen Gemeinde. Ich fragte meinen

---

[45] Ebenda, S. 227.

Gastgeber: „Weißt du, wo Gertrud L. jetzt wohnt?" Am nächsten Tag fuhr ich zu ihr. Als ich vor der Tür stand, kam mir Gertrud L. freudig strahlend entgegen. „Was machen Sie hier?", fragte sie. „Ich möchte Sie besuchen." Sie bat mich ins Wohnzimmer. Ein heller, einladender Raum. Die Tür blieb angelehnt. „Sie werden sich sicher denken können, weshalb ich komme?", sagte ich, nachdem ich mich gesetzt hatte. „Ich? Nein!", sagte sie. Die Freundlichkeit war aus ihrem Gesicht gewichen. Nach einer Pause, die ihr Gelegenheit zum Nachdenken geben sollte, sagte ich: „Ich habe feststellen müssen, dass Sie damals als IM ‚Tini' tätig waren und über uns berichtet haben." „Ich, nein, wieso?" Sie stand auf und schloss die Zimmertür. Als sie sich wieder gesetzt hatte, sagte ich: „Die Frage nach dem Wieso würde ich gern von Ihnen beantwortet haben. Sie haben sicher auch die Entwicklung und Diskussion nach der *Wende* verfolgt und werden sich selbst mit Ihrer Geschichte inzwischen auseinandergesetzt haben." Um die Blockade, die noch immer bestand, zu brechen, nenne ich ihr einige Daten und Fakten aus jener Zeit. Das Eis schien gebrochen. Sie erzählte: „Man hat mich damals erpresst. Ich habe, wie Sie wissen, im Rat der Gemeinde gearbeitet. Ich war noch sehr jung. Einmal hatte ich etwas, was für den Zivilschutz monatlich ausgetauscht wurde, vergessen wegzuschließen. Die Stasi hatte das entdeckt und entwendet. Ich hatte das selbst gemerkt und hatte Angst, dass ich gefeuert werde. Die Stasi kam ja immer in die Bürgermeisterei und sie sagten: Geben Sie mir dies und das. Und sie schrieben sich etwas raus oder sie nahmen sich, was sie brauchten, einfach mit. Ich hatte Angst. Aber ich habe keinem geschadet."

„Es hatte aber eine andere Qualität, wenn Sie sich mit der Stasi einließen." „Das hatte ich damals nicht so gesehen", entgegnete sie. „Ich hatte Sie damals ernst genommen, als Sie mit Ihren Problemen zu mir kamen." „Das war mit denen so abgesprochen. Ich sollte Sie testen. Ich hatte nicht den Mut auszusteigen, wusste nicht, was mir passiert. Als ich Sie 1983 im Fernsehen sah, mit den Kerzen vor der US-Botschaft in Berlin, und von Ihrer Festnahme hörte, dachte ich, das hat er nicht verdient. Entschuldigen Sie. Wenn ich das rückgängig machen könnte. 1987/88 bin ich aus der SED ausgetreten, als ich die Diskrepanzen sah zwischen der Sozialpolitik und der Tatsache, dass es für meinen kranken Sohn keine Hilfe gab. Da habe ich mich erst für Politik interessiert."

Das MfS zieht Bilanz – OV „Jugendfreund"

Das Jahr 1975 war ein arbeitsintensives, gutes Jahr, wenn auch die Auseinandersetzungen mit den staatlichen Stellen, vor allem durch den Stellvertreter für Inneres, Herrn Möhle, viele Energien verschlissen hatten. So empfand ich das Tauziehen um einen Raum in einer Gaststätte unsinnig. Damit sollte der Spielraum der kirchlichen Arbeit eingeschränkt werden. Ich aber war bemüht, auch den Kirchenfernen eine Möglichkeit der Kontaktaufnahme zur Gemeinde auf einem ihnen bekannten Terrain wie einer Gaststätte anzubieten.

Von der Absicht, gegen mich ein Ermittlungsverfahren einzuleiten, das noch einmal verhindert wurde, hatte ich vom Generalsuperintendenten erfahren. Von der Einleitung einer „Operativen Personenkontrolle" (OPK) oder von der Eröffnung eines „Operativen Vorgangs" (OV), von den durch das MfS angelegten Maßnahmeplänen und der gezielten Einschleusung von Inoffiziellen Mitarbeitern habe ich zu dieser Zeit nichts gewusst. Davon erfuhr ich erst sehr viel später bei meiner Einsichtnahme in die MfS-Akten im Jahre 1993. Barbe und ich hatten lediglich ein Gespür, dass sich durch die Turbulenzen etwas zusammenbraute. Dennoch versuchten wir unbeirrt, die offene Gemeindearbeit fortzusetzen.

Die MfS-Kreisdienststelle Jüterbog hatte über einen längeren Zeitraum Informationen über uns und unsere Arbeit gesammelt. Quellen für derartige Informationen konnten Mitteilungen von Bürgern, von Inoffiziellen Mitarbeitern des MfS oder von staats- und wirtschaftsleitenden Organen sein. Der

Stellvertreter für Inneres des Rates des Kreises Jüterbog hat häufig Berichte über Konflikte mit dem Vermerk „KD MfS zur Kenntnis" weitergereicht. Bevor die Operative Personenkontrolle (OPK) angelegt wurde, lag somit eine Vielzahl von Informationen bereits vor.

Eine „Operative Personenkontrolle" (OPK) wurde eingeleitet zum Zwecke der „Erarbeitung des Verdachts der Begehung von Verbrechen".[46] Ein „Operativer Vorgang" (OV) wurde eröffnet, wenn der Verdacht gegeben war.

Im Februar 1976 wurde zu meiner Person von der MfS-Kreisdienststelle Jüterbog die „Operative Personenkontrolle" (OPK) „Jugendfreund" eingeleitet. Als Begründungen werden unter anderem angeführt:

„Linke ist im Verantwortungsbereich ein aktiver, reaktionärer, evangelischer Pfarrer, der wiederholt bewusst die staatliche Normative, die Tätigkeit der örtlichen Organe missachtete. Mit seinen ‚weltoffenen' Aktivitäten hat er den Einfluss insbesondere auf die Jugend erhöht [...].

Zum Sachverhalt:

[...] Im Verlaufe seiner Tätigkeit in Meinsdorf hat er die Zielstellung, nämlich ganz neue Wege einzuschlagen, um die Jugend zu erreichen, mit großen Aktivitäten versucht zu erfüllen. Solche Aktivitäten zeigen sich in der Organisation und Durchführung ökumenischer Veranstaltungen, in der Organisation von Kindergottesdiensten, Christenlehren und sonstigen Zusammenkünften und Spielen für die Kinder und Jugendlichen. Dabei geht es um Zusammenkünfte, bei denen Beat-

---

[46]Wörterbuch des MfS, Hg. BStU 1993, S. 286.

musik gespielt wird, Wandzeitungen hergestellt werden, in denen gegen den Eintritt in die NVA argumentiert wird, bis hin zu solchen Problemen, die die Ehefrau des Pfarrers mit Jugendlichen über Liebe und Sexualität behandelt.

Seine prinzipielle Haltung zum Verhältnis zwischen Staat und Kirche brachte Linke während der Synode der Landeskirche Berlin-Brandenburg vom 26.4.-30.04.1974 wie folgt zum Ausdruck. [...] Er sprach davon, dass Staat und Kirche Partner seien, die das gegenseitige Misstrauen abbauen müssten. Die Kirche muss an der Gesellschaft mitarbeiten und sich dabei den notwendigen ‚Freiraum' erobern. Man sollte sich vom Staat als Partner keine Vorschriften machen lassen.

Diese seine Grundhaltung gegenüber dem Staat zeigt sich in seinen vielfältigen Aktivitäten und aggressivem Auftreten gegenüber den Räten der Gemeinden in dem Pfarrbereich [...].

Er beschäftigte sich sehr stark mit der Problematik des Judentums. [...] Die Problematik Christen-Judentum stellte er jedoch insbesondere in einer Zeit, als Israel seine Aggressionen im Nahen Osten fortsetzte [...].

Bei der Durchsetzung eigener Zielstellungen entwickelt er Initiative und Ausdauer. In seinen Aktivitäten erhält er aktive Unterstützung durch seine Ehefrau."[47]

Ein Jahr später, im April 1977, wurde die nächste Phase der Bearbeitung eingeleitet; es wurde der Operative Vorgang (OV) „Jugendfreund" eröffnet. Als Gründe wurden unter anderem angeführt:

---

[47]BStU, ASt Potsdam, AOP 1557/78, Bd. I, S. 72-77.

„- Erarbeitung von Beweisen der Verletzung von Straftat-
beständen des § 106 StGB.

- Rechtzeitige Aufklärung und Kontrolle der Aktivitäten der zu
bearbeitenden Person, um den Einfluss der Kirche zu-
rückzudrängen und gegebenenfalls geeignete pol.-operative
Maßnahmen einzuleiten bzw. einleiten zu können [...]."[48]

Am 5. Mai 1977 wurde ein zehnseitiger „Eröffnungsbericht
zum OV ‚Jugendfreund‘" erstellt. Als Delikt wird vermerkt:
„Staatsfeindliche Hetze gemäß § 106 StGB". Der Paragraf
106 ist einer der Strafrechtsparagrafen, die nach beliebigem
Ermessen angewendet wurden. Künftig sollte dafür das
nötige Beweismaterial zusammengetragen werden.

Der Eröffnungsbericht zum OV „Jugendfreund" übernimmt
zunächst Passagen, die als Begründung zum Anlegen der
OPK genannt wurden, und fährt dann ergänzend fort:

„Stark engagierte sich Linke auch zum Problem Brüsewitz [...].
Zum Fall Biermann leistete er seine Unterschrift als Soli-
daritätsbekundung in einer Unterschriftensammlung an die
Redaktion des ND. Weiterhin hat Linke selbst ein Protest-
schreiben dazu an Gen. Honecker geschrieben und eine
Adventsfeier dazu genutzt, um die Teilnehmer aufzurufen, an
einen im Zusammenhang mit Biermann verhafteten Sohn eines
Pfarrers Kartengrüße zu schicken."

Als „Zielstellung der operativen Bearbeitung" wird unter
anderem ausgeführt:

„Beweisführung, mit welchen Mitteln und Methoden es Linke
versucht, die sozialistische Staats- und Gesellschaftsordnung zu

---

[48] Ebenda, S. 7.

schädigen oder gegen sie aufzuwiegeln. Rechtzeitige Aufklärung negativer und feindlicher Pläne, Absichten sowie Verhaltensweisen des Linke zur Einleitung operativer Maßnahmen, die der Isolierung, Einschränkung und Zurückdrängung seines Einflusses im Kirchenkonvent Jüterbog dienen und seine Wiederwahl als Synodaler der evangelischen Kirche in Berlin-Brandenburg im Jahre 1978 verhindern. Dazu sind die Möglichkeiten des Partei- und Staatsapparates offensiv zu nutzen. Erarbeitung von Informationen und Hinweisen, die geeignet sind, die Stellung des Linke unter seinen Amtsbrüdern zu diskreditieren. Klärung des Charakters der konspirativen Verbindungen innerhalb und außerhalb der DDR.

Es wird vorgeschlagen, die verdächtige Person in einem Operativvorgang zu registrieren und nach einem Operativplan mit Unterstützung der Abteilung XX/4 aktiv zu bearbeiten und die gesetzte Zielstellung zu realisieren."[49]

---

[49] Ebenda, S. 38-47.

Aufbruch

Barbe und ich ahnten, dass staatliche Akteure unsichtbar am Werk waren. Misstrauen wurde gesät. Dennoch sind wir den Menschen offen und mit Vertrauen begegnet. Das war die einzige Chance für unsere Arbeit. Die Gespräche im privaten Kreis verliefen natürlicherweise offener als in der Öffentlichkeit eines Gemeindeabends oder eines Gesprächskreises.

Als die Kreisdienststelle Jüterbog im Mai 1977 den OV „Jugendfreund" eröffnete, wusste sie nicht, dass ein Ende unserer Zeit in Meinsdorf bald in Sicht war. Sie haben ihre Arbeit auf der Grundlage des Operativplans fortgesetzt, ihre Sachberichte geschrieben. Treffen mit den Inoffiziellen Mitarbeitern fanden statt; ihre Berichte galt es auszuwerten. Manfred Sch. konnte vom MfS im Mai 1977 als IM „Roland" neu geworben werden; er war damals Mitglied im Gemeindekirchenrat in Meinsdorf.

Sollten wir aus Meinsdorf weggehen, die Chance eines Neuanfangs nutzen? Diese Frage bewegte uns, nachdem die politischen Wellen hochgeschlagen waren und die Atmosphäre zu vergiften drohten. Eines hatten wir begriffen, unsere Arbeit ist nicht ohne Berührungspunkte mit den staatlichen Stellen möglich. Das Verhältnis zu den staatlichen Stellen war durch die Erfahrungen der Vergangenheit belastet. Anfang des Jahres 1978 wurden unsere Überlegungen, die Gemeinde zu wechseln, konkreter. Es kamen verschiedene Faktoren zusammen. Einerseits waren es die Konflikte, nach denen ich mir wünschte, noch einmal neu anzufangen. Andererseits spielte die Schulsituation der Kinder eine Rolle.

Die Schule in Meinsdorf sollte geschlossen werden. Die Kinder sollten künftig in eine Zentralschule nach Werbig gehen. Mirjam würde im September 1979 eingeschult werden. Für sie entfiele bei einem Ortswechsel der längere Schulweg. Zwei Jahre hatte ich die vakante Nachbarpfarrstelle mitverwaltet und insgesamt sieben Predigstätten beziehungsweise zwölf Dörfer betreut. Sieben Jahre waren eine gute und erfahrungsreiche Zeit. Die erforderlichen Bauarbeiten an den Kirchen und am Pfarrhaus waren abgeschlossen. Hier hatten wir Kontakte geknüpft und Freunde gewonnen. Dies wiederum machte eine Entscheidung nicht leicht. Dennoch, ein Wechsel bot immer für Gemeinde und Pfarrer die Chance eines Neuanfangs.

Nach einer längeren Phase des Suchens hatten wir uns Anfang 1978 für Neuenhagen bei Berlin entschieden. Die frei werdende Pfarrstelle wurde durch die Kirchenleitung besetzt. Ich hatte eine Bewerbung geschrieben, der ich einen aktualisierten Lebenslauf beifügte. Diesen Lebenslauf mit meiner Unterschrift finde ich 1993 als Kopie in der Stasi-Akte der HA XX/4.[50] Wer im Evangelischen Konsistorium hatte damals meinen Lebenslauf an das MfS übergeben?

Nach der *Wende* wurde offenbar, dass im Ostberliner Konsistorium die Sekretärin des Bischofs, Anita S. (IM „Birke"), eine wichtige Quelle für das MfS war. Sie war zugleich Geschäftsführerin der Synode. Mit diesen Funktionen saß sie an entscheidenden Stellen.[51]

---

[50] BStU, ZA, HA XX/4, Bd. 962, S. 10.
[51] BStU, ASt. Berlin, AIM 2834/88.

Der Gemeindekirchenrat Neuenhagen hatte Barbe und mich zu einer Vorstellungsrunde eingeladen. Es waren vorwiegend junge, interessierte Leute, die uns sympathisch waren. Im Frühjahr 1978 hielt ich in Neuenhagen einen Vorstellungsgottesdienst. Im Juni 1978 teilte mir das Konsistorium mit: „Wir haben Sie zum Pfarrer der Evangelischen Kirchengemeinde Neuenhagen-Dahlwitz, Kirchenkreis Lichtenberg, berufen und Ihnen eine Pfarrstelle dieser Gemeinde mit dem Dienstsitz in Neuenhagen b. Berlin übertragen. Der Herr Superintendent des Kirchenkreises Lichtenberg in Berlin-Karlshorst wird Sie in Ihr Amt einführen."[52]

Am Sonnabend, dem 10. Juni feierten wir unser Abschiedsfest in Meinsdorf. Freunde und Bekannte kamen aus nah und fern und alle, die uns in diesen Jahren wichtige Weggefährten waren. Im Garten hatten wir ein Zelt aufgeschlagen; Jugendraum, Gemeinderaum und unsere Wohnung boten Möglichkeiten zur Übernachtung für die angereisten Gäste. Das Fest begann mit einem Konzert in der Kirche. Im Anschluss wurde mit der Gemeinde und mit Freunden im Pfarrgarten bis zum Morgengrauen getanzt und gesungen, gegessen und getrunken. Maxie Wander war aus Wiepersdorf, wo sie sich zu dieser Zeit zu einem Arbeitsurlaub im Schloss aufhielt, dazugekommen. Sie habe gestaunt, wie fröhlich es bei Pfarrers zuging, schrieb sie danach an Barbe. IM „Egon" und IM „Roland" haben über diesen Abend berichtet.

[52] Privatarchiv D. Linke.

Am Sonntagvormittag waren alle zu einem Familiengottesdienst eingeladen. „Gottes Volk unterwegs", so lautete das Motto. Hinter uns lagen sieben Jahre mit dieser Gemeinde. Wir haben die Menschen lieb gewonnen, gern mit ihnen gearbeitet und gefeiert. Möglich geworden war das aber nur dadurch, dass ich mit Barbe zusammen diese Arbeit verantwortete, dass Freunde uns unterstützten, dass immer Menschen da waren, die uns ermutigten und stärkten, und dass wir die Kraft erfahren durften von dem, in dessen Nachfolge wir unseren Dienst ausrichten wollten. In diesen Jahren haben wir viel empfangen. Es gab nicht nur diejenigen, die uns das Leben schwermachten, sondern es waren viele, die uns ihr Vertrauen schenkten.

Am 6. März 1978 wurden wir von einer Mitteilung der Medien überrascht. An diesem Tag fand ein Spitzengespräch zwischen Staat und Kirche, zwischen Erich Honecker und dem Vorstand der Konferenz der Evangelischen Kirchenleitungen, statt. Auf der ersten Seite im *Neuen Deutschland* sahen wir am nächsten Tag das Bild: ein großer runder Tisch, um den sich die Gesprächsteilnehmer gruppierten. Unter der Überschrift „Konstruktives, freimütiges Gespräch beim Vorsitzenden des Staatsrates" druckte das ND das Kommuniqué im vollen Wortlaut ab.
Einige SED-Funktionäre werden sich angesichts dieser Meldung Fragen gestellt haben. Religion ist ein Rudiment der vergangenen Gesellschaftsordnung. Religion ist Privatsache. So oder ähnlich wurde es propagiert. Der rigide Umgang mit den Kirchen seit dem Bestehen der DDR sollte dem Zweck

dienen, die Kirche in die Schranken zu weisen. Was war der Anlass, dass der oberste Repräsentant der DDR den Vertretern des Kirchenbundes die Hand zum Burgfrieden entgegenstreckte? Einerseits hatte die Kirche selbst eine Entwicklung zurückgelegt, die günstigere Voraussetzungen für eine Bündnispartnerschaft boten. Mit der Gründung des Kirchenbundes 1969 war die Trennung von der westdeutschen EKD vollzogen. Seit diesem Zeitpunkt entwickelte die Kirche ihre DDR-Spezifik. „Wir wollen nicht Kirche neben, nicht gegen, sondern Kirche im Sozialismus sein." Diese Formel war vom staatlichen Partner zustimmend aufgenommen worden. Die „progressiven" und „realistischen" Kräfte schienen auf der kirchenleitenden Ebene den Ton anzugeben. Andererseits gab es an der Basis nach wie vor eine Vielzahl von Konflikten. Angesichts zunehmender Spannungen im eigenen Land suchte sich der Staat einen Bündnispartner, der zur Befriedung beitragen könnte. Die Begegnung vom 6. März 1978 sollte diese Bündnispartnerschaft demonstrieren. Erich Honecker erklärte, „dass unsere sozialistische Gesellschaft jedem Bürger [...] Sicherheit und Geborgenheit bietet. Sie gibt ihm eine klare Perspektive und die Möglichkeit, an der Zukunft mitzubauen, seine Fähigkeiten und Talente, seine Persönlichkeit voll zu entfalten".

In seiner Entgegnung bezeichnete Bischof Schönherr „die Kirche im Sozialismus als Kirche, die dem christlichen Bürger und der einzelnen Gemeinde hilft, dass sie einen Weg in der sozialistischen Gesellschaft, in der Freiheit und Bindung des Glaubens finden und bemüht sind, das Beste für alle und für das Ganze zu suchen [...]. Offenheit und Durchsichtigkeit sind das Barometer des Vertrauens. Das Verhältnis zwischen Staat und Kirche ist so gut, wie es der einzelne christliche Bürger in seiner gesellschaftlichen Situation vor Ort erfährt."[53]

Wie ein Bekenntnis wurde künftig, vor allem in Konfliktsituationen, diese Formel wiederholt: Man wolle an den Grundsätzen des Gesprächs vom 6. März 1978 festhalten. Manfred Stolpe, damals Sekretär des Kirchenbundes, hatte an dem Spitzengespräch teilgenommen. Von ihm gelangte in den Tagen nach dem Gespräch eine Information über diesen „Antrittsbesuch beim Staatsratsvorsitzenden" in die Pfarrämter. Darin heißt es unter anderem:

„Das Gespräch vom 6. März 1978 ist Symbol einer Normalisierung, die sich auf der Spitzenebene vollzogen hat. In gleichberechtigtem Gespräch sind Offenheit und Durchsichtigkeit als Barometer des Vertrauens genannt, sowie Sachlichkeit und Freimütigkeit als Regeln der Verhandlungsführung zwischen Staat und Kirche praktiziert worden. Das muss auf allen Ebenen des Gesprächs zwischen Staat und Kirche für beide Seiten gelten und wahrgenommen werden."[54]

Offenheit, Durchsichtigkeit, Freimütigkeit und Vertrauen waren große Worte, ausgesprochen von Kirchenvertretern am runden Tisch im Staatsratsgebäude am 6. März 1978. Wie aber erlebt die Basis vor Ort Offenheit und Vertrauen? Vier Monate später hatte die MfS-Kreisdienststelle Jüterbog

[53] Kirche als Lerngemeinschaft, a. a. O., S. 219-221.
[54] Privatarchiv D. Linke.

eine „Vorinformation" über Pfarrer Linke an die MfS-Kreis-dienststelle nach Strausberg übersandt. Bevor wir in der neuen Gemeinde Fuß fassen konnten, war das MfS in unserem neuen Wirkungsbereich bereits informiert. Am 12. August 1978 fand unser Umzug nach Neuenhagen statt. Am 6. September 1978 verfasste die KD Jüterbog einen fünf Seiten umfassenden „Abschlussbericht über die Bearbeitung des OV ‚Jugendfreund'". Noch einmal werden die Aktivitäten der zurückliegenden Monate aufgelistet und ausgewertet. Abschließend wird festgestellt: „Zur Zielstellung der Bearbeitung des Linke kann die Einschätzung getroffen werden, dass diese erreicht ist. Dabei handelt es sich um die Zurückdrängung seines kirchlichen Einflusses [...]." [55] Die KD Jüterbog bescheinigte sich erfolgreiche Arbeit und schloss die Akten.

[55] BStU, ASt Potsdam, AOP 1557/78, Bd. I, S. 542-546.

PFARRER IN NEUENHAGEN BEI BERLIN 1978 – 1983

Neuenhagen ist eine Gartenvorstadt am Rande von Berlin. Der Ort liegt an der S-Bahnstrecke Berlin-Strausberg. Die Kirchengemeinde gehörte zum Kirchenkreis Berlin-Lichtenberg, politisch aber zum Kreis Strausberg und zum Bezirk Frankfurt/O. Ich wusste zunächst nicht, welchen politischen Stellenwert Strausberg besaß. In Strausberg hatte der Verteidigungsminister seinen Dienstsitz; außerdem waren einschlägige Dienststellen des MfS vor Ort angesiedelt.

Ursprünglich bildete die alte Dorfkirche von Neuenhagen den Mittelpunkt des Ortes. Am Ende des vorigen und Anfang dieses Jahrhunderts stieg die Einwohnerzahl stark an, was auf eine zunehmende Siedlungstätigkeit am Rande von Berlin zurückzuführen ist. Im Jahr 1900 hatte der Ort 1.367 Einwohner, 1932 waren es bereits 6.230 und ihre Zahl verdoppelte sich bis zum Jahr 1981 auf 12.217. Neuenhagen war somit zur größten Landgemeinde der DDR geworden. Viele Bewohner arbeiten in Berlin. Durch die Siedlungstätigkeit hatte Neuenhagen keine natürlich gewachsene Bevölkerungsstruktur. Auch heute ist der Ort durch Gärten und angrenzende Felder geprägt.

Zum Pfarrhaus gehört ein großer, parkähnlicher Garten mit einem alten Baumbestand. Seitwärts wird der Pfarrhof durch eine alte Scheune begrenzt. Kaum waren wir da, machten wir Pläne, wie das alte Stallgebäude vor dem Verfall zu retten sei. Hier sollte ein zusätzlicher Raum für die Jugendarbeit gewonnen werden, der aber auch Gästen Unterkunft bieten sollte. Zwei Jahre später war dieser Plan Wirklichkeit geworden. Und nach einem weiteren Jahr konnten wir in diesem Raum am Kamin sitzen.

Dem Pfarrhaus gegenüber, an der Straße nach Altlandsberg, steht die alte, aus Felssteinen im Jahre 1250 errichtete Dorfkirche. Durch die Entwicklung der vergangenen Jahrzehnte war sie an die nördliche Peripherie des Ortes geraten. Für viele Gemeindeglieder waren die Entfernungen zur Kirche mittlerweile sehr weit.

Zu der Kirchengemeinde gehörte eine zweite Predigtstätte mit Kirche in Dahlwitz-Hoppegarten. Von den zwei Pfarrstellen war eine schon länger unbesetzt. Ich begann zunächst allein mit dem pfarramtlichen Dienst; ein Jahr später konnte die zweite Pfarrstelle durch einen Kollegen besetzt werden. Die Arbeit mit den Kindern verantwortete eine Katechetin. Barbe war auch hier wieder für die Familien- und Jugendarbeit verantwortlich. Im Gemeindekirchenrat arbeiteten engagierte Laien mit. Neben der Gemeindearbeit wurde viel Zeit und Kraft durch den kircheneigenen Friedhof, durch Bauarbeiten an Kirche und Gemeindehaus gebunden.

Lesung mit Stefan Heym – Auslöser der operativen Bearbeitung

Im Sommer 1979 waren wir ein Jahr in Neuenhagen. Vor der Sommerpause erreichten uns aufregende Nachrichten aus der Schriftstellerszene der DDR. Stefan Heym war am 22. Mai wegen *Devisenvergehens* von den DDR-Behörden zu einer Geldstrafe von 9.000 Mark verurteilt worden; in der Bundesrepublik war Anfang des Jahres sein Roman *Collin* erschienen. Am 7. Juni wurde er mit weiteren acht DDR-Autoren aus dem Schriftstellerverband „wegen groben Verstoßes gegen das Statut" des Verbandes ausgeschlossen.[56] Diese Nachrichten beunruhigten uns sehr. Sollten wir zusehen, wie Künstler, die für uns wichtige Gesprächspartner waren, nacheinander diszipliniert, kriminalisiert oder ausgebürgert wurden? Wie konnten wir Zeichen der Solidarität setzen? Diese Fragen bewegten Barbe und mich und unsere Freunde. Es wurde beschlossen, ähnlich wie in den Meinsdorfer Jahren, Künstlern in der Kirchengemeinde ein Podium anzubieten, damit die Bürger in diesem Land sich selbst ein Urteil bilden konnten.

Nach unserem Urlaub rief Barbe Stefan Heym in Grünau an und lud ihn zu einer Lesung nach Neuenhagen ein. Um alles Weitere nicht am Telefon zu klären, wurde eine Begegnung verabredet. Am 8. August besuchten Barbe und ich Stefan Heym und seine Frau in ihrem Haus in Grünau. Zu dieser

---

[56] Außer Stefan Heym wurden ausgeschlossen: Kurt Bartsch, Adolf Endler, Karl-Heinz Jakobs, Klaus Poche, Klaus Schlesinger, Rolf Schneider, Dieter Schubert und Joachim Seyppel.

Zeit war die Überwachung seines Hauses durch das MfS unübersehbar. Wir saßen im Garten hinter dem Haus, erzählten von unserer Betroffenheit und erfuhren von den Konflikten der letzten Tage. Stefan Heym nahm die Einladung zu einer Lesung gern an. Der erste Mittwoch des Monats war jeweils der reguläre Termin unseres Gesprächskreises in Neuenhagen. Wir einigten uns auf den ersten Mittwoch im Oktober, den 3. Oktober.

Den Akten des MfS kann ich heute entnehmen, was sich nach unserem Gespräch in Grünau ereignete.
Am 13. August fand in der MfS-Kreisdienststelle in Strausberg eine erste Krisensitzung statt, an der aus Strausberg der Gen. Schmidt, von der HA XX Berlin der Gen. Wetzel, und Gen. Puder von der Abt. XX aus Frankfurt/Oder teilnahmen. Gen. Wetzel informierte die Anwesenden. Durch ein Telefongespräch zwischen Frau Linke und Stefan Heym habe man erfahren, dass Heym mit einer Buchlesung in Neuenhagen einverstanden sei. Inzwischen habe am 8. August um 10.00 Uhr ein persönliches Gespräch in der Wohnung des Heym stattgefunden. Heym habe in der Vergangenheit des Öfteren Buchlesungen durchgeführt. „Bisher hatten die Buchlesungen des H. im kirchlichen Bereich großen Zuspruch." Mit Gen. Wiegand, dem Leiter der HA XX/4, sei bereits über Schritte zur Verhinderung dieser und künftiger Veranstaltungen des Heym im kirchlichen Bereich beraten worden. Zur Verhinderung der Veranstaltungen solle die Kirchenleitung der Evangelischen Kirche Berlin-Brandenburg eingeschaltet werden.

„Durch die KD Strausberg werden folgende Maßnahmen realisiert: Vorinformation der VP, dass bei einer evtl. Veranstaltung die Anmeldung sofort an die KD weitergegeben wird; Durchführung von Kontrollen im Ort nach Aushängen und sonstigen Veröffentlichungen der Kirche; Schaffung von Voraussetzungen für inoffizielle Absicherung einer evtl. Veranstaltung mit H. Bei Feststellung des Veranstaltungstermins erfolgt eine Sofortmeldung an die Fachabteilung zur kurzfristigen Festlegung koordinierter Maßnahmen."[57]

Am 14. August, hatte die Abteilung XX/4 der Bezirksverwaltung Frankfurt/O. eine fünfseitige „Operativ-Information" über Barbe und mich erstellt. Zunächst wurden Fakten aus dem OV „Jugendfreund" übernommen, die durch Aktualia ergänzt wurden. Am Schluss heißt es: „L. war schon immer ein Feind unseres Staates und ist es auch geblieben. Er hat nicht einmal die Formen seiner Feindtätigkeit wesentlich geändert. Offensichtlich wird L. in seiner Haltung von seiner Frau bestärkt [...]. Es wird vorgeschlagen, dass Pfarrer Linke und seine Ehefrau durch die KD Strausberg operativ bearbeitet werden."[58]

Am 29. August fand eine weitere Beratung in Strausberg statt. Gen. Heydel (Stellv. Leiter Abt. XX/4, Frankfurt/O.) überbrachte eine „Weisung" seiner Dienststelle. „In Verantwortlichkeit der KD Strausberg" sollen folgende Maßnahmen eingeleitet und realisiert werden:

„Aufklärung des Gemeindekirchenrates", „Ermittlungen zu L. im Wohngebiet", „Aufklärung des Pfarrhauses des L.",

---

[57] BStU, ASt Frankfurt/O., AOP 889/84, Bd. I, S. 34 f.
[58] Ebenda, S. 35-40.

Einleitung einer Post-Kontrolle und einer Postzollfahndung; außerdem sollen „Voraussetzungen für die Realisierung einer B-Maßnahme durch die Abt. 26" (Einbau von Abhörtechnik) geschaffen werden.[59]

Am 13. September legte die KD Strausberg einen achtseitigen Eröffnungsbericht zum Anlegen der Operativen Personenkontrolle „Kreuz" vor.[60]

Am 18. September wurde der Operativplan erstellt. Darin heißt es unter anderem: „Da der L. einen Telefonanschluss hat, wird zur Feststellung feindlich-negativer Aktivitäten eine A-Maßnahme der Bezirksverwaltung (BV) Frankfurt/O., Abt. 26, durchgeführt." Die A-Maßnahme bezeichnet das Abhören des Telefons. Um eine Abhörmöglichkeit im „Wohn- und Arbeitsbereich des L." realisieren zu können, sei zu prüfen, ob eventuell „Reparatur- bzw. Baumaßnahmen in der Kirche oder im Wohnhaus des L. notwendig sind", um diese für den Einbau der erforderlichen Technik zu nutzen. Außerdem solle „in Vorbereitung geplanter operativer Maßnahmen im Wohn- und Arbeitsbereich des L." ein Beobachtungsstützpunkt „in unmittelbarer Nähe der Wohnung" ausfindig gemacht werden.[61]

Aus Erfahrung wussten wir, dass es nicht gut ist, wenn man eine brisante Veranstaltung zu zeitig ankündigt. So haben wir erst zehn Tage vor der für den 3. Oktober geplanten Lesung eingeladen. Einladungen hatte ich mit einem Ormig-

[59] Ebenda, S. 41.
[60] Ebenda, S. 54-61.
[61] Ebenda, S. 62-64.

Abzugsgerät vervielfältigt und teilweise mit der Post versandt oder im Schaukasten vor dem Pfarrhaus und auf dem kircheneigenen Friedhof ausgehängt. Die Reaktion der Staatsvertreter war nur eine Frage der Zeit.

Am 27. September informierte der Leiter der HA VII, Generalmajor Büchner, den Leiter der BV Frankfurt/O., Oberst Stöß, und den Stellvertreter des Ministers, Generalleutnant Mittig, über das Auftauchen dieser Einladungen „an Bäumen und anderen Orten" von Neuenhagen. Ein Einladungsschreiben habe der Bürgermeister mit der Post erhalten, das folgenden Wortlaut habe:

„Es wird eingeladen zu einem Gemeindeabend am 3. Oktober, um 19.30 Uhr, Ort: Evangelische Kirche Neuenhagen, Carl-Schmäcke-Straße. Wir haben den Schriftsteller Stefan Heym zu Gast. Wir erlauben uns, Sie und Ihre Freunde zu diesem Abend herzlich einzuladen. Im Namen des Gemeindekirchenrates Ihr Pfarrer Linke. Darunter ein Zitat aus dem Buch von Stefan Heym mit dem Titel ‚König David Bericht'. ‚Ein Traum kann ebenso zur historischen Kraft werden wie eine Sintflut oder ein Heer oder ein Fluch Gottes – besonders ein Traum, der so glänzend erzählt und dokumentiert ist wie der eure.'"[62]

Für den 27. September um 10 Uhr hatte ich ein Gespräch mit dem Bürgermeister, Herrn Butzner, vereinbart. Es sollte um die Beschaffung von Wohnraum für den zweiten Pfarrer der Gemeinde gehen. Zum anderen sollten Informationen über die für das folgende Jahr geplante 750-Jahrfeier von Neuen-

---

[62] Ebenda, Bd. III, S. 43 f.

hagen ausgetauscht werden. Bevor das Gespräch begann, wurde mir mitgeteilt, dass im Anschluss eine Aussprache mit dem Referenten für Kirchenfragen vom Rat des Bezirkes Frankfurt/O., Herrn Naundorf, über den Gemeindeabend am 3. Oktober erfolge. Diese Aussprache begann gegen 11.30 Uhr. An einem Ende eines langen Konferenztisches saßen der Bürgermeister und der Referent aus Frankfurt/Oder. Hinter ihnen hing das Bild des Staatsratsvorsitzenden Erich Honecker. Ich nahm am anderen Ende des Tisches Platz. Vor dem Bürgermeister lag ein Exemplar der Einladung. Der Bürgermeister eröffnete die Aussprache. Es gehe um die geplante Lesung mit dem „Staatsfeind" Stefan Heym. Die Republik feiere in diesen Tagen den 30. Jahrestag. Diese Veranstaltung würde die Feierlichkeiten stören. Außerdem gäbe es keine staatliche Genehmigung. Somit sei die Veranstaltung verboten.

In meiner Entgegnung wies ich darauf hin, dass wir zu keiner Lesung, sondern zu einem Gemeindeabend eingeladen hätten, der nach der Veranstaltungsverordnung weder anmelde- noch genehmigungspflichtig sei, da es sich um eine kirchliche Veranstaltung handle. Es könne uns nicht vorgeschrieben werden, wer im Rahmen eines Gemeindeabends zu Wort komme. Ich wies darauf hin, dass Stefan Heym kein Staatsfeind sei, sondern Bürger dieses Landes und ein über die Grenzen der DDR hinaus anerkannter Schriftsteller, der in der Zeit des Nationalsozialismus schon einmal Deutschland verlassen musste.

Die Drohgebärden wurden schärfer, als der Bürgermeister sagte, er werde in seiner Funktion Stefan Heym am Betreten des Ortes Neuenhagen hindern, der hier eine unerwünschte Person sei. Der Referent aus Frankfurt/O. ergänzte, dass die Möglichkeit bestünde, die Personalien der Veranstaltungsbesucher feststellen zu lassen. „Wollen Sie dafür die Verantwortung übernehmen?", fragte er.

Am Schluss sagte ich, dass die Veranstaltung stattfinden und ich die Kirchenleitung über dieses Gespräch informieren würde.

Im Gedächtnisprotokoll des Kirchenreferenten vom Rat des Bezirkes Frankfurt/O., Herrn Naundorf, vom 27. September heißt es unter anderem:

„Wir haben unsere Verwunderung darüber zum Ausdruck gebracht, dass der GKR eine Schriftstellerlesung mit St. Heym beabsichtigt und diese irreführend als ‚Gemeindeabend' bezeichnet. Eine Schriftstellerlesung in einem kirchlichen Gemeindeabend mit dem Atheisten Heym wäre eine fragwürdige Sache. Die Fragwürdigkeit sei auch dadurch gegeben, dass Heym vom Schriftstellerverband ausgeschlossen und wegen krimineller Vergehen und Verleumdung der DDR bestraft worden ist.

Nach der Motivation der Einladung von Heym gefragt, antwortete L.: [...] Heym besitze Erfahrungen aus der Emigration in den USA, aus dem faschistischen Widerstandskampf und als Bürger der DDR über vielgestaltige Fragen und Probleme beim Aufbau des Sozialismus in der DDR. Es gehe darum, so erklärte L., die Gemeindearbeit interessant und lehrreich zu gestalten [...]. Eine Konfrontation läge nicht in seiner Absicht, auch nicht von Seiten St. Heym. Bestimmend für sein Tun sei der Auftrag der ‚Kirche für andere', das beinhalte, für andere da zu sein, auch für die, die an den Rand der Gesellschaft gedrängt sind. Auf die Frage, wo er sich eine Bereicherung des Gemeindelebens durch den Atheisten Heym vorstellt, erwiderte er, sie möchten im und durch das Gespräch den Menschen kennenlernen, über den öffentlich geurteilt wird, sie wollen sich ihr eigenes Urteil bilden. Als Kirche halten sie nichts von Schwarz-Weiß-Malerei und Vorgedachtem.

Unsererseits wurde auf das Gespräch vom 6.3.1978[63] hingewiesen, wo beide Seiten bekräftigt haben, dass sie an einer Konfrontation nicht interessiert sind. Darauf ist L. nicht eingegangen. Auf die Ausführungen, dass auch offizielle Kirchenvertreter den 30. Jahrestag der DDR zu würdigen wissen, bemerkte er kurz, dass es nicht Art und nicht Aufgabe der Kirche sei, in die allgemeinen Lobeshymnen auf Partei und Staat einzustimmen.

Bezugnehmend auf den Text der Einladung wurde L. nachgewiesen und klargestellt, kirchlich legitim ist, was der Glaubensvermittlung dient. Diese Veranstaltung hat nachweislich keine innerkirchliche, biblische Thematik zum Inhalt, sie dient nicht der Glaubensvermittlung und ist kirchlich nicht legitim, weil Schriftstellerlesungen nicht Sache der Kirche sind. Was die öffentliche Plakatierung betrifft, wurde L. dahingehend belehrt, dass Ordnungsgeld bis 1000,- M erhoben werden kann. (Der Bgm. hat L. eine Ortssatzung zur Kenntnisnahme und Beachtung ausgehändigt.) L. gab zu verstehen, dass er von seinem Vorhaben nicht abgehen wird. L. wurde nochmals eindringlich nahegelegt, seine Uneinsichtigkeit zu

---

[63] 1. Spitzengespräch zwischen E. Honecker und dem Vorstand der Konferenz der Ev. Kirchenleitungen in der DDR.

durchdenken, sich der möglichen Folgen bewusst zu werden, wenn er einen Mann wie St. Heym, der sich in den westlichen Publikationsorganen offen als Gegner der Politik der Partei und Regierung der DDR bekennt, am Vorabend des 30. Jahrestages der DDR durch Missbrauch legitimer innerkirchlicher Tätigkeit eine Plattform bietet. Es erscheint uns fraglich, ob die Kirchenleitung diesen Schritt billigen wird. Wir gehen davon aus, dass die KL an einer Konfrontation nicht interessiert ist [...]. Linke wolle wissen, ob gegen Heym ein Gerichtsbeschluss vorliegt, der ihm verbietet, aus seinen Büchern zu lesen und Fragen zu beantworten. Er erhielt von uns die Antwort, gäbe es einen solchen Beschluss, würden wir nicht diskutieren, sondern handeln [...]."[64]

Noch am gleichen Tag forderte der Leiter der KD Strausberg bei der BV Frankfurt/O. konspirative Technik an:
„Zur Durchführung einer konspirativen Überwachung einer Veranstaltung benötigen wir zur Gewährleistung von Tonbandaufnahmen je 1 tragbares Tonbandgerät zum gedeckten Tragen direkt am Mann, eventuell auch in einer Handgelenktasche (männliche Person) und zum Tragen in einer Damentasche."[65]
Am 28. September fand eine Besprechung zwischen einem Mitarbeiter der Abt. XX/4 der BV Frankfurt/O. und dem Leiter der HA XX/4, Oberstleutnant Wiegand, statt. Der Mitarbeiter aus Frankfurt/O. notierte:
„Herr Wiegand berichtete, dass am 28.8.1979 zwischen ihm und Dr. Hüttner (Mitarbeiter des ZK der SED) ein Gespräch

[64] BStU, ASt Frankfurt/O., AOP 889/84, Bd. VI, S. 204-206.
[65] Ebenda, Bd. III, S. 45.

stattgefunden hat. Dr. Hüttner verwies darin auf einen Vorschlag des Sektorenleiters für Kirchenfragen beim Rat des Bezirkes Frankfurt/O., Naundorf, dass auf Grund der Haltung des Pfarrers Linke ein weiteres Gespräch mit einer kirchenleitenden Persönlichkeit zweckmäßig sei. Herr Naundorf habe als möglichen Gesprächspartner den Konsistorialpräsidenten Kupas genannt. Dr. Hüttner war mit diesem Vorschlag einverstanden. Ziel sei es, mit diesem weiteren Gespräch dem Konsistorium zu verdeutlichen, dass das Auftreten von Schriftstellern und anderen Personen wie Heym, Schlesinger, Wegner in Kirchengemeinden das Verhältnis Staat-Kirche erheblich belastet.«[66]

Am 2. Oktober fand das vom Staat gewünschte Gespräch im Staatssekretariat für Kirchenfragen statt. Vom Berliner Konsistorium waren Konsistorialpräsident Kupas und Propst Dr. Winter erschienen. Der Stellvertreter des Staatssekretärs für Kirchenfragen, Hermann Kalb, und der Sektorenleiter für Kirchenfragen beim Bezirk Frankfurt/O., Herr Naundorf, übermittelten den beiden Kirchenvertretern die staatliche Erwartungshaltung.[67]

Nach dem Gespräch am 27. September mit dem Bürgermeister und dem Sektorenleiter für Kirchenfragen entschloss ich mich, zusammen mit Barbe erneut zu Stefan Heym zu fahren. Ich berichtete ihm von dem Gespräch im Rat der Gemeinde und signalisierte zugleich, dass ich bereit sei, bei dem Termin zu bleiben, aber darüber nachdenke, welche

[66] Ebenda, Bd. IV, S. 69-70.
[67] Ebenda, Bd. I, S. 48.

Folgen es hätte, wenn die Besucher an diesem Abend kontrolliert und ihre Personalien notiert würden. Wir diskutierten diesen Eventualfall und entschieden uns schließlich für einen späteren Zeitpunkt, auch, um das Argument, dass wir die Feierlichkeiten zum 30. Jahrestag stören würden, zu entkräften. Als neuer Termin bot sich der 31. Oktober, der Reformationstag, an. Zugleich war uns klar, dass der Konflikt weiter bestehen bliebe. Die zeitliche Nähe zum 30. Jahrestag der DDR war ja nur ein Scheinargument.

Am Sonntag, dem 29. September, gab ich im Gottesdienst die Verschiebung des Termins bekannt. Den Bürgermeister informierte ich darüber am 1. Oktober.

Die Einladungen zum 3. Oktober waren nicht rückgängig zu machen. Daher hatten wir mit Stefan Heym vereinbart, dass er am 3. Oktober im engsten Freundeskreis in unserer Wohnung lesen würde. Ich holte Stefan Heym und seine Frau Inge aus Grünau ab. In unserem großen Wohnzimmer saßen sie dicht gedrängt, Freunde aus nah und fern. Bevor Stefan Heym las, informierte ich über die Entwicklungen der letzten Tage und nannte den 31. Oktober als neuen Termin für die Lesung in der Kirche. Nachdem Stefan Heym eine Erzählung gelesen hatte, schloss sich ein lebhaftes Gespräch an. Heym wurde gefragt, ob er die Absicht habe, das Land zu verlassen. Darauf antwortete er mit einem eindeutigen Nein. Am Ende sammelten wir eine Kollekte, die für politisch Verfolgte bestimmt sein sollte. Es war zu erwarten, dass das MfS auch an diesem Abend wachsam verfolgen würde, was sich im und um das Pfarrhaus abspielte. Aus den MfS-Akten erfahre ich: Einundzwanzig Autos hatte die Stasi gezählt, die vor dem Pfarrhaus an diesem Abend parkten, die Kennzeichen notiert und die Fahrzeughalter ermittelt.[68]

Am folgenden Tag, dem 4. Oktober, fand eine Sondersitzung der Kirchenleitung in Berlin statt, zu der ich und drei weitere Kollegen, die ebenfalls Lesungen in kirchlichen Räumen durchführten, eingeladen waren. Es war erkennbar, dass vor allem Bischof Schönherr durch die Staatsfunktionäre bedrängt worden war. Er möge seinen Einfluss geltend machen, dass künftig derartige Veranstaltungen eingeschränkt oder gar verhindert würden. Über den Verlauf dieser Sitzung schreibt Hauptmann Geister (Abt. XX/4 Frankfurt/O.) am 23. Oktober in einem Dienstreisebericht:

„Major Roßberg, HA XX/4, informierte mich mündlich über das Ergebnis der außerordentlichen Kirchenleitungssitzung am 4. Oktober 1979. Gegenstand der KL-Sitzung waren die durchgeführten Buchlesungen und Liederabende von oppositionellen künstlerischen Personenkreisen im Bereich der Evangelischen Kirche. Zu dieser Sitzung wurde u. a. auch Pfarrer Linke aus Neuenhagen eingeladen. Bischof Schönherr wertete u. a. das Gespräch des Gen. Naundorf, Rat des Bezirkes Frankfurt/O., mit Konsistorialpräsident Kupas und Propst Dr. Winter aus. Wie inoffiziell dazu eingeschätzt wurde, fanden die von Gen. Naundorf aufgeworfenen Probleme zu Pfarrer Linke ein großes Echo unter den anwesenden Teilnehmern der Tagung. Der überwiegende Teil hat sich gegen die Praktiken des Pfarrer Linke ausgesprochen und ihn kritisch zur Rede gestellt. Linke

[68] BStU, ZA, HA XX/4, Bd. 992, S. 19 f.

sowie drei weitere Pfarrer, die ebenfalls derartige Veranstaltungen durchführten, griffen in ausfallender Art und Weise Bischof Schönherr an und verleumdeten ihn. Durch das entscheidende Auftreten progressiver Kräfte, u. a. auch Generalsuperintendent Schuppan, wurden sie in die Schranken verwiesen. Im Ergebnis der Tagung wurden folgende Festlegungen getroffen:

1. Am 24. Oktober 1979 wird eine weitere KL-Sitzung zu dieser Problematik durchgeführt, bei der eine endgültige Entscheidung gefällt wird.

2. Eventuell geplante Veranstaltungen, wie Buchlesungen, Liederabende u. a. sind bei der Kirchenleitung anzumelden. Es wurde die Orientierung gegeben, keine öffentlichkeitswirksamen Veranstaltungen durchzuführen. Wenn derartige Veranstaltungen geplant sind, sollten diese nur in einem eng begrenzten Kreis und unter Teilnahme ausgewählter Personen stattfinden. Die Kirchenleitung wünscht keine Konfrontation mit dem Staat, die mit derartigen Veranstaltungen herbeigeführt werden könnte.

Gen. Roßberg bat darum, über vorhandene operative Möglichkeiten Einfluss auf Generalsuperintendent Schuppan zu nehmen, dass er bei der Entscheidungsfindung am 24. Oktober 1979 positiven Einfluss nimmt."[69]

In einem Protokoll der HA XX/4 ist über die Kirchenleitungssitzung vom 4. Oktober zu lesen:

„Bischof Schönherr [...] äußerte sich dahingehend, dass er nicht länger bereit sei, als Gottesdienste deklarierte Auftritte von mit

---

[69] BStU, ASt Frankfurt/O., AOP 889/84, Bd. I, S. 70 f.

dem Staat in Konflikt geratenen Kräften zu decken. In solchen Fällen müsse rigoros die Veranstaltungsverordnung angewandt werden. Daraufhin brachten mehrere der als Gäste eingeladenen Pfarrer zum Ausdruck, dass sie einen Bischof ablehnen, der sich als ‚verlängerter Arm der Staatssicherheit' offenbare."[70]

Gelassener und inhaltlich sachlicher stellt sich das Auftreten von Bischof Schönherr in den beiden folgenden Begegnungen dar. Er wurde bereits am 12. Juni 1979 vom Staatssekretär für Kirchenfragen, Hans Seigewasser, wegen zweier Veranstaltungen mit Stefan Heym in kirchlichen Räumen angesprochen. Seigewasser hatte die Erwartung geäußert, dass künftig derartige Veranstaltungen unterbleiben. Bischof Schönherr verwies darauf, dass er in diesen Dingen keine Weisungsbefugnis habe, da für die Bereitstellung der kirchlichen Räume jeweils der Gemeindekirchenrat zuständig sei.[71]

In einem Gespräch mit dem Stellvertreter Seigewassers, Hermann Kalb, am 1. September, wies Bischof Schönherr darauf hin, dass „es sich bei den genannten Fällen hinsichtlich der Mitwirkung oder des Fehlverhaltens von Geistlichen um eine verschwindende Minderheit handelt. Die überwiegende Mehrheit der Pfarrer verhalte sich korrekt [...]. Zum anderen müsse man den Kirchengemeinden das Recht einräumen, sich mit den geistigen Fragen und Problemen unserer Zeit auseinander zusetzen und in diese Dis-

---

[70] Vgl. Gerhard Besier: Der SED-Staat und die Kirche 1969-1990, a. a. O., S. 269 ff.
[71] Ebenda, S. 269.

kussionen auch Gegenwartsliteratur einzubeziehen, die Fragen an Staat und Gesellschaft aufwirft, Missstände, menschliches Versagen und Fehlentwicklungen beim Namen nennt und Antworten offen lässt. Dies treffe zum Beispiel auf Stefan Heym zu."[72]

Als Stefan Heym am 3. Oktober im Pfarrhaus las, war unter den Zuhörern ein Bausoldat, der in Strausberg stationiert war. Da er schon öfter in der Jungen Gemeinde in Neuenhagen war, bot ich ihm an, mit zur Lesung zu kommen. Als der Abend zu Ende war, erzählte er den anderen Bausoldaten, die in der Gaststätte waren, unter ihnen IM „Kalle", was er im Pfarrhaus erlebt hatte. IM „Kalle" berichtet daraufhin:
„Stefan Heym las ein paar Geschichten. Eine Geschichte handelte von zwei Jugendlichen aus den 60-er Jahren. Die Jugendlichen waren 14mal über die Mauer gesprungen und drüben ins Kino gegangen, dabei wären sie irgendwann mal erwischt worden. Als sie dann abgeurteilt werden sollten, sagte der Verteidiger, dass die Jungen keine Strafe, sondern einen Orden erhalten müssten. Der Staatsanwalt fragte dann: Warum? Der Verteidiger sagte: Weil sie 14mal wieder zurückgekommen sind [...].
In der Diskussion hat Stefan Heym dann aus seinem Leben erzählt. Er erzählte, warum er in Kirchen liest [...]. Er wolle seine Sachen unter die Leute bringen und da hätte er keine andere Möglichkeit, als in der Kirche zu lesen [...]."[73]

---

[72] Ebenda, S. 271.
[73] IM „Kalle", BStU, BV Berlin, ZA, AIM 4465/87, Bd. I/I; auch BStU; ASt Frankfurt/O., AOP 889/84, Bd. VI, S. 174 f.

Auch Karin R. gehörte mit ihrem Mann zu den Gästen am 3. Oktober. Bei einer Silvesterfeier 1977 in der Stahnsdorfer Schmiede haben wir sie und ihren Mann kennengelernt, und bei unserer Abschiedsfeier im Juni 1978 in Meinsdorf waren sie auch dabei mit ihrer Puppenbühne. Aus diesem Kontakt wurde eine Freundschaft. Als wir 1979 mit den Planungen für die 1980 stattfindende *Ökumenische Woche* zur 750-Jahrfeier von Neuenhagen begannen, bezogen wir beide in die Vorgespräche mit ein. Aus den MfS-Akten erfahre ich, dass Karin R. zwei Tage nach dem Abend mit Stefan Heym im Pfarrhaus zur MfS-Kreisdienststelle in Brandenburg/ Havel ging. Hauptmann Antczak berichtet über diese Begegnung:

Karin R. „erschien am 5.10.1979 um 15.30 Uhr auf der Kreisdienststelle in Brandenburg. Die Person bat um eine Aussprache zwecks Klärung eines persönlichen, sie belastenden Problems [...]. Die Person gibt an, dass sie durch Pfarrer Dietmar Linke aus Neuenhagen zu einem Literaturabend, an dem der Schriftsteller Stefan Heym lesen wollte, schriftlich eingeladen worden ist. Der Pfarrer Dietmar Linke ist mit der Familie R. befreundet [...]. Gegen 18 Uhr fanden sich in der Wohnung des Linke ca. 50 Personen ein. Diese Personen waren dem Linke alle persönlich bekannt. Es handelte sich um Kulturschaffende, Mediziner und andere Personen aus der Intelligenz [...]. Gegen 20 Uhr erschien Stefan Heym [...]
Die anschließende Diskussion befasste sich damit, wie man in der DDR die bestehenden Verhältnisse verändern könne, um die Fürstenschicht, sprich die Funktionärsschicht, abzulösen, die Pressefreiheit, die Freiheit des Reiseverkehrs durchzusetzen.

Man fand, dass man Basisarbeit machen müsse, d. h. in kleinen Gruppen Gleichgesinnte sammeln muss, um zu einer starken Bewegung werden zu können. Erst wenn diese Breitenbasis geschaffen werden kann, ist man in der Lage, öffentlichkeitswirksam ein Konzept vorzutragen [...]. Im wesentlichen ging die Diskussion darum, wie man die Verhältnisse in der DDR ändern kann.

Auf Grund dieser Richtung des Abends hat sich die Person R. Gedanken gemacht und kann sich mit einer derartigen Haltung nicht einverstanden erklären. Aus diesem Grunde suchte sie jemand, mit dem sie sich aussprechen und beraten kann. Denn sie weiß, wenn sie weitere Einladungen ablehnt bzw. die Kontakte zu den Künstlern, die dort erscheinen, abbricht, wird dadurch ihr Mann in der persönlichen Entwicklung Nachteile haben [...]. Aus diesem Grunde hat sie sich, da sie keinen weiteren Ausweg sah, an das MfS gewandt. Mit ihrem Mann kann sie über das Problem nicht sprechen. Sie schätzt ein, dass ihr Mann zu gutgläubig ist und auch nicht solche Probleme in dem Geschehen sieht [...]. Sie sehe keinen Weg, sich aus der Affäre zu ziehen, ohne dass sie dabei sich selbst ins Abseits disqualifiziere [...]. Sie sieht jetzt eine Möglichkeit, sich als Keramikerin zu profilieren und möchte um keinen Preis durch irgendwelche Dinge diesen Weg sich verbauen.

Durch Unterzeichner wurde sie gebeten, die gemachten Angaben auf Band zu sprechen, um eine objektive Darstellung des von ihr dargestellten Sachverhaltes zu bekommen. Man merkte, dass sie sehr aufgeregt und zum Teil dem Weinen nahe war [...]. Es wurde versucht, ihr die nötige Ruhe wieder zu geben und ihr das notwendige Verständnis entgegenzubringen [...]. Sie habe beim Betreten des Objektes Angst gehabt, dass sie jemand sehen könnte und dass sie damit in Misskredit kommt. Sie gab im Verlaufe des Gespräches zu, dass sie zum MfS auch eine zwiespältige Meinung gehabt habe, aber im Verlaufe des Gespräches sich revidieren musste [...].

Die Karin R. wurde dann aufgefordert, eine schriftliche Erklärung zu schreiben, dass sie die gemachten Angaben freiwillig getätigt hat und um diese Aussprache bat. Des weiteren wurde mit ihr darüber gesprochen, dass sie gegenüber jeder anderen Person Stillschweigen über das Gespräch zu bewahren hat, wozu sie erklärte, das sei für sie das wesentlichste und von ihr würde niemand darüber Kenntnis erhalten, denn ansonsten würde sie sich selbst diskriminieren. Des weiteren erklärte sie sich bereit, weitere Gespräche mit dem MfS zu führen und den geschilderten Sachverhalt entsprechend den vom Unterzeichner noch auftretenden Fragen zu ergänzen.

Die Karin R. wollte dann vom Unterzeichner wissen, wie sie sich nun verhalten solle, was den 31.10.1979 anbetrifft. Ihr wurde dahingehend klargemacht, dass sie diesen Termin wahrnehmen wird und uns über den Inhalt des Geschehens Mitteilung machen wird. Mit ihr wurde vereinbart, dass am Donnerstag um 09.00 Uhr in ihrer Zweitwohnung in Brandenburg durch Unterzeichner eine weitere Zusammenkunft geführt wird. Hier werden dann mit ihr die noch offenen Fragen geklärt und auch Details des Verhaltens für den 31.10.1979 gegeben [...]. Im Verlaufe des Gesprächs konnte erreicht werden, dass bei der Person eine sichtliche Ruhe eingetreten ist und sie gewisse Vorurteile zum MfS abgebaut hat [...]."[74]

Was hatte Karin R. zu diesem Schritt bewogen? Hatte sie Angst, dass ihre Teilnahme an dieser Runde ihrer künftigen Karriere schaden könnte und eventuell eine Aufnahme in den *Verband Bildender Künstler* beeinträchtigen würde? Oder hatte sie gar erhofft, dass das MfS ihr bei der beruflichen Entwicklung behilflich sein könnte?

Fest steht, Karin R. hat das MfS auf sich aufmerksam gemacht und ihre Bereitschaft zur Zusammenarbeit signalisiert. Die Lesung und das Gespräch mit Stefan Heym konnten zu keiner Irritation führen; auch an diesem Abend verbarg er nicht sein Bekenntnis zum Sozialismus.

Am 12. Oktober entwarf die KD Strausberg „Neue Kampfaufgaben zu Ehren des 30. Jahrestages" des MfS. Eine „Kampfaufgabe" bestand in der „Bearbeitung der OPK ‚Kreuz' mit dem Ziel, die Hinweise und Aktivitäten der politischen Untergrundtätigkeit des Pfarrer L. aufzuklären und einzuschränken". Dazu gehörten: „Aufklärung der wichtigsten op. interessanten Verbindungen zu feindlich-negativen Schriftstellern, Kulturschaffenden u. klerikalen Kräften, op. Kontrolle der op. interessanten Veranstaltungen, Einführung eines IM in die op. Bearbeitung des L. und Anlegen eines OV."[75]

---

[74] BStU, ASt Potsdam, AIM 1916/87, Bd. I/I, S. 295-299.
[75] BStU, ASt Frankfurt/O., AOP 889/84, Bd. I, S. 78.

Lesung mit Stefan Heym am 3. 10. 1979 im Pfarrhaus
(v. r . n. l.: Stefan Heym, Dietmar Linke)

Lesung mit Stefan Heym am 31.10.1979 in der Kirche Neuenhagen
(v. r. n. l: Stefan Heym, Barbe Linke)

Am 18. Oktober erarbeitete die KD Strausberg einen „Maß-nahmeplan zur politisch-operativen Sicherung der Buchlesung mit Stefan Heym am 31.10.79". Es sollten die Teilnehmer, der Inhalt der Veranstaltung und des anschließenden Gesprächs im Pfarrhaus und die Kfz-Halter festgestellt werden. Der Führungsstab, der sich aus vier Mitarbeitern der KD Strausberg zusammensetzte, sollte am 31. Oktober seine Tätigkeit im Führungsstützpunkt in Neuenhagen um 17.30 Uhr beginnen. Weitere Mitarbeiter des MfS sollten im Beobachtungsstützpunkt, um Kirche und Pfarrhaus und in der Kirche zum Einsatz kommen. Fünf Inoffizielle Mitarbeiter waren für die Feststellung des Inhalts vorgesehen, ein IM sollte mit konspirativer Tonbandtechnik ausgestattet werden, IM „Gellert" sollte an der sich anschließenden Gesprächsrunde im Pfarrhaus teilnehmen. Zwischen dem Führungsstützpunkt und dem Beobachtungsstützpunkt bestand „zwecks ständiger Information über die Lage" telefonische Verbindung, zusätzlich sollten drei Sprechfunkgeräte zum Einsatz kommen. Vom Führungsstützpunkt waren Mitarbeiter der Abt. XX in Frankfurt/O. ständig über die Lage zu informieren. Der S-Bahnhof Hoppegarten sollte visuell überwacht werden. Zusätzlich sollten Mitarbeiter der Volkspolizei eingesetzt werden.[76]

Am Abend des 31. Oktober strömten die Menschen zur Dorfkirche Neuenhagen. Mit circa 500 Personen war sie völlig überfüllt. Unübersehbar waren die Herren in Uniform und Zivil auf dem Vorplatz der Kirche. Die Nummern der

---

[76] Ebenda, Bd. III, S. 64-68; auch Bd. I, S. 65-69.

parkenden Autos wurden notiert. Zweiundfünfzig Autos haben sie gezählt und die Fahrzeughalter festgestellt.[77]

Die Glocke läutete, ein akustisches Signal für diejenigen, die den Weg zur Kirche nicht kannten. Zum Beginn sangen wir das alte Reformationslied „Ein feste Burg ist unser Gott". Der Text dieses Liedes von Martin Luther gewann plötzlich ungewöhnliche Aktualität.

Meine Betrachtung zum Reformationsfest schloss ich mit den Sätzen: „Wir freuen uns, dass auch in unserer Gesellschaft Menschen da sind, die über den traditionellen Rahmen der Kirche hinaus mit dem Wort andere sensibilisieren, ihnen Augen und Ohren öffnen wollen für die innere und äußere Umgestaltung und Veränderung der Menschen und der Gesellschaft. Es ist eine legitime Möglichkeit und eine Notwendigkeit, dass eine Kirche des Wortes mit ihnen, den Schriftstellern in unserem Land, ins Gespräch kommen und im Gespräch bleiben will. Wir freuen uns, dass wir Sie, lieber Stefan Heym, heute Abend unter uns zu Gast haben dürfen. Für viele von uns ist diese Begegnung eine Möglichkeit, Sie kennenzulernen; für Sie selbst ist es eine Möglichkeit, selbst zu Wort zu kommen. Seien Sie uns herzlich willkommen."[78] Ich reichte das Mikrofon an Stefan Heym weiter.

„Ich freue mich, dass ich heute hier zu Ihnen kommen konnte. Der Pfarrer hatte erzählt, heute ist Reformationstag. Das, was ich ausgewählt habe, hat mit der Reformation zu tun. In England gab es Auseinandersetzungen Anfang des 18. Jahrhun-

---

[77] BstU, ZA, HA XX/4, Bd. 962, S. 21-24.
[78] Privatarchiv D. Linke.

derts zwischen der offiziellen Anglikanischen Kirche, die mit den herrschenden Schichten verbunden war, und den sogenannten Abweichlern, den Puritanern. In diesen Kämpfen griff ein Schriftsteller ein, Daniel Defoe, der ein Pamphlet geschrieben hatte, nicht unter seinem Namen, sondern anonym. Die Auseinandersetzungen endeten damit, dass der Schriftsteller Defoe an den Pranger gestellt wurde. Die Form, in der ich diese Geschichte geschrieben habe, ist das Tagebuch, Tagebucheintragungen des Polizeiagenten, der für den damaligen Premierminister die Strafverfolgung des Daniel Defoe durchgeführt hatte."[79]

Nach diesen einleitenden Worten las Stefan Heym aus seiner Erzählung *Die Schmähschrift*. Parallelen zu den Auseinandersetzungen der letzten Wochen wurden sichtbar. Ich hatte mit Stefan Heym verabredet, dass es im Anschluss an die Lesung keine Diskussion geben sollte, um andere nicht zu gefährden. In einem kleineren Kreis waren wir danach noch im Pfarrhaus zusammen.

Von IM „Bertram" wird auf acht Schreibmaschinenseiten über diesen Abend berichtet:

Heym „las aus seinem Buch ‚Die Schmähschrift oder Könige gegen Defoe'. Dieses Buch ist in der DDR erschienen. Er ging auf die Schreibweise dieses Buches ein. Er hat es in Tagebuchform geschrieben und zwar als Tagebuch, geführt von einem Spitzel, der nach Defoe fahndete [...]. Der Defoe wurde gefasst und für dieses Pamphlet drei Tage in London an den Pranger gestellt. Der König hatte eine Bande von Spitzbuben

---

[79] Ebenda.

organisiert, die den Willen des Volkes darstellen und den Defoe mit Unrat bewerfen sollten. Es wurde nicht einberechnet, dass sich das Volk um Defoe sammelte und ‚Hoch Defoe, nieder mit der jetzigen Diktatur' rief. Es wurden Pamphlete gegen den Staat verlesen und Defoe war der gefeiertste Held, weil er in Wort und Schrift gegen die derzeitigen Machthaber aufgetreten ist [...].

Der Schluss erregte allgemeine Heiterkeit des Publikums und danach begann ein wirklich rasender Beifall in der Kirche und Heym sah sich genötigt, ein weiteres Stück zu lesen [...].

Zusammenfassend zu der ganzen Veranstaltung möchte ich sagen, dass ich alles, die Gebete, die Worte des Pfarrers, das Vorlesen von Heym, die Veranstaltung als eine ganz starke Hetzveranstaltung gegen unsere Republik werte und dass man leider sagen muss, dass die Mehrzahl der Leute nach meiner Meinung, sich mit dem Gesagten einverstanden erklärte."[80]

Eine anderslautende Wertung dieses Abends entnehmen wir einem Bericht von Oberleutnant Hasse (Abt.XX/4 der BV Berlin):

„Insgesamt schätzt die Quelle ein, dass die Veranstaltung mit Stefan Heym sowohl der Form als auch dem Inhalt nach den Charakter eines Gottesdienstes aufwies. Im Gegensatz zu den Auftritten der Bettina Wegner vor kirchlichem Publikum dominierte in Neuenhagen eindeutig der kirchliche Inhalt und Heyms Lesung war einer von mehreren Programmpunkten. Demzufolge würde es der Quelle nach keine theologischen Einwände gegen diese Veranstaltung geben."[81]

---

[80] BStU, ASt Frankfurt/O., AOP 889/84, Bd. VI, S. 179-186.
[81] Ebenda, S. 178.

Im Sachstandsbericht zur OPK „Kreuz" vom 19. November 1979 wird zu dieser Veranstaltung ausgeführt:

„Die Ausführungen des L. zu Beginn der Veranstaltung enthielten zwei politische Aussagen:

- Die Reformationskirche dürfe sich auf keinen Fall ins Präsidium der Herrscher setzen (offenbar ist das eine Anspielung auf die Festveranstaltung zum 30. Jahrestag der Gründung der DDR, bei der Bischof Schönherr im Präsidium einen Platz hatte), sondern sich auf die Seite der von der Gesellschaft Ausgestoßenen, Mundtotgemachten und Behinderten stellen;

- Die Reformationskirche tritt seit Luther gegen jede Verhärtung und Dogmen auf und stehe immer auf der Seite derjenigen, die dafür eintreten."[82]

---

[82] Ebenda, Bd. I, S. 79-86.

Eröffnung des OV „Kreuz"

Nach den Turbulenzen der vergangenen Wochen verfolgte die MfS-Kreisdienststelle Strausberg zielstrebig die Eröffnung des Operativen Vorgangs „Kreuz".
Am 27. November 1979 wurde ein fünfzehnseitiger Eröffnungsbericht zum OV „Kreuz" erstellt. „Es wird vorgeschlagen, die DDR-Bürger" Linke, Dietmar und Linke, Barbe-Maria „in einem Operativvorgang zu bearbeiten, da sie im dringenden Verdacht landesverräterischer Agententätigkeit gemäß § 100 StGB stehen."
Unter der Überschrift „operativer Sachverhalt" werden unter anderem genannt: der Verlauf des Konflikts um den Gemeindeabend mit Stefan Heym, Fakten aus dem OV „Jugendfreund", Aktivitäten zur Selbstverbrennung von Oskar Brüsewitz und zur Ausbürgerung von Wolf Biermann, Äußerungen zur Einführung des Wehrunterrichts und die Nichtteilnahme an Wahlen.
Unter der Überschrift „strafrechtliche Einschätzung" ist unter anderem zu lesen: „L., Barbe-Maria und D. besitzen eine feindlich-negative Grundeinstellung, die sie in ihrer Tätigkeit mehrfach zum Ausdruck brachten. Somit sind sie sowohl objektiv als auch subjektiv in der Lage, den Straftatbestand des § 100 StGB zu erfüllen."
Als „Zielstellung der operativen Bearbeitung" wird abschließend formuliert:
„Rechtzeitige Aufklärung negativer feindlicher Pläne und Absichten sowie Verhaltensweisen des L. zur Einleitung vorbeugender operativer Maßnahmen, um sein Wirksamwerden zu

verhindern und seinen Einfluss in der Kirchengemeinde einzuschränken. Erarbeitung, Sicherung und Dokumentierung von Beweisen für eine gegen die Politik unseres Staates sowie gegen die sozialistische Gesellschaftsordnung gerichteten Feindtätigkeit. Aufklärung seiner Verbindungen in das NSA und dem sozialistischen Ausland zur Feststellung des Charakters der Verbindung. Aufklärung des Umfangs und des Charakters der Verbindungen in der DDR zu klerikalen Personenkreisen sowie Künstlern und Kulturschaffenden."[83]

Am 30. November 1979 entwarf die HA XX/4 im Hinblick auf den 30. Jahrestag der Bildung des MfS ein „Kampfprogramm". Unter sechs „Vorgängen", die „bis zur nächsten Etappe" zu „realisieren" sind, wird aufgeführt: „Pfarrer L./Neuenhagen – In abgestimmter Zusammenarbeit mit anderen DE werden die festgelegten Maßnahmen realisiert, um mit Quellen (IM ‚André', HA XX/4 und 26 B) in die Konspiration einzudringen und Hintergrundinformationen sowie Beweise über die vorhandene Konzentration einer feindlichnegativen Gruppe zu erarbeiten." Als Verantwortlicher wird Oberstleutnant Wiegand, der Leiter der HA XX/4, benannt.[84]

Seit der Eröffnung des OV „Kreuz" fanden regelmäßig, meistens alle vier Wochen, Konsultationen statt, bei denen über den Stand zum OV „Kreuz" und über die weitere Bearbeitung verhandelt wurde. An diesen Zusammenkünften waren Mitarbeiter der Kreisdienststellen Strausberg und

---

[83] Ebenda, Bd. I, S. 13-27.
[84] Anlage zur Gauck-Recherche zum IM „Sekretär"; BStU, Reg. Nr. IV/1192/64, Blatt 000131.

Brandenburg, der Bezirksverwaltungen Frankfurt/O., Berlin und Potsdam, sowie der Hauptabteilung XX/4 beteiligt.

Am 5. Dezember informierte Oberstleutnant Wiegand (HA XX/4) den Leiter der Abt. XX der BV Frankfurt/O., dass künftig alle Informationen zum OV „Kreuz" dem Stellvertreter des Ministers, Gen. Mittig, zugeleitet werden, der den OV „Kreuz" persönlich kontrollieren wird. Wiegand selbst sei „beauftragt, die zu realisierenden Maßnahmen bei der Bearbeitung des OV zu kontrollieren und die strikte Durchsetzung der Aufgabenstellung zu gewährleisten." Schwerpunkte seien vor allem die Durchsetzung von Maßnahmen der Abt. 26-B (akustische Überwachung), die Realisierung von Maßnahmen der Abt. VIII (Beobachtung und Ermittlung) sowie der direkte IM-Einsatz. Bis zur nächsten Beratung solle der Operativplan vorliegen.[85]

Fünf Tage später hatte die KD Strausberg einen fünfseitigen „Operativplan für die operative Bearbeitung des OV ‚Kreuz'" erstellt. Zur Durchführung der B-Maßnahme (akustische Überwachung, Einbau von Abhörtechnik) sei „es erforderlich, die exakte Aufklärung der Wohnung des L. durch IM zu gewährleisten, Gewohnheiten der bearbeiteten Personen sowie weiterer Hausbewohner und dort Tätige zu ermitteln, sowie nach Möglichkeit die Schlüsselbeschaffung zu organisieren, die Umgebung des Pfarrhauses aufzuklären, die Bindung verschiedenster Personen zu planen. Zur Realisierung dieser Maßnahme wird ein Maßnahmeplan erarbeitet. Als Zeitraum des Einbaus wird die geplante ČSSR-Reise der Familie L. Mitte Februar vorgesehen."

[85] BStU, ASt Frankfurt/O., AOP 889/84, Bd. I, S. 87.

MfS/BV/Verw. **Frankfurt/O.**   Strausberg   , den 04.01.1980

Diensteinheit **KD Strausberg**

Mitarbeiter **Ltn. Sachse**   Reg.-Nr. **V/ 30/80**

Beschluß

Über das Anlegen

eines Operativen Vorganges

    1. Deckname   **" Kreuz"**

    2. Tatbestand   **Verdacht der landesverrät. Agententätigkeit**

eines Ermittlungsverfahrens

(nur bei Ermittlungsverfahren ohne Haft / gegen Unbekannt / bei Übernahme von anderen Organen)

    1. Tatbestand

eines Vorganges über Feindobjekt

    1. Bezeichnung des Objektes

eines Sicherungsvorganges

Gründe für das Anlegen: Beide Personen stehen im dringenden Verdacht
der Landesverräterischen Agententätigkeit.
Sie unterhalten umfangreiche Verbindungen zu Personen in der
BRD/WB, Holland, England, der VR Polen, VR Ungarn und der CSSR
sowie zu feindlich- negativen Kunst-und-Kulturschaffenden der
DDR. Es besteht der Verdacht,daß ein Teil der Verbindungen zu
Vertretern von Einrichtungen oder Organisationen führt, die
eine staatsfeindliche Tätigkeit gegen die DDR führen und durch
das zu bearbeitende Ehepaar in ihrer Tätigkeit unterstützt
werden, um die Interessen der DDR zu schädigen.

                                 Sachse/Ltn.
                                      Mitarbeiter *

                                 Mielearek/OSL
                                   Leiter der Diensteinheit *

Bestätigt am: **16.1.1980**   vom

                                      Unterschrift *

Anmerkung: * Zusätzlich Name und Dienstgrad mit Maschine bzw. Druckschrift angeben.

Form 1b   O 141 1...   KOPIE   BStU

Beschluss zum Anlegen des Operativen Vorgangs „Kreuz"
Quelle: BStU, ASt Frankfurt/O, AOP 889/84, Bd. I, S. 5

„Zur eingehenden Beobachtung des Pfarrhauses durch die Linie VIII ist die Schaffung eines weiteren Beobachtungsstützpunktes notwendig. Dazu sind die angrenzenden Häuser hinsichtlich des vorhandenen Wohnraumes und der Bewohner zu überprüfen. Besonderes Augenmerk ist auf die gegenüberliegenden Häuser zu richten."

„Die Aufklärung des Verbindungs- und Umgangskreises ist zielgerichtet fortzusetzen. Dabei wird sich auf Personen mit operativ interessanten Merkmalen konzentriert."

„Über offizielle Stellen ist Einfluss zu nehmen, dass die im Rahmen der 750-Jahrfeier Neuenhagens von L. geplanten Aktivitäten eingeschränkt werden."[86]

Am 14. Dezember fand in Berlin beim Leiter der HA XX/4, Oberstleutnant Wiegand, eine weitere Beratung zum OV „Kreuz" statt. Im Protokoll lese ich:

„Durch den Gen. Wiegand wurde unter Berufung auf den Stellvertreter des Ministers, Gen. Mittig, dargelegt, dass am OV ‚Kreuz' konzentriert zu arbeiten ist, um kurzfristig verbindliche Aussagen [...] treffen zu können" und dass „alle Maßnahmen unter strengster Wahrung der Konspiration durchzuführen sind".

Erneut wurde die Dringlichkeit der B-Maßnahme (Einbau von Abhörtechnik im Pfarrhaus) unterstrichen. „Die Maßnahmen werden im Wohnzimmer realisiert [...]. Es sind Detailinformationen zum Haus zu erarbeiten und sofort der KD Strausberg zu übermitteln." Ergänzend zu den bereits genannten Inoffiziellen Mitarbeitern, die zum Einsatz kommen, wird IM „André" von der HA XX/4 aufgeführt.[87]

---

[86] Ebenda, S. 28-32.
[87] Ebenda, S. 89.

Am 12. Januar 1980 legt die KD Strausberg einen Zwischenbericht zum OV „Kreuz" vor. Bezüglich der geplanten B-Maßnahme sei bereits ein Maßnahmeplan erarbeitet. „Gegenwärtig steht das Wohnhaus des L. unter ständiger Beobachtung der Beobachtergruppe der KD Strausberg, um den Besucherverkehr analysieren zu können sowie den genauen Tagesablauf festzustellen. Gleichzeitig wird die Aufklärung der unmittelbaren Umgebung sowie festgelegter Verbindungspersonen fortgesetzt."[88]

Am 15. Januar 1980 fand erneut eine Beratung in Berlin beim Leiter der HA XX/4, Oberstleutnant Wiegand, statt, an der die zuständigen Vertreter aus Strausberg, Frankfurt/O., Potsdam, Berlin und Brandenburg teilnahmen. Es solle geprüft werden, „ob durch die Sicherheitsorgane der ČSSR eine op. Kontrolle des beabsichtigten Treffens zwischen [...] und dem Pfarrer L. in der Zeit vom 9.-16.2.80 in der ČSSR eingeleitet werden kann." Es seien „schnellstens eine Verbindungsaufnahme und ein Treff mit dem IM der KD Brandenburg durchzuführen, um weitere Aufklärungsergebnisse zum Verdächtigen des OV ‚Kreuz' zu erarbeiten." „Vor der Realisierung der B-Maßnahme" sei „nochmals mit den anwesenden Diensteinheiten eine weitere Beratung bei der HA XX/4" erforderlich.

Abschließend wird vermerkt:

„L. ist bemüht, die innerkirchliche Tätigkeit für seine Kirchengemeinde interessant und abwechslungsreich zu gestalten, ohne dass es bisher Hinweise dazu gibt, dass er versucht, seine

---

[88] Ebenda, S. 91-98.

offizielle, berufliche Arbeit in der Gemeinde für antisozialistische Zwecke zu missbrauchen. L. unternimmt jedoch Aktivitäten, die über seine innerkirchliche Tätigkeit hinausgehen.
Diese Aktivitäten sind schwerpunktmäßig aufzuklären."[89]

Für den Ernstfall, den Verteidigungszustand oder in Span-
nungsperioden hatte die KD Strausberg bereits Vorsorge
getroffen. Am 29. Februar 1980 wurden Barbe und ich unter
der Kennziffer 4.1.1. erfasst,[90] das heißt, dass für den Ernstfall als „spezifisch-operative Vorbeugungsmaßnahme" unsere
Festnahme vorgesehen war. Zugleich wurde zu uns beiden
ein Auskunftsbericht gefertigt, in dem diese Entscheidung
begründet wurde. Unser Verbleib in dieser Kennziffer wurde
jährlich bestätigt, die Begründungen wurden entsprechend
aktualisiert.

Im Vergleich zum OV „Jugendfreund" aus der Meinsdorfer
Zeit war bei dem OV „Kreuz" von Anfang an eine schärfere
Gangart angesagt. Der Leiter der MfS-Hauptabteilung XX/4,
die für die Kirchen zuständig war, Joachim Wiegand, war
beauftragt, bei dem OV „Kreuz" eine „strikte Durchsetzung" zu gewährleisten; der Stellvertreter des Ministers,
Rudi Mittig, hatte entschieden, den OV „Kreuz" „persönlich
(zu) kontrollieren". Auf eine konstruktive Zusammenarbeit
der beteiligten Diensteinheiten wurde von Anfang an großen
Wert gelegt. Geführt wurde der OV „Kreuz" bei der KD
Strausberg, Federführung hatte aber die HA XX/4. Neben

---

[89] Ebenda, S. 99-101.
[90] Ebenda, Bd. VI, S. 115-117, 137-139.

diesen Dienststellen waren unter anderem beteiligt die Kreisdienststelle Brandenburg, die Bezirksverwaltungen Frankfurt/O., Potsdam und Berlin, die HA I (Abwehrarbeit bei der NVA), HA VII (Beobachtung und Ermittlung), HA XX/2 (Jugendpolitik, Ref. 1 „staatsfeindliche Hetze"), HA XX/7 (Kultur und Medien), HA XX/9 (Bekämpfung politischer Untergrundtätigkeit), AKG (Auswertungs- und Kontrollgruppe), Abt. 26 (26 a – Telefonüberwachung, 26 b – Einbau von Abhörtechnik), Abt. M (Postkontrolle) und ZAIG (Zentrale Auswertungs- und Informationsgruppe).

Entscheidende Richtlinien im Staat-Kirche-Verhältnis wurden von der Arbeitsgruppe Kirchenfragen im ZK der SED erarbeitet. Leiter dieser Gruppe war Rudi Bellmann. Von hier aus erfolgten Absprachen mit dem Staatssekretariat für Kirchenfragen, mit den Kirchenabteilungen auf Bezirks- und Kreisebene und mit dem MfS. In Konfliktsituationen wurde bei den Absprachen auf staatlicher Ebene häufig erwogen, „progressive Kräfte" auf kirchenleitender Ebene zu beeinflussen oder einzuschalten, um konkrete Wirkungen zu erzielen.

Einbau einer *Wanze* – Februar 1980

Postkontrolle (M-Maßnahme), Telefonüberwachung (A-Maßnahme), Postzollfahndung (PZF) und der Einsatz Inoffizieller Mitarbeiter in unserem Umfeld waren bereits eingeleitet. Ein Beobachtungsstützpunkt zu unserer „ständigen operativen Kontrolle" wurde eingerichtet. Um die Gespräche, die in den Privaträumen stattfinden, abzuhören, wurde seit der Einleitung operativer Maßnahmen der Einbau von Abhörtechnik, die eine akustische Überwachung (B-Maßnahme) ermöglicht, mit Dringlichkeit betrieben. Zu diesem Zwecke musste das Pfarrhaus erkundet werden, Personen, die außer uns Zugang zum Haus hatten, sollten festgestellt werden. Als ein günstiger Zeitpunkt für die Realisierung dieses Vorhabens erwies sich für das MfS die von uns geplante ČSSR-Reise in den Februarferien 1980.

Für die Winterferien 1980 hatten wir einen gemeinsamen Urlaub mit unseren tschechischen Freunden Daniela und Peter Brodski in einem kirchlichen Heim im Riesengebirge, in Janzke Lazne, verabredet. Als Unterzeichner der *Charta 77* waren sie von ihrer Kirchenleitung in den Osten des Landes, nach Hruba Vrbka, an die österreichische Grenze versetzt worden. Da sie mehrfach keine Ausreise in die DDR bekamen, wollten wir mit ihnen gemeinsame Ferien im Riesengebirge machen.

Bereits nach der Eröffnung der OPK „Kreuz" hatte der Leiter der KD Strausberg, Oberstleutnant Mielcarek, Ermittlungen zu dem Ehepaar Brodski „über die Sicherheitsorgane der ČSSR" eingeleitet.[91] Diese teilten daraufhin mit:

„Die beiden Genannten sind aktive Mitglieder der feindlichen Gruppierung in der Evangelischen Böhmischen Brüderkirche, der sogen. Neuen Orientierung, und sie sind Unterzeichner der Charta 77. Sie unterhalten umfangreiche Kontakte zu den Vertretern der Neuen Orientierung und ins kapitalistische Ausland. Auf Grund der vorgenommenen zersetzenden Präventivmaßnahmen engagieren sich die Genannten nicht weiter öffentlich bei feindlichen Aktionen."[92]

Am 17. Januar 1980 schrieb Generalmajor Kienberg, Leiter der HA XX, an den Leiter der Abt. X (internationale Verbindungen). Er bat, während unseres Aufenthalts in der ČSSR vom 9. bis 15. Februar 1980 operative Kontrollmaßnahmen einzuleiten:

„Die Sicherheitsorgane der ČSSR werden gebeten, den Charakter der Zusammenkünfte zwischen Linke, der [...] und anderen Personen in Janske Lazne, möglicherweise solcher, die als ‚Charta'-Anhänger bekannt sind, festzustellen und zu dokumentieren."[93]

Ein Telegramm dieses Inhalts schickte Oberst Damm am 23. Januar an Oberst Vlcek in Prag.[94]

Um die B-Maßnahme formal einzuleiten, schrieb der Leiter der KD Strausberg bereits am 14. Dezember 1979 an die

[91] BStU, ZA, AP 8213/82, S. 17.
[92] Ebenda, S. 28.
[93] Ebenda, S. 21 f.
[94] Ebenda, S. 23.

Abt. 26 der BV Frankfurt/O. und bat „um Einleitung einer B-Maßnahme" in unserem Pfarrhaus. Als Begründung wird angeführt: „Es besteht die Vermutung, dass es in seiner Wohnung Zusammenkünfte mit Personen aus dem NSA sowie mit feindlich-negativen kirchlichen Personen und Kunst- und Kulturschaffenden aus der DDR gibt. Zur umfassenden Dokumentierung derartiger Handlungen macht sich diese Maßnahme erforderlich."[95]

Der Leiter der Abt. XX/7 der BV Frankfurt/O. bat am 17. Dezember 1979 den Leiter der HA XX für den B-Auftrag um „Bestätigung durch den Stellvertreter des Ministers".[96] Diese erfolgte am 29. Dezember telefonisch.

Nachdem der Einbau der Abhörtechnik von oberster Instanz abgesegnet war, galt es noch, das Pfarrhaus und unsere Wohnung genau zu erkunden. Für das MfS bot es sich an, Karin R. (IMV „Giesela") damit zu beauftragen, die seit ihrem Besuch in der MfS-Kreisdienststelle Brandenburg im Oktober 1979, nach dem Abend mit Stefan Heym im Pfarrhaus, bereitwillig mit dem MfS zusammenarbeitete. Sie und ihr Mann kamen oft unangemeldet zu uns. „Wir haben in Berlin zu tun und wollten dies mit einem Abstecher zu euch verbinden." Wir nahmen uns Zeit, saßen mit ihnen oft bis Mitternacht zusammen, weil sie uns viele ihrer Sorgen und Probleme erzählen wollten. Wir sprachen von unseren Reiseplänen in die ČSSR. Karin R. hakte nach, wollte mehr wissen, auch das Wann und das Wohin. So konnte sie dieses rechtzeitig weitermelden. Karin R. kannte sich in unserer

---

[95] BStU, ASt Frankfurt/O., AOP 889/84, Bd. III, S. 112.
[96] Ebenda, S. 113.

Wohnung aus und zeichnete diese. Sie kannte einige unserer Lebensgewohnheiten und konnte dem MfS den wichtigen Hinweis geben, dass das Wohnzimmer für uns immer der sicherste Ort zum Reden schien.

Am 15. Januar 1980 wurde bei einer Beratung zum OV „Kreuz" entschieden, „schnellstens eine Verbindungsaufnahme mit dem IM der KD Brandenburg durchzuführen".[97]

Am nächsten Tag fand von 8.30 bis 13.00 Uhr ein Treff mit IMV „Giesela" in Brandenburg statt. Hauptmann Antczak schreibt:

„Der IM wurde gebeten, die Wohnung des Pfarrers Linke zu skizzieren, wobei sie die Angaben so detailliert wie möglich anfertigen soll, einschließlich der darin befindlichen Möbel. Ohne zu fragen, weshalb, wieso das notwendig ist, fertigte sie ausführliche Lageskizzen der Wohnung an und gab Hinweise über die Sicherung der Wohnung (Schlösser). Auch gab sie Auskünfte über das Verhalten der Familie Linke bei Nichtanwesenheit in ihrer Wohnung."[98]

Hauptmann Antczak ergänzt: „Die Eingangstür des Hauses, in dem Linke wohnt, ist durch ein altes Kastenschloss gesichert. Ebenfalls die hintere Eingangstür [...]. Die Eingangstür zur Wohnung ist durch eine Einbausicherung gesichert.

Die Familie Linke hält sich 6 Schafe, so dass sie stets während ihrer Abwesenheit jemand hat, der sie versorgt. Meistens, wenn die Familie Linke abwesend war, hat die Ehefrau des Linke ihre Mutter in die Wohnung gebeten. Bei Abwesenheit ist es aber auch möglich, dass andere Personen aus der Gemeinde oder

---

[97] Ebenda, Bd. I, S. 100.
[98] BStU, ASt Potsdam, AIM 1916/87, Bd. I/II, S. 21-23.

die Familie Römhild, die sich in Neuenhagen angesiedelt hat, die Betreuung der Schafe und der Wohnung übernehmen, wobei in diesem Falle nur ein zeitweiliges Kontrollieren der Wohnung getätigt würde.

Der IM betonte, dass bei bestimmten bedeutsamen Gesprächen diese nicht im Wohnkorridor der Familie Linke durchgeführt werden, da dort das Telefon steht und Linke ständig befürchtet, dass es angezapft sei. Aus diesem Grunde geht man ins Wohnzimmer. In diesem sehr großen Wohnzimmer fanden auch die internen Lesungen des Stefan Heym statt."[99]

IM „Giesela" erhielt den Auftrag, uns bis zum nächsten Treff mit Hauptmann Antczak einen Besuch abzustatten. Dabei sollte sie klären, „was die Familie Linke im Urlaub in den Winterferien unternimmt" und „wer sich während der Zeit des Urlaubs in der Wohnung aufhält".[100] Der nächste Treff fand am 29. Januar statt. IM „Giesela" berichtet:

„Am vergangenen Wochenende bin ich mit meinem Mann nach Berlin gefahren, um Verwandte zu besuchen. Diesen Besuch wollten wir verbinden mit einem Abstecher bei der Familie Linke [...]. Ausgehend von den Ferien unserer Kinder befragte ich das Ehepaar Linke, was sie in den Ferien machen werden. Sie erzählten, dass sie am 9. mit den Kindern in die CSSR fahren werden. Sie werden diese Reise mit dem PKW – Wartburg Tourist – unternehmen. Die Reise wird vom 9.-16.2. 1980 erfolgen. Sie werden nicht nach Prag fahren, sondern in

---

[99] Ebenda, S. 28; auch BStU, ASt Frankfurt/O., AOP 889/84, Bd. VI, S. 213.
[100] BStU, ASt Potsdam, AIM 1916/87, Bd. I/II, S. 24.

ein kirchliches Heim [...]. Im Verlaufe des Gespräches konnte ich nicht, ohne direkt zu fragen, herausarbeiten, ob sich in dieser Zeit jemand in der Wohnung aufhält. Sicher ist, dass jemand die Schafe versorgen wird [...]. Bei der nächsten Zusammenkunft mit Linke, die diese oder Anfang nächster Woche sein wird, werde ich versuchen, dieses Problem zu klären.«[101]

Am 31. Januar erarbeitete die KD Strausberg einen fünfseitigen „Vorschlag zur Realisierung der Maßnahme B der Abt.26":

„Die Realisierung der Maßnahme erfolgt am 9.2.1980 in der Zeit von 16.00 Uhr bis 10.2.1980, 02.00 Uhr. Der Einbau erfolgt in der Wohnung des L. und dort im Wohnzimmer (siehe Skizze)." Dann werden vier Personen genannt, die außer uns Zutritt zum Haus haben. Erforderliche Maßnahmen, um diese Personen zu „binden" und unter Kontrolle zu halten, damit sie die „Realisierung" nicht stören, werden aufgelistet. Um sicher zu sein, dass wir die Grenze in die ČSSR auch wirklich überschritten haben, ist eine entsprechende Fahndung einzuleiten. Der Pförtnerbereich des dem Pfarrhaus gegenüberliegenden Krankenhauses wird durch den Einsatz des Abschnittsbevollmächtigten (ABV) abgesichert. „Der ABV wird exakt instruiert, er wird auf ein gegebenenfalls erforderliches sofortiges Eingreifen am Objekt orientiert."

Am Pfarrhaus „ist ein gedeckter Doppelposten zur Außensicherung einzurichten, der gegebenenfalls unverzüglich direkt

---

[101] Ebenda, S. 40 f; auch BStU, ASt Frankfurt/O., AOP 889/84, Bd. VI, S. 216.

am Objekt eingreifen kann. Die Rückseite des Objektes ist durch einen gedeckten Posten zu sichern. Einsatz der Kräfte erfolgt auf Weisung des Führungspunktes, der mit den Kräften der Abt. 26 im Haus in Verbindung steht. Die Realisierung der genannten Maßnahme steht unter Leitung von Hptm. Schmidt. Der Führungspunkt wird im Rat der Gemeinde Neuenhagen eingerichtet und ist ab 9.2.1980, 08.00 Uhr durch 2 Mitarbeiter der KD besetzt. Durch diese Mitarbeiter wird ein exakter Lagefilm geführt. In der Schule, dem Pfarrhaus schräg gegenüber, befindet sich der Beobachtungsstützpunkt, der am 9.2. ab 6.00 Uhr besetzt ist und von dem eine telefonische Verbindung zum Führungspunkt im Rat der Gemeinde besteht. Die Sicherung der Nachbarhäuser erfolgt in Absprache mit dem ABV. Die Bindung der Mutter des L. in Senftenberg sowie der Schwiegermutter erfolgt in Abstimmung mit den zuständigen Diensteinheiten".[102]

Achtzehn Mitarbeiter des MfS, von denen sechs mit einem Sprechfunk ausgestattet sind, waren nach diesem Vorschlag erforderlich, um die B-Maßnahme zu realisieren. Hinzu kommen die Einsatzkräfte der Volkspolizei, die einen Funkstreifenwagen am Führungsstützpunkt postierten, und die MfS-Mitarbeiter in Strausberg und Frankfurt/O., mit denen während des Einsatzes „ständiger Kontakt" bestand.[103]

Im Zwischenbericht zum OV „Kreuz" vom 5. Februar zur Realisierung der B-Maßnahme ist zu lesen:

„Seit dem 15. Januar 1980 steht das Objekt unter Beobachtung von Kräften der Linie VIII der KD Strausberg bzw. seit 4.2.80

---

[102] BStU, ASt Frankfurt/O., AOP 889/84, Bd. I, S. 102-106.
[103] Ebenda.

durch Beobachter der Abt. VIII der BV Frankfurt (O). Der Vorschlag der KD Strausberg zur Realisierung der B-Maßnahme liegt vor und ist mit der Abteilung XX, VIII und 26 der BV Frankfurt (O) abgestimmt. Demnach erfolgt die Realisierung der B-Maßnahme am 09.02.80 ab 19.00 Uhr. Der Einbau erfolgt im Wohnzimmer des L."[104]

Über das Ergebnis erfahre ich durch die Akteneinsicht, im „Zwischenbericht zum OV ‚Kreuz'" vom 3. März steht:

„In der Zeit vom 9.2.1980 bis 16.2.1980 wurde durch die bearbeiteten Personen, einschließlich ihrer Kinder, die vorgesehene Fahrt nach Janske Lazne, ČSSR, durchgeführt. Während dieser Zeit erfolgte die Realisierung der geplanten Maßnahme B der Abteilung 26 auf der Grundlage des Realisierungsvorschlages. Aufgrund objektiver Ursachen erfolgte die Lösung dieser Aufgabe jedoch erst am 12.2.1980. Die festgelegten Personen wurden planmäßig kontrolliert und gebunden. Eine Dekonspiration der Maßnahmen trat nicht ein."[105]

Im Zwischenbericht vom 3. März werden bereits erste Gespräche, die wir nach unserer Rückkehr aus der ČSSR im Wohnzimmer führten und die mithilfe der *Wanze* aufgenommen wurden, wiedergegeben. IM „Giesela" hatte richtig beobachtet, ins Wohnzimmer zogen wir uns zurück, wenn es um vertrauliche Gespräche ging. Das Telefon stand in der Diele. Nach dem 12. Februar 1980 konnte jederzeit auf Sendung geschaltet werden. Das haben wir nicht geahnt und nicht gewusst.

[104] BStU, ASt Frankfurt/O, AOP 889/84, Bd. I, S. 110 f.
[105] Ebenda, S. 116.

Gespräche wurden mitgeschnitten, ausgewertet, zu Papier gebracht. Die Ergebnisse wurden in den Zwischenberichten verwertet, in Analysen ausgewertet und bei den kontinuierlich stattfindenden „Absprachen" als Grundlage weiterer operativer Maßnahmen genutzt. In unseren Gesprächen haben wir auch Dampf abgelassen, analysiert und Pläne geschmiedet.

Ein Beispiel. Im August 1980 besuchten uns Lothar von Arnim und seine Frau aus Westdeutschland. Über ein Gespräch, das Barbe und ich mit ihnen führten, ist im Zwischenbericht zum OV „Kreuz" vom 3. September 1980 zu lesen:

„In einer sehr ausführlichen Unterhaltung zwischen den Ehepaaren L. und A. am 24.8.80 legten beide bearbeiteten Personen erneut ihre feindlich pol. Haltung zur DDR dar u. diskriminierten die gesellsch. Verhältnisse in der DDR in umfassender Weise gegenüber den BRD-Bürgern [...]. L. erläuterte seine feindl. Standpunkte u. wurde dabei von seiner Ehefrau ergänzt. Er behauptete, dass der ganze Kreis Strausberg voll ist mit Leuten der Staatssicherheit u. hier in Dahlwitz-Hoppegarten ein großes Wohngebiet liegt, das nach außen hin abgesichert ist [...]. L. schätzte ein, dass die dort wohnenden Leute völlig isoliert seien von der Bevölkerung. Den gesamten Apparat der Wirtschaft u. der Sicherheit bezeichnete er als Wasserkopf. Wörtlich sagte er dann: ‚Je gefährdeter ein Apparat ist, um so mehr Sicherheitsbedürfnis ist vorhanden, um so mehr Leute werden dafür engagiert. Das kostet natürlich was. Der Bürger muss das alles mittragen, diese Kaste, dieses Sicherheitssystem, die Mauer, die Grenzsicherung, den Apparat der Armee, die Staatssicherheit.' A. wirft die Frage auf: ‚Es fragt sich nur, wie lange sich das Volk so etwas gefallen lässt?' [...] L. behauptete, dass die gegenwärtige Lage die Menschen häufig verdrießlich mache, zumal man ja 35 Jahre eingesperrt sei. Eine Führungsschicht räume sich selbst Befugnisse u. Rechte ein. Das mache in ihrem Bekannten- und Freundeskreis in Gesprächen ihnen unheimlich zu schaffen [...]. A. erklärte dazu: ‚Irgendwann kommt der Offenbarungseid, denn er könne sich nicht vorstellen, dass sich ein System, wenn das so weiter wirtschaftet, das ständig auf Kosten der arbeitenden Bevölkerung einen größeren unproduktiven Apparat mit sich schleppt, halten kann.' L., Barbe-Maria schätzte ein, dass das noch lange dauern könne, denn die Todesphase kann sich noch hinziehen [...]."[106]

---

[106] Ebenda, S. 168-170.

Sowjetischer IM im Einsatz

Am 3. März 1980 schreibt die KD Strausberg in einem Zwischenbericht,[107] dass durch die Abt. 26/A (Telefonkontrolle) ein Anruf bei uns von einem Dieter Linstedt festgestellt wurde. Er würde als Reiseleiter vom 14. bis 24. März 1980 mit einer Reisegruppe nach Jalta fahren. Durch Rücktritt sei ein Platz frei geworden. Diesen Platz bot Dieter Linstedt Barbe an. Wenn sie mitfahren wolle, würde er schnell für sie buchen.

Bei der Begräbnisfeier von Maxie Wander lernten wir Dieter Linstedt, einen Freund der Wanders, kennen. Er war ursprünglich Journalist bei der „Märkischen Volksstimme" in Potsdam. Nach politischen Auseinandersetzungen wurde ihm gekündigt. Nun arbeitete er beim Reisebüro in Potsdam.

Da Dieter Linstedt der Leiter der Reisegruppe war und auch seine Tochter Petra und seine Frau Lotti mitfuhren, nahm Barbe das Angebot der Reise an. Durch die Telefongespräche, die Barbe mit Dieter Linstedt führte, hatte das MfS frühzeitig von der geplanten Reise erfahren. Von den Erwartungen, die das MfS mit dieser Reise verband, erfahren wir aus den Akten.

Am 11. März 1980 schrieb Oberstleutnant Wiegand, Leiter der HA XX/4, in einem Vermerk:

„Am 10.3.1980 wurde mit den sowjetischen Sicherheitsorganen vereinbart, dass zu der im OV ‚Kreuz' bearbeiteten Person Linke, Barbe-Maria [...] ein IM der sowjetischen Sicherheits-

---

[107] Ebenda, S. 119.

organe eingesetzt wird. Die Linke hält sich in der Zeit vom 14.-24.3.1980 (Flug-Reise-Nr.: 10-51-716) in Jalta im Hotel ‚Jalta' auf. Es soll ein IM zum Einsatz kommen, der intime Beziehungen zur L. eingeht, eine feste Verbindung zu ihr anstrebt und gegebenenfalls durch die L. zu einem Besuch in die DDR eingeladen wird. Dieser IM soll nach Möglichkeit im Bereich der Kunst/Kultur bzw. Kirche Bescheid wissen und in seinem Verhalten eine oppositionelle Einstellung bekunden."[108]

Barbe schildert ihre Eindrücke über den Aufenthalt im Hotel Jalta:

Petra und ich, mit der ich das Zimmer im Hotel teilte, stellten sofort fest: Hier herrscht die absolute Langeweile! Was können wir tun? Wie ihr entkommen? Schon am ersten oder zweiten Tag bekamen wir mit, dass die Reisegruppen der einzelnen Länder voneinander getrennt waren, jedes Land hatte seine Etage oder mehr. Dadurch konnten keine Kontakte entstehen. So aßen wir, die Leute aus der DDR, separat in einer großen Halle. Ebenso war es auch beim Schwimmen. Um 9 Uhr beispielsweise schwammen die Touristen aus Polen, um 10 Uhr die aus der ČSSR, dann kamen die aus der DDR dran und so weiter. Die Touristen aus Finnland, Norwegen oder Schweden hatten sowieso ihre eigenen Einrichtungen. Es sollte keine Berührungsmöglichkeiten geben.

Das alles störte Petra und mich sehr. Da kam es uns gerade recht, dass das Zimmertelefon klingelte und eine männliche

---

[108] BStU, ASt Frankfurt/O., AOP 889/84, Bd. II, S. 149.

Stimme nach einer Frau fragte, die es hier nicht gab. Wir lachten ins Telefon, da sagte der Mann: „Dann können wir uns ja kennenlernen!" Kurz entschlossen sagten wir: „Okay!" „Und wo?" „In der Hotelhalle." „Woran werde ich Sie denn erkennen?" „An unserm Lachen!" Wir fuhren in die Hotelhalle und stellten uns hinter eine Säule, beobachteten einen Mann, der in einem gut geschnittenen Anzug hin und her ging. So sind wir Valeri begegnet, der jede Gelegenheit nutzte, um mit uns zusammen zu sein. Er signalisierte, dass er an mir besonderes Interesse hätte, aber er war einfach nicht der Typ, mit dem ich allein die Zeit verbringen wollte. Abends saßen wir in einer Bar, Dieter Linstedt und seine Frau Lotti, Petra und ich, und noch zwei oder drei andere aus der Reisegruppe, und Valeri. Fast jeden Abend stand er mit Blumen vor unserer Zimmertür, die wir ihm abnahmen und die Tür vor seiner Nase zuschlugen. Petra und ich haben uns über Valeri amüsiert, der sich nicht abweisen ließ.

Irgendwann an einem Abend zeigte er Fotos, um seine Arbeit als Kameramann des Krim'schen Fernsehens zu demonstrieren. Später zeigte er ein Foto, auf dem seine Frau Olga und ihr Kind zu sehen waren. Petra tanzte oder war an der Bar, als Valeri mich fragte, ob es wohl möglich sei, dass wir – inzwischen hatte ich ihm von meiner Familie erzählt – für ihn und Olga eine Einladung schicken würden. Er hätte großes Interesse zu reisen und, wie ich ja wüsste, „ist es für uns alle, die wir im Ostblock leben, sehr schwierig, privat zu reisen". Ob ich ihm nicht helfen könnte, und eine Privatreise ermöglichen könnte? Gut, sagte ich, das werde ich zu Hause mit meinem Mann besprechen. Valeri war glücklich. Er ging an die Bar und kam mit einem großen Tablett, auf dem die verschiedensten Getränke für alle aus unserer Runde standen, zurück. Überhaupt war er spendabel, gab meistens für alle mehrere Getränke aus.

Woran ich mich auch erinnere, ist, dass ich Valeri nach Sacharow und nach Gorki, dem Ort seiner Verbannung, fragte, und ob er etwas von Sacharow gelesen hat. Es kam aber keine richtige Antwort.

Nach der Reise ist in einem Vermerk über eine Absprache am 14. Mai 1980 in der KD Strausberg zu lesen: „Es liegt eine Mitteilung der Freunde über die Reise der Frau L. nach Jalta vor. Der IM ‚Schwalbe' der Freunde[109] hatte Kontakt zu Frau L. [...].“[110] Die sowjetischen Sicherheitsorgane berichteten in einer „geheimen Information", die von Leutnant Reiche übersetzt wurde:

„Entsprechend Ihrer Bitte wurden operative Maßnahmen durchgeführt. Im Laufe der Bearbeitung der Linke gelang es dem IM ‚Schwalbe', sich mit der Ausländerin bekanntzumachen und freundschaftliche Beziehungen zu ihr herzustellen. Die Linke lud den IM zu sich in die DDR ein und versprach, eine Einladung für September dieses Jahres zu schicken [...].

In Gesprächen mit dem IM ‚Schwalbe' erzählte die Linke über sich folgendes [...] Mehrfach äußerte sie negative Aussagen über die existierenden Gesellschaftsordnungen in der UdSSR und der DDR. So nannte sie z. B. den Einsatz der sowjetischen Gruppen in Afghanistan ‚Intervention', zeigte sich empört über

---

[109] „Freunde", gemeint sind die sowjetischen Sicherheitsorgane.
[110] BStU, ASt Frankfurt/O., AOP 889/84, Bd. I, S. 153.

die Ausweisung Sacharows aus Moskau und bezeichnete sie als Freiheitsberaubung, und verfälschte die brüderliche Zusammenarbeit der Sowjetunion mit den anderen sozialistischen Ländern, auch der DDR, dass sie angeblich ihren Willen diktiere [...].

Aus dem Personenkreis ihrer Touristengruppe unterhielt die Linke die engsten Beziehungen zu der [...], der Tochter des Reiseleiters der Gruppe, mit der sie auch ein Hotelzimmer bewohnte und die Freizeit verbrachte […].‟[111]

Die HA XX/4 beabsichtigte, den Einsatz des IM „der Freunde" weiter zu nutzen. Am 16. Juli 1980 schrieb die HA XX/4:

„Entsprechend der Möglichkeiten der Sicherheitsorgane der UdSSR wird gebeten, den Kontakt der IM ‚Lastotschka' und ‚Tenew' zur Linke weiter auszubauen. Sie sollten weiterhin eine oppositionelle Einstellung bekunden und bei einem Besuch in der DDR jede Möglichkeit zur Herstellung intimer Beziehungen zur Linke nutzen. Zweckmäßig ist ein Besuch der Linke ab September 1980 [...]. Es ist zu erwarten, dass die Linke großes Interesse an Informationen aus dem Bereich Kunst und Kultur, insbesondere zu in Opposition stehenden Kreisen bekundet. Durch den Einsatz der IM ‚Tenew' bzw. ‚Lastotschka' soll herausgearbeitet werden, ob die Linke dazu gezielte Fragen stellt und welches Bild sie von oppositionellen Personen aus der DDR vermittelt bzw. ob sie Verbindungen zu ihnen unterhält. In diesem Zusammenhang wäre es wertvoll,

---

[111] Ebenda, Bd. III, S. 159-161; auch BStU, ZA, HA XX/4, Bd. 962, S. 202-205.

Hinweise zum Charakter ihrer feindlichen Einstellung gegenüber der DDR zu erhalten. Die Herstellung intimer Beziehungen würde [...] ein wichtiger Bestandteil von Zersetzungsmaßnahmen zur negativ-feindlich wirkenden Linke sein. Es wird gebeten, den Termin des beabsichtigten Besuches des IM ‚Tenew' oder des IM ‚Lastotschka' bei der Linke den Sicherheitsorganen der DDR mitzuteilen.“[112]

Weshalb IM „Schwalbe" künftig als IM „Tenew" genannt wird, geht aus den Unterlagen der HA XX/4 nicht hervor.

Für den Februar 1981 hatte ich durch Vermittlung von Paul Oestreicher, Leiter der internationalen Abteilung des britischen Kirchenrates, und mit Zustimmung der Kirchenleitung Berlin-Brandenburg eine Reise nach England beantragt und auch genehmigt bekommen. Die HA XX/4 schätzte ein, dass meine Abwesenheit für einen „spontanen" Besuch eines IM „der Freunde" günstig sei. Im „Operativplan zur weiteren Bearbeitung des OV ‚Kreuz'" vom 21. Januar 1981 ist zu lesen:

„In Zusammenarbeit mit der HA XX und den sowj. Sicherheitsorganen wird ein IM der Freunde während der Abwesenheit des L. in die DDR einreisen und Verbindungen zu der Frau L. aufnehmen. Die entsprechenden Absprachen erfolgen dazu durch die HA XX. Termin: Zeitraum Englandreise. Verantwortlich: HA XX.“[113]

[112] BStU, ZA, HA XX/4, Bd. 962, S. 298.
[113] BStU, ASt Frankfurt/O., AOP 889/84, Bd. I, S. 194.

Hauptabteilung XX/4

Berlin, 11. März 1980
wie-ha

E-543/80 /Gen. Schmidt

V e r m e r k

Vereinbarung mit den sowjetischen Sicherheitsorganen

Am 10. 3. 1980 wurde mit den sowjetischen Sicherheitsorganen
vereinbart, daß zu der im OV "Kreuz" bearbeiteten Person

    L i n k e ,   Barbe-Maria
    geb.:   20. 1. 1944 in Köslin
    wohnhaft: 1272 Neuenhagen
               Carl-Schmäcke-Str. 13

ein IM der sowjetischen Sicherheitsorgane eingesetzt wird.

Die L i n k e hält sich in der Zeit vom 14. - 24. 3. 1980
(Flugreise - Reise-Nr.: 10-51-716) in Jalta im Hotel "Jalta"
auf.
Es soll ein IM zum Einsatz kommen, der intime Beziehungen zur
L. eingeht, eine feste Verbindung zu ihr anstrebt und gegebenen-
falls durch die L. zu einem Besuch in die DDR eingeladen wird.

Dieser IM soll nach Möglichkeit im Bereich der Kunst/Kultur bzw.
Kirche Bescheid wissen und in seinen Verhaltensweisen eine oppositionelle Einstellung bekunden.

                     Leiter der HA XX/4

                     Wiegand
                     Oberstltn.

BStU, ASt Frankfurt/O., AOP 889/84, Bd. III, S. 149

Das Vorhaben wurde in die Tat umgesetzt. Valeri – unter diesem Namen hatte Barbe die Person in Jalta kennengelernt – hielt sich während meines Englandaufenthaltes in Ost-Berlin auf. Er rief in Neuenhagen an und vereinbarte einen Treff mit Barbe.

Am 21. Februar fertigte Leutnant Reiche von der HA XX/4 eine Tonbandabschrift über den „Bericht des IM der sowjetischen Sicherheitsorgane über das Treffen mit Barbara Linke während seines Aufenthaltes in Berlin vom 17.-19.2.1981":

„Barbara Linke suchte mich im Hotel ‚Unter den Linden' auf. In einem ersten Gespräch in der Hotelhalle interessierte sie sich besonders für die Frage, auf welche Art ich nach Berlin gekommen sei (Privatreise, Dienstreise oder Touristengruppe). Ich erklärte ihr, dass ich gemeinsam mit einer sowjetischen Reisegruppe eine Touristenreise durch die VR Polen, die DDR und die CSSR unternehme. Zur Bestätigung legte ich ihr mein Reisevisum vor. Auf die Frage, wie es mir gelungen sei, mich von der Gruppe zu lösen, antwortete ich, dass ich bereits am Vorabend den Reiseleiter informiert habe, dass ich auf Grund eines verschlechterten Gesundheitszustandes (Husten, Heiserkeit [...]) an den Exkursionen des heutigen Tages nicht teilnehmen werde [...].

Die Linke brachte ihre Beunruhigung und ihr Misstrauen zum Ausdruck, dass sie von mir zwei gleichlautende Telegramme erhalten habe. Ich erklärte ihr, dass ich am 9.2.81, vor meiner Abreise, an sie ein Telegramm geschickt habe [...]. Sie habe es zwar erhalten, antwortete sie, jedoch kurz darauf erfolgte ein zweites, identisches Telegramm. Ich versuchte, ihr dies als ein banales Versehen der Post zu erklären [...]. Wir gingen durch das Stadtzentrum zum Hotel ‚Stadt Berlin', um Mittag zu essen [...]. Ihr besonderes Interesse beim Gespräch beim Mittagstisch galt der Situation in der VR Polen. Sie brachte zum Ausdruck, dass Polen ihre Heimat ist [...]. Sie stellte in diesem Zusammenhang die Fragen, wie die Lage in Warschau ist, was ich über die Gewerkschaft ‚Solidarnosc' denke, ob ich mit polnischen Bürgern sprechen konnte und wie man in der UdSSR über die VR Polen und die neue Gewerkschaft urteilt. Provokativ äußerte sie: ‚Wozu brauchen die Russen Polen. Die Russen haben ja schon genug an sich gerissen.'

Sehr auffällig interessierte sie sich für meine Person. Welche Freunde ich hätte, ob ich in der KPdSU wäre, was eigentlich mein wirklicher Beruf sei (‚Arbeitest Du für das KfS?'), wie viel Geld ich verdiene und welche persönlichen Probleme ich hätte. Ich gab ihr zu verstehen, dass ich zwar noch kein Mitglied der Partei bin, aber in Zukunft ein Eintritt nicht auszuschließen sei, da für eine Journalistenkarriere in der UdSSR eine Parteimitgliedschaft erste Voraussetzung sei.

Weiter erklärte ich ihr, dass ich – was sie ja bereits wissen müsste – Korrespondent des Zentralen Moskauer und Regionalen Republikanischen Fernsehens auf der Krim bin. Als Berichterstatter stelle ich Meldungen (Ökonomie, Politik, Kultur, Sport) für die aktuell-politische Sendung ‚Nowosti' zusammen. In diesem Beruf verdiene man ca. 400 Rubel. Natürlich reiche das Geld für mein Lebensstandardniveau nicht aus. Mit dem KfS hätte ich nichts zu tun.

In diesem Zusammenhang begann die Linke ein längeres misstrauisches Gespräch über das KfS der UdSSR [...].

147

Außerdem erweckte der zwischen den Fotografien befindliche Brief der Linke an meinen Bekannten, den sowjetischen Bürger [...], ihr starkes Interesse [...]. Auf Grund der Leimspuren auf dem Kuvert brachte sie ihre feste Überzeugung zum Ausdruck, dass ihr Brief von der Staatssicherheit geöffnet wurde. Die Linke zeigte mir darauf einen Brief, den ich an sie gerichtet hatte. Ähnliche Leimspuren wiesen ihrer Meinung nach darauf hin, dass auch mein Brief an sie kontrolliert worden sei. Ich brachte meine Erschrockenheit zum Ausdruck. Ich erklärte, dass ich zwar annahm, bereits vor der Einstellung als Journalist vom KfS aufgeklärt worden zu sein, aber jetzt außerhalb jeglichen Verdachts oder Kontrolle zu stehen. Sie sagte: ‚Du bist ein ausgesprochen naiver Mensch. Natürlich stehst Du unter Kontrolle des KfS. Sei bitte vorsichtig!‘ [...]

Im Anschluss an das Mittagessen bekundete ich mein ‚professionelles‘ Interesse, mir die in Berlin empfangbaren fünf Fernsehprogramme, in erster Linie aus der BRD und Berlin (West), anzuschauen. Wir verließen deshalb das Hotel mit dem Ziel, zur Linke zu fahren. Als wir zur S-Bahn gingen, wies die Linke auf die Karl-Marx-Allee, ehemals Stalin-Allee, und sprach das Problem des Stalinismus an. ‚In der DDR und der UdSSR gibt es noch eine Masse von Stalinisten‘, erklärte sie [...].

Während unseres Gespräches im Haus der Linke schlug sie mir vor, eine offizielle Einladung für meine Familie in die DDR zu beantragen und mir zu übersenden. Ich erklärte ihr, dass ich − da ich durch die Olympiade im Jahre 1980 keinen Urlaub hatte − noch in diesem Jahr kommen könnte. Die Linke schlug mir vor, diese Reise für August/September 1981 zu planen. Ich

stimmte ihr zu [...]. Gegen 23.00 Uhr verließ ich das Haus der Linke. Sie begleitete mich zur S-Bahn.
In Einschätzung des Treffens mit der Linke kann festgestellt werden, dass es sich m. E. bei der Barbara Linke um eine politisch-feindliche Person handelt. Der gesamte von ihr beeinflusste Gesprächsverlauf, der Charakter der Fragestellungen und die permanente Wiederholung von verschiedenen Fragen zu unterschiedlichen Zeitpunkten, ließen darauf schließen, dass es sich um Überprüfungs- und Kontrollmaßnahmen handelte. Ich kann einschätzen, dass die Linke im Ergebnis dieser Überprüfung ihr Misstrauen zu mir verloren hat und durch die Resultate der Kontrolle befriedigt erschien."[114]

Die Einladung in unser Haus kam zustande. Barbe hatte ausführlich von der Jaltareise und von Valeri berichtet. Da wir beide immer daran interessiert sind, die unterschiedlichsten Menschen kennenzulernen, etwas aus ihrer Geschichte und der Situation ihres Landes zu hören, erschien es uns reizvoll, auch sowjetische Freunde zu haben, die uns besuchen wollten. Deshalb schickten wir an Valeri und seine Frau Olga eine Einladung, die sie für eine private Einreise in die DDR benötigten. Zusammen mit ‚seiner' Frau war Valeri im September 1981 einige Tage bei uns zu Gast. Olga sagte uns, dass sie Pionierleiterin sei. Ich bat den Direktor der Goethe-Oberschule in Neuenhagen, zusammen mit den beiden Gästen die Schule besuchen und am Unterricht einer Klasse teilnehmen zu dürfen. Wider Erwarten wurde dies

[114] BStU, ASt Frankfurt/O., AOP 889/84, Bd. VI, S. 259-262.

gewährt. Beide nahmen auch an einem Gottesdienst teil und wurden von der Gemeinde herzlich aufgenommen. Wir und unsere Kinder hatten gegenüber den Gästen von der fernen Krim keine Berührungsängste. Sie erlebten in diesen Tagen unseren Alltag und unsere Gastfreundschaft. Mit ihnen besuchten wir unsere Freunde Ute und Uwe Römhild in Neuenhagen und eine Familie aus der Gemeinde. Am Abend saß Olga an den Betten unserer Kinder und sang ihnen Lieder aus ihrer Heimat vor. Von ihrem Auftrag, den sie mit diesem Besuch verbanden, ahnten wir nichts.

Am 9. Juni 1982 wandte sich die HA XX/4 erneut an die sowjetischen Sicherheitsorgane:

„Durch den Ausbau des Kontaktes des IM ‚Tenew' während seines Aufenthaltes bei der Familie Linke konnten weitere wichtige Hinweise zum Persönlichkeitsbild und der politisch-feindlichen Haltung der Linke erarbeitet werden. Es wird gebeten, dem IM dafür Dank und Anerkennung auszusprechen. Zu dem Einsatz des IM ist einzuschätzen, dass er sich taktisch richtig verhält, jedoch die Linkes ihm vermutlich noch kein volles Vertrauen entgegenbringen.

Das Auftreten der Linkes gegenüber ‚Tenew' bestätigt, dass sich das Ehepaar Linke nach allen Seiten absichert und nur sehr vorsichtig Interesse an politischen, gesellschaftlichen, ökonomischen und militärischen Problemen der SU bekundet [...]. Zu den Überprüfungsmaßnahmen der Linke gegenüber ‚Tenew' kann eingeschätzt werden, dass kein Verdacht einer Dekonspiration besteht. Es wird gebeten, den IM ‚Tenew' für die weitere Aufklärung des Ehepaares Linke im Zusammenhang mit dem beabsichtigten Privatbesuch im Oktober 1982 auf der Krim entsprechend dem vereinbarten Informationsbedarf einzusetzen."[115]

Zu einem Gegenbesuch auf der Krim ist es nicht gekommen. Kurz vor unserer Ausreise nach West-Berlin im Dezember 1983 tauchte Valeri noch einmal in unserem Pfarrhaus auf, um das Geld, das wir ihm beim Besuch im September 1981 geliehen hatten, zurückzugeben. Er erzählte, dass er inzwischen in Potsdam stationiert sei und als Korrespondent für das sowjetische Fernsehen arbeite. War das auch eine Legende?

[115] BStU, ZA, HA XX/4, Bd. 962, S. 381.

Konfliktfeld Schule

Neben der Kirche von Neuenhagen, dem Pfarrhaus gegenüber, steht die frühere Dorfschule. In diesem Gebäude waren
die Klassen eins bis vier der Goethe-Oberschule untergebracht. Das Hauptgebäude, in dem die Schüler von der
fünften bis zur zehnten Klasse unterrichtet wurden, befand
sich im Zentrum des Ortes. Es gab Situationen, wo ich das
Gespräch mit dem Direktor oder mit einzelnen Lehrern
suchte, wenn ich von Eltern oder Schülern über Kompe-
tenzüberschreitungen der Schule erfuhr. Dann wurde mir
gegenüber erklärt, dass ich kein Recht habe, mich als *Anwalt*
einzuschalten. Es wurde auf die Trennung von Staat und
Kirche, von Schule und Kirche verwiesen. Zugang und
Mitspracherecht wurde uns lediglich als Eltern unserer
Kinder zugebilligt.

Als wir 1978 nach Neuenhagen kamen, war unser Sohn Martin in der vierten und Jonas in der dritten Klasse. Sie waren
jeweils die Einzigen in ihrer Klasse, die nicht Mitglied der
Jungen Pioniere oder später der FDJ geworden sind. Barbe
und ich hatten die DDR-Schule durchlaufen, ohne zu dieser
Organisation oder später zur FDJ zu gehören. Als Eltern
waren wir bemüht, unsere Entscheidung im Hinblick auf
unsere Kinder jeweils neu zu prüfen.

Im Herbst 1979 wurde unsere Tochter Mirjam eingeschult.
Die Einschulungsfeier mit den Eltern fand in der Aula im
Hauptgebäude statt. Auf der Bühne hatten Jungpioniere mit
ihren weißen Pionierhemden, Pionierblusen und den blauen
Halstüchern Aufstellung genommen. Hinter ihnen war auf in

Falten gelegtem Stoff ein Bild von Erich Honecker im Großformat, daneben in großen Lettern die Losung: „30 Jahre DDR – eine gute Bilanz". Links vor der Bühne, nach vorn geneigt, standen drei Fahnen, die DDR-Flagge, die FDJ-Fahne und die rote Fahne der Arbeiterklasse, so wurde sie genannt. Die Pioniere führten ein Programm auf und überreichten am Schluss den neuen Schülern Blumen. An die Reden, die gehalten wurden, kann ich mich kaum erinnern, aber diese Atmosphäre hat sich mir eingeprägt. Gleich in den ersten Tagen erfolgte die feierliche Aufnahme der Mitschüler in die Pioniere, indem ihnen das blaue Halstuch umgebunden wurde. Äußerlich fiel derjenige, der nicht Mitglied war, durch seine Kleidung auf.

Am 13. März 1980 war Elternversammlung der ersten Klasse. Ich nahm als Vater unserer Tochter Mirjam daran teil. Die Klassenlehrerin wertete unter anderem das Ergebnis einer Altstoffsammlung der Klasse aus. Auf einer Wandzeitung waren, entsprechend der Anzahl der Schüler der Klasse, blaue Halstücher abgebildet und darauf standen die Namen der Schüler und die Sammlungsergebnisse. Ich wunderte mich, auch Mirjams Namen in einem Halstuch zu lesen, und drückte in der Diskussion meine Verwunderung darüber aus: Mirjam ist nicht Pionier, wieso wird sie dann in Verbindung mit dem Symbol der Pioniere genannt? Meine Frage löste eine heftige Diskussion aus, in der es schließlich um grundsätzliche Fragen des Bildungswesens ging.

Anstoß wurde auch an Mirjams Schultasche genommen, die sie zur Einschulung aus dem Westen geschickt bekommen hatte. Auf gelbem Untergrund war ein farbiger Aufnäher mit

Fahnen verschiedener Nationen. Das sind NATO-Flaggen, wurde ich in der Elternversammlung belehrt. Diese hätten in einer sozialistischen Schule nichts zu suchen. Der Aufnäher sei zu entfernen. Ich entgegnete: „Das sind Fahnen von Staaten, mit denen die DDR diplomatische Beziehungen unterhält. Diese Fahnen wehen in den Straßen der Hauptstadt und Sie nehmen Anstoß daran?"

Am 22. März 1980 schrieb der Direktor der Schule über diese Elternversammlung einen zweiseitigen Bericht an den Kreisschulrat. Nachdem er den Verlauf der Diskussion geschildert hatte, schreibt er weiter: „Angesprochen, dass auf der Mappe seiner Tochter die Flaggen der NATO-Staaten angebracht sind, erklärte er, er denke nicht daran, sie zu entfernen; es gäbe auch keine gesetzliche Handhabe, ihn dazu zu zwingen. In der Diskussion wurden seine Auffassungen von der Klassenleiterin und dem Ehepaar [...] sehr zurückgewiesen, aber Herr Linke war nicht zu belehren."

Am Ende bemerkt der Direktor, „dass seit Beginn seiner Amtstätigkeit in unserem Ort von Herrn Linke eine große Aktivität zur Gewinnung von Kindern und Jugendlichen entfaltet wird. Das veranlasst uns, in der bevorstehenden Dienstberatung sowohl Wachsamkeit gegen alle von dort kommenden Einflüsse zu empfehlen und eine noch inhaltsreichere Pionier- bzw. Hortarbeit anzustreben.

In der Frage der Embleme imperialistischer Staaten haben wir uns bisher immer durchgesetzt mit unserem Standpunkt: Das dulden wir nicht in unserer sozialistischen Schule. Wir halten diesen Standpunkt — seine Verankerung in der Hausordnung vor allem — für eine ausreichende Handhabe.

Gestützt auf die Schulordnung und die daraus abgeleitete Hausordnung würde ich gern Herrn Linke veranlassen, sich dem zu fügen. Ich frage aber doch, ob eine solche Konfrontation z. Z. angebracht ist, und bitte deshalb um Verständigung zu dieser Frage, ehe ich weitere Schritte unternehme."[116]

Wenige Tage nach dieser Elternversammlung kam es zu einem Konflikt in der Klasse 3b, in der die Klassenleiterin, Frau M., unterrichtete. Darüber berichtet der Direktor am 22. März 1980 an den Kreisschulrat:

„In Auswertung des Auftretens des Pfarrers Linke (bei der Elternversammlung am 13.3.) hatte sich eine berechtigte Empörung bei allen Pädagogen breit gemacht, die sich unterschiedlich äußerte. So stieß die Kollegin [...], Klassenleiterin der 3 b, dabei auf die Tatsache, dass offenbar eine ganze Reihe ihrer Schüler zweimal in der Woche zum Pfarrer gingen, einmal zum Flötenunterricht, ein anderes Mal zur eigentlichen Christenlehre. Die Leistungen einiger Schüler wurden dadurch beeinträchtigt, dass sie an solchen Tagen ihre Hausarbeiten nicht ordentlich anfertigten. Kollegin [...] fragte deshalb in der Klasse, wer denn noch alles in die Christenlehre gehe. Dabei stellte sie insgesamt 10 Schüler fest. Im Zusammenhang damit äußerte sie ihre Bedenken, da – etwa wörtlich – der Pfarrer sich sehr unfreundlich über unsere Schule ausgesprochen habe.
Die unmittelbare Folge war, dass sich einige Eltern [...] bei dem Elternaktivmitglied beschwerten, weil sie meinten, die Lehrerin

[116] BStU, ASt Frankfurt/O., AOP 889/84, Bd. III, S. 152 f.

hätte nicht das Recht, die Schüler nach dem Besuch der Christenlehre zu fragen [...].“[117]

Die aufgebrachten Eltern wandten sich an Barbe. Da ich zu dieser Zeit nicht in Neuenhagen war, informierte sie den Superintendenten. Superintendent Rißmann bemühte sich um ein Gespräch mit dem Direktor und der Lehrerin, das aber nicht zustande kam. Der Kreisschulrat teilt in einem Schreiben an die Abteilung Volksbildung des Bezirks Frankfurt/O. am 7. April 1980 mit: „Ich habe den Direktor angewiesen, den Superintendenten höflich an die Abteilung Inneres beim Rat des Kreises zu verweisen.“[118]

Superintendent Rißmann informierte über diesen Vorgang den Generalsuperintendenten Grünbaum in Berlin. Dieser schrieb am 7. April 1980 an den Hauptvorstand der CDU und an das Staatssekretariat für Kirchenfragen. Der Generalsuperintendent schreibt, dass es sich hierbei um einen Vorfall handle, der das „Verhältnis zwischen Kirche und Staat in dieser Gemeinde“ sehr belaste. Im Einzelnen gehe es um folgende Punkte:

„1. Die Klassenlehrerin, Frau [...], hat am 19.3.80 während der Schulzeit in der Klasse 3 b dazu aufgefordert, dass sich diejenigen Kinder, die an der Christenlehre teilnehmen, melden. Diese Handlungsweise der Lehrerin ist u. E. unzulässig.

2. Die Lehrerin hat darüber hinaus jedes Kind befragt, ob es von selbst oder auf wessen Betreiben es zur Christenlehre ginge. Sie hat sich dann gegenüber den Kindern negativ über die Christenlehre ausgelassen.

---

[117] Ebenda, Bd. VI, S. 232 f.
[118] Ebenda, S. 231.

3. Frau [...] hat sich dann in abfälliger Weise vor der Klasse über Herrn Pfarrer Linke geäußert und behauptet, er sei ein ‚böser Mann'.

4. Weiterhin hat Frau [...] behauptet, dass Kinder, die an der Christenlehre teilnehmen, nicht an der Jugendweihe teilnehmen könnten.

5. Bei Gesprächen mit Eltern bzw. bei Hausbesuchen hat Frau [...] gesagt, es ginge ihr darum, dass insbesondere schwache und nervöse Kinder durch ihre Teilnahme an der Christenlehre nicht weiter belastet würden. Diese Argumentation ist zurückzuweisen, da die Christenlehre Freude und Entlastung für die Kinder bedeutet.

Die Gemeindeglieder von Neuenhagen und besonders die Eltern sind durch diese Vorfälle recht beunruhigt. Es sollte verhindert werden, dass Kinder, die zur Christenlehre gehen, bzw. deren Eltern diskriminiert werden. Ich finde es ziemlich unverständlich, wie von der Seite der Schule und auch des Rates des Kreises diese Angelegenheit behandelt wurde. Ich hoffe sehr, dass es bald zu den dringlich fälligen Gesprächen kommt, damit alle Missverständnisse ausgeräumt werden können."[119]

Am 2. Mai 1980 wird dieser Vorfall unter anderem auch im Sachstandsbericht des MfS zum OV „Kreuz" ausführlich behandelt. Das MfS hatte inzwischen mit dem Stellvertreter Inneres beim Bezirk die nächsten Schritte abgestimmt. Dazu heißt es im Bericht:

[119] Ebenda, S. 229 f.

„Mit dem Stellv. des Vorsitzenden des Rates des Bezirkes für Inneres, Müller, wurde folgende gemeinsame Linie erarbeitet:
- Die Ausgangsposition ist in der Elternversammlung zu sehen, in der L. provokatorisch als Pfarrer und nicht als Elternteil auftrat.
- Die Lehrerin [...] hat mit ihren Äußerungen taktisch nicht glücklich gehandelt.
- L. hat seine Position ausdrücklich als Pfarrer propagiert. Schlussfolgernd muss innerkirchlich zum Verhalten Linkes Stellung genommen und Einfluss darauf genommen werden, dass derartiges Tun zu unterlassen ist.
- Es wird nicht für opportun gehalten, dass unvollständige Informationen ohne allseitige Prüfung des Sachverhaltes zur Verabsolutierung des Verhältnisses Staat-Kirche missbraucht werden und dass kritiklos Formulierungen wie Diskreditierung, Eltern seien beunruhigt u. ä. übernommen bzw. angewendet werden.
Diese Linie würde bei einem Gespräch zwischen dem Stellv. für Inneres beim Rat des Kreises Strausberg, dem Kreisschulrat Strausberg, dem Direktor der Goethe-OS, Superintendent Rißmann und Pfarrer Linke durchgesetzt und damit abgeschlossen. Ebenso wird durch den Gen. Müller der Generalsuperintendent Schuppan und das Staatssekretariat für Kirchenfragen informiert."[120]
Das Gespräch fand am 6. Mai 1980 im Rat des Kreises Strausberg statt. Daran nahmen teil: der Stellvertreter für Inneres, der Kreisschulrat, der Direktor der Goethe-Ober-

---

[120] Ebenda, Bd. I, S. 146 f.

schule, Superintendent Rißmann und ich. In diesem Zusammenhang wies ich auf die Belastung der Christenlehre-Kinder an der Goethe-Oberschule hin. Meines Wissens sei der Konflikt kein Einzelfall. Es sei zur Sprache gekommen, weil die Eltern nicht gewillt waren, dies hinzunehmen. Ich verwahrte mich dagegen, dass Aussagen, die ich in der Elternversammlung gemacht hätte, sinnentstellt gegen mich verwendet würden.

Der Superintendent äußerte seine Verwunderung darüber, dass ein Konflikt auf örtlicher Ebene nicht auch dort behandelt und beigelegt werden könne. Der Kreisschulrat antwortete: „Es gibt auf der Kreisebene nur einen Gesprächspartner für die Kirchen, das ist der Referent für Kirchenfragen beim Rat des Kreises. Daher können Konflikte auch nur auf dieser Ebene erörtert werden."[121]

Der direkte Weg, ein klärendes Gespräch zwischen den ursprünglich Betroffenen herbeizuführen, war nicht möglich. Plötzlich waren ganz unterschiedliche Ebenen damit befasst, die Schulbehörde im Kreis und Bezirk, Abteilung Inneres im Kreis und Bezirk, das Staatssekretariat für Kirchenfragen, das MfS, der Hauptvorstand der CDU, der Superintendent und der Generalsuperintendent. Der Konflikt verschärfte sich dadurch, dass zwei unterschiedliche Situationen verknüpft wurden, mein Auftritt bei der Elternversammlung und das Handeln der Lehrerin Frau M. im Unterricht der 3. Klasse.

---

[121] Ebenda, Bd. III, S. 166-168; auch Gedächtnisprotokoll von Sup. Rißmann, Privatarchiv D. Linke.

Von Schülerinnen und Schülern wurde die Mitgliedschaft in den Jungen Pionieren, in der FDJ, die Teilnahme an der Jugendweihe und ab 1978 am Wehrkundeunterricht und am Wehrlager erwartet. Dieser Erwartung wurde von den meisten entsprochen. Doch es gab immer einige, die ausscherten. Sie sorgten für Unruhe. Bei abweichendem Verhalten wurde in der DDR häufig nach den Urhebern gefragt. Am 10. Februar 1982 schrieb der Bürgermeister von Neuenhagen, Herr Butzner, an die SED-Kreisleitung Strausberg, Herrn Damme, unter anderem:

„Wie bereits mündlich mitgeteilt, gibt es Aktivitäten der kirchlichen Kreise, insbesondere durch Pfarrer Linke. Durch Linke wird versucht, eine Auseinandersetzung mit den örtlichen Staatsorganen zu führen und dabei die Öffentlichkeit einzubeziehen [...]. Im Bereich der Volksbildung werden kirchliche Kräfte, die besonders um den Pfarrer Linke gruppiert sind, aktiv und versuchen, die sozialistische Erziehung negativ zu beeinflussen." Er habe vom Direktor der Goethe-Oberschule folgendes erfahren: „Spürbar wird die Aktivität christlicher Kreise. Das wurde deutlich bei der Vorbereitung auf die diesjährige Jugendweihe. 5 Schüler der Klasse 8 b nehmen nicht daran teil. Kern ist eine Gruppe um den Schüler [...] (Vater Diplomphysiker, Großvater ehemals Pfarrer). Mit allen betreffenden Eltern erfolgten gründliche Aussprachen, die darauf hinausliefen, dass sie Jugendweihe und christlichen Glauben unvereinbar finden bzw. sie die verfassungsmäßig garantierte Glaubensfreiheit nutzen, um ihre Entscheidungen zu treffen [...].

Am 26.01. fand eine Elternversammlung beider 8. Klassen statt. Thematik war die Erläuterung der Direktive 3 des Ministeriums für Volksbildung zur Einführung des Wehrunterrichts. Eingeladen war auch der Gen. Oberst Pitschel vom Zentralvorstand der GST. In dieser Versammlung traten sowohl Herr [...] wie auch Herr [...] dagegen auf. So erklärte Herr [...], dass er grundsätzlich gegen jeden Waffengebrauch sei. Er sehe es so, dass Soldaten erzogen werden zum Töten. Deshalb lehne er jedes Militär ab und jede militärische Ausbildung. Herr [...] schloss sich an und meinte, es müsste doch erst eine Überzeugung bei den Jugendlichen da sein, ehe man dieses Fach durchführt.

Aus der Versammlung heraus wurde von mehreren Eltern diese Auffassung energisch zurückgewiesen, so dass die Mehrheit auch der Sache durchaus zustimmend gegenüberstand. Die Ausführungen des Gen. Oberst Pitschel waren sehr beeindruckend und wirksam. Im Ergebnis dieser Versammlung erklärten 23 von 28 Jungen ihre Bereitschaft, 1983 am Lager für Wehrerziehung teilzunehmen.

Ergänzend zum ersten Teil erscheint auch bezeichnend, dass Familie Linke die Anfertigung einer Wandzeitung zum Thema: ‚Ich danke dir, Soldat' durch den Sohn Jonas (5. Kl.) ablehnte [...].

Auf Grund der gesamten Tatsache und meiner Einschätzung der Ergebnisse in der Volksrepublik Polen komme ich fast zu der Schlussfolgerung, dass bei uns Aktionen über die Kirche vorbereitet werden und Linke vorgeschickt ist, gerade im Randgebiet von Berlin zu testen, wie weit er in allen Fragen auf noch legalem Gebiet vorgehen kann. Die gesamte Verbindung, die Linke hat, auch zu Pfarrern in West-Berlin und vor allem zu den Niederlanden, Frankreich und Großbritannien, dürften auch Anlass sein, darüber nachzudenken, ob er in einem bestimmten Auftrag handelt."[122]

Seit 1980 fand jährlich zehn Tage vor dem Buß- und Bettag, angeregt durch die kirchliche Jugendarbeit, die Friedensdekade statt. Für die Friedensdekade im November 1981 wurde der Aufnäher *Schwerter zu Pflugscharen* hergestellt und in den Kirchengemeinden verteilt. Auf dem Aufnäher war als Symbol das Denkmal, das die Sowjetunion der UNO übergeben hatte, ein Soldat, der eine Pflugschar aus seinem Schwert schmiedet. Dieser Aufnäher wurde, vor allem von Jugendlichen, auch nach der Friedensdekade getragen und es führte in den darauffolgenden Monaten immer wieder zu Konflikten. Am 29. März 1982 wurde unser Sohn Martin wegen des Aufnähers vom Direktor aus der Schule nach Hause geschickt. Zwei Tage später hatte ich deswegen ein Gespräch mit dem Direktor und der Vorsitzenden der Abteilung Volksbildung vom Rat des Kreises, in dem erneut die Verhärtung der Positionen deutlich wurde. Das MfS war informiert worden; die HA VII fertigte über diesen Vorfall am 15. April eine Information: Der Direktor habe den Sohn des Linke aus dem Schulobjekt verwiesen und nach Hause geschickt. „Anlass dazu war die Weigerung des Schülers Linke, das kirchliche ‚Friedenssymbol' von seiner Kleidung abzunehmen. Pfarrer Linke setzte sich daraufhin mit dem Schuldirektor in telefonische Verbindung und bekam die Mitteilung, dass das Verhalten seines Sohnes der Hausordnung widerspricht."[123]

[122] BStU, ASt Frankfurt/O., AOP 889/84, Bd. VI, S. 5-10.
[123] Ebenda, Bd. V, S. 18.

Ab September 1982 war Martin Schüler der achten Klasse. Am 13. Januar 1983 waren alle Eltern der Schüler der achten Klassen der Goethe-Oberschule zu einer Elternversammlung eingeladen. Es sollte um den Wehrkundeunterricht gehen, der in der neunten Klasse für diesen Jahrgang anstand. Der Direktor informierte zunächst über die Notwendigkeit dieses Faches. Danach ergriff ein ehemaliger Offizier der NVA das Wort und schilderte anhand von Dias den Ablauf eines Wehrlagers. Es sei gut, wenn die Jungen Ordnung und Disziplin lernen. Die Verpflegung sei sehr gut. Für eine interessante Freizeitgestaltung sei ebenfalls gesorgt. Der Direktor informierte, dass mit den Schülern schon mehrfach über den Wehrkundeunterricht gesprochen wurde. Alle hätten sich zur Teilnahme am Wehrlager entschlossen. Am Ende seiner Ausführungen räumte er die Möglichkeit für Rückfragen ein. Lediglich eine Mutter erkundigte sich, wo das Lager durchgeführt werde. Ansonsten herrschte Schweigen. Auf mich hätten diese Dias abschreckend gewirkt, begann ich. Ich würde dabei an Bilder aus dem Zweiten Weltkrieg erinnert, als Kinder in Uniformen gesteckt und für den *Endsieg* verheizt wurden. Ich erinnerte an das Vermächtnis der Vätergeneration: Nie wieder nehmen wir eine Waffe in die Hand! Was ist daraus geworden? Die vormilitärische Erziehung beginne bereits im Kindergarten. Und nun sei 1978 dieses Fach Wehrkunde eingeführt worden. Da werden Kinder missbraucht, stellte ich fest. Wir als Eltern sind verantwortlich, was unseren Kindern in den Schulen vermittelt wird. Abschließend erklärte ich, dass unser Sohn an diesem Unterricht nicht teilnehmen wird. Vertreter des Elternaktivs meldeten sich zu Wort und versuchten Gegenargumente zu entwickeln. Der Offizier reagierte aufgebracht. Die übrigen Eltern schwiegen. Später sprachen mich einige unter vier Augen an und erklärten ihr Schweigen. Sie hätten Angst, dass sie ihrem Kind eventuell die Zukunft verbauen würden, wenn sie das Wort ergriffen hätten.

Am folgenden Tag informierte der Direktor den Kreisschulrat über diesen Abend:

„Nachdem von mir als Direktor Informationen an die Eltern zur Einführung dieses Faches und die dazu gesetzlichen Grundlagen gegeben wurden, führte Gen. Oberstleutnant Franke noch Konkreteres zu den Stunden zur sozialistischen Landesverteidigung aus und zeigte Dias vom Wehrausbildungslager. In der Diskussion sprach dann aber Pfarrer Linke, der einen Sohn in der 8a hat, und griff unsere Schule regelrecht an, dass wir 1. die Kinder nicht zum Frieden und zur Friedensliebe erziehen; 2. die Kinder zum Hass anderer Völker erziehen und 3. die Kinder missbrauchen würden.

Er sagte, dass ihn diese Bilder erschreckt hätten, dass er dabei an die ersten Jahre nach dem Krieg zurückdenken müsse und was die ältere Generation sich damals geschworen hätte. (Er gehört aber nicht zur älteren Generation.) Deshalb habe die Familie Linke auch unabhängig von dieser Elternversammlung beschlossen, ihren Sohn an keiner Art Wehrerziehung teilnehmen zu lassen.

Daraufhin baten mehrere Eltern ums Wort, die ihre positive Meinung zu diesem Unterrichtsfach darlegten. In keiner Weise wurde die Meinung des Pfarrers bestärkt [...]. Meine anwesenden Kollegen verwahrten sich gegen diesen Angriff auf ihren

Unterricht und belegten, wie sie die Kinder zur Friedensliebe und nicht zum Völkerhass erziehen.

Am heutigen Tag kam nun der Sohn, Martin Linke, mit einem uniformähnlichen Hemd mit der Aufschrift der belgischen Armee bekleidet zur Schule. Meine Fachlehrer, die heute in der Klasse unterrichteten, haben mit dem Schüler gesprochen und zum Ausdruck gebracht, dass das keine Bekleidung für einen Schüler der soz. Schule sei. (Martin ist nicht FDJ-ler und nimmt auch nicht an der Jugendweihe teil.)

Ich bitte darum, mir einen Rat zu geben, wie weiter mit der Familie Linke zu arbeiten ist und ob für die drei Kinder der Wehrunterricht nicht obligatorisch gemacht wird."[124]

Der Kreisschulrat schrieb am 19. Januar 1983 diesbezüglich an den Bezirksschulrat:

„Ich habe zunächst folgendermaßen reagiert:

- Der Direktorin gegenüber habe ich ihr Vorgehen gebilligt mit dem Hinweis, nochmals auf alle betreffenden Lehrer so einzuwirken, dass keine Ansätze einer Konfrontation möglich sind.

- Bezüglich der Haltung der Kinder des Herrn Linke persönlich pädagogisch geschickt so einzuwirken, dass sich die Kinder entsprechend den Normen der Schule verhalten, und ich habe dabei veranlasst, dass den Kindern gegenüber keinerlei Verbote ausgesprochen werden.

Am 19.1.1983 habe ich ein Gespräch mit dem Stellvertreter für Inneres geführt; er wird seinerseits Maßnahmen einleiten. Soll-

---

[124] Ebenda, Bd. IV, S. 193.

ten sich aus Ihrer Sicht weitere Schritte als notwendig erweisen, so bitte ich um Mitteilung."[125]

Unter den Verteilern dieses Briefes wird auch der „Leiter der Kreisdienstelle MfS" genannt.

---

[125] Ebenda, S. 192.

750-Jahrfeier Neuenhagen – Juni 1980

Nachdem wir im Herbst 1978 mit unserer Arbeit in Neuenhagen begonnen hatten, erfuhr ich bald, dass der Ort 1980
sein 750-jähriges Bestehen feiern würde. Der Gedanke, dieses
Jubiläum als Anlass zu nehmen, um auch als Kirchengemeinde
einen Höhepunkt zu schaffen, hatte uns elektrisiert. Schließlich hat die Kirchengemeinde vor Ort die Geschichte des
Ortes und der Menschen jahrhundertelang mitgeprägt. Zum
anderen ist die alte Dorfkirche das älteste Denkmal, das alle
Wirren der Geschichte überdauert hat. Wir wollten Mitglieder des Gemeindekirchenrates, interessierte Gemeindeglieder
und Freunde gewinnen, ein Fest, eine Festwoche vorbereiten
und mit anderen Ideen und Fantasien entwickeln. Das Jubiläum könnte auch Gelegenheit bieten für eine stärkere
Zusammenarbeit mit der Kommune.
Als ich dem Bürgermeister meine Überlegungen mitteilte,
ließ seine Reaktion erkennen, dass kein Interesse an unserer
Mitarbeit bestand. Der Rat der Gemeinde wollte das Jubiläum im zeitlichen Zusammenhang mit dem 7. Oktober, dem
Geburtstag der Republik, einbetten und damit verdeutlichen,
dass erst im Sozialismus Wirklichkeit geworden ist, wovon
Menschen in der zurückliegenden Geschichte träumten. Ein
Ortsjubiläum zu feiern, um die DDR-Geschichte aufzuwerten, das war nicht unsere Intention. Daher entschied sich
der Gemeindekirchenrat für eine eigene Festwoche, die vom
7. bis 15. Juni, vor der Sommerpause, stattfinden sollte.
Da bisher keine Geschichte der Kirchengemeinde geschrieben
worden war, erkundete ich zunächst das Archivmaterial, das

im Pfarrhaus lagerte. Eine wahre Fundgrube. Ich wollte das Ergebnis meiner Arbeit, verschiedene Dokumente zur Geschichte der Kirche, des Ortes und der Schule, öffentlich machen. Da für eine Festschrift keine Druckgenehmigung erteilt worden wäre, vervielfältigte ich die achtunddreißig Seiten auf einem Spiritusabzugsgerät. Im Vorwort schreibe ich unter anderem:

„Welche Funktion hat Kirche heute, 1980? Sie hat nach wie vor den Auftrag, mit dem Wort des Evangeliums die Menschen wachzurütteln aus der Trägheit und Resignation, aus der Gleichgültigkeit. Sie hat den Auftrag, zu trösten, den Menschen die Augen zu öffnen für Irrwege; sie hat in der Nachfolge Jesu den Samariterdienst zu leisten, und sie soll für die Außenseiter und für die von der Gesellschaft an den Rand Gedrängten da sein."[126]

Die kirchliche Festwoche sollte zur Besinnung und zum Nachdenken anregen, aber sie würde auch Tanz und Spiel sein.

Zur Vorbereitung der *Ökumenischen Festwoche* waren auch die angrenzenden Gemeinden aus dem Berliner Randgebiet, aus Fredersdorf, Eggersdorf und Petershagen, zur Mitarbeit eingeladen. Mit Wim und Annemie Janssen, unseren Freunden aus Holland, hatten wir auch in Neuenhagen Gemeindekontakte zwischen Amstelveen und unserer neuen Gemeinde aufgebaut. Eine neunköpfige Gruppe aus Amstelveen wollte bei der Festwoche dabei sein. Durch Vermittlung von Paul Oestreicher, Leiter der internationalen Abteilung des briti-

[126] Privatarchiv D. Linke.

schen Kirchenrates, wurde es möglich, dass drei Gäste aus der Anglikanischen Kirche in England ihre Teilnahme zugesagt hatten.

Viele Freunde hatten ihre Mitarbeit angeboten. Christian Röhl, Kunstschmied aus Potsdam, entwickelte die Idee eines Ökumene-Kreuzes, das am Ende der Festwoche vor der Kirche aufgestellt werden sollte. Einzelne kleine Kreuze aus Metall, gefertigt von Gästen der Festwoche, wurden an einem Stahlträger zusammengefügt. Die aus dem 13. Jahrhundert stammende Glocke mit einer in Spiegelschrift versehenen Inschrift brachte die Keramikerin Manina Bahra auf die Idee, die Glocke in Ton nachzubilden, die während der Festwoche angeboten wurde. Die Silhouette der Kirche wurde von Karin R. und Irmgard Mertens auf Tonplaketten festgehalten.

Der Bildhauer Steffen Mertens entdeckte auf dem Friedhof einen alten Marmorstein, den er während der Festwoche im Pfarrgarten bearbeiten wollte. Der kantige, weiße Stein nahm Konturen an; Figuren und Gesichter wurden herausgeschlagen und sichtbar. Der Arbeitsprozess, den die Gäste der Festwoche und wir miterlebten, war spannend. Neben Steffen stand ein Gitarrist, der seine eigenen Lieder sang. Dazu das Schlagen und Hämmern, und das Herauswachsen der Gesichter aus dem Stein. „Dies ist eine besondere Art der Meditation", hörte ich jemanden sagen, der in unmittelbarer Nähe auf der Bank saß.

Henning Stoerk, Mitarbeiter des Fernsehfunks, wollte mit einer Kamera Höhepunkte der Festwoche festhalten. So entstand ein Film, der im Herbst 1980 in der Kirche uraufgeführt wurde. Da wir für ein Plakat keine Druckgenehmigung erhalten hätten, entwickelte der Grafiker Siegfried R. die Idee, dieses im Siebdruckverfahren handsigniert zu fertigen. In gleicher Weise stellte er ein Poster mit der Ansicht der Kirche her. Während der Festwoche sollte im Kirchenschiff und auf der Empore eine Ausstellung mit Arbeiten des Leipziger Grafikers Matthias Klemm und des Malers und Bildhauers Steffen Mertens gezeigt werden. Einen Mitarbeiter des Märkischen Museums konnten wir gewinnen, der einen Diavortrag zur Geschichte der Kirche und des Ortes hielt. Ein Liederabend, ein Orgelkonzert und eine Lesung mit dem Schriftsteller Joachim Walther waren weitere Programmpunkte.

Der weitläufige Pfarrgarten war der zentrale Treffpunkt für die Mitwirkenden und Gäste. Bei Essen und Trinken, Gesang, Tanz und Lagerfeuer gingen die Nächte am Morgen zu Ende. Am Sonntag, dem 15. Juni, fand als Abschluss ein Kirchentag mit einem Familiengottesdienst statt. Anschließend gab es eine große Kaffeetafel, Gesprächsgruppen und ein Kabarett zur Geschichte der Kirche. Am Ende des Tages luden die Gäste aus England zu einer Abendmahlsfeier ein, die sie nach dem anglikanischen Ritus gestalteten. Die Abendmahlsfeier drückte symbolisch aus, was wir in diesen Tagen erleben durften, eine ökumenische Gemeinschaft, die über Grenzen hinweg miteinander verbindet.

Christian Röhl
bei der Arbeit
am Kreuz
Privatarchiv D. Linke

Steffen Mertens bearbeitet
den Marmorblock
Privatarchiv D. Linke

Während der Festwoche
im Pfarrgarten
Privatarchiv D. Linke

Das Ökumene-Kreuz vor der Kirche Neuenhagen
Privatarchiv D. Linke

Die Probleme und Konflikte bei der Vorbereitung und Durchführung dieser Woche habe ich bisher ausgeblendet. In den Akten des MfS sind sie dokumentiert.

Im Operativplan zum OV „Kreuz" vom 10. Dezember 1979 ist zu lesen: „Über offizielle staatliche Stellen ist Einfluss zu nehmen, dass die im Rahmen der 750-Jahrfeier Neuenhagens von L. geplanten Aktivitäten eingeschränkt werden."[127]

Am 8. Februar 1980 informiert Oberstleutnant Wiegand, Leiter der HA XX/4, bei einer Beratung, dass „im Rahmen eines Gespräches mit dem Leiter der AG Kirchenfragen im ZK der SED, Gen. Bellmann, die Linie für die kirchl. 750-Jahrfeier in Neuenhagen festgelegt wurde. Die geplanten Maßnahmen sind soweit zu tolerieren, wie sie offiziell zu vertreten sind. Gen. Nauendorf vom Rat des Bezirkes Frankfurt/O. wurde informiert, dass er mit den örtlichen Organen festzulegen hat, wie weit bei den geplanten Aktivitäten gegangen werden darf [...]. Gen. Wiegand orientierte darauf, zu verhindern, dass L. anlässlich der 750-Jahrfeier Extravaganzen vollführt (z. B. Errichtung eines Metallkreuzes an der Kirche Neuenhagen durch Röhl). Alle Maßnahmen, die über den normalen Rahmen hinausgehen, werden als Affront aufgefasst. Diese Position hat Gen. Nauendorf mit dem Referenten von Strausberg dem L. darzulegen. Die Druckgenehmigung für Plakate zur 750-Jahrfeier ist möglichst nicht zu erteilen."[128]

Bei dieser Beratung teilte Oberstleutnant Wiegand den Anwesenden mit, dass seine Dienststelle im Zusammenhang der 750-Jahrfeier „eine zweite inoffizielle Möglichkeit geschaf-

[127] BStU, ASt Frankfurt/O, AOP 889/84, Bd. I, S. 32.
[128] Ebenda, S. 113 f.

fen hat, an L. zu arbeiten". Wer war das? Die Akten geben Auskunft.

Am 5. Dezember 1979 tauchte erstmals Andreas P. (IM „André") mit seiner Frau im Gesprächskreis in Neuenhagen auf. Er erzählte mir, Herr R., Mitglied im Gemeindekirchenrat, habe ihn zu diesem Abend eingeladen. Der Gemeindeabend mit Stefan Heym in der Neuenhagener Kirche Ende Oktober habe ihn angeregt, den Kontakt nach Neuenhagen zu suchen, da seine Gemeinde zu pietistisch sei. Im Gesprächskreis im Januar 1980 sah ich ihn wieder. Am 3. Februar besuchte er mit seiner Familie den Gottesdienst in Neuenhagen. Ich lud ihn im Anschluss ins Pfarrhaus ein und hatte mit ihm ein längeres Gespräch. Damals erfuhr ich, dass er an der Humboldt-Universität Theologie studiert hatte und nun beim Verlag der CDU-Zeitung *Neue Zeit* arbeite. Aber er überlege, ob er nicht doch ins Pfarramt gehen solle. Ich erinnere mich noch, dass ich ihn damals zu diesem Schritt ermutigt hatte. Was ich damals nicht wusste, ist die Tatsache, dass er seit Dezember 1976 mit dem MfS zusammenarbeitete und dass er bereits am 21. November 1979 von seinem Führungsoffizier, Leutnant Jaschke von der HA XX/4, instruiert worden war, einen Kontakt zu mir herzustellen und auszubauen. 1980 wurde er in den Ausbildungsdienst der Kirche Berlin-Brandenburg übernommen, war 1980 bis 1981 Vikar in Berlin-Biesdorf und im Anschluss für ein Jahr im Predigerseminar in Wittenberg. Dieser künftige Weg war mit dem MfS-Mitarbeiter zuvor abgesprochen, auch wurde ihm finanzielle Unterstützung zugesagt. Die Entfernung von Wittenberg hinderte ihn nicht daran, immer wieder in Neuenhagen aufzutauchen, um an verschiedenen Veranstaltungen teilzunehmen. Durch Gespräche mit einem Mitglied des Gemeindekirchenrates konnte er aufschlussreiche Informationen zu unserer Arbeit und zu meiner Person sammeln.[129]

Im Bericht über den Treff mit dem Führungsoffizier am 6. Dezember 1979 ist zu lesen:

„Entsprechend des Auftrages nahm der IM am Gesprächsabend [...] teil. Vor und nach dem Gesprächskreis kam es zur Bekanntmachung und Unterhaltung des IM mit Pfr. Linke [...]. Zur Vorbereitung der 750-Jahrfeier Neuenhagen erklärte Linke, dass er ein eigenes Vorbereitungskomitee gebildet hat [...]. Da Linke für die Vorbereitungsarbeiten noch Leute sucht, bot der IM auf eine Frage des Linke an, entsprechend seiner Möglichkeiten mit zu helfen. Linke zeigte sich darüber sehr erfreut und will in diesem Zusammenhang im Januar den Kontakt zum IM aufnehmen."[130]

Am 30. Januar 1980 traf sich der Vorbereitungskreis, an dem Andreas P. (IM „André") auftragsgemäß teilnahm. Am darauffolgenden Tag konnte er dem Führungsoffizier, Leutnant Jaschke von der HA XX/4, genauere Informationen über den Stand der Planung zur 750-Jahrfeier geben.[131] In seinem Bericht ist auch die Rede von dem Kreuz, welches geschmiedet werden soll. „Keine Extravaganzen" forderte Oberstleutnant

---

[129] Nach dem 2. Theologischen Examen wurde Andreas P. ins Pfarramt entsandt. Bis zum Ende der DDR bestand seine Zusammenarbeit mit dem MfS. Die letzte nachgewiesene Zuwendung vom MfS in Höhe von 450,- Mark erhielt er am 29. November 1989. Vgl.: BStU, ASt. Berlin, AIM 7933/91, Ersatzband, S. 6.
[130] BStU, ASt. Berlin, AIM 7933/91, Bd. II/I, S. 177 ff.
[131] Ebenda, S. 208.

Wiegand acht Tage später im Hinblick auf dieses Vorhaben. Andreas P. (IM „André") erklärte sich bereit, künftig in der Untergruppe, die das Erwachsenen-Programm für den ökumenischen Kirchentag am 15. Juni vorbereiten sollte, mitzuarbeiten.

Wenn IM „André" die „zweite inoffizielle" Quelle war, die im Hinblick auf die 750-Jahrfeier in unserem Umfeld vom MfS platziert wurde, wer war dann die „erste" Quelle? Auch darauf habe ich in den Akten die Antwort gefunden. Karin R. und ihr Mann Siegfried aus Brandenburg hatten ihre Mithilfe bei der Vorbereitung angeboten. Karin R. wollte bei der Fertigung von Tonplaketten helfen. Daher gab es in diesen Wochen immer wieder Begegnungen miteinander. Mitte Januar 1980 erhielt Karin R. (IM „Giesela") von ihrem Führungsoffizier den Auftrag, die „Pläne für die 750-Jahrfeier" zu erkunden. Beim Treff am 29. Januar konnte sie einen umfangreichen Überblick über das Vorhaben geben.[132] Bei diesem Treff kam sie auch auf die Herstellung der Plakate zu sprechen. Ihr Mann habe die Plakate in einer Siebdruckerei in Brandenburg fertigen lassen. Der Leiter der Druckerei habe ihm gesagt, dass diesbezüglich bei ihm nachgeforscht wurde. Vermutlich seien diese Personen vom MfS gewesen. „Aber", so ergänzte IM „Giesela", „für die 100 Plakate" sei „keine Druckgenehmigung notwendig" gewesen, „da sie als handsignierte Grafik herausgegeben worden sind."[133]

Auf den verschiedensten Ebenen wurde über die *Ökumenische Woche* verhandelt: im Rat der Gemeinde, im Rat des

---

[132] BStU, ASt Potsdam, AIM 1916/87, Bd. I/II, S. 42.
[133] Ebenda, S. 56.

Kreises, im Rat des Bezirkes, im Staatssekretariat für Kirchenfragen, in der Arbeitsgruppe Kirchenfragen beim ZK der SED, in der Kreis- und Bezirksleitung der SED, bei der Kreis- und Bezirksdienststelle des MfS, bei der HA XX/4. Wenn ich das heute lese, wird noch einmal die Absurdität deutlich. Wir feierten ein Fest und deswegen wurde eine ganze Maschinerie in Gang gesetzt. Der direkte Kontakt zu uns wurde aber weitgehend vermieden.

Der Stellvertreter für Inneres beim Bezirk Frankfurt/O. teilte nach Absprache mit dem MfS dem Generalsuperintendenten Schuppan als Mitglied der Kirchenleitung in einem Schreiben am 19. März seine Bedenken mit. Er wollte wissen, „ob diese Initiative von Pfarrer Linke der Kirchenleitung bekannt" sei, „ob es ein bestätigtes ökumenisches Programm" gäbe und „wer dafür verantwortlich zeichnet". „Es wäre gut, wenn wir im Gespräch am 31. März in dieser Angelegenheit die Fragen der Zuständigkeit und Verantwortung klären könnten", heißt es am Ende des Briefes.[134]

Aus dem Sachstandsbericht der KD Strausberg zum OV „Kreuz" vom 2. Mai 1980 erfahre ich, dass die Abteilung Inneres vom Bezirk Frankfurt/O. eine „Arbeitsorientierung" „zur Arbeit mit Pfarrer L. und Mitgliedern des Gemeindekirchenrates im Zusammenhang [...] der 750-Jahrfeier" herausgegeben hat. Die „Vorbereitung und Durchführung der 750-Jahrfeier" sei allein Aufgabe, „die durch das örtliche Staatsorgan geplant und geleitet wird". Weiter ist im Sachstandsbericht zu lesen:

---

[134] BStU, ASt Frankfurt/O, AOP 889/84, Bd. III, S. 149.

„Kirchliche Aktivitäten als Teil der 750-Jahrfeier als solche gelten nur, wenn ein staatliches Interesse vorliegt [...]. Sollten durch Einladungen, Plakatierungen, Schaukastentätigkeit und Diskussionen kirchliche Aktivitäten wie Schriftstellerlesungen, Veranstaltungen mit sogenannten Liedermachern, Ausstellungen u. a. öffentliche Zusammenkünfte bekannt werden, auch, wenn sie auf die 750-Jahrfeier nicht ausdrücklich Bezug nehmen, doch offensichtlich den innerkirchlichen Charakter überschreiten und dann auf Grund der zeitlichen Durchführung mit der 750-Jahrfeier in Verbindung gebracht werden können, ist Pfarrer L. durch den Bürgermeister klarzumachen, dass solches nicht zulässig ist und der generellen staatlichen Genehmigung (VVO) bedürfe (Auszug aus der Arbeitsorientierung)."[135]

Die Einreise für die drei Gäste der Anglikanischen Kirche aus England hatten wir offiziell über die Kirchenleitung beim Staatssekretariat für Kirchenfragen beantragt. Die acht Gäste aus Holland reisten als Privatpersonen ein; sie wurden in der Gemeinde einquartiert. Mit den Gästen aus Holland und England wollte ich ein offizielles Gespräch mit Vertretern des Rates der Gemeinde führen. Ich musste lange auf eine Antwort warten, bis ich die Mitteilung erhielt, dass für die Engländer ein offizieller Empfang im Rathaus stattfinden könne. Die Holländer als Privatreisende sollten daran nicht teilnehmen.

---

[135] Ebenda, Bd. I, S. 143-145.

Gespräch mit den Gästen aus England im Rathaus Neuenhagen
(v. l. n. r. 4. D. Linke, 5. Jutta Mertens, 7. Horst Butzner, 8. Robert Lewis
(Manchester), 9. Richard Gilpin (Liverpool), 10. Wolfgang Göricke,
12. Barbe Linke)

Am 22. Mai teilte der Leiter der Abt. XX der MfS Bezirksverwaltung Frankfurt/O. dem Stellvertreter für Inneres beim Bezirk Frankfurt/O. mit, dass es gegen die Einreise der Engländer seitens des Staatssekretariats für Kirchenfragen keine Bedenken gibt. „Der Referent für Kirchenfragen, Gen. Naundorf, wird mit dem Rat der Gemeinde Neuenhagen und Pfarrer Linke klären, dass bei dem vorgesehenen Gespräch der ökumenischen Gäste mit dem Rat der Gemeinde der Staat bestimmt, worüber gesprochen wird. Das heißt, es wird nicht über Kirchenpolitik der DDR gesprochen, sondern über das Programm des Aufbaus des Sozialismus, das Friedens-engagement der DDR."[136]

Am 22. Mai hatte die KD Strausberg einen fünfseitigen „Maßnahmeplan" fertiggestellt. Er betraf Maßnahmen „zur Gewährung der Ordnung und Sicherheit sowie Aufklärung der Pläne und Absichten" während der *Ökumenischen Woche*. Rund um die Uhr standen wir in diesen Tagen unter Beobachtung. Beobachtungsstützpunkte sollten eingerichtet werden. Der Einsatz der IM's wurde geplant. Täglich sollten die Informationen ausgewertet werden und eine „exakte Dokumentation der Aktivitäten" erfolgen.[137] Alle Eventua-lsituationen wurden berücksichtigt. Natürlich hatten wir damit gerechnet, dass das Augenmerk des Gesetzes in diesen Tagen auf uns gerichtet sein wird. Wir hatten nichts zu verbergen; wir wollten in diesen Tagen miteinander feiern. Im Nachhinein bin ich erschrocken über den Umfang der Aktivitäten, die das MfS entwickelte.

Mit einem Konzert in der Kirche und einer Ausstellung mit Arbeiten des Leipziger Grafikers Matthias Klemm und des Malers und Bildhauers Steffen Mertens aus Rathenow wurde am 7. Juni die *Ökumenische Woche* eröffnet. In den Akten erfahre ich, dass IME „Robert" auftragsgemäß in diesen Tagen die Ausstellung besuchte. Nachdem der IM in seinem Bericht die einzelnen Arbeiten der Ausstellung beschrieben und in ihrer Aussage gewertet hat, heißt es am Schluss:

„Es kann gesagt werden, dass der Organisator der Ausstellung zwei gute Grafiker für die Ausstellung gewonnen hat, aber

---

[136] Ebenda, S. 169.
[137] Ebenda, S. 155-159.

auch zwei Grafiker, die eine gewisse Skepsis verbreiten. Bestechend die Meisterschaft und der Grad der Verschlüsselung. Da man solche Arbeiten kaum in Ausstellungen sieht, die unsere offiziellen Stellen machen, strahlt die Ausstellung in Neuenhagen einen Reiz aus, der auch Zulauf gewährleistet. Dieser Reiz, meine ich, ordnet sich ein in Reize, die die Kirche spätestens seit Biermanns Auftritt in Prenzlau vermittelt, es ist der Reiz des Untergrundes, gewissermaßen der Geheimbündelei. Mechanisch wird dieser Reiz aufgehoben dadurch, dass die Ausstellung ja öffentlich ist."[138]

Am 12. Juni fand ein Gemeindeabend mit dem Schriftsteller Joachim Walther statt. Nach den Konflikten um den Gemeindeabend mit Stefan Heym im Oktober des Vorjahres war klar, dass diesem Abend besondere Aufmerksamkeit der staatlichen Stellen gewidmet wird. Wolfgang K. (IMB „Johannes"), der beim Tonbanddienst des Evangelischen Jungmännerwerks in Berlin tätig war, hatte mir nach der Lesung von Stefan Heym angeboten, künftig „die Beschallung und Tonbandmitschnitte der Veranstaltungen zu übernehmen".[139] Ich war über diesen Vorschlag froh und willigte ein. Am 29. Mai berichtet IMB „Johannes" dem Führungsoffizier, Hauptmann Geister, Abt. XX/4 Frankfurt/O., dass er am 12. Juni „an dieser Veranstaltung und an dem anschließenden Gespräch im Pfarrhaus teilnehmen wird. Von der Schriftstel-

---

[138] Ebenda, Bd. III, S. 219-221.
[139] BStU, ASt Frankfurt/O., AIM 1791/80, Bd. II/II, S. 228. Bericht vom 23.11.1979.

lerlesung fertigt der IM einen Tonbandmitschnitt."[140] IMB
„Johannes" war bei der Lesung und bei dem Zusammensein
im Anschluss im Pfarrhaus dabei. Noch in der gleichen
Nacht fand ein Treff mit dem Führungsoffizier statt.

Auch Andreas P. (IM „André") war an diesem Abend nicht
nur als Mitarbeiter des Vorbereitungskreises dabei; er er-
füllte auch seinen Auftrag der HA XX/4. Er berichtete noch
am gleichen Abend Hauptmann Winkler über Verlauf und
Inhalt des Abends sowie über die ihm bekannten Personen.[141]

Ein weiterer Bericht über diesen Abend stammt von IMS
„Carla May", einer in Neuenhagen wohnhaften Schrift-
stellerin:

„Das Werk, aus dem J. W. las, war ein historischer Roman, der
Anfang des 17. Jahrhunderts spielt [...] Hauptfigur ist ein
Hofpoet [...] Es ging gegen Zensur und Bespitzelung, gegen
Dogmatismus und Verbote des freien Denkens [...] Angegriffen
wurde der Pfarrer, der seine Jugendideale verraten und sich
angepasst hatte [...]

Die Reaktion der Zuhörer ließ erkennen, dass diese Spitzen
trotz der schlechten Akustik gut verstanden wurden. Nach der
Lesung forderte Pf. Linke zur Diskussion auf. Fragen nach
dem Motiv und der eventuellen Zeitbezogenheit des historischen Stoffes wurden gestellt. J. W. betonte, dass er einen
ausschließlich historischen Roman geschrieben hätte, und dass
es nicht seine Absicht gewesen sei, Gegenwartsprobleme in ein

---

[140] Ebenda, S. 286.
[141] BStU, ASt. Berlin, AIM 7933/91, Bd. II/I, S. 248-250; auch BStU,
ASt Frankfurt/O., AOP 889/84, Bd. III, S. 199.

historisches Mäntelchen zu hüllen [...] Umgang mit der Gegenwart ist komplizierter. Deshalb ist in letzter Zeit auch bei anderen Autoren ein verständlicher Zug zu geschichtlichen Stoffen festzustellen. Das hat natürlich Ursachen [...] Es ist ja kein Geheimnis, dass seit 4 Jahren die Situation für die Schriftsteller eine andere geworden ist. Darüber brauchen wir nicht zu reden [...]"[142]

Am 9. Juni fand das Gespräch mit den Gästen aus England im Rathaus statt, an dem auch Barbe und ich teilnahmen. Nach den Spannungen der zurückliegenden Wochen und Monate wurde hier seitens der Kommune „die gute Zusammenarbeit zwischen Staat und Kirche vor Ort" demonstriert. Da war die Rede vom „vertrauensvollen Verhältnis", von den „Errungenschaften des Sozialismus". Der HA XX/4 wurde danach ein ausführliches Protokoll über den Gesprächsverlauf übergeben.[143]

In Vorbereitung auf die 750-Jahrfeier, die der Rat der Gemeinde im Oktober 1980 durchführen wollte, fragte der Kulturbeauftragte des Rates der Gemeinde an, ob sie die Kirche für ein Orgelkonzert in diesen Festtagen mieten könnten. Wir waren damit einverstanden. Es zeigte sich, dass für dieses Konzert eine große Nachfrage bestand. So wurde für den gleichen Tag ein zweites Konzert vereinbart. Dabei wurde erkennbar, dass erstmals eine bestimmte Schicht der Bevölkerung, Funktionäre, Lehrer und andere, mit gutem Gewissen die Kirche betreten konnte, schließlich war der Rat

[142] BStU, ASt Frankfurt/O., AOP 889/84, Bd. III, S. 200 f.
[143] BStU, ZA, HA XX/4, Bd. 962, S. 280-282.

der Gemeinde der Veranstalter. Das brachte mich auf die Idee, mit dem Rat der Gemeinde eine Vereinbarung zu treffen, künftig im Jahr zwei bis drei Konzerte in der Kirche durchzuführen, die der Rat der Gemeinde verantwortet. So fanden weitere Konzerte am 21. März und 4. Juli 1981 statt. Bei Letzterem wurde bereits erkennbar, dass es das letzte sein würde und dass ein Konzert, das für den Herbst 1981 mit dem Kammersänger Eberhard Büchner geplant war, nicht mehr stattfinden sollte. Eine offizielle Stellungnahme oder eine Kündigung seitens des Rates der Gemeinde ist aber nie erfolgt.

Fingierter Brief der MfS-Hauptabteilung XX/4

Die ökumenische Woche 1980 war eine wichtige Erfahrung, acht Tage gemeinsamen Lebens und Feierns mit der Gemeinde, mit Gästen und Freunden. Wir wurden durch andere ermutigt, im kommenden Jahr dieses fortzusetzen. „Wir brauchen solche Inseln der Menschlichkeit in dieser Gesellschaft", hörte ich in diesen Tagen immer wieder. So stellten wir bald erste Überlegungen an für eine Fortsetzung im kommenden Jahr 1981.

Doch in den nächsten Monaten machten wir die Erfahrungen, dass das politische Klima rauer wurde; Barbe und ich waren mit einer Verschärfung der Situation konfrontiert. Aus den Akten ist zu ersehen, dass dahinter ein Konzept stand. Das MfS hatte analysiert und ausgewertet. Bei der turnusmäßigen Beratung zum OV „Kreuz" am 4. September 1980 wurde die Feststellung getroffen:

„Es ist eindeutig, dass L. ein Feind ist". Daher reiche „der gegenwärtige Stand nicht aus, L. in die Schranken zu verweisen". Es ginge nun darum, L. „massiv zu verunsichern [...], ihn sowohl in der Gemeinde als auch bei der Kirchenleitung unglaubwürdig zu machen". Es wird gefragt, „welche Ansatzpunkte für eine Kriminalisierung des L. zu nutzen sind". Es sei „gezielt gegen L. zu arbeiten".[144]

Diese Überlegungen werden bei einem Treffen am 21. Januar 1981 in der KD Strausberg konkreter. Sechs Mitarbeiter aus Frankfurt, Berlin und Strausberg treffen sich zu einer

---

[144] BStU, ASt Frankfurt/O., AOP 889/84, Bd. I, S. 172 f.

weiteren „Absprache". Der Leiter der HA XX/4, Oberstleut-
nant Wiegand, unterstreicht den Ansatz: Es sollen Maßnah-
men durchgeführt werden, „die die L's in immer größere
Schwierigkeiten bringen" und sie „in Widerspruch zur
Kirchengemeinde bzw. der Kirche insgesamt kommen".
Diesbezüglich unterbreitet er unter anderem den Vorschlag:
„Bei der Verbindung der L's zu der Holländerin [...] müssen
Zersetzungsmaßnahmen durchgeführt werden. Dies könnte
durch einen aus Holland geschriebenen Brief an offizielle
Stellen in Neuenhagen erfolgen. In diesem Brief sollte als
Hauptproblem stehen, dass mit dem Geld, welches hollän-
dische Menschen für die evangelische Gemeinde Neuenhagen sammeln, durch die L's nicht zweckgebunden verwendet wird. (Brief wird von der HA XX/4 vorbereitet)."[145]
Am gleichen Tag wurde ein elfseitiger Operativplan erstellt,
in dem die Vorschläge von Oberstleutnant Wiegand Berücksichtigung fanden und konkretisiert wurden. Maßnahmen
werden aufgelistet, Termine, „Etappenziele" und Verantwortliche werden benannt und diejenigen, die die Realisierung kontrollieren.
Unsere Reiseanträge nach Polen sollen „sofort abgelehnt" werden. Einreisen von Freunden aus Polen und der
CSSR werden verhindert. „Aktivitäten des L. zur Durchführung der ökumen. Woche" 1981 seien „einzuschränken".
Zum „Nachweis krimineller Handlungen bzw. gesetzwid-
riger Bautätigkeit" sollen „durch die Abt. Feuerwehr und
staatliche Bauaufsicht Kontrollen" durchgeführt werden.

[145] Ebenda, S. 204-206.

„Bei rechtzeitigem Bekanntwerden eventueller Fahrten des L. mit dem Pkw unter Alkoholeinwirkung wird eine Verkehrskontrolle durchgeführt" mit dem Ziel: „Fahrerlaubnisentzug", „Diskreditierung des L. durch Zeitungsnotiz."[146]

„Zur Diskreditierung der L. in der Gemeinde Neuenhagen, beim GKR, bei den Gläubigen und bei den vorgesetzten Dienststellen der L. wird ein fingierter Brief vorbereitet. In diesem Brief, geschrieben an eine offizielle Stelle oder Person, werden Zweifel darüber geäußert, ob durch Gläubige in Holland gesammeltes Geld durch die L. im christlichen Sinn angelegt wird."[147]

So sah es der Operativplan vor. Der Leiter der HA XX/4, Oberstleutnant Wiegand, hatte vorgeschlagen, dass seine Dienststelle diesen Brief vorbereitet. Oberleutnant Richter war verantwortlich für das „Verschicken des Briefes an eine aufzuklärende und einzuweihende Person oder Institution". Dieses habe bis zum 20. April 1981 zu erfolgen.

Die Umsetzung der in diesem Operativplan genannten Maßnahmen und „Etappenziele" haben wir in den folgenden Monaten erlebt. Der Operativplan mutet wie eine Ideenskizze für einen mehrteiligen Film an, bei dem wir als Darsteller vorgesehen waren.

Eines Tages bestellte mich der Bürgermeister, Herr Butzner, ins Rathaus. Vor ihm lag ein Brief, adressiert „an den Gemeinderatsvorsitzenden von Neuenhagen/b. Berlin". Wegen dieser Anschrift sei der Brief an den Rat der Gemeinde ge-

[146] Ebenda, S. 193-203.
[147] Ebenda, S. 201.

langt, erklärte der Bürgermeister. Nur er dürfe „Westpost" öffnen. Der Inhalt ließe aber erkennen, dass der Brief an den Vorsitzenden des Gemeindekirchenrates gerichtet sei. Er habe aber über den Inhalt des Briefes den Rat des Kreises verständigen müssen. Er schob mir diesen Brief zu. Auf der Vorderseite des Umschlags waren zwei bundesdeutsche Briefmarken, der Poststempel war unleserlich. Auf der Rückseite ein Name, „Frauke v. d. Heydt", eine Straße, als Ort: „Amselveen". War dies ein Schreibfehler? Mit der Gemeinde in Amstelveen in Holland hatten wir in diesen Jahren intensive Beziehungen geknüpft. Unsere Freundschaft zum Pfarrerehepaar Annemie und Wim Janssen wurde zu einem Gemeindekontakt ausgebaut. Mit ihrer finanziellen Hilfe konnten wir den beabsichtigten Ausbau des Stallgebäudes auf dem Pfarrgelände zu einem Jugendraum realisieren. In dem Brief, ohne Datumsangabe, ist zu lesen:

„Liebe Freunde,

in den letzten Tagen haben wir zusätzlich zu Aktionen für die 3.Welt und Behinderte auch Geld für Gemeinde Neuenhagen gesammelt. Bei uns besteht groszes Interessiertheit zu erfahren, welche Schwierigkeiten Ihrer Gemeinde vom Staat gemacht werden. Einiges ist mir von Freunden, die im Juni 80 bei Ihnen weilten, angedeutet wurden. Bisher war mir aus Zeitungen und von Bekannten nicht bekannt, dasz Christen in DDR Not leiden. Mir ist unverstanden, dasz wir in unsere Gemeinde für einen Pastor von Ihnen Geld sammeln, da doch DDR zu den reichen Staaten auch im Lebensstil der Welt gehört. Ich bin die Ansicht, dasz wir als Vertreter der reichen Staaten und Kerk Europas mit die Verantwortung für Hunger und Elend in der

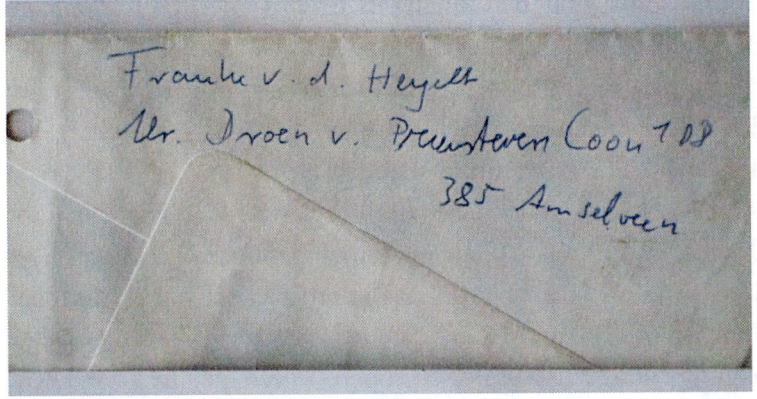

Briefumschlag des von der HA XX/4 geschriebenen Briefes
Privatarchiv D. Linke

3. Welt tragen müssen [...] Ich bete Ihren Gemeindekirchrat an zu fragen und mitzuteilen, ob diese Geld für Ihren Pastor Linke und Neuenhagen noch notwendig sind. Freundliche Grüße Ihre Frauke."[148]

Die Erklärung, die der Bürgermeister zu diesem Brief gab, bedingt durch die Anschrift, schien plausibel. Ich sagte ihm, dass ich diese Angelegenheit klären würde. Ich setzte mich mit meiner Dienststelle, dem Konsistorium, in Verbindung, verständigte die Holländer und bat sie, den Absender zu ermitteln. Die Holländer teilten mir mit, dass diese Person nicht existiere.

Der Generalsuperintendent Schuppan wurde am 13. April im Rat des Bezirkes Frankfurt/O. vom Stellvertreter für Inneres, Herrn Müller, über den Inhalt des Briefes informiert. In einem Bericht der Abt. XX/4 der BV Frankfurt/O. ist zu lesen:

„Schuppan wurde durch Müller darüber informiert, dass an den Rat der Gemeinde Neuenhagen ein Brief gesandt wurde, dessen Inhalt das kirchliche Leben betrifft und das Verhältnis Staat-Kirche in Neuenhagen stark belastet. Der Wortlaut des Briefes wurde durch Gen. Müller vorgetragen. Schuppan ließ erkennen, wie peinlich die Situation für ihn war. Auf den Hinweis des Gen. Müller, dass wir künftig bei der Genehmigung von Auslandsreisen noch differenzierter vorgehen müssten, antwortete Schuppan: 'Wenn es sich so verhält, dann ist es tatsächlich unmöglich.'

---

[148] Ebenda, Bd. IV, S. 10.

Schuppan wurde zur Kenntnis gegeben, dass der Brief an den Pfarrer Linke durch den Rat der Gemeinde übergeben wird und dabei gleichzeitig über den Sachverhalt gesprochen wird. Gleichzeitig wurde Schuppan gebeten, den genannten Sachverhalt im Konsistorium vorzutragen."[149]

Offensichtlich wurde Generalsuperintendent Schuppan über diesen Brief informiert, bevor ich von diesem Brief Kenntnis hatte und bevor ich das Konsistorium unterrichten konnte. So war es vom MfS auch geplant. Im Konsistorium wird am 13. April ein Aktenvermerk gefertigt:

„Herr Müller liest einen Brief aus einer holländ. Gemeinde an den Rat d. Gem. Neuenhagen vor [...]. Der Vorgang wird als 'unliebsam' beurteilt. Generalsuperintendent Schuppan wird gebeten, auf geeignete Weise Pfr. Linke darauf anzusprechen. Aus solchen Vorgängen müssten Konsequenzen für Reisegenehmigungen gezogen werden."[150]

Das Konsistorium hat seinerseits Erkundungen in Holland eingeleitet. Der Absender war nicht feststellbar. Dieses Ergebnis teilte der Generalsuperintendent am 6. Juli dem Stellvertreter für Inneres in Frankfurt/O. mit. In einem Vermerk des Generalsuperintendenten heißt es:

„Schuppan informiert über die Erkundungen in Sachen Brief aus den Niederlanden im Zusammenhang eines Besuches von Pfr. Linke-Neuenhagen. Herr Müller nimmt diese Information entgegen, unterstreicht allerdings in diesem Zusammenhang, Pfr. Linke sei offensichtlich ‚nicht glücklich aufgetreten'."[151]

---

[149] Ebenda, S. 18.
[150] Ev. Konsistorium Berlin-Brandenburg, Personalakte D. Linke.
[151] Privatarchiv D. Linke.

In den Akten lese ich, was hinter den Kulissen geschehen ist. Bevor der Bürgermeister mir den Brief, den die HA XX/4 geschrieben hatte, übergab, war er schon auf diversen anderen Schreibtischen gelandet. Welchen Weg der Brief nahm, entnehme ich einem Vermerk der Abt. XX/4 der BV Franfurt/O. vom 27. März 1981:

Der Bürgermeister – als „irrtümlicher" Empfänger – übergab den Brief der Abt. Inneres beim Rat des Kreises Strausberg. Diese informierte die SED-Kreisleitung und die MfS-Kreisdienststelle Strausberg über den Brief.

Zuständigkeitshalber wurde der Brief an die Abt. Inneres beim Bezirk weitergeleitet. Der Stellvertreter für Inneres informierte den 1. Sekretär der SED-Bezirksleitung und es wurde vorgeschlagen:

„Eine Kopie des Briefes soll an das Staatssekretariat für Kirchenfragen der DDR weitergeleitet werden, damit eine Auswertung durch Gen. Gysi mit dem Bischof Schönherr erfolgt.

Eine Abschrift des Briefes bleibt beim Rat des Bezirkes, Abt. Inneres und soll in einer turnusmäßigen Aussprache mit Generalsuperintendent Schuppan durch den Stellv. Inneres ausgewertet werden.

Der Brief wird offiziell über den Bürgermeister der Gemeinde Neuenhagen an Pfarrer Linke zurückgegeben.

Bemerkungen: Der Verfahrensweg wurde mit der HA XX/4 abgestimmt."[152]

Der Bürgermeister bekam den Brief zurück. Bevor er ihn mir übergab, wurde mit der MfS-Kreisdienstelle Strausberg die

---

[152] BStU, ASt Frankfurt/O., AOP 889/84, Bd. IV, S. 13.

weitere Vorgehensweise abgesprochen. In einem Aktenvermerk der KD Strausberg vom 9. April heißt es:

„Am 8.4.1981 wurde mit dem Bürgermeister von Neuenhagen, Horst Butzner, folgendes zur Übergabe des Briefes aus Holland an den Vorsitzenden des Gemeindekirchenrates festgelegt:
1. Da der Bürgermeister den Vorsitzenden des Gemeindekirchenrates nicht namentlich kennt, wird er das Kirchenratsmitglied [...] aufsuchen und diesen Brief vorlegen. Entsprechend der zu erwartenden Reaktion des [...], dass er nicht der Vorsitzende, sondern der Pfarrer Linke ist, wird er sich entschuldigen mit dem Bemerken, dass er dann diesen Brief dem L. übergeben wird.
2. Danach wird der Bürgermeister mit dem L. telefonisch einen Termin ausmachen und dann entsprechend der Weisung des Rates des Bezirkes den Brief mit den festgelegten Bemerkungen übergeben."[153]

Der von der HA XX/4 initiierte Brief hatte seine Wirkung. Darüber konnte am 21. Mai Karin R. (IM „Giesela") dem Führungsoffizier berichten:

„Barbe erzählte mir, dass sie augenblicklich Schwierigkeiten haben. Sie sind der Meinung, dass versucht wird, sie zu kriminalisieren, um sie dem Schutz der Kirche zu entziehen. [...] Es hat einen anonymen Brief gegeben an den Rat der Gemeinde Neuenhagen [...] Barbe ist der Meinung, dass damit erreicht werden soll, dass sie verunsichert werden, kriminalisiert werden und dass sie letztendlich Ruhe geben werden, dass sie dann irgendwann mal klein beigeben. Sie ist der Meinung, dass sie

---

[153] Ebenda, S. 14.

das bestimmt nicht tun werden. Sie selbst meint, dass sie sich hier auf die Freunde verlassen müsste [...]'"[154]

Entsprechend der Absprache hatte der Bürgermeister das Mitglied des Gemeindekirchenrates, Herrn K., aufgesucht und über den Vorgang informiert. Im November 1981 besuchte Andreas P. (IM „André") die Familie R. in Neuenhagen. Herr R. war ebenfalls Mitglied des Gemeindekirchenrates. Leutnant Jaschke von der HA XX/4 notierte am 25. November aus dem Bericht des IM „André":
„Am 18.11.81 stattete ich der Familie [...] in Neuenhagen einen kurzen Besuch ab. [...] erzählte mir dabei u. a., dass eine Holländerin von einer Patengemeinde einen Brief an den Gemeindekirchenrat geschrieben habe. Herr [...] aus dem Gemeindekirchenrat hätte ihm diesen Sachverhalt unter dem Siegel der Verschwiegenheit erzählt. Der Brief sei als Adressat an den Gemeindekirchenrat gedacht gewesen. Die Briefschreiberin hat die Anschrift offensichtlich so unglücklich formuliert, dass der Brief beim Rat der Gemeinde ankam und dem Bürgermeister zuerst auf den Tisch flatterte. In dem Brief sollen schwere Beschuldigungen gegen Pfr. Linke erhoben worden sein [...]."[155]

Unter dem Siegel der Verschwiegenheit wurden immer neue *Märchen* erfunden und in Neuenhagen weitererzählt. Misstrauen wurde gesät. Fragen wurden laut. An den Beschuldigungen muss doch was dran sein! Gerüchte breiteten sich

[154] Ebenda, S. 28.
[155] BStU, ASt Berlin, AIM 7933/91, Bd. II/I, S. 414.

aus. Das MfS, das den Brief auf den Weg geschickt hatte, konnte sich über diese Wirkung freuen.

Das alles hatte auch Auswirkungen im Konsistorium und in der Kirchenleitung. Der Stellvertreter für Inneres in Frankfurt/O. hatte ja dem Generalsuperintendenten gesagt, bei der Genehmigung von Auslandsreisen müsse man künftig differenzierter vorgehen. Noch am gleichen Tag fertigte das Konsistorium einen Aktenvermerk; Konsequenzen sollten für Reisegenehmigungen aus solchen Vorgängen gezogen werden. In meiner Personalakte finde ich eine Aktennotiz, die der damalige Ökumenereferent, Oberkonsistorialrat Linn, 1982 machte, dass für Pfarrer Linke „eine mehrjährige Pause für Auslandsreisen einzuhalten sei".

Als eine weitere Auswirkung des vom MfS fingierten Briefes ist die Tatsache zu sehen, dass ich 1982 nicht mehr von der Kirchenleitung in den Beirat für Ökumene und Mission berufen wurde. Mein Name stand auf der Kandidatenliste; ich selbst hatte meine Bereitschaft zur weiteren Mitarbeit erklärt. Auf Anfrage teilte mir Oberkonsistorialrat Linn nur kurz mit, „dass eine Wiederwahl meiner Person abgelehnt wurde".

„Bei der Verbindung der L's zu der Holländerin" Annemie Janssen aus Amstelveen sollen „Zersetzungsmaßnahmen durchgeführt werden". Darauf verständigte man sich bei der Absprache in der KD Strausberg im Januar 1981. Der oben genannte Brief sollte diesem Ziel dienen. Erste Auswirkungen erlebten wir im Juni 1981. An der *Ökumenischen Woche*, die wir vom 13. bis 21. Juni durchführten, wollten sieben

Personen aus Holland teilnehmen. Ihre Anträge auf Einreise wurden abgelehnt. Für Annemie Janssen wurde eine Einreisesperre verhängt. Als sie mit ihrem Mann Wim im November 1982 mit einem gültigen Visum am Grenzübergang Berlin-Friedrichstraße stand, wurde beiden die Einreise verweigert. Für Annemie war dies eine schmerzliche Erfahrung.

Als wir nach unserer Ausbürgerung nach West-Berlin im Frühjahr 1984 erwogen hatten, Annemie und ihre Familie in Holland zu besuchen, hatte sie davon abgeraten. Unsere Anwesenheit in Amstelveen als ehemalige Dissidenten der DDR würde nicht verborgen bleiben. Offensichtlich hatte man ihr empfohlen, Ruhe zu bewahren, damit sie eines Tages wieder in die DDR einreisen könne. Wir waren nicht erwünscht. Dies war für uns ein Schock. Die Zersetzungsmaßnahmen des MfS wirkten fort.

Im Februar 1986 konnte Annemie Janssen erstmals wieder in die DDR einreisen.

Ökumenische Woche – Juni 1981

Anknüpfend an die Erfahrungen der Festwoche zur 750-Jahr-feier von Neuenhagen sollte es vom 13. bis 21. Juni 1981 eine Fortsetzung geben: Miteinander leben, miteinander feiern. Der Garten im Pfarrgelände, der inzwischen ausgebaute Stall und die anderen Räumlichkeiten boten dafür gute Voraussetzungen. Gäste aus dem Ausland sollten wieder dabei sein. Über die Vermittlung durch Paul Oestreicher hatten zwei Pfarrer der Anglikanischen Kirche ihr Kommen zugesagt. Auch die Holländer wollten wieder mit einer Gruppe dabei sein. Ein Bildhauer aus Krakow, den wir bei einem Besuch in Polen im Vorjahr kennengelernt hatten, war eingeladen und wollte kommen.

Der Bildhauer Steffen Mertens wollte in dieser Woche ein Kreuz als Relief im Vorraum der Kirche Neuenhagen gestalten. In dem Kreuz begegnen einander zwei Menschen. Das Kreuz, ein Ort der Begegnung, des Zueinanderfindens. Aus dem alten Symbol des Marterpfahls wurde ein Symbol der Hoffnung.

Eine Ausstellung mit Arbeiten des Malers Herbert Seidel war geplant. Der Keramiker Friedrich Stachat aus Fürstenwalde, der den Nachlass von Herbert Seidel verwaltete, hatte seine Zusage gegeben. An einem Abend wollte der Schriftsteller Ulrich Plenzdorf, den wir in unserer Meinsdorfer Zeit kennengelernt hatten, lesen. Mit Jalda Rebling hatten wir einen Abend mit jiddischen Liedern verabredet. Siegfried R. aus Brandenburg wollte wieder handsignierte Plakate mit dem Programm der Woche anfertigen.

Zehn Tage vor Beginn der *Ökumenischen Woche* traf IM „Gisela" Major Antczak in Brandenburg und übergab „das vom Ehemann gefertigte Veranstaltungsplakat". Es seien 99 handsignierte Plakate gefertigt worden. Da es sich um künstlerische Grafik handle, sei bis zur Stückzahl von 99 Exemplaren keine Druckgenehmigung erforderlich.[156]

Die *Ökumenische Woche* fand vom 13.-21.Juni statt. Die Einreise der Gruppe aus Holland und des Gastes aus Polen wurde nicht genehmigt. Wie Vorbereitungen und Durchführung der *Ökumenischen Woche* aus der Sicht des MfS gesehen werden, können wir einem zusammenfassenden Bericht der KD Strausberg entnehmen:

„Inoffiziell konnte in Vorbereitung erarbeitet werden, dass die bearbeiteten Personen diese Woche als eine Aktion der ‚Begegnung' sehen wollen. Die L's erläuterten in diesem Zusammenhang, dass man die sich bietende ‚Einbahnstraße' (DDR-Bürger dürfen nicht ins NSA fahren, NSA-Bürger können in die DDR kommen) nutzen muss, um Kontakte aufzubauen und zu halten.

Im Maßnahmeplan wurden operative Überprüfungsmaßnahmen, Kontroll- und Beobachtungsmaßnahmen festgelegt und organisiert [...].

Die L's entwickelten große Aktivitäten in Vorbereitung der ökumenischen Festwoche. Über die Abt.26 konnte erarbeitet werden, dass der L. ca. 2 Monate vor dieser Festwoche sich das Einverständnis des Konsistoriums eingeholt hatte.

---

[156] BStU, ASt. Frankfurt/O., AOP 889/84, Bd. IV, S. 50.

Zu beachten ist, dass gerade zu dieser Zeit die Diskreditierungsmaßnahmen ('Hollandbrief', Protokoll über ungesetzliche Einreise der BRD-Patengemeinde zu dem L., Bericht der Abt. Inneres über konzentrierte Einreisen) anliefen. Aus den verschiedensten Quellen war zu entnehmen, dass der L. gerade zu diesem Zeitpunkt große Schwierigkeiten mit seiner Kirchenleitung hatte.

Die L's bereiteten die Veranstaltungen zu dieser Woche zielstrebig und konsequent vor [...] Ein Vorbereitungskomitee arbeitete mehrere Wochen am Programm dieser Festwoche [...] In Briefen und Telefongesprächen wurden viele der bisher bekannten Verbindungspersonen der L's auf das Programm aufmerksam gemacht und eingeladen [...].

Die von 7 holländischen Bürgern über verschiedene Bürger Neuenhagens gestellten Anträge auf Einreise wurden durch unsere DE abgelehnt. Die L's waren nach Bekanntwerden der Einreiseverweigerung für die holländischen Bürger schockiert [...]. Es gelang lediglich einem holländischen Ehepaar, an dieser Festwoche teilzunehmen. Des weiteren waren 2 Gäste aus England auf Einladung des Kirchenbundes zur Festwoche in Neuenhagen [...].

Zum Ablauf der ökumenischen Festwoche: Die ökumenische Festwoche hatte 3 Veranstaltungen als Höhepunkte. Diese Veranstaltungen wurden durch IM-Einsatz und Einsatz von Kontaktpersonen besucht und durch die Linie VIII der KD erfolgte zu diesen Zeitpunkten eine durchgehende Beobachtung mit Dokumentation.

An der Eröffnung der ökumenischen Festwoche mit der Ausstellung des Herbert Seidel und dem Eröffnungskonzert nahmen ca. 70 Personen teil [...]. Als ein weiterer Höhepunkt ist die Schriftstellerlesung mit Ulrich Plenzdorf anzusehen [...].

Als letzter Höhepunkt war der Gemeindekirchentag am 21.06.81 anzusehen. Es fanden dort ein Gottesdienst, ein Gartenfest mit Bastelstraße für Kinder, Kutschfahrten und Kaffeetafeln statt. Insgesamt waren ca. 300 Teilnehmer festzustellen. Da diese Veranstaltung für jeden etwas bot, fand sie auch großen Anklang.

Zusammenfassende Einschätzung der Wirksamkeit dieser Woche:

Es kann eingeschätzt werden, dass die im S-Bahnbereich des Kreises Strausberg amtierenden Pfarrer abgestimmt ihre Aktivitäten verstärken. So konnte ermittelt werden, dass die ökumenische Festwoche durch die L's organisiert wurde und von den Pfarrern Klose (Eggersdorf), Sept-Hubrich (Fredersdorf), Rütenick (Petershagen) unterstützt wurde [...]. So ist schon heute festzustellen, dass die bei dem L. zur Festwoche eingeladenen ausländischen Gäste, besonders Holländer und Engländer, auch Kontakte zu den Gemeinden Petershagen, Eggersdorf und Fredersdorf geknüpft haben. Besonders nach der Festwoche war zu verzeichnen, dass besonders Jugendliche postalische Verbindung zu diesen Gästen aufgenommen haben [...].

Die L's haben die Absicht, diese jährliche ökumenische Festwoche als eine 'Woche der Begegnung' zu deklarieren. Offensichtlich will er erreichen, dass die Kontakttätigkeit sprunghaft und dauerhaft erhöht wird. Dieses Ziel wurde, so kann jetzt schon eingeschätzt werden, bereits erreicht. Dabei spielt besonders die Kontakttätigkeit unter den Jugendlichen eine besondere Rolle.

Durch gezielte Maßnahmen, entsprechend einer zu erarbeitenden Ergänzung zum Operativplan zum OV ‚Kreuz', ist besonders der verstärkten organisierten Kontakttätigkeit sowie der koordinierten abgestimmten Zusammenarbeit der genannten Pfarrer entgegenzuwirken. Hier sind vorbeugende Maßnahmen zur Einschränkung der verstärkten Kontakttätigkeit und Maßnahmen zur Zersetzung des Zusammenwirkens dieser Pfarrer durchzusetzen."[157]

[157] BStU, ASt. Frankfurt/O., AOP 889/84, Bd. I, S. 225-229.

Frieden schaffen ohne Waffen – Ein Aufkleber und seine Wirkung

Die stärker werdende Militarisierung des gesellschaftlichen Lebens und die Vereinnahmung und Bevormundung des Einzelnen durch die offizielle Friedenspolitik der DDR lösten Protest und einen Prozess des Suchens nach alternativen Wegen aus. An den Schulen wurde im Herbst 1978 in der neunten und zehnten Klasse das Fach Wehrkunde eingeführt. Zu diesem Zeitpunkt war die vormilitärische Erziehung ein integraler Bestandteil der Erziehung, vom Kindergarten an, durchgängig in allen Fächern und Klassen. Einzelne, die betroffen und beunruhigt waren, taten sich zusammen. So entstanden die ersten Friedensgruppen, vor allem unter dem Dach der Kirchen. Seit unserem Dienstbeginn in Neuenhagen wurden Barbe und ich immer stärker zum Handeln herausgefordert durch die Auseinandersetzung in der Friedensfrage.

Superintendent Rißmann erreichte eine Anfrage aus der Markus-Gemeinde in Berlin-Steglitz (West-Berlin), ob er ihnen eine Kirchengemeinde nennen könne für einen Gemeindekontakt. Der Superintendent gab diese Anfrage an uns weiter. So lernten wir den Vorsitzenden des Gemeindekirchenrates dieser Gemeinde, Bodo Gotthardt, kennen. Bald besuchten uns auch Mitarbeiter aus dem dortigen Friedenskreis in Neuenhagen. Zur Friedensdekade im November 1981 brachte einer aus dem Friedenskreis einen Aufkleber mit: *Frieden schaffen – ohne Waffen.* Mit diesen vier Worten wurde umschrieben, was uns so stark bewegte. Die zunehmende Auf-rüstung in Ost und West und die militärische Erziehung in vielen Bereichen in unserem Land beunruhigten uns und viele Gemeindeglieder. Ich klebte die Losung *Frieden schaffen – ohne Waffen* ans Fenster meines Arbeitszimmers, das zur Straße ging. Wer näher herantrat, sah eine Kanone, deren Rohr durch einen Knoten untauglich gemacht wurde. Damals ahnte ich noch nicht, dass dieser kleine Aufkleber so große Wirkungen haben würde. Wenige Wochen danach hing über dem Eingangsportal der gegenüberliegenden Schule ein großes Transparent aus rotem Fahnentuch mit der Aufschrift: „Frieden schaffen gegen Nato-Waffen".

Am 18. November 1981 schreibt der Bürgermeister an den Ratsvorsitzenden in Strausberg:

„Meine Feststellungen haben ergeben, dass im Kirchengebäude, Wohnhaus des Pfarrers, große Aktivitäten angekündigt wurden und werden, z. B. leuchtende Plakate in den Fenstern: ‚Frieden schaffen – ohne Waffen' […]"[158]

Wenige Monate danach sind mehrere Dienststellen wegen des Aufklebers aktiv. Am 26. März 1982 schreibt der Leiter der MfS-Kreisdienststelle Strausberg:

„Am 25.03.1982 gegen 9.30 Uhr wurde durch den ABV Gräber während seiner Streifentätigkeit in Neuenhagen festgestellt, dass in einem Fenster des Pfarrhauses des evangelischen Pfarrers Linke, Dietmar eine Losung mit pazifistischem Inhalt angebracht ist. Die eigene Überprüfung durch den Genossen Hauptmann Richter ergab die Richtigkeit der Information des

---

[158] Ebenda, Bd. IV, S. 105.

ABV [...] Von diesem Sachverhalt wurde am 25.03.1982 der Stellvertretende Leiter der Abteilung XX, Gen. Major Heydel, verständigt. Durch das VPKA wurde entsprechend der bestehenden Weisungen eine Sofortmeldung an die BdVP abgesetzt.

Am 25.03.1982 wurde durch den Leiter der Abteilung XX, Gen. Oberstltn. Böttcher, mitgeteilt, nach Absprache mit der HA XX durch einen befähigten Mitarbeiter des Staatsorgans (Bürgermeister oder Mitarbeiter Kirchenfragen beim Rat des Kreises) ein Gespräch mit dem Linke zu führen, mit dem Ziel, die Entfernung dieser Losung und Übergabe. [...]

Am 26.3.1982 wurde ich vom Stellvertreter Operativ, Gen. Oberst Radziey, im Auftrage des Leiters der HA XX, Genossen Generalmajor Kienberg, angewiesen, die vorgesehenen Maßnahmen [...] am heutigen Tage einzuleiten. Der Referent für Kirchenfragen, Genosse Walter Schröder, wurde daraufhin durch mich angewiesen, diese Maßnahmen durchzuführen. Dafür erhielt er für sein Vorgehen die erforderlichen taktischen Hinweise."[159]

Der Referent für Kirchenfragen aus Strausberg, Herr Schröder (GMS „Fritz Müller"), erschien am 29. März 1982 im Pfarrhaus, wie immer ohne telefonische Voranmeldung. Ich bat ihn in mein Arbeitszimmer. Herr Schröder brachte sein Anliegen vor, ich möge den Aufkleber am Fenster entfernen. Diese Losung diene nicht der Sicherung des Friedens, sondern fordere zur Passivität auf und würde die Wehrbereitschaft untergraben. Ich versuchte ihm meine Position

---

[159] Ebenda, S. 278 f.

in der Friedensfrage zu verdeutlichen. Über dieses Gespräch schreibt der Besucher einen Bericht, in dem es am Ende heißt: „Es wurde mehrmals versucht ihn konkret anzusprechen, dass er freiwillig die Losung abnimmt, aber er wiederholte immer wieder, er stehe hinter dieser Aussage; es solle ein Beitrag sein zur Abrüstung [...]."[160]

Der Aufkleber „Frieden schaffen − ohne Waffen" blieb am Fenster hängen.

---

[160] Ebenda, S. 280 f.

Verunsicherung des Gemeindekirchenrates

Unser Engagement in der Friedensarbeit löste eine Intensivierung der „operativen Bearbeitung" durch das MfS aus. Mehrfach wurde in diesen Monaten festgestellt, „dass die bearbeiteten Personen eine entscheidende Rolle im Rahmen der Aktivitäten der evangelischen Kirche bei der pazifistischen Friedensbewegung spielen". Auf allen Ebenen sollten „Widersprüche und Konflikte" vertieft, „Komprimenten zur Diskreditierung der L's" geschaffen werden. In diesem Zusammenhang kam auch der Gemeindekirchenrat, das Leitungsorgan der Kirchengemeinde, ins Blickfeld des MfS. Im Bericht über eine Beratung am 11. April 1980 heißt es:

„Von Seiten der KD werde der Gemeindekirchenrat noch einmal exakt überprüft, um alle sich bietenden Möglichkeiten, Widersprüche und Konflikte zu schüren und auszunutzen."[161]

Am 21. November 1980 hatte sich Michael G., ein ehemaliger Kommilitone aus meiner Studienzeit, verpflichtet, künftig als IM „Christian" mit dem MfS zusammenzuarbeiten. Die KD Strausberg wollte seinen Einsatz „zur Lösung von Teilaufgaben bei der Bearbeitung des OV ‚Kreuz'" nutzen.[162] Michael G. (IM „Christian") arbeitete seit 1975 im Landwirtschaftlichen Instandsetzungswerk (LIW), wohnte mit seiner Familie in Neuenhagen und

---

[161] Ebenda, Bd. I, S. 133.
[162] BStU, ASt Frankfurt/O., AIM 2029/89, Bd. I/I, 117-120.

konnte sich Informationen über unsere Arbeit in der Kirchengemeinde verschaffen.

Im Herbst 1980 hatten Wahlen zum Gemeindekirchenrat stattgefunden. Am Tag seiner Verpflichtung zur Zusammenarbeit mit dem MfS analysiert IM „Christian" das Wahlergebnis: „Der Pfarrer Linke befindet sich in einer ungünstigen Situation. Mit der Wahl der Gemeindekirchenratsmitglieder hat sich die Situation im Kirchenrat für ihn ungünstig verändert."[163] Bei dieser Begegnung wurde herausgearbeitet, wer von den Mitgliedern des Gemeindekirchenrates (GKR) ein gespanntes und wer ein freundschaftliches Verhältnis zu Pfarrer Linke hat.

Wie oben geschildert, löste der fingierte Brief aus Holland vom Frühjahr 1981 zwischen einigen Mitgliedern des GKR und mir Misstrauen aus. Am 18. November 1981 schrieb der Bürgermeister dem Ratsvorsitzenden in Strausberg:

Ich „möchte Ihnen mitteilen, dass ich inzwischen ein ausführliches Gespräch mit einem Gemeindekirchenratsmitglied geführt habe. Bei diesem Gespräch, das sehr offen geführt wurde, wurde mir bestätigt, dass es zwischen einigen Gemeindekirchenratsmitgliedern und Pfarrer Linke Spannungen gibt [...]. Mir wurden die Gemeindekirchenratsmitglieder bei der Aussprache namentlich genannt, welche die Haltung des Pfarrers nicht teilen. Ich werde versuchen, noch in dieser Woche, die Gespräche mit diesen Gemeindekirchenratsmitgliedern zu führen [...]."[164]

---

[163] BStU, ASt Frankfurt/O., AIM 2029/89, Bd. I/I, S. 136.
[164] BStU, ASt Frankfurt/O., AOP 889/84, Bd. IV, S. 105.

Als ich von diesen Gesprächen, die der Bürgermeister mit einzelnen Mitgliedern des Gemeindekirchenrates geführt hatte, erfuhr, schrieb ich im Juni 1982 in einem Brief an die Kirchenleitung:

„In den letzten beiden Monaten zeichnet es sich ab, dass Vertreter des GKR einzeln zu Gesprächen mit staatlichen Vertretern vorgeladen werden.

- Am 8. April wurde Herr K. kurzfristig zu einem Gespräch in den Rat des Kreises bestellt. Bei diesem Gespräch waren der Sekretär für Kirchenfragen vom Rat des Kreises Strausberg und der entsprechende Vertreter vom Rat des Bezirkes Frankfurt/O. anwesend. Es ging um die aktuellen Auseinandersetzungen in der Friedensfrage. Es wurde unter anderem festgestellt, dass mit Pfr. Linke ‚kein Gespräch möglich sei‘.

- Herr Dr. B. (Zahnarzt in Altlandsberg) wurde Ende April zu einem Gespräch beim Bürgermeister in Neuenhagen eingeladen. Es ging um die gleichen Fragen. Diesem Gespräch schloss sich allerdings Mitte Mai eine Begegnung mit Vertretern des Staatssicherheitsdienstes an. Angekündigt wurde dieses Gespräch dadurch, dass Herr Dr. B. sich nach Dienstschluss in der Dienststelle für ein Gespräch mit dem ärztlichen Direktor bereithalten möge. Anstelle dessen kamen zwei Herren des MfS. Sie machten Dr. B. deutlich, dass ein Gespräch zwischen dem GKR und den staatlichen Stellen nicht möglich sei. Sie informierten sich über die Arbeit in der Gemeinde und im GKR. Es kam zu Äußerungen über die Friedensinitiativen der Kirchen, unter anderem über den Berliner Appell. Ein weiteres Gespräch wurde in Aussicht gestellt.

- Herr Dr. O. (Dozent an der Humboldt-Univ.) hat eine Gesprächsvorladung zum Bürgermeister für den 17. Juni 82.

Diese Gespräche zeigen, hier wird der Versuch unternommen, den GKR zu spalten und Einzelne gegen den Vorsitzenden zu aktivieren. Es ist von den Einzelnen nicht zu überblicken, welche Konsequenzen diese Gespräche für ihre berufliche Ebene haben. Die Tatsache, dass sich hier der Staatssicherheitsdienst in aller Offenheit eingeschaltet hat, ist alarmierend. Auch die Tatsache, dass mit offenen Angriffen die Gemeindearbeit beeinträchtigt wird, kann nicht ohne eine Reaktion hingenommen werden."[165]

Im Maßnahmeplan zum OV „Kreuz" vom 30. April 1982 wird als eine Zielstellung genannt: „Zersetzung und Schaffung von Unsicherheiten im Gemeindekirchenrat. Dabei soll die Arbeitsfähigkeit des GKR eingeschränkt und die Mitglieder Zweifel hegen an der rein kirchlich-seelsorgerischen Tätigkeit der L's." Weiter heißt es: „Es erfolgen systematische Aussprachen mit allen Mitgliedern des Gemeindekirchenrates mit dem Ziel: Schaffung von Unruhe und Unsicherheit im GKR, Schaffung und Vertiefung von bestehenden Spannungen, Stärkung der Position der gegen L's eingestellten GKR-Mitglieder." In diesem Maßnahmeplan wurde festgelegt, wer mit wem das Gespräch führen wird. Neben dem Bürgermeister werden der Referent für Kirchenfragen und Mitarbeiter des MfS benannt. „Die [...], als verfestigtes und dem L. bedingungslos unterworfenes GKR-

---

[165] Privatarchiv D. Linke.

Mitglied, wird nicht vorgeladen. Damit ist der L. weiter zu verunsichern und bei ihm Misstrauen gegen die [...] zu erreichen."[166]

Nach dem Besuch der beiden MfS-Mitarbeiter Ende April in der Zahnarztpraxis in Altlandsberg kam Dr. B. ganz erregt ins Pfarrhaus und berichtete Barbe und mir von dieser ungewöhnlichen Begegnung. Zum 17. Juni 1982 wurde Dr. O. zum Bürgermeister bestellt. Auf mein Anraten hin bat er den Superintendenten, ihn zu begleiten. Der Bürgermeister, Herr Butzner, sandte seinen Bericht über dieses Gespräch an den Stellvertreter für Inneres beim Rat des Kreises, den dieser an den Stellvertreter für Inneres beim Bezirk, weiterleitete:

„In Abstimmung mit den zuständigen Stellen wurden die individuellen Gespräche mit den Mitgliedern des Gemeindekirchenrates Neuenhagen-Dahlwitz mit dem Ziel fortgesetzt, dass sie die Wahrheit über Aktivitäten ihres Gemeindepfarrers und Vorsitzenden Linke erfahren [...].

Zu dem Gespräch mit Dr. [...]: Zu diesem Gespräch hat sich Dr. [...] den Superintendenten, Herrn Rißmann, mitgebracht [...] Rißmann stellte die Frage, auf welcher gesetzlichen Grundlage und mit welchem Ziel der Bürgermeister mit einzelnen Kirchenratsmitgliedern Gespräche führt und nicht mit dem GKR bzw. dem Vorsitzenden. Dazu einige Stichworte:

– Linke versucht, den Bürgermeister nicht zu akzeptieren, weil dieser Marxist ist. Der Vorsitzende, Pfarrer Linke, vertritt die Auffassung: Wenn der Bürgermeister was will, soll er doch zum GKR kommen.

---

[166] BStU, ASt Frankfurt/O., AOP 889/84, Bd. I, S. 253-258.

– Da mehrmals festgestellt wurde, dass Kirchenratsmitglieder falsch oder gar nicht über wichtige Probleme informiert waren, ist es gegenwärtig seine Pflicht und das Recht, sich zu informieren, ob die durchgeführte Brandschutzüberprüfung im Kirchenrat ausgewertet wurde. Hierbei geht es um das Leben und die Sicherheit der Bürger. Anhand von Beispielen wurde aufgezeigt, dass sich der Bürgermeister nicht sicher ist, ob Pfarrer Linke die Kontrolle im Kirchenrat auswertete (Brief aus Holland, [...], Verstöße gegen Gesetzesnormen)."[167]

Das gewünschte Ergebnis dieses Differenzierungsprozesses wurde nicht erreicht. Zwar wurden Misstrauen gesät und einzelne Mitglieder gegen andere ausgespielt, aber darüber zerbrach nicht der GKR. Bei der Beratung der KD Strausberg am 10. August 1982 wurde deshalb eine neue Strategie entwickelt: „Der Zersetzungs- und Differenzierungsprozess muss von innen heraus geführt werden und darf nicht von außen, von Partei- und Staatsorganen, realisiert werden, weil das offensichtlich wird und Gegenmaßnahmen hervorruft. So muss z. B. davon ausgegangen werden, dass die offensiv geführten Gespräche mit Gemeindekirchenratsmitgliedern ausgewertet wurden und somit weniger zur Differenzierung als mehr zum Zusammenschluss führten. Es sollte eine Orientierung darauf erfolgen, das schwächste Glied aus dem Gemeindekirchenrat zu filtrieren und mit diesem legendiert zu arbeiten."[168]

Am 25. August 1982 schreibt der Führungsoffizier nach einem Treff mit IM „Christian":

[167] Brandenburgisches Landeshauptarchiv, Rep. 601, 23495.
[168] BStU, ASt Frankfurt/O., AOP 889/84, Bd. I, S. 260.

„Die durch die staatlichen Organe (Rat der Gemeinde Neuenhagen) durchgeführten Maßnahmen zum Gemeindekirchenrat Neuenhagen wurden unter kirchlich gebundenen Personen bekannt. Es handelt sich dabei um die mit einzelnen Mitgliedern geführten Aussprachen durch den Rat der Gemeinde. Obwohl es im Gemeindekirchenrat unterschiedliche Auffassungen zur Tätigkeit des Pfarrers Linke gibt, haben die Maßnahmen jedoch zu einer Konsolidierung seiner Position im GKR geführt. Faktisch stellt sich gegenwärtig der GKR vor den Pfarrer."[169]

In einer „Einschätzung der Kampfaufgabe OV ‚Kreuz'" stellt die KD Strausberg Anfang 1983 fest:

„Das Herausbrechen von Personen aus seinem bisherigen Umgangskreis (vorrangig GKR) blieb trotz 3er Versuche erfolglos, da trotz bestehender Unstimmigkeiten doch eine gewisse Übereinstimmung vorhanden ist (Angesprochene offenbaren sich gegenüber L.)."[170]

[169] BStU, ASt Frankfurt/O., AIM 2029/89, Bd. II/I, S. 85.
[170] BStU, ASt Frankfurt/O., AOP 889/84, Bd. II, S. 123.

Brandschutzkontrolle

Es war kein Geheimnis, dass wir einen Teil der großen Pfarrscheune als Club- und Jugendraum ausbauten. Für dieses
Bauvorhaben hätte es keine Baukapazitäten und auch keine
Genehmigung gegeben. Gemeinsam mit Freunden und Gemeindegliedern machten wir uns ans Werk, befreiten den
Stall vom Müll der letzten Jahrzehnte, rissen die Futter-
krippen ab, zogen Trennwände und einen Schornstein, beto-
nierten den Fußboden. Bei den Maurerarbeiten halfen Handwerker und Freunde aus Berlin. Den Kamin und den Heiß-
luftofen setzte ein Fachmann. Mehrere Monate drehte sich
fast an jedem Wochenende der Betonmischer auf unserem
Hof und in der Küche wurde für alle Helfer das Mittagessen
bereitet. Zwischendurch musste Material beschafft werden.
So entstanden im ehemaligen Stall ein großer, gemütlicher
Raum mit Kamin, eine kleine Küche und ein Duschbad mit
WC, außerdem zwei einfache Schlafkammern.
Im Zwischenbericht der MfS-Kreisdienststelle Strausberg
vom April 1980 ist zu lesen: „L. versucht, bis zum Juni 1980
einige Baumaßnahmen zu realisieren [...]. Gegenwärtig wird
geprüft, ob entsprechende Baugenehmigungen für derartige
Umbauten vorliegen." [171] Im Januar 1981 wird angeregt,
durch die KD Strausberg Maßnahmen einzuleiten, „um die
Bautätigkeit des L. unter dem Gesichtspunkt eventueller
krimineller Handlungen" anzugehen.[172]

---

[171] Ebenda, Bd. I, S. 129.
[172] Ebenda, S. 206.

Im April 1982 ist im Maßnahmeplan der KD Strausberg zu lesen:

„Zur weiteren Diskreditierung wird die Bautätigkeit des L. auf eventuelle Manipulationen, Betrugshandlungen und bautechnische Unzulänglichkeiten untersucht. Dazu erfolgt eine Brandschutzkontrolle mit folgender Zielstellung: Feststellung von Verstößen gegen Brandschutzordnung und Erteilung von Auflagen und Ordnungsstrafen, Feststellung von Unzulänglichkeiten an der Gasheizung im Gemeinderaum, Feststellung von Verstößen gegen Bauvorschriften als Grundlage für eine Kontrolle durch die staatliche Bauaufsicht usw. Infolge der festgestellten Mängel erfolgt eine Auswertung der Brandschutzkontrolle im ‚Neuen Tag'."[173]

Um ein Wohnobjekt zu erkunden und um Unzulänglichkeiten zu entdecken, die eine Grundlage für eine „Kriminalisierung" sein könnten, bietet sich eine Brandschutzkontrolle an. Für diese wurde IMS „Paul Wende" gewonnen, der als Oberreferent für Brandschutz beim Rat des Kreises tätig war. Am 30. April 1982 erschienen zwei Herren an der Haustür des Pfarrhauses; sie wollten eine Brandschutzkontrolle durchführen. Da sie sich nicht angemeldet hatten und ich terminlich gebunden war, vereinbarten wir einen neuen Termin für den 6. Mai. IMS „Paul Wende" schreibt:

„Hier wurden Verstöße gegen den Brandschutz festgestellt (anbei das Auflagenprotokoll). Weitere Verstöße gab es gegen die Bauordnung. Von L. wurde ein altes Stallgebäude ausgebaut (1 Küche und ein großes Zimmer, für ca. 60 Personen bei

---

[173] Ebenda, S. 253-258.

Bestuhlung), ohne vorliegende Baugenehmigung durch den örtlichen Rat. [...]

Wie im Auflagenprotokoll zu ersehen, konnten keine Genehmigungen für die genannten Anlagen erbracht werden Er will sie am 24.5.82 vorzeigen [...]. Die Auflagen wurden dem Bürgermeister am 10.5.82 übergeben und von dort am gleichen Tag dem Gemeindekirchenrat zugesandt. L. hat innerhalb von 10 Tagen dem Bürgermeister über seine eingeleiteten Maßnahmen zur Beseitigung der Mängel zu berichten [...]."[174]

Am 10. Mai erhielt ich vom Rat der Gemeinde den Mängelkatalog übersandt. Ich antwortete fristgemäß und gab einen Zwischenbescheid. Weitere Nachkontrollen erfolgten. Ich war bemüht, die Auflagen abzuarbeiten.

Am 25. August wurde beim Treff des Führungsoffiziers, Hauptmann Schmidt, mit IM „Christian" über die Kontrolle der Baumaßnahmen gesprochen. Im Bericht ist zu lesen:

„Im Hinblick auf die erfolgte Kontrolle der Baumaßnahmen erscheint auch keine Wirksamkeit erreicht worden zu sein. L. musste 400,- M Strafe zahlen [..] Der IM ist selbst der Meinung, dass L. politisch nicht zu fassen ist, sondern höchstens über den Weg der ‚Kriminalisierung' (Ausdruck des IM). Dazu sieht er die Probleme: Fahrerlaubnis, Baugeschehen, Landmanipulation als durchaus wirksame Mittel an [...]."[175]

Natürlich hatten mich die Kontrollmaßnahmen in Nervosität versetzt, zumal ich spürte, dass man Fakten suchte, um mich und meine Arbeit zu diskreditieren. „Kriminalisieren" nennt

---

[174] Ebenda, Bd. V, S. 26-28; auch BStU, ASt Frankfurt/O., AIM, V/768/74, Bd. II/I, S. 343-345.

[175] BStU, ASt Frankfurt/O., AIM 2029/89, Bd. II/I, S. 86 f.

es das MfS. Ich spürte auch, dass der Bürgermeister daran ein großes Interesse hatte. Gern hätte man der Öffentlichkeit in der Presse etwas präsentiert von den „kriminellen" Handlungen des Pfarrers. Das war nicht möglich. Manches im Baugeschehen konnte man in der DDR nur umsetzen, wenn man sich in diese Grauzone begab: Wir hätten nie eine Baugenehmigung erhalten, weder Material noch Baukapazitäten für dieses Bauvorhaben bekommen. In diesen Jahren haben wir an der Kirche, im Pfarrhaus und auf zwei gemeindeeigenen Friedhöfen Gebäude saniert und vieles realisieren können. Immer gab es auch Menschen, die bereit waren, mit anzupacken.

Am 6. Januar 1983 zog die Abt. XX/7 der BV Frankfurt/O. im Hinblick auf die eingeleiteten Maßnahmen zu dem Baugeschehen Bilanz: „Wirkung ist da, Verunsicherung. L. beschafft sich Bauunterlagen nachträglich. Da Maßnahmen nicht konsequent weiter durchführbar, ist die Wirkung gering."[176]

[176] BStU, ASt Frankfurt/O., AOP 889/84, Bd. I, S. 282.

„Missbrauch des Kirchenlandes"

Hinter dem großen Pfarrgarten erstreckt sich eine weit-
räumige Fläche Ackerland, das der Kirchengemeinde Neuenhagen gehört. Der größte Teil wurde von der LPG bewirt-
schaftet. Kleinere Flächen am Rande, die nach dem Krieg
noch von privaten Pächtern mit Gemüse bebaut wurden,
lagen brach. Auf ihnen häuften sich Müll und Unrat. Als
Kirchengemeinde wurden wir immer häufiger von Berlinern,
die vor allem in dem Neubaugebiet Marzahn wohnten, angefragt, ob wir Gartenland für Wochenendgrundstücke ver-
pachten würden. Im Gemeindekirchenrat entschieden wir,
nach Rücksprache mit dem Konsistorium, die brachliegenden Flächen zu parzellieren. Den Bürgermeister hatte ich
1979 frühzeitig darüber informiert. Einerseits würde dieses
Gelände einer Nutzung zugeführt, andererseits würden die
Müllflächen aus dem Ortsbild verschwinden. Der Bürgermeister brachte keine Einwände vor. Die Pächter erklärten
sich damit einverstanden, selbst die Flächen herzurichten.
Mit großer Energie gingen sie ans Werk. Bald wuchsen auf
den Parzellen die ersten Obstbäume und die Pächter errich-
teten Sommerunterkünfte, die vom Rat der Gemeinde genehmigt worden waren. Im folgenden Jahr sollten weitere
Flächen urbar gemacht werden. Mit den Pächtern schritt ich
das Gelände ab, es wurde vermessen und ich erlebte, mit wie
viel Fantasie Pläne geschmiedet wurden.
Im Frühjahr 1982 erfuhren wir, dass der Rat der Gemeinde
die weitere Parzellierung verhindern wollte. Als die Pächter
Anträge für die Errichtung von Unterkünften einreichten,

teilte man ihnen mit, dass die Pachtverträge, die der Gemeindekirchenrat mit ihnen geschlossen hatte und die vom Konsistorium genehmigt worden waren, ungültig seien. Die Pächter waren irritiert und ich war wieder herausgefordert zum Reagieren.

Was hatte die Veränderung im Verhalten der Kommune verursacht? In den Akten des OV „Kreuz" steht die Antwort. IM „Christian" hatte beim Treff mit seinem Führungsoffizier am 27. Oktober 1981 diesen auf die Vorgänge aufmerksam gemacht. Der Führungsoffizier schreibt im Treffbericht: „Pfarrer Linke hat sich in der letzten Zeit stark bemüht, kircheneigenes Land in Grundstücke aufzuteilen, um dieses Land aufzusiedeln [...]. Da Interesse für Land bei der Neuenhagener Bevölkerung kaum vorhanden ist, soll es sich bei zukünftigen Pächtern vor allem um Berliner Bürger handeln [...]. Durch den IM wurde der Hinweis gegeben, dass derartige Parzellierungen beim Katasteramt genehmigungspflichtig sind, einschließlich des zu erhebenden Pachtzinses. Demzufolge müsse das Problem überprüfbar sein." Folgende Maßnahmen werden vom Führungsoffizier vorgeschlagen: „Einsatz des GMS ‚Fritz Müller' über Oltn. Richter zur Klärung: Welches Kirchenland hat Linke konkret zur Verfügung? Gibt es einen Antrag auf Parzellierung? Welcher Verfahrensweg? Antrag auf Pachtzins? Gibt es beim Rat der Gemeinde Nhg. bzw. Rat des Kreises Anträge für Bungalowbauten zu diesem Gelände – wenn ja, wer?"[177]

Das MfS ermittelte und entschied, dass weitere Aktivitäten bei der Parzellierung zu verhindern seien. Ich bemühte mich

---

[177] BStU, ASt Frankfurt/O., AIM 2029/89, Bd. II/I, S. 56 f.

um Klärung. Gespräche fanden statt. Gesprächspartner im Rat der Gemeinde war der stellvertretende Bürgermeister, Herr Göricke (IMS „Stern"). Er berichtete unmittelbar danach seinem Führungsoffizier. Eine Durchschrift des Berichtes übergab der Führungsoffizier jeweils dem Bearbeiter des OV „Kreuz" zur Auswertung.[178]

Als die Gespräche mit dem Rat der Gemeinde nicht weiterführten, bat ich, dass ein kompetenter Vertreter vom Rat des Kreises daran teilnehmen möge. Dieses Gespräch fand am 11. August 1982 statt, zu dem der Stellvertreter für Landwirtschaft vom Rat des Kreises, Herr Nocke, erschien. Er teilte mit, dass es sich bei diesem Land um landwirtschaftliche Nutzfläche handele, das daher nicht für Erholungsgrundstücke vergeben werden dürfe. Mein Argument, dass es sich einerseits um eine Fläche handele, die dem Kiesabbau gedient habe und andererseits seit Jahren darauf Müll abgeladen würde und man daher nicht mehr von einer landwirtschaftlichen Nutzfläche sprechen könne, fand kein offenes Ohr. Mir wurde der Vorschlag unterbreitet, über dieses Land einen Nutzungsvertrag mit dem Rat der Gemeinde abzuschließen, der es dem VKSK[179] übertragen würde. Dabei würden die künftigen Pächter vom VKSK bestimmt werden. Auf diesen Vorschlag ging ich nicht ein, schließlich hatten wir bereits gültige Pachtverträge geschlossen.

Zwei Tage danach führte Leutnant Deutsch einen „Sondertreff" mit dem stellvertretenden Bürgermeister (IMS „Stern") durch und ließ sich über das Gespräch berichten. Der

---

[178] BStU, ASt Frankfurt/O., AIM 2039/89, Bd. II/II, S. 221-223.
[179] VKSK: Verband der Kleingärtner, Siedler und Kleintierzüchter.

Leutnant schreibt am Ende seines Treffberichts als Auftrag: „Blockierung aller weiterer Maßnahmen des L., die auf Verpachtung des Landes seinen Vorstellungen entsprechend hindeuten."[180]

Da sich in den bisherigen Gesprächen kein Einlenken abzeichnete, bat ich Oberkonsistorialrat Pettelkau als Jurist am Gespräch am 9. September 1982 teilzunehmen. Vom Rat des Kreises erschien der Sektorenleiter für Pflanzenproduktion und vom Rat der Gemeinde die Ratsmitglieder Mertens (KP „Jutta") und Ritter. Herr Pettelkau erklärte, es sei für uns eine Grundsatzfrage. „Wir möchten nicht mit dem VKSK Verträge abschließen, weil wir wissen, dass wir nie aus diesen Verträgen herauskommen."[181] Wir würden uns an die bestehenden Verträge gebunden fühlen. In einem Brief vom 17. September an den Rat des Kreises Strausberg unterstrich Herr Pettelkau noch einmal, basierend auf der geltenden Rechtslage, unsere Position.[182] Doch auch diese Bemühungen führten zu keinem Ergebnis.

Nach der Erkenntnis des MfS sei dem ganzen Vorgang größere Bedeutung beizumessen. So schreibt die Abt. IV am 3. Dezember in einer Information: „Durch Genossen des Rates der Gemeinde sowie der Ortsparteileitung wird eingeschätzt, dass der L. sich bei der Verwirklichung dieser Maßnahme die Möglichkeit schafft, ‚treue Mitglieder' [...] zu konzentrieren und in ein Abhängigkeitsverhältnis zu bringen."[183]

---

[180] BStU, ASt. Frankfurt/O., AIM 2039/89, Bd. II/II, S. 230 f.
[181] BStU, ASt Frankfurt/O., AOP 889/84, Bd. VI, S. 32 f.
[182] Ebenda, S. 39-41.
[183] Ebenda, Bd. V, S. 162.

Eine solche Konzentration „treuer Mitglieder" sei mit allen Mitteln zu verhindern.

Diese Verhinderung bewirkte, dass eine weitere Nutzbarmachung der brachliegenden Flächen gestoppt wurde. Bis zur *Wende* 1989 blieben die Flächen als wilde Mülldeponie erhalten.

Verhinderung der Teilnahme an der Beerdigung von Robert Havemann

Am Karfreitag 1982 erhielt ich die Nachricht, dass Robert Havemann gestorben ist. Bilder tauchten aus der Erinnerung auf an die Vorlesungen, die Havemann im Wintersemester 1963/1964 gehalten hatte. Ich hatte gerade mit dem Theologie-Studium an der Humboldt-Universität begonnen und wurde von einem Freund auf Havemann aufmerksam gemacht. Die Vorlesungsreihe behandelte „naturwissenschaftliche Aspekte philosophischer Probleme". Studenten der verschiedensten Fakultäten waren Hörer in dem überfüllten Hörsaal. Wegen des Andrangs war es häufig unmöglich, in den Hörsaal zu gelangen, aber unter uns kursierten Abschriften seiner Vorlesungen. Da wagte einer anders zu reden, als wir es sonst gewohnt waren. Fehlentwicklungen wurden benannt und eine Alternative aufgezeigt. Im Frühjahr 1964 wurde Havemann der Lehrauftrag entzogen. Nach der Ausbürgerung von Wolf Biermann im November 1976 wurde gegen Havemann in Grünheide ein Hausarrest verhängt. Dies geschah in diesem Land, in unserer unmittelbaren Nachbarschaft. Doch auch der Hausarrest hatte Havemann nicht zum Schweigen gebracht. Manches erreichte uns in diesen Jahren dank westlicher Medien und dank mancher Freunde, die uns Literatur mitbrachten, die von Havemann im Westen erschienen war.

Als der Hausarrest 1979 aufgehoben wurde, nahmen Barbe und ich an einer Begegnung mit Robert Havemann im Pfarrhaus in Grünheide teil. Dieser groß gewachsene Mann war von seiner Krankheit gezeichnet, doch das, was er bei diesem Treffen vermittelte, ermutigte.

Am Samstag nach Ostern soll die Beerdigung um 14 Uhr auf dem Waldfriedhof in Grünheide sein. Da Barbe zu dieser Zeit verreist und mir die Fahrerlaubnis entzogen worden war, rufe ich Barbes Bruder Hans Dieter an. Er ist Pfarrer in der Nähe von Senftenberg. Hans Dieter will kommen und mit mir zusammen nach Grünheide fahren. Am Samstagvormittag kommt er zunächst nach Neuenhagen und parkt sein Auto vor unserem Haus.

Um rechtzeitig in Grünheide zu sein, brechen wir gegen 12 Uhr auf. Wir fahren über Dahlwitz auf die Fernverkehrsstraße, die Ausfahrtstraße von Berlin nach Frankfurt/Oder. Hinter Vogelsdorf wollen wir auf die Autobahn. Bevor wir die Autobahnauffahrt erreichen, fordert uns ein Polizist zum Anhalten auf. Am Straßenrand sollen wir warten. Auf der gegenüberliegenden Seite stehen weitere Polizisten und verfolgen den Verkehr aus Richtung Berlin. Da die Zeit verstreicht, fragt Barbes Bruder nach. Der Beamte fordert Hans Dieter auf, im Auto zu warten. Nach zwanzig Minuten werden wir kontrolliert. Die Fahrzeugpapiere werden verlangt. Motorhaube und Kofferraum werden geöffnet, Verbandskasten, Wagenheber, Dreibock, Werkzeugtasche und Ersatzrad gesichtet und die Funktionstüchtigkeit der Blinkanlage geprüft. Es gibt da nichts zu beanstanden. Eigentlich könnten wir weiterfahren. Noch einmal blättert der Beamte in den Papieren und geht zum Stützpunkt. Wieder müssen wir warten. Als er zurückkommt, erfahren wir, dass Hans

Dieters Fahrerlaubnis ungültig sei. Wie ist das möglich? Zwanzig Jahre fährt Barbes Bruder mit dieser Fahrerlaubnis. „Die Fahrerlaubnis wird einbehalten", ergänzt der Beamte. In der Spalte „Tauglichkeitsgruppe" würde eine entsprechende Eintragung fehlen. Diese sei Vorschrift. Daher ist die Fahrerlaubnis ungültig. Wir sollen im Fahrzeug auf weitere Weisungen warten. Nach diesen Worten geht der Beamte erneut zum Stützpunkt.

Noch war uns nicht klar, was hier gespielt wurde. Als der Beamte zurückkam, sagten wir ihm, dass wir seinen Dienstvorgesetzten sprechen möchten. Dieser muss aus Strausberg kommen, so lange sollten wir warten, entgegnete der Beamte. Inzwischen ist es 14 Uhr; die Trauerfeier in Grünheide hat begonnen.

Nach einer weiteren halben Stunde sehen wir, wie in der Nähe des Stützpunktes ein Polizeiwagen hält. Derjenige, der aussteigt, verschwindet zunächst im Stützpunkt und kommt danach an unser Auto. Auch aus seinem Munde hören wir: „Herr Hain, Ihre Fahrerlaubnis ist ungültig!" Da helfen keine Gegenargumente. Er muss seine Belehrung unterbrechen, da er an ein anderes Auto gerufen wird. Wieder verstreicht kostbare Zeit. Als er zurückkommt, erfahren wir, dass sie eine zeitlich begrenzte Fahrerlaubnis bis nach Senftenberg ausstellen würden. Dort solle sich Barbes Bruder umgehend beim Polizeirevier melden. Die eingezogene Fahrerlaubnis würde er in Senftenberg zurückerhalten. Inzwischen ist es 15 Uhr. Die Trauerfeier in Grünheide dürfte zu Ende sein! In den MfS-Akten ist dieser Vorgang dokumentiert. Obermeister Moll hatte darüber am 20. April 1982 ein Protokoll angefertigt.[184] Als wir Freunden von diesem Vorfall erzählen, hören wir, dass es in ihrer Fahrerlaubnis eine solche Eintragung nicht gebe. Das MfS und die Staatsdiener hatten erreicht, dass wir lang genug aufgehalten wurden, um nicht an der Trauerfeier für Robert Havemann auf dem Waldfriedhof in Grünheide teilnehmen zu können.

In einer zusammenfassenden Information der KD Strausberg aus dem Jahre 1983 lese ich: „So wurde u. a. die Anreise des L. zu der Beisetzungsfeier des Havemann in Grünheide verhindert. Der L. hatte zu diesem Zweck seinen Schwager, Hans Dieter Hain, gebeten, ihn mit dessen Kfz nach Grünheide zu fahren. Durch den Einsatz inoffizieller als auch offizieller Kräfte konnten die Pläne und Absichten des L. rechtzeitig erkannt und geeignete Maßnahmen eingeleitet werden. Das Fahrzeug wurde durch VP-Kräfte einer routinemäßigen Kontrolle unterzogen und am 14.04.1982 in der Zeit von 13.05 Uhr bis 14.45 Uhr festgehalten. Soweit war die Teilnahme an der Beerdigung durch den L. objektiv nicht mehr möglich."[185]

---

[184] Ebenda, Bd. V, S. 135.
[185] Ebenda, Bd. VII, S. 178.

„Offensiver Einsatz" im Gesprächskreis – Mai 1982

Der Aufnäher *Schwerter zu Pflugscharen*, der zur Friedensdekade im November 1981 ausgegeben worden war, löste
immer neue Konflikte aus. Jugendliche berichteten von
Übergriffen auf der Straße, in der Schule oder im Betrieb.
Verschiedene kirchliche Gremien hatten in diesen Wochen
auf die entstandenen Konflikte reagiert. Die Konferenz der
Kirchenleitungen verabschiedete auf ihrer Tagung vom 12.
bis 14. März 1982 eine Stellungnahme, in der sie das ernst-
hafte Anliegen erläuterte, das mit diesem Symbol und durch
die Träger des Aufnähers zum Ausdruck gebracht wurde.
Am 7. April 1982 fand ein Gespräch der Konferenz der
Kirchenleitungen mit dem Staatssekretär für Kirchenfragen
Klaus Gysi über den aufgebrochenen Konflikt statt. In einem
Rundschreiben an die Gemeinden wurde über dieses Gespräch informiert. In den Gottesdiensten am Karfreitag, dem
9. April, und am Ostersonntag verlas ich das Rundschreiben
und einen Brief von Bischof Forck zu diesen Vorgängen.
Aus den Akten des MfS geht hervor, dass Frau Edith G. (IM
„Adelheid Müller") in diesen Wochen zu den „treu-
en" Gottesdienstbesuchern gehörte. Über den Gottesdienst
am Karfreitag berichtet sie am gleichen Tag dem Bearbeiter
des OV „Kreuz", Hauptmann Richter, und sie nennt aus
meiner Predigt einige für sie wichtige Passagen.[186]
Am nächsten Sonntag, dem 18. April, gehörte IM „Adelheid
Müller" wieder zu den Gottesdienstbesuchern in Neuen-

---

[186] BStU, ASt Frankfurt/O., AIM, V/977/81, Bd. III/I, S. 14 f.

hagen und berichtete, „dass am 5.5.82 ein Ausspracheabend stattfindet unter dem Motto ‚Frieden schaffen – ohne Waffen‘“. Im Treffbericht vom 20. April schreibt Hauptmann Richter:

„L. hat jetzt im Schaukasten ein Bild des der UNO geschenkten Denkmals angebracht [...]. Unter diesem Bild ist die Vorankündigung eines Ausspracheabends am 5.5.82 um 20 Uhr über das Thema ‚Frieden schaffen – ohne Waffen‘“.

Am Ende des Berichts notiert Hauptmann Richter die einzuleitenden Maßnahmen: IM „A. Müller“ solle an diesem Abend teilnehmen. Außerdem solle geprüft werden, ob weitere Personen – eventuell von der Kreisleitung der SED – daran teilnehmen, die „durch eine offensive Diskussion die gesamte Veranstaltung positiv beeinflussen“ könnten.[187]

Ich wollte nicht nur in den Gottesdiensten über die aktuellen Konflikte und das Reagieren kirchlicher Gremien informieren, sondern auch zu einem Gespräch darüber in einem Gemeindeabend einladen. Daher stand der Gesprächskreis am 5. Mai unter dem Thema: „Frieden schaffen ohne Waffen – Friedensinitiativen der Kirchen in der DDR“.

Dem Aktenvermerk der KD Strausberg vom 22. April entnehme ich, dass sich in dieser Angelegenheit „5.5.1982“ auch der Bürgermeister, Herr Butzner, engagierte. Zwei Genossen sollten durch ihn im Hinblick auf diesen Abend „eingewiesen“ werden. „Diese Genossen erhalten vom Bürgermeister den Auftrag, ihn offiziell und schriftlich über diese durchgeführte Veranstaltung zu informieren“. So hatte es Hauptmann Richter mit ihm abgesprochen.[188]

---

[187] BStU, ASt Frankfurt/O., AIM V/977/81, Bd. III/I, S. 12 f.
[188] BStU, ASt Frankfurt/O., AOP 889/84, Bd. V, S. 13.

Acht Tage später ist dem „Maßnahmeplan" vom 30. April zu entnehmen, dass es zum „Einsatz von 4 zuverlässigen SED-Mitgliedern aus Neuenhagen" kommen soll, um „die durch den L. geplante Diskussion positiv zu beeinflussen bzw. bei konkreten Angriffen gegen den Staat eventuell als Zeugen bei strafprozessualen Maßnahmen aufzutreten." Außerdem „erfolgt der Einsatz des IM ‚A. Müller' zur inoffiziellen Berichterstattung".[189]

Als ich am 5. Mai den Gemeinderaum betrat, entdeckte ich einige unbekannte Besucher. Ich ahnte damals schon, dass sie offensichtlich „geschickt" worden waren. Später konnte ich in Erfahrung bringen, dass ein Mitarbeiter der GST aus Neuenhagen, ein Lehrausbilder, seine Frau und eine Lehrerin der Oberschule aus Neuenhagen-Süd dabei waren. Verwundert war ich, als ich den Klassenlehrer unseres Sohnes Martin unter den Besuchern entdeckte. Er hatte sich, wie ich im Laufe des Abends erlebte, mit einem vorgefertigten Gegenreferat auf den Abend gut vorbereitet.
Unterschiedliche Positionen können eine Diskussion beleben. Aber wir hatten es oft genug erlebt, dass in der Öffentlichkeit eine Diskussion nicht möglich wird, wenn die Angst überwiegt, dass das gesprochene Wort weitergetragen wird. Unsere Arbeit in der Gemeinde war durch Offenheit und Vertrauen gekennzeichnet. Da es an diesem Abend offensichtlich vom MfS beauftragte Personen gab, entstand der Konflikt, wie können wir die Gemeindeglieder schützen?

---

[189] Ebenda, Bd. I, S. 258.

Andererseits haben wir niemals Menschen zurückgewiesen oder ihnen das Rederecht entzogen.

Ich begann diesen Gemeindeabend mit einem Kurzreferat zum Thema. Danach ergriff der Lehrer von unserem Sohn Martin, Herr N., das Wort und stellte anhand eines vorbereiteten Textes die staatlich anerkannte Gegenposition dar. Anwesende artikulierten ihren Protest. Ihre Beiträge wurden immer wieder von dem Lehrausbilder unterbrochen. Die Lehrerin aus Neuenhagen-Süd versuchte mit scharfen Entgegnungen, die „staatsfeindlichen" Ansätze nachzuweisen. Der GST-Vertreter schien lediglich die Rolle eines Beobachters übernommen zu haben.

An diesem Abend nahm auch ein Lehrer teil, der zur Kirchengemeinde gehörte. Er konterte seinem Kollegen. Als ich die Gefahr erkannte, in die er sich begab, versuchte ich, ihm ein Zeichen zu geben. Ich beendete vorzeitig den Abend, um andere Gemeindeglieder zu schützen.

Eine derartige Situation, einen offenen Angriff auf unsere Arbeit, hatten wir bis dahin noch nicht erlebt. Vorher hatten sich die Akteure des MfS konspirativ bewegt. Heute weiß ich, dass ich nach meinem Referat den Abend ohne anschließende Diskussion hätte beenden müssen. Damals hielt ich an der Tradition fest, in einem Gesprächskreis wird miteinander geredet.

Am 12. Mai berichtete der Leiter der KD Strausberg dem Leiter der Abt. XX in Frankfurt/O. über diesen Abend:

„In Vorbereitung dieses Ausspracheabends wurden durch unsere DE im Zusammenwirken mit der SED-Kreisleitung

Maßnahmen eingeleitet zur offiziellen Beweisführung eventueller feindlich-negativer Äußerungen des L. Es wurden 4 Personen ausgewählt und für den offensiven Einsatz bei dieser Veranstaltung instruiert [...] Bei den 4 eingesetzten Personen handelte es sich um: [...] – Klassenlehrer des Sohnes des L., [...] – Lehrer an der Goethe-OS Neuenhagen, [...] – Lehrerin Puschkin-OS Neuenhagen, [...] – Sektorenleiter Agit-Prop. beim ZV der GST. Von den Genannten wurde der beigefügte Bericht über den Ablauf der Veranstaltung gefertigt. Es muss noch erwähnt werden, dass dieser Ausspracheabend ca. 2 Stunden dauerte und dann von dem L. abgebrochen wurde. Er war offensichtlich durch das offensive Auftreten der eingesetzten Personen mit dem Ablauf des Ausspracheabends nicht zufrieden. An der Identifizierung bzw. Personifizierung der anderen Diskussionsteilnehmer wird noch gearbeitet.“[190]

Über den zur Kirchengemeinde gehörenden Lehrer wird in dem Bericht folgender Gesprächsbeitrag dokumentiert:

„Er führte aus, er hasse den Beruf als Soldat. Schon wenn er sie sehe, mit ihren Tötungsinstrumenten, dann weiß er, dass diese Leute zum Morden und zum Töten erzogen werden. Bei Paraden und Aufmärschen tragen sie offen ihre Tötungsinstrumente zur Schau. Er verwies darauf, dass es in der Kirche das Gesetz ‚Du sollst nicht töten' gäbe [...].“[191]

Im Januar 1983 schrieb ich an die Kirchenleitung und berichtete unter anderem:

„Ende Juni wurde Herr O., der Lehrer an einer hiesigen Schule und Glied unserer Gemeinde ist, zu einem Kadergespräch

---

[190] Ebenda, Bd. V, S. 31 f.
[191] Ebenda, Bd. V, S. 36 ff.

geladen. Gesprächspartner waren der Kreisschulrat und der Direktor der Schule, an der Herr O. tätig ist. Einziger Gegenstand des Gesprächs war die Tatsache, dass Herr O. bei dem Gesprächskreis am 5.Mai dabei gewesen wäre und dort der Schulpolitik durch seine Äußerungen geschadet hätte [...] Herr O. wurde aufgefordert, künftig keine schulpolitischen Äußerungen im kirchlichen Raum mehr zu machen, sonst müssten entsprechende Konsequenzen gezogen werden [...]. Ich erlebe hier mit, wie ein Mensch durch massive Drohungen zum Schweigen gebracht werden soll. Seine Existenz und die seiner Kinder ist davon tangiert. Ich erlebe die Ängste, in die hier eine ganze Familie gedrängt wird."[192]

[192] Privatarchiv D. Linke.

Friedenswerkstatt – Juni 1982

Wie können wir auf die immer stärker werdende Militarisierung reagieren? Diese und ähnliche Fragen wurden nicht nur im Raum der Kirche gestellt. In Freundeskreisen wurde analysiert und diskutiert. Die Konflikte, die Einzelne erlebten, als sie den Aufnäher *Schwerter zu Pflugscharen* auf ihrer Kleidung trugen, ließen erkennen, dass der Staat nicht gewillt war, Alternativen zur offiziellen Friedenspolitik zu tolerieren. In einigen Kirchengemeinden hatten sich seit Anfang der Achtzigerjahre kleinere Friedensgruppen gebildet, zu denen auch Menschen hinzukamen, die sich nicht kirchlich gebunden fühlten, die aber mit anderen in der Friedens- oder Menschenrechtsfrage ins Gespräch kommen wollten. So wurde unter dem Dach der Kirche möglich, was in der Gesellschaft nicht möglich war. Wir erlebten mit, wie Einzelne selbst Verantwortung übernehmen wollten und nicht mehr bereit waren, unwidersprochen die offizielle Politik zu akzeptieren.

Im März 1982 setzten wir uns mit einigen in der Friedensfrage Engagierten in Ost-Berlin zusammen. Wir suchten nach einer Möglichkeit, um diejenigen, die in verschiedenen Gruppen aktiv sind, zusammenzuführen. Vor der Sommerpause, am 27. Juni, wollten wir zu einer Friedenswerkstatt in die Erlöserkirche in Berlin-Lichtenberg einladen. Dabei sollte Gelegenheit gegeben sein zum Erfahrungsaustausch und zum Vorstellen dessen, was in den Gruppen entwickelt worden war. In der Vorbereitungsgruppe waren wir uns einig, dass diese Werkstatt für alle Interessierten offen sein sollte und auch Freunde aus West-Berlin, der Bundesrepublik oder dem Ausland eingeladen werden sollten. Als überregionale Gruppe brauchten wir aber die Rückendeckung des Stadtjugendpfarramtes und der Kirchenleitung. In der Vorbereitungsgruppe hatten wir zunächst mit Fantasie und Engagement ein recht buntes Programm entworfen. In der Begegnung mit Vertretern der Kirchenleitung wurden von diesen bei der Frage nach der Umsetzung der Programmpunkte Ängste und Rücksichtnahmen gegenüber dem Staat erkennbar. Die Fragen, die ausgiebig diskutiert wurden, sind nur auf dem Hintergrund der damaligen Verhältnisse in der DDR verständlich. Die Erlöserkirche ist von einem großen Freigelände umgeben. Kann dieses genutzt werden oder ist das Programm lediglich auf die Kirche zu beschränken? Wenn Diskussionsrunden im Freigelände stattfinden, können dann Mikrofon und Lautsprecher zum Einsatz kommen? Können Korrespondenten von Westmedien zugelassen werden? Wie reagieren wir, wenn Vertreter der CDU oder der staatstreuen Christlichen Friedenskonferenz mitarbeiten wollen? Sollten Texte und Bilder, die ausgestellt werden, vorher genehmigt werden? Da wir in der Vorbereitungsgruppe kaum gewillt waren, dass Spontanität und Kreativität schon im Vorfeld wieder beschnitten werden, kam es zu spannungsreichen Diskussionen. Ein Kompromiss war schließlich die Bildung einer *Lenkungsgruppe*, zusammengesetzt aus Vertretern der Vorbereitungsgruppe und der Kirchenleitung, die offene Fragen klären und am Tag selbst Entscheidungen fällen sollte.

Vertreter der Kirchenleitung und der Bischof wurden einige Tage vor der Werkstatt zu Gesprächen ins Staatssekretariat und zum Magistrat von Berlin bestellt. Sie wurden auf die Brisanz und Gefährlichkeit dieser Veranstaltung hingewiesen.

Der Staatssekretär für Kirchenfragen, Klaus Gysi, berichtet am 21. Juni in einem Schreiben an den Sekretär des ZK der SED, Paul Verner, über ein Gespräch mit Konsistorialpräsident Manfred Stolpe:

„Aus der Erklärung von Stolpe bei seinem Besuch ging hervor, dass er unterstützt von anderen kirchenleitenden Kräften den Versuch machen will, diese Veranstaltung in ihrem Charakter zu verändern [...]. Weiter erklärte Stolpe: Die Veranstaltung solle sich nur im kirchlichen Raum abspielen [. .]. Westliche Presse soll ausgeschaltet werden. Er habe die Absicht, mit dem Pressereferenten der BRD-Vertretung zu sprechen, damit er die Korrespondenten bewege, der Veranstaltung fernzubleiben. Stolpe wolle weiter das Ministerium für Auswärtige Angelegenheiten bitten, falls Anträge kommen, keine Westjournalisten zuzulassen. Es sollen keine ausländischen Gäste eingeladen werden, bis auf den Leiter der internationalen Abteilung des britischen Kirchenrates, Paul Oestreicher, der sowieso zu Studienzwecken in Berlin ist [...]. Sie hätten ein eigenes System von Ordnern im Schachbrettsystem aufgebaut [...] Diese hätten das Recht, jeden aus dem kirchlichen Raum zu verweisen [...]."[193]

---

[193] Recherche-Anlage zu IM „Sekretär", a. a. O., S. 000014/15.

In einer Information des MfS Nr.321/82 ist zu lesen:

Dem „„Vorbereitungskreis' gehören ca. 20 Personen an, die – soweit dem MfS namentlich bekannt – in der Vergangenheit im Rahmen der kirchlichen Jugendarbeit bereits politisch negativ in Erscheinung getreten sind. Der ‚Vorbereitungskreis' beabsichtigt, mit der ‚Friedenswerkstatt' eine neue und die ‚Blues-Messen' ergänzende Reihe kirchlicher Großveranstaltungen einzuleiten [...] Mitglieder des ‚Vorbereitungskreises' beabsichtigen, eine Reihe ‚prominenter' Personen aus der DDR und dem kapitalistischen Ausland als Teilnehmer und ‚Diskussionspartner' in die ‚Friedenswerkstatt' einzuladen, um die Veranstaltung aufzuwerten und ihr ‚internationalen Charakter' zu geben [...].

Im Unterschied zu den Vorstellungen der realistischen Kräfte in der Leitung der Landeskirche Berlin-Brandenburg zum Ablauf der Veranstaltung am 27.6.1982 plant der ‚Vorbereitungskreis' darüberhinausgehende Gestaltungsinhalte, mit denen – nach ihrer Meinung – das ‚eigenständige Friedensengagement' der Kirchen stärker unterstützt werde. Unter diesem Gesichtspunkt werden vorbereitet: Möglichkeiten der ‚freien Meinungsäußerung' in Form von ‚Rede-Ecken' nach dem ‚Hyde-Park-Muster', Schaffung von Lese- und Diskussionsmöglichkeiten für die eingeladenen Schriftsteller, Vorführung von Laienspielen in Form ‚politischer' Kabaretts, Plakat- und Grafikausstellungen, Auftritte von Musikgruppen, Auftritte von Puppenspielern, Schaffung der Möglichkeit, ‚Friedensschmuck'- Abzeichen ‚Schwerter zu Pflugscharen' – selbst zu basteln bzw. herzustellen [...].

Während die Kirchenleitung davon ausgeht, dass an der Veranstaltung am 27.6.1982 ca. 1.200 – 2.000 Personen teilnehmen werden, rechnet der ‚Vorbereitungskreis' mit einer Teilnahme von ca. 5.000 Personen, vornehmlich Jugendlichen und Jungerwachsenen aus allen Bezirken der DDR. Der Veranstaltungstermin wurde durch gezielte ‚Flüsterpropaganda' und in einigen Fällen mittels schriftlicher Einladungen bekannt gemacht [...]"[194]

Hände für den Frieden. Unter diesem Motto, das auf einem großen Transparent über dem Kirchenportal zu lesen war, fand die erste Friedenswerkstatt am 27. Juni von 10 bis 16 Uhr statt. Schon vor Beginn waren Kirchenschiff und Emporen gefüllt. Mit einem Gottesdienst begann dieser Tag. Im Freigelände der Kirche erwarteten die Besucher verschiedene Stände und Ausstellungstafeln. Auf der Wiese wurde zu einem Gesprächsforum eingeladen, allerdings ohne Mikrofon. In der Kirche und in anderen Räumen fanden Lesungen oder Theateraufführungen statt und traten verschiedene Musikgruppen auf. Menschen aus der ganzen Republik, vor allem junge Leute, waren angereist. Ein lebhaftes Forum, genau so, wie wir es uns als Vorbereitungskreis gewünscht hatten.

Fünftausend Besucher haben wir an diesem Tag gezählt. Diese erste Werkstatt sollte nicht die letzte sein. Als Team waren wir uns einig, dass diese Arbeit eine Fortsetzung finden sollte. Da eine Werkstatt wenig Raum für ein intensives thematisches Arbeiten bietet, planten wir für den März

---

[194] Ebenda, S. 000017-21.

des folgenden Jahres ein Wochenendseminar. Zu diesem sollten Vertreter aller Friedensgruppen aus der DDR eingeladen werden. Dieses Seminar fand am 5. und 6. März 1983 in Ost-Berlin statt. Im Sommer 1983 sollte die zweite Friedenswerkstatt stattfinden.

Rainer Eppelmann (links) und Dietmar Linke (rechts) bei der Eröffnung des Seminars am 5. März 1983, Privatarchiv D. Linke

Kurprediger auf Usedom und auf Ummanz

Nach der Friedenswerkstatt fuhren wir im Juli 1982 als Familie an die Ostsee. Ich hatte, wie auch in den vergangenen Jahren, einen Auftrag als Kurprediger in Ückeritz auf der Insel Usedom übernommen. Der Kurpredigerdienst verband Urlaub und Dienst. In der Kapelle in Ückeritz war eine Unterkunft, die wir als Familie in diesen vier Wochen bewohnten. Zum Dienst gehörten der sonntägliche Gottesdienst, ein Gemeindeabend in der Woche und die Bereitschaft für Gespräche und Seelsorge. Die Angebote wurden von den Urlaubern gern wahrgenommen.

Für den 14. Juli hatte ich zu einem Gemeindeabend unter dem Thema „Frieden schaffen ohne Waffen – Friedensinitiativen der Kirchen in der DDR" eingeladen. Vom Ortspfarrer erfuhr ich vor dieser Veranstaltung, dass der Rat des Kreises Wolgast bei ihm gegen dieses Thema interveniert hatte. Der Raum in der Kapelle war dicht gefüllt, Jugendliche, einige Lehrer, auch einige Bausoldaten aus der Umgebung. Nach einem Kurzreferat berichteten einige über ihre Erfahrungen in der Friedensarbeit, andere über ihren Ärger bei der Auseinandersetzung mit dem Aufnäher *Schwerter zu Pflugscharen*.

Sicher mögen an diesem Abend auch einige dabei gewesen sein, die die Aufgabe hatten, über Verlauf und Inhalt zu berichten. Eine Woche später, vor dem nächsten Gemeindeabend, tauchte unangemeldet Oberkonsistorialrat Plath aus Greifswald auf. Er informierte mich, dass der Rat des Bezirkes beim Konsistorium wegen meines letzten Gemeindeabends Beschwerde eingelegt und gefordert habe, mir den Dienstauftrag zu entziehen. Herr Plath verdeutlichte mir, dass derartige Themen die gesamte Kurpredigerarbeit gefährden würden.

Am 28. Juli schrieb der Leiter der Abteilung XX der BV Rostock, Major Krull, an die HA XX/4 in Berlin und an die Abt. XX/4 in Frankfurt/O. gleichlautende Briefe, in denen er auf vier Seiten über den Gemeindeabend vom 14. Juli informierte. Nach einer umfangreichen Skizze über den Verlauf des Abends heißt es: „Über den Rat des Kreises Wolgast, Abteilung Inneres, wurde veranlasst, dass der Referent für Kirchenfragen mit dem amtierenden Superintendenten ein Auswertungsgespräch zu der Veranstaltung durchführt [...]."[195]

Am 11. Oktober übergab die HA VIII/Abt. 12[196] der Abt. XX in Frankfurt/O. eine Information über unsere Tätigkeit während des Kurpredigereinsatzes. Als Anlage war eine Fotodokumentation beigefügt.[197]

Am 2. November schrieb der Leiter der Abt.XX der BV Frankfurt/O., Major Heydel, an die HA VIII/Abt.12 als Antwort auf die Information:

„Die uns von Ihrer Diensteinheit übersandte Information über feindlich negative Aktivitäten, die von Pfarrer Linke, Dietmar [...] am 14.07.82 im Ostseebad Ückeritz ausgingen, ist von hoher politisch-operativer Bedeutsamkeit und besitzt beweis-

---

[195] BStU, ASt Frankfurt/O., AOP 889/84, Bd. V, S. 87-90.
[196] HA VIII/Abt. 12: zuständig für die Beobachtung politischer Untergrundtätigkeit.
[197] BStU, ASt Frankfurt/O., AOP 889/84, Bd. VI, S. 44-51.

kräftige Aussage. Sie bestätigt, wonach von L. umfangreiche Bemühungen ausgehen, sich für eine eigenständige, pazifistisch orientierte Friedensbewegung der Kirche in der DDR zu engagieren und das Verhältnis zwischen Staat und Kirche durch Konfrontation zu belasten. Die Information dient der Einleitung weiterführender politisch-operativer Maßnahmen [...].“[198]

Nach meiner Rückkehr von Usedom informierte ich das Evangelische Konsistorium Berlin über den Konflikt, der durch diesen Gemeindeabend ausgelöst worden war. Gleichzeitig stellte ich einen Antrag für eine erneute Beauftragung im kommenden Jahr. Durch meinen Bericht an das Berliner Konsistorium angeregt, schrieb der Propst, Dr. Winter, am 22. September an das Konsistorium nach Greifswald: „Aus einem Bericht von Pfarrer Dietmar Linke [...] entnehme ich, dass es im Rahmen seines Kurpredigerdienstes am 14.7.1982 in Ückeritz Probleme gegeben hat. Ich habe die Frage, ob aus unserer Sicht hier noch etwas zu veranlassen ist.“[199]

Am 27. Oktober schrieb das Greifswalder Konsistorium nach Berlin und übersandte einen „Vermerk von Herrn OKR Dr. Plath betr. Kurpredigerdienst Pf. Linke“, in dem es heißt: „Am 20.7.82 suchten mich im Auftrag des Rates des Bezirkes und in Absprache mit dem Kons. vom Rat des Kreises Wolgast der Stellvertreter für Inneres, Meier, und seine Referentin, Frau Güldner, auf. Sie trugen vor, dass Pf. Linke [...] einen Vortrag

[198] Ebenda, Bd. V, S. 141.
[199] Ev. Konsistorium Berlin-Brandenburg, Personalakte D. Linke, S. 124.

gehalten habe unter dem Titel ‚Frieden schaffen ohne Waffen'. Über diesen Abend gäbe es ein Protokoll von 7 Seiten, das mir zur Einsichtnahme vorgelegt wurde. Der Titel auf den Anschlagtafeln [...] habe Unruhe geschaffen und der Bericht über den Abend sei nach Rostock gegangen, von wo Anweisung vorläge, dass Linke von der Insel verwiesen werden müsste.

Ich habe entgegengehalten, dass Linke vermutlich alle Friedensinitiativen der Kirche dargestellt habe, nur das Thema irreführend sei und ich mit ihm sprechen würde.

Das Gespräch mit Linke war mühsam. Ich hatte ihm klargemacht, dass die Wahl des Themas für den Abend unglücklich, weil einseitig sei. Er habe doch wohl alle Friedensinitiativen dargestellt und nicht nur über ‚Frieden schaffen ohne Waffen' geredet. Schließlich sei er Repräsentant der Kirche und dürfe nicht Privatmeinungen vertreten. Dass er Gast in unserer Landeskirche sei und dies bei seinem Auftreten berücksichtigen müsse, wäre außerdem zu bedenken.

Linke äußerte, dass er nicht Funktionär der Kirche sei, er würde also sagen, was er für richtig erkannt habe. In der Friedensfrage dürfe man keine Kompromisse eingehen. Auf die Frage, ob die Äußerungen der staatl. Stellen stimmten, dass er dem engeren Kreis von Eppelmann angehöre, gab er eine bejahende Antwort. Ich habe Linke nicht gesagt, dass seine Ausweisung verlangt wurde.

Am 23.7. kam Frau Güldner wieder, und ich beruhigte sie, indem ich darlegte, dass er die Breite der Friedensinitiativen gebracht hätte und der Berichterstatter des Abends sicherlich einseitig gehört habe [...]. Ich habe Frau Güldner gesagt, dass staatlicherseits nicht eingegriffen werden dürfe, auch im nächsten Jahr bei einer erneuten Bewerbung nicht. Sie war der Meinung, dass bei der Meldung der Kurprediger beim Rat des Kreises Einfluss genommen werden könnte.

Ich habe dargelegt, dass wir in Ruhe die Dinge überdenken werden und entscheiden, ob Linke wieder eingesetzt wird [...].“[200]

Das Schreiben des Greifswalder Konsistoriums mit dem „Vermerk" von OKR Plath liegen sowohl in meiner Personalakte im Berliner Konsistorium als auch in der MfS-Akte des OV „Kreuz."[201] Wie ist das möglich? Könnte es sein, dass Herr Plath, der in der MfS-Bezirksverwaltung Rostock als IMS „Hiller" geführt wurde, eine Kopie des Briefes selbst dem MfS - Mitarbeiter übergeben hat?[202]

Aus dem Berliner Konsistorium teilte mir der Propst am 10. November mit, dass er meinen Kurpredigerdienst für 1983 befürwortet habe. Der Brief aus Greifswald mit dem „Vermerk" des Kollegen Plath traf erst einen Tag später im Berliner Konsistorium ein. War die Befürwortung meines erneuten Einsatzes nicht doch zu früh ausgesprochen? Propst Dr. Winter schreibt auf die Rückseite des Briefes aus Greifswald: „Inzwischen habe ich (ohne Kenntnis dieses Briefes) Linke für den Kurpredigerdienst '83 empfohlen. Soll man nachträglich noch etwas tun?" Die Frage wird an die „Brüder" Giering, Pettelkau und Stolpe gerichtet. Der Akten-

---

[200] Ebenda, S. 129-130.
[201] BStU, ASt Frankfurt/O., AOP 889/84, Bd. VI, S. 52-54.
[202] BStU, ASt Rostock, AIM 243/91. Vgl. Gerhard Besier: Der SED-Staat und die Kirche, a. a. O., S. 917.

vorgang gelangt auf ihre Schreibtische und wird von den Befragten abgearbeitet. Oberkonsistorialrat Giering notiert seine Antwort: „Ich hatte mich schon über die Empfehlung gewundert. Weiß L. schon davon? Sonst würde ich raten, L. im Interesse der Bäderarbeit nach Plath's Brief nicht wieder zu empfehlen."[203] Der stellvertretende Konsistorialpräsident, Oberkonsistorialrat Pettelkau, vermerkt: „Linke hat m.E. die Verpflichtung, auf einer fremden Kanzel Zurückhaltung zu üben. Das muss ihm doch klargemacht werden. In welche Situation bringt er sonst den Ortspfarrer. Hier geht es doch letztlich um kollegiales Verhalten und nicht um ‚Bekenntnis'."[204]

Für den 30. November lud mich der Propst ins Konsistorium und wollte mir die besondere Brisanz des Kurpredigerdienstes verdeutlichen. Die Themen, die im Rahmen dieses Dienstes angeboten werden, müssten „religiösen Charakter tragen". Bei der Friedensthematik sei der „Standpunkt der Kirche zu beachten". Alle Dienste seien zuvor mit dem Ortspfarrer zu besprechen. Am 1. Dezember werde der Propst den Greifswalder Bischof Horst Gienke im Rat der EKU treffen. Dabei werde er mit ihm auch über meinen Einsatz in der Bäderarbeit sprechen.[205]

Am 6. Dezember unterrichtete der Propst den Kollegen Plath in Greifswald über das Ergebnis des mit mir geführten Gesprächs. Am Ende seines Briefes heißt es: „Aufgrund einer Rücksprache mit Bruder Bischof Gienke möchte ich

[203] Ev. Konsistorium Berlin-Brandenburg, Personalakte D. Linke.
[204] Ebenda.
[205] Ebenda, S. 131, Vermerk von Propst Dr. Winter vom 30.11.1982.

Ihnen, lieber Bruder Plath, dies mitteilen. Ich wäre Ihnen dankbar, wenn Sie für Bruder Linke und seine Familie auch im Jahre 1983 unter diesen Voraussetzungen einen Kurpredigerdienst vermitteln könnten."[206]

Ich war gespannt, wie das Greifswalder Konsistorium sich zu einer erneuten Beauftragung verhalten würde. Mitte März 1983 erhielt ich eine Mitteilung aus Greifswald, dass ich im Juli 1983 in Waase auf der Insel Ummanz als Kurprediger eingesetzt würde. Es schien ein Kompromiss zu sein. Einerseits war ein Einsatzort für mich gefunden worden; andererseits wurde der staatlichen Erwartung entsprochen, mich nicht mehr auf der Insel Usedom einzusetzen.

Am 4. Juli 1983, einen Tag nach der zweiten Friedenswerkstatt, brachen wir Richtung Ostsee auf. Ummanz ist eine kleine Insel zwischen Rügen und Hiddensee, abgelegen vom sonstigen Urlauberverkehr. Ein Flecken Erde für jemand, der die Stille und Einsamkeit sucht. Erst als wir in Waase eintrafen, wurde uns deutlich, weshalb man uns an den Ort geschickt hatte. Das Pfarrhaus, das wir in dieser Zeit bewohnen sollten, war nicht bewohnt und wirkte nicht nur äußerlich abschreckend. Vor dem Hauseingang lag ein riesiger aufgeschichteter Misthaufen; die ehemalige Pfarrscheune wurde von der LPG als Rinderstall genutzt. Der Stromanschluss im Pfarrhaus musste erst in den nächsten Tagen hergestellt werden. Unsere drei Kinder fanden das fast leere Haus geheimnisvoll, vielleicht auch deshalb, weil im

---

[206] Ebenda, S. 132.

Abfluss der Küche eine Kröte saß. Wir richteten uns dennoch ein und amüsierten uns über das „Unwillkommen", das offensichtlich war. Wir stellten eine große Holzplatte mit zwei Böcken, die wir auf dem Dachboden fanden, im Garten auf und suchten einige Stühle. Zwischen hohem Gras blühte eine dunkle Rose, die Mirjam entdeckte. Aber für den Kurprediger bot dieser verlassene Ort kein Betätigungsfeld, weil es hier kaum Urlauber gab. War das die Absicht des Greifswalder Konsistoriums oder des MfS oder die Absicht beider? Wurde so die in den Operativplänen des MfS immer wiederkehrende Zielstellung „vorbeugende Verhinderung öffentlichkeitswirksamer Handlungen" verwirklicht?

Doch die alte Dorfkirche aus dem 15. Jahrhundert mit einem herrlichen Schnitzaltar, der biblische Geschichte erzählt, war ein Anziehungspunkt für einige Tagesausflügler, die über die Brückenverbindung von Rügen herüberkamen. So fand ich mich bald in der Rolle eines Kirchenführers wieder und entdeckte, dass die Führung durch eine Kirche und die Betrachtung des alten Schnitzaltars eine gute Möglichkeit zum Gespräch mit den Besuchern bot. Diese Tätigkeit wurde der Schwerpunkt unserer Arbeit in diesen Wochen. Neben den Gottesdiensten boten wir auch hier Gemeindeabende an, die wegen der kaum vorhandenen Urlauber, dürftig besucht waren.

Am 16. Dezember 1983 sandte die MfS-Kreisdienststelle Rügen an die Abt. XX in Frankfurt/O. eine Einschätzung über meinen Kurpredigerdienst: „Die Kontrolle des in einem OV bearbeiteten Pastors und dessen Ehefrau während seines Aufenthalts als Kurprediger in Waase auf der Insel Ummanz ergab, dass der Pastor seinen Pflichten als Kurprediger nicht nachkam. Während seines Aufenthaltes auf Ummanz trat der Pastor nicht öffentlichkeitswirksam auf [...]."[207]

Es traf zu, dass unser Einsatz nicht die breite Öffentlichkeit erreichte, da es auf dieser kleinen Insel an Urlaubern mangelte. Was bedeutet dieser Satz, als Kurprediger wäre ich nicht meinen Pflichten nachgekommen? Sollte das Konsistorium Greifswald ermutigt werden, eine weitere Bewerbung abzulehnen?

Nach meiner Rückkehr aus Waase berichtete ich im August dem Konsistorium Greifswald über meinen Einsatz auf Ummanz und fügte die Bitte an, mich für 1984 erneut für Usedom vorzumerken. Den offiziellen Antrag stellte ich, wie auch sonst, im Berliner Konsistorium. Hier wollte man nicht den gleichen Fehler wie im Vorjahr machen, deshalb wurde vor einer Entscheidung im September 1983 in Greifswald angefragt: „Wir wären dankbar für einen kurzen Bericht, wie aus Ihrer Sicht der Kurpredigerdienst von Herrn Pfarrer Linke in diesem Jahr gelaufen ist."[208]

---

[207] BStU, ASt Frankfurt/O., AOP 889/84, Bd. VII, S. 340.
[208] Ev. Konsistorium Berlin-Brandenburg, Personalakte D. Linke, S. 169.

Lesungen mit Rolf Schneider und Stefan Heym – Herbst 1982

Vom 7. bis 17. November 1982 fand die 3. Friedensdekade statt. Eingebettet in das umfangreiche Programm dieser zehn Tage war eine Lesung mit Rolf Schneider am 11. November in der Kirche in Neuenhagen. Rolf Schneider war im Grunde unser Nachbar, er lebte mit seiner Frau in Schöneiche. Nachdem das MfS davon Kenntnis hatte, schrieb der Leiter der HA XX, Generalmajor Kienberg, diesbezüglich am 26. Oktober an die KD Strausberg:

„Schneider gehörte 1976 zu den Erstunterzeichnern der Protesterklärung gegen die Maßnahmen der Partei und Regierung zu Biermann und tritt seitdem ständig durch oppositionelle Verhaltensweisen in Erscheinung. Schneider bezeichnet sich als Sympathisant der unabhängigen pazifistischen Friedensbewegung in der DDR und als ‚Multiplikator für den Pazifismus in der DDR'.

Sie werden gebeten, inoffiziell das Auftreten Schneiders, seine gezeigte politisch-ideologische Haltung, mögliche feindlich-negative Äußerungen seinerseits festzustellen und darüber die HA XX zu informieren."[209]

Der Auftrag wurde erfüllt. Am 12. November, einen Tag nach der Lesung in der Kirche Neuenhagen, schickte die Abt.XX der BV Frankfurt/O. folgendes Telegramm als Bericht über diesen Abend an den Leiter der HA XX:

---

[209] BStU, ASt Frankfurt/O., AOP 889/84, Bd. V, S. 150.

„An der Veranstaltung nahmen ca. 200 Personen teil [...]. Die Veranstaltung wurde hauptsächlich von jüngeren Personen bis zu 35 Jahren besucht [...]

Vor dem Eingang der Kirche befand sich ein Aufsteller, dessen Text sich darauf bezog, Wehrdienstverweigerer zu gedenken, die wegen ihrer Haltung im Gefängnis sitzen. In der Kirche befanden sich ein Buchverkaufsstand und eine Ausstellung von Reliefs. Über dem Altarkreuz war ein Lichtbild zu sehen mit dem Text ‚Schwerter zu Pflugscharen'.

Die Lesung wurde durch Pfarrer Linke mit Glockengeläut und dem Psalm 34, inhaltlich ging es um den Friedenskampf, eingeleitet [...] Pfarrer Linke sprach eine Fürbitte für Wehrdienstverweigerer, deren Zahl in diesem Jahr erheblich zugenommen hätte. Danach begann Schneider seine Lesung. Er las zwei Geschichten aus seinem Buch ‚Herakles', das vor sieben Jahren verboten worden sei und sich nicht im Handel befinde [...].

Im Anschluss an die Lesung wurde zur Diskussion aufgefordert. Unter anderem ging Schneider darauf ein, dass er von der Künstleragentur der DDR seit dreieinhalb Jahren für harte Devisen an die BRD vermietet werde, dass er in Schöneiche wohne, aber häufig die Koffer packe, um nach Mainz zu fahren.

Auf die Frage, wie die Schriftsteller für den Frieden aktiv sein können, ging Schneider auf seinen Beitrag bei der ‚Berliner Begegnung für Friedensförderung' (Dezember 1981) ein. Er verlas seinen Diskussionsbeitrag, den er auf dieser Begegnung hielt und der eindeutig pazifistisch orientiert war [...]. In der Diskussion offenbarte Schneider völlige inhaltliche Übereinstimmung mit Pfarrer Linke.

Im Anschluss an die Diskussion verwies Pfarrer Linke auf einen in der Kirche befindlichen Baum, an dem auf Zettel geschriebene Wünsche, Hoffnungen und Ängste von Gemeindegliedern befestigt waren. Auf die derart formulierten Gedanken bezog sich das Schlussgebet.
Nach der Lesung führte Linke in seiner Wohnung mit Schneider und weiteren Personen das Gespräch weiter [...].“[210]

Drei Jahre war es her, dass der Gemeindeabend mit Stefan Heym im Oktober 1979 stattgefunden hatte. Für den 3. Dezember 1982 war ein weiterer Abend mit Stefan Heym geplant. Generalmajor Kienberg, HA XX, schrieb am 4. November an die KD Strausberg:

„Es wird gebeten zu veranlassen, dass geprüft wird, ob über die geplante Veranstaltung bereits operative Hinweise vorliegen und die Veranstaltung durch geeignete Maßnahmen verhindert werden kann; dass, falls eine Verhinderung nicht möglich ist, geeignete operative Maßnahmen zur Kontrolle der Vorbereitung und des Verlaufs eingeleitet werden; dass die HA XX/9 über das Ergebnis der eingeleiteten Maßnahmen umgehend informiert wird.“[211]

Zur Lesung mit Rolf Schneider war Christa G. (IM „Helga Grusche“), die in Petershagen wohnte, erstmals in der Neuenhagener Kirche aufgetaucht. Sie äußerte ihr Interesse an weiteren Veranstaltungen, hinterließ ihre Anschrift und wurde von uns zu der Lesung mit Stefan Heym eingeladen. Über

[210] Ebenda, Bd. VI, S. 64 f.
[211] Ebenda, Bd. V, S. 142.

diesen Abend am 3. Dezember übergibt sie ihrem Führungsoffizier einen handschriftlich gefertigten, sechsseitigen Bericht:
„Die Kirche war bereits um 19.00 Uhr zur Hälfte gefüllt und
eine halbe Stunde später trat so etwas wie eine Notsituation ein,
da die herein strömenden Menschen nicht mehr ord-
nungsgemäß untergebracht werden konnten. Stühle wurden in
den Haupteingang und die Seitengänge gestellt, junge Leute
(darunter mehrere mit Aufnähern ‚Schwerter zu Pflugscharen')
schleppten Kissen heran oder rollten ihre Jacken zusammen
und setzten sich auf den Fußboden. Sowohl das eiskalte
Seitenschiff als auch die Orgelempore und der Altarraum
waren dicht mit Menschen besetzt. Davon waren gut 40%
Jugendliche im Alter von 18-30 Jahren […].
Pfarrer Linke hatte eine moderne starke Mikrophonanlage
montieren lassen (vermutlich West) und eröffnete die Veranstaltung […] Linke war in guter Form und begann mit Aus-
zügen aus dem Bibeltext Prophet Hosea, ‚parallele Situation
Israels 800 vor Christi und gegenwärtig'. ‘Es ist an der Zeit,
den Boden neu zu bereiten', (letzteres als Quintessenz). Linke
behandelte Heym mit tiefer Ehrerbietung und wies darauf hin,
dass dies die zweite Lesung Heyms in Neuenhagen im Laufe
von 3 Jahren sei und man schon von einer Tradition sprechen
könne. Heym las aus seinem zuletzt veröffentlichten Roman
‚Ahasver' (Der ewige Jude) […].
Sehr starker Beifall und ein Chrysantemenstrauß von Pfarrer
Linke dankten Heym für seine Lesung. Linke schloss an diesen
Hauptteil des Abends Fürbitten für alle an, ‚die um der
Gerechtigkeit willen leiden müssen, Leute, die sich den Mund
nicht verbieten lassen'[…]. Er verlas dann die Namen von 3

Wehrdienstverweigerern, die zu 7 Monaten, zu 1 Jahr und zu 8 Monaten Freiheitsstrafe verurteilt wurden und gab bekannt, dass es 1982 ca. 60 Wehrdienstverweigerer bzw. deswegen Inhaftierte gegeben habe. ‚Wir beten für diese Männer, aber auch für die Richter und Staatsanwälte, die solche Urteile verhängen müssen', sagte Linke. Nach Vaterunser und Kirchenlied ging die Veranstaltung ca. 21.30 Uhr zu Ende [...]."[212]

Die Abt. XX/7 der BV Frankfurt/O. fertigte am 9. Dezember einen fünfseitigen Bericht. Ausführlich werden darin die einführenden Worte, die Lesung und das Schlussgebet zitiert. Abschließend heißt es:

„Der von Linke organisierte Gemeindeabend wurde von ca. 450 Personen besucht [...]. Um jeglichem staatlichen Vorbehalt von vornherein zu begegnen, deklarierte Linke die Lesung als Gemeindeabend und schuf auch den erforderlichen Rahmen. Unter diesen Bedingungen war eine Verhinderung der Lesung nicht möglich.

Auf Grund dieser Lage wurden IM vorrangig zur Dokumentierung der Veranstaltung eingesetzt und es erfolgte der Einsatz offizieller Kräfte, um offiziell auswertbare Hinweise zu erarbeiten. Beobachter der KD Strausberg waren im Einsatz, um die Personen- und Fahrzeugbewegung zu dokumentieren. Durch eingesetzte Kräfte der DVP wurden gezielte Kontrollmaßnahmen realisiert.

Im Ergebnis der realisierten Maßnahmen ist einzuschätzen, dass dadurch weder bei Linke noch bei den Besuchern der

---

[212] Ebenda, Bd. VI, S. 92-94; auch BStU, ASt Frankfurt/O., AIM, V/113/76, Bd. II/V, S. 474-479.

Lesung Wirkungen erzielt wurden. Linke handelte sicher und in dem Bewusstsein, dass staatlicherseits gegen die kirchliche Veranstaltung Gemeindeabend nicht vorgegangen wird. Darüber hinaus hatte er, hauptsächlich durch mündliche Informationen, einen so großen Besucherkreis organisiert, dass eine Absage der Veranstaltung zu ernsthaften Konflikten geführt hätte. Das Auftreten Heyms ordnete sich in diese Konzeption ein. Er trat selbstbewusst als der geachtete Schriftsteller auf, der in der Kirche sein Forum hat. Souverän stellte er sich auf sein Publikum ein und erzielte die gewünschten Wirkungen.“[213]

Am 7. Januar 1983 wurde bei einer Beratung der KD Strausberg zum OV „Kreuz", an der der Leiter der HA XX/4, Oberstleutnant Wiegand, teilnahm, auch das Problem Lesungen in Kirchen behandelt. Im Bericht heißt es dazu: „Es ist dem Rechnung zu tragen, dass es weiter Lesungen von Schriftstellern in Kirchen geben wird und keine Disziplinierung von Schriftstellern, weil sie in Kirchen lesen."[214]
Wenn ich diese Feststellung und auch den Bericht der Abt. XX/7 der BV. Frankf./O. lese und diese vergleiche mit den hysterischen Reaktionen, die die erste Lesung mit Stefan Heym im Oktober 1979 ausgelöst hatte, dann erfüllt es mich mit Genugtuung, dass wir ein wenig unser Terrain behaupten konnten, dass sie uns zugestehen mussten, dass „es weiter Lesungen in Kirchen geben wird". Aber für mich ist auch die Nervosität nicht zu überhören und zu übersehen, die aus dem

---

[213] Ebenda, Bd. VI, S. 87-91.
[214] Ebenda, Bd. I, S. 288.

Schreiben des Leiters der HA XX, Generalmajor Kienberg, an die KD Strausberg im Vorfeld dieser Lesung spricht.

„Frauen für den Frieden"

Bei der Bearbeitung des OV „Kreuz" wurden immer neue Varianten durchgespielt. Die Abteilung XX/7 in Frankfurt/O. notiert im Mai 1980 in einer Einschätzung über meine Frau Barbe: „Bei der weiteren Bearbeitung muss beachtet werden, dass sie möglicherweise eine Reise ins NSA nutzen würde, um die DDR ungesetzlich zu verlassen [...]. Es muss geprüft werden: gibt es Möglichkeiten, dass sie in das NSA reist?"[215] Im Herbst 1981 traf durch Vermittlung holländischer Freunde im Berliner Konsistorium eine Einladung für Barbe zu einer Tagung in Holland ein. Bischof Forck befürwortete am 17. Dezember 1981 in einem Schreiben an den Staatssekretär für Kirchenfragen diese Reise. Die Genehmigung verzögerte sich. In meiner Personalakte im Konsistorium lese ich einen Vermerk vom 19. März 1982: „Nach 2 Gesprächen Stolpe – Heinrich doch noch genehmigt."[216] Herr Heinrich war im Staatssekretariat für Kirchenfragen tätig, verantwortlich für Ökumene und zugleich für das MfS als Offizier im besonderen Einsatz (OibE). Verband das MfS mit der Genehmigung dieser Reise die Erwartung, dass Barbe von dieser Reise nicht zurückkehren würde?

Am 26. März 1982 fuhr Barbe über West-Berlin nach Holland. Es war ihre erste Reise ins westliche Ausland nach dem Mauerbau. Auf der Rückreise machte sie in West-Berlin Station. Am Samstag, dem 14. April fand in Grünheide die Beerdigung von Robert Havemann statt. Am gleichen Tag

---

[215] Ebenda, Bd. I, S. 151.
[216] Ev. Konsistorium Berlin-Brandenburg, Personalakte D. Linke.

wurde in West-Berlin zu einem Havemann-Forum eingeladen. Unsere Freundin Annelies Piening, die bei der Evangelischen Akademie in West-Berlin arbeitete, nahm Barbe zu diesem Forum mit. Hier lernte sie Jürgen Fuchs[217] kennen, der vor seiner Verhaftung im November 1976 auf dem Grundstück von Robert Havemann in Grünheide gewohnt hatte. Jürgen Fuchs gab Barbe Grüße an Katja Havemann mit.

Nach ihrer Rückkehr fuhr Barbe zu Katja nach Grünheide. Bei diesem Besuch tauschten sich beide Frauen über das neue Wehrdienstgesetz aus, das am 25. März 1982 von der Volkskammer verabschiedet wurde. Die Frage, die in diesen Gesprächen immer im Raum stand, war: Was können wir dagegen tun? Das neue Wehrdienstgesetz sah vor, dass auch Frauen im Ernst- und Mobilmachungsfall zum Wehrdienst eingezogen werden können. Da dieses Gesetz im Vorfeld nicht öffentlich diskutiert wurde, war es das Bestreben der Frauen, im Nachhinein eine öffentliche Diskussion in Gang zu bringen.

In den folgenden Wochen kamen Frauen in Ost-Berlin, Halle und anderen Orten zusammen, diskutierten die Konsequenzen dieses Gesetzes und verfassten Eingaben an staatliche Organe, die unbeantwortet blieben. Diese Negativerfahrungen veranlassten die Frauen, sich in einem offenen Brief am 12. Oktober 1982 an Erich Honecker zu wenden. „Wir sind

---

[217] Jürgen Fuchs, geboren 1950 in Reichenbach, Studium der Psychologie in Jena, nach der Ausbürgerung von Wolf Biermann im November 1976 verhaftet, Abschiebung 1977 nach West-Berlin, gestorben Mai 1999. Zahlreiche Veröffentlichungen, Gedichte, Prosa, Essays.

Frauen, mit und ohne Kinder, katholisch, evangelisch oder nicht kirchlich gebunden, einige von uns haben den Krieg erlebt [...] aber eines verbindet uns, dass wir nicht gleichgültig sind, und nicht unsere schweigende Zustimmung zu einem Gesetz geben wollen, das den Frauen ganz neue Pflichten auferlegt, die nicht mit unserem Selbstverständnis zu vereinbaren sind [...]." So hieß es in der Eingabe, die von einigen Frauen erarbeitet und von vielen in Ost-Berlin und anderen Städten unterschrieben wurde. Die Eingabe vom 12. Oktober 1982 war die eigentliche Initialzündung der Gruppe „Frauen für den Frieden". Als Absender trug sie die Anschrift von Bärbel Bohley.

Das Selbstverständnis der Frauen wird in den folgenden Sätzen deutlich: „Wir Frauen wollen den Kreis der Gewalt durchbrechen [...]. Wir Frauen fühlen uns besonders dazu berufen, das Leben zu schützen [...]. Wir Frauen wehren uns, dass wir eines Tages in den Reihen der NVA stehen [...]. Wir Frauen [...] fordern eine gesetzlich verankerte Möglichkeit der Verweigerung."[218]

Ich erlebte mit, wie die Initiative „Frauen für den Frieden" die Frauen inspirierte und zusammenführte, und wie sie sich jetzt regelmäßig trafen. Die erste Friedenswerkstatt im Juni 1982 war auch für die Gruppe „Frauen für den Frieden" eine Möglichkeit, an die Öffentlichkeit zu treten. Daneben gab es unzählige Treffen in den Wohnungen der Frauen, Aktionen und das Sammeln von Unterschriften für diese Eingabe. Durch die Eingabe gerieten die Initiatoren

---

[218] Privatarchiv D. Linke.

und diejenigen, die unterschrieben hatten, sehr bald ins Blickfeld des MfS. Aus dessen Unterlagen geht hervor, wie sich das Sicherheitsorgan an diese neue Gruppierung konspirativ herantastete.

Am 3. Dezember 1982 schickt die Abt.XX der BV Berlin an die KD Strausberg eine „Information über einen operativ interessanten Kontakt" zwischen Bärbel Bohley und Barbe Linke. Es wird mitgeteilt, dass Bärbel Bohley im OV „Bohle" bearbeitet wird. Zwischen beiden Personen würden Kontakte bestehen, „die darauf hinauslaufen, unter dem Vorwand der Friedensarbeit negativ gegen gesellschaftliche Verhältnisse des Sozialismus aufzutreten. Bohley bemüht sich derzeit, eine ‚alternative Frauenbewegung' ins Leben zu rufen [...]."[219]
Am 11. Dezember fand auf unserem Pfarrgelände in dem ausgebauten Stallgebäude in Neuenhagen ein Treffen der Gruppe „Frauen für den Frieden" statt, an dem circa 50 Personen teilnahmen. Der Abschnittsbevollmächtigte berichtete am nächsten Tag, dass er gegen 20.30 Uhr zu einer „Sondermaßnahme" befohlen wurde. „Es galt, das Ende einer kirchlichen Veranstaltung in Neuenhagen abzuwarten und die Teilnehmer fahndungsmäßig zu überprüfen[...]."[220]
Am 15. Dezember schickte die Abt.XX Franfurt/O. ein Fernschreiben an die HA XX/4 „über eine unter Umgehung der Veranstaltungsverordnung durchgeführte Zusammenkunft im Pfarrhaus Neuenhagen":

[219] BStU, ASt Frankfurt/O., AOP 889/84, Bd. I, S. 271 f.
[220] Ebenda, Bd. V, S. 138.

„Am 11.12.1982 fand in der Zeit von 19.00 - 23.45 Uhr in einem Nebengebäude des Pfarrhauses des Pfarrers Linke [...] eine Zusammenkunft von ca. 35 vorwiegend weiblichen Personen statt. Zu dieser Zusammenkunft gab es in Neuenhagen weder einen Aushang, noch wurden Äußerungen des Pfarrerehepaares Linke bekannt, die auf das Stattfinden einer solchen Zusammenkunft hätten schließen lassen [...]." Elf Personen seien inzwischen identifiziert. Es seien operative Maßnahmen eingeleitet, um Inhalt und Verlauf der Zusammenkunft zu erarbeiten.[221]

Wie durch Zufall konnte der Führungsoffizier der IM „Giesela", Major Antczak von der KD Brandenburg, wichtige Informationen zu diesem Problemfeld beisteuern. Am 17. Dezember schreibt er in einem Bericht:

„Am 12.12.1982 besuchte der IMB ‚Giesela' nach längerer Zeit wieder die Familie Linke (OV ‚Kreuz') in Neuenhagen. Der IMB hatte mit der Ehefrau des Pfarrers Dietmar Linke, Barbe Maria Linke, eine längere Unterredung. Der IMB wurde befragt, ob er von der Unterschriftensammlung der Frauen aus der DDR gegen das Wehrdienstgesetz vom 25.3.1982 gehört habe. Der IMB bejahte, dieses aus den westlichen Massenmedien zu kennen. Die Barbe Linke erklärte, dass sie mit einer befreundeten Malerin aus Berlin diese Sache organisiert hat und erklärte ihre Beweggründe dafür. Die Darstellung der Beweggründe entsprach voll inhaltlich dem Text der Eingabe an den Staatsratsvorsitzenden vom 12.10.1982. Zu Beginn der Unterschriftensammlung sollen 20-30 Personen sich dazu

---

[221] Ebenda, Bd. I, S. 268-270.

bekannt haben. In der Zwischenzeit sollen es bereits über 100 Personen sein. Die Barbe Linke führte aus, dass sie wie bisher keine staatlichen Reaktionen und Schwierigkeiten bekommen habe, aber bei einigen Mitunterzeichnern gab es bereits derartige Dinge. So wurde u. a. die Mitorganisatorin durch ihre Sektion des Verbandes ‚Bildender Künstler' vorgeladen, ohne Angabe von Gründen. Da sie ahnte, um welche Sache es sich handelt, setzte sie sich mit Barbe L. in Verbindung, und man wollte gemeinsam zu dieser Aussprache gehen, um den erwarteten Gesprächspartnern gemeinschaftlich Paroli zu bieten. Nach telefonischer Nachfrage der Malerin wurde ihr dann vom Verband erklärt, dass es um verbandsinterne Probleme gehe. Aus diesem Grunde erschien sie allein. In dieser Aussprache wurde der Malerin gesagt, dass sie mit dieser Unterschrift gegen das Statut und die Prinzipien des Verbandes verstoßen habe und dass sie, wenn sie sich in Zukunft nicht zurück hält, aus dem Verband ausgeschlossen wird."[222]

Eine Antwort auf die Eingabe der Frauen an den Staatsratsvorsitzenden ist nie erfolgt. Etliche Frauen, die die Eingabe unterschrieben hatten, wurden zu Gesprächen vorgeladen oder unangemeldet von staatlichen Vertretern in ihren Wohnungen aufgesucht und aufgefordert, ihre Unterschriften zurückzuziehen.

Am 20. Januar 1983 schrieb Barbe zusammen mit Ulrike Poppe und anderen Frauen eine weitere Eingabe an den Staatsratsvorsitzenden:

---

[222] Ebenda, S. 264.

„1. Vertreter des Magistrats und anderer Dienststellen haben in Ihrem Auftrage persönliche Gespräche mit einigen Frauen [...] geführt. Diese Gespräche waren z. T. recht unbefriedigend, zumal viele Fragen, vor allem die rechtlichen, nicht oder widersprüchlich beantwortet wurden [...]. Die Frauen hatten dabei betont, dass sie, entsprechend dem bereits in unserer Eingabe deutlich formulierten Anliegen, eine Auseinandersetzung zu diesem Thema in öffentlicher Form wünschen. Es wurde den Frauen versprochen, diese Forderung weiterzuleiten, und wir möchten Sie daran erinnern, dass wir aus diesem Grunde bis heute auf eine Beantwortung der Eingabe warten.

2. Etwa zwei Drittel der Frauen, die sich an der Eingabe beteiligt hatten, haben bis heute noch keine Reaktion von Ihnen erfahren.

3. Einige Unterzeichnerinnen, mit denen offizielle Gespräche in ihren Arbeitsstellen zu unserer Eingabe geführt wurden, haben erfahren müssen, dass man unter Missachtung des wirklichen Anliegens der Eingabe ihnen einen Missbrauch bezüglich ihrer politischen Zuverlässigkeit ausgesprochen hat.

4. Die im Zusammenhang mit dieser Eingabe geführten Befragungen einiger Frauen durch Angehörige des Ministeriums für Staatssicherheit haben uns irritiert, zumal das hier angesprochene Grundproblem: Schafft zunehmende Militarisierung wirklich mehr Sicherheit? wohl eine der gegenwärtig dringendsten Fragen ist und somit darf dem hier angestrebten offenen Gespräch darüber keinesfalls eine unlautere Absicht unterstellt werden [...].

Aus dieser Verantwortung heraus halten wir es für unumgänglich, in aller Offenheit und Öffentlichkeit über sinnvolle

Wege für eine Friedenssicherung zu reden und zwar unter Zulassung und Achtung unterschiedlicher Anschauungen und ohne Misstrauen.‹‹[223]

Am 18. Januar 1983 fand „unter Leitung des Stellvertreters des Leiters der HA XX, Oberstleutnant Gerlach, eine Beratung zu Fragen der Bekämpfung politischer Untergrundtätigkeit statt", an der die Leiter der HA XX/2, 4, 7, 9 und die Leiter der Abteilungen XX der BV Berlin, Dresden, Halle, Magdeburg und Frankfurt/O. teilnahmen. „Das Ziel der Beratung bestand darin, [...] alle Erscheinungsformen politischer Untergrundtätigkeit energischer zu bekämpfen." Im Mittelpunkt dieser Beratung stand der OV „Bohle", der von der BV Berlin zu Bärbel Bohley angelegt wurde. „Die Initiativen im Frauenkreis gehen von ihr und von ihren unmittelbaren Freundinnen aus [...]. Sie wollen die öffentliche Diskussion und greifen massiv die staatliche Autorität und Verteidigungspolitik an. Als Methode haben sie Passivität gewählt; sie betrachten Passivität als Beitrag für den Frieden. Es gelang, unter den Brief der Frauen gegen das Wehrgesetz bisher 125 Unterschriften zu sammeln, davon 71 aus Berlin, 52 aus Halle, 2 aus dem Randgebiet Berlin (OV ‚Kreuz'). Der Brief, versehen mit den Unterschriften, wurde abgegeben beim Staatsrat der DDR, bei der Volkskammer, beim Nationalrat der Nationalen Front, bei der Kirchenleitung. Der Frauenkreis verlangt juristische Anerkennung als Bewegung und richtet darauf seine Aktivitäten [...].

[223]Ebenda, Bd. II, S. 16 f.

Aktivisten des Frauenkreises sind Bohley, Bärbel; Havemann, Annedore; Poppe, Ulrike; Rathenow, Bettina; Linke, Barbe, [...].[224]

Zunehmend wird deutlich, dass Kräfte des politischen Untergrunds, die sich in der Kirche sammelten, teilweise von der Kirche abschwenken und in die Öffentlichkeit gehen. Werden sie jedoch entdeckt, ziehen sie sich sofort in die Kirche zurück [...]".

Um dieser Bewegung zu begegnen, wurden bei der Beratung unter anderem folgende Schritte festgelegt: „Auflösung bestimmter Veranstaltungen", „Belehrung durch den Staatsanwalt als Voraussetzung für eine strafrechtliche Verfolgung", „kadermäßige Veränderungen", „Differenzieren zwischen Initiatoren und Unterzeichnern", „Initiatoren bearbeiten und dabei herausarbeiten, dass sie vom Ausland gesteuert werden", „bei den Unterzeichnern ist die Möglichkeit der Rückgewinnung zu prüfen; ist die Rückgewinnung nicht möglich, muss der Druck verstärkt werden."[225]

Auch in anderen Städten der DDR taten sich Frauen zusammen, unter anderem in Halle, Jena und Leipzig.

Am 13. Februar 1983 fand im Gedenken an die Bombardierung der Stadt Dresden ein Friedensforum statt, zu der die kirchliche Jugendarbeit eingeladen hatte. Barbe wurde von den Berliner Frauen gebeten, an einem Podium, das im Rahmen dieses Tages in einer Kirche in Dresden stattfinden sollte, teilzunehmen. Da die Kinder Schulferien hatten,

---

[224] Es folgen sechs weitere Namen. Diese sind in der BStU-Kopie geschwärzt.
[225] BStU, ASt Frankfurt/O., AOP 889/84, Bd. II, S. 10-15.

fuhren wir zuvor für ein paar Tage in den Winterurlaub nach Blankenburg in den Harz und am 13. Februar von dort nach Dresden. Die Veranstaltung in der Petri-Kirche stand unter dem Motto: „Die Kraft der Schwachen – Frauen und Frieden". Auch andere Frauen waren aus Berlin angereist, unter anderem Bärbel Bohley, Ulrike Poppe und Katja Havemann. In einer Information der HA XX/2 vom 16. Februar wird darüber berichtet. Zu Barbes Ausführungen im Podium ist unter anderem zu lesen:

„Sie verwies darauf, dass sie keine Gleichberechtigung darin sieht, an der Seite des Mannes mit der Waffe in der Hand zu fallen. Sie sehe ihre Aufgabe als Frau darin, ihren Mann davon abzuhalten, mit der Waffe in der Hand andere oder sich selbst in Gefahr zu bringen. Diese erste Aktion der Frauenbewegung solle Anlass sein, viele Frauen zu mobilisieren und als starke Kraft mit dieser Frauenvereinigung in Erscheinung zu treten [...]."[226]

Anfang März 1983 wird Barbe telefonisch verständigt, dass der Vorsitzende des Rates des Kreises Strausberg, Herr Oppermann, „ein Gespräch in Sachen Eingabe an den Staatsratsvorsitzenden" mit ihr führen müsse. Es wurde der 7. März als Termin vereinbart. Die Frauen hatten sich bereits vorher verständigt, dass sie nicht allein zu diesen Gesprächen gehen werden. Aus dem Vorbereitungskreis der Friedenswerkstatt begleitet sie Erika H. nach Strausberg; sie wird aber zum Gespräch nicht zugelassen. Barbe fertigte im

---

[226] Ebenda, S. 22 f.

Anschluss ein Gedächtnisprotokoll, aus dem die folgenden Auszüge stammen:

„Oppermann: Ich bin von den Kollegen aus Dresden unterrichtet worden, was Ihr Auftreten am 13. Februar 1983 in einer Kirche betrifft. Während sich Tausende von Bürgern versammelten, um der Opfer der Zerstörung Dresdens zu gedenken, haben Sie sich zum Wortführer für eine eigene Friedensarbeit gemacht [...]

Diese Unterschriftensammlungen [...], sie richten sich gegen die staatliche Friedenspolitik [...].

Das oberste Bekenntnis und Menschengebot ist die Erhaltung des Lebens. Und nichts anderes tut die Nationale Volksarmee [...]

Das heißt dann aber doch, dass Frauen neben den Männern stehen können, dürfen, sollen, auch im Verteidigungsfall [...].

Linke: Ich denke, dass seit dem Abwurf der Atombombe auf Hiroshima ein neues Zeitalter begonnen hat, das sich durch eine akute Bedrohung alles menschlichen Lebens auszeichnet. Darauf weisen wir in unserem Brief hin. Heute kann der Satz ,Mehr Waffen gleich mehr Sicherheit' nicht mehr gelten. Wir wollen jetzt unsere Stimme erheben, jetzt NEIN sagen.

Wenn Sie von der Gleichberechtigung sprechen, kann ich nur sagen, ich stehe an der Seite der Männer, die den Wehrdienst verweigern. Wenn Sie nach der Motivation unserer Briefe fragen, wir sind beunruhigt über das neue Wehrdienstgesetz [...]

Ich möchte Sie heute erneut bitten, und ich spreche für die unterzeichneten Frauen, einen Dialog zwischen den Gesetzgebern und uns herbeizuführen. Wir wünschen eine öffentliche Diskussion [...].

O.: (Weist mich auf Art. 5 der Verfassung hin). Die Verfassung ist von 12 Mio. Menschen dieses Landes diskutiert und verabschiedet worden. Sie ist grundlegendes Recht.

L.: Ich möchte noch einmal auf das Anliegen unserer Eingaben zurückkommen und bitten, dass ein Gespräch in aller Öffentlichkeit geführt wird, über die uns beunruhigenden Fragen.

O.: Ich sagte bereits – und deswegen führe ich dieses Gespräch –, dass wir Einzelgespräche führen, so wie wir es jetzt tun, weil wir es als sinnvoller ansehen, weil wir Sie gewinnen möchten. Welchen Sinn sehen Sie in einem öffentlichen Dialog?

L.: In einem Dialog können Argumente und Anliegen gehört, Nachdenken und Verständnis für den anderen geweckt, auch so etwas wie Toleranz und Friedfertigkeit eingeübt werden. Das meinte ich vorhin, wenn ich von Friedenserziehung sprach. Ich vertrete hier eine Gruppe von Menschen, die das Gespräch suchen.

O.: Ich führe dieses Gespräch mit Ihnen, weil ich möchte, dass Sie mit uns zusammen Ihre leidenschaftliche Stimme für den gemeinsamen Friedenskampf einsetzen. Andernfalls könnten Konsequenzen erwachsen.

L.: Dann gibt es also keinen Raum für mich?

O.: O doch! Wenn Sie sich mit uns zusammentun! Wenn Sie über das Gespräch nachdenken, Schlüsse ziehen und einsichtig werden.

L.: Ich bin eine Stimme. Ich habe eine eigene Auffassung von Frieden. Meine Meinung deckt sich nicht immer mit der staatlichen Meinung. Ich akzeptiere zum Beispiel, dass es Menschen gibt, die aus bestem Wissen und Gewissen Soldaten sind, dass es Menschen gibt, die aus bestem Wissen und Gewissen Bausoldaten sind. Dann gibt es aber noch eine Gruppe von

Menschen, die die Waffe nicht mehr in die Hand nehmen können und werden. Zu den Letzteren zähle ich mich. Diese Gruppe muss doch auch leben können?

O.: Sie sind eine Frau. Sie sollten wissen, dass das Leben zu schützen ist. Sie wissen, was Prophylaxe heißt. Ich führe dieses Gespräch mit ihnen prophylaktisch. Ich hoffe, es stimmt sie nachdenklich. Sie brauche ich nicht aufzufordern, Ihre Unterschrift zurückzuziehen; Sie würden es ohnehin nicht tun. Bitte, denken Sie über das Gespräch nach. Unterlassen Sie in Zukunft alle Aktivitäten, die nicht mit unserer Friedenspolitik identisch sind.«[227]

Die Taktik der Einzelgespräche führte dazu, dass einige eingeschüchtert wurden. Wie gehen wir mit denen um, die ihre Unterschrift zurückgezogen haben? Über diese Frage und über weitere Aktivitäten verständigte sich eine Gruppe der Frauen Anfang April 1983 in Berlin. Die HA XX/2 schrieb darüber am 12. April in einer Information:

„Die Linke äußerte, dass man keinen wegen der Rücknahme einer Unterschrift fallen lassen sollte, da man nicht wisse, wie stark jeder Einzelne in einer ähnlichen Situation sei [...]. Die Bohley und Linke forderten, dass mit allen Unterzeichnern, die von staatlichen Maßnahmen betroffen werden, Solidarität geübt werden müsse. In der weiteren Diskussion setzten sich vor allem Poppe und Linke für verstärkte Kontakte aller Frauengruppen untereinander ein. Dadurch solle ein weitverzweigtes Netz von Gruppen geschaffen werden [...].«[228]

[227] Privatarchiv Barbe Maria Linke.
[228] BStU, ASt Frankfurt/O., AOP 889/84, Bd. II, S. 32 f.

Die Frauen entwickelten eine Vielzahl von Aktivitäten. Bei der Friedenswerkstatt am 3. Juli 1983 in der Erlöserkirche in Ost-Berlin waren sie mit einem Info-Stand vertreten. Die erste eigene öffentliche Veranstaltung war der Gemeindetag „Frauen für den Frieden" am 17. September 1983 in der Auferstehungskirche in Ost-Berlin.

Infostand der Gruppe „Frauen für den Frieden" – Friedenswerkstatt 3. Juli 1983. (v. l .n .r.: Barbe Linke, Katja Havemann, Gisela Metz) Privatarchiv D. Linke

Am 12. September erarbeitete das MfS einen „Vorschlag zur Durchführung von offensiven Maßnahmen zur Disziplinierung der Inspiratoren und Organisatoren einer sogenannten Fraueninitiative Bärbel Bohley, Annedore Havemann und Barbe-Maria Linke":

„Durch das Ministerium für Staatssicherheit wurde nachgewiesen, dass Bohley, Bärbel [...], Havemann, Annedore [...] und Linke, Barbe-Maria [...] im unmittelbaren Zusammenwirken mit Exponenten einer ‚staatlich unabhängigen Friedensbewegung' in der DDR [...] sowie in Abstimmung mit feindlichen Einrichtungen und Kräften im westlichen Ausland eine ‚Initiative Frauen für den Frieden' in der DDR inspirieren und organisieren". Sie hätten sich durch ihre Aktivitäten strafbar gemacht. Genannt werden die Paragraphen: § 219 Absatz 2 StGB (ungesetzliche Verbindungsaufnahme), § 214 Absatz 1 StGB (Beeinträchtigung staatlicher Tätigkeit) und § 9 Absatz 2 der Veranstaltungsverordnung.

Zur „Zurückdrängung und Verhinderung weiterer feindlich-negativer Aktivitäten sowie zur Disziplinierung" wird vorgeschlagen, dass der Stellvertreter für Inneres vom Magistrat einen Mitarbeiter benennt, der Bärbel Bohley belehrt und verwarnt; Annedore Havemann und Barbe-Maria Linke seien durch den Stellvertreter für Inneres (Rat des Kreises Strausberg) vorzuladen und auf der Grundlage der „beigefügten Hinweise zu belehren und zu verwarnen."[229]

Die Berliner Gruppe „Frauen für den Frieden" geriet, wie auch die Gruppen in anderen Städten der DDR, immer stär-

---

[229] Ebenda, Bd, VII, S. 165-170; auch BStU, ZA, ZAIG 5572, S. 2-7.

ker ins Blickfeld des MfS. Viele engagierten sich in den folgenden Jahren zugleich auch in anderen oppositionellen Gruppen, wie zum Beispiel bei der „Initiative Frieden und Menschenrechte", und im Herbst 1989 in den neu entstandenen Bürgerbewegungen wie dem „Neuen Forum" oder „Demokratie Jetzt".

„Genossin S." und ihr Auftrag

Vor Heilig Abend und den Weihnachtstagen laufen die Vorbereitungen in einer Kirchengemeinde auf Hochtouren. Es
war am 22. Dezember 1982, als mich vor dem Pfarrhaus eine
Frau ansprach. Sie wollte nicht ins Kirchenbüro, sondern
mich persönlich sprechen. Ich bat sie in mein Arbeitszimmer.
Sie erzählte mir, dass sie Anfang Mai bei dem Gesprächskreis dabei gewesen sei. Dieser Abend stand unter dem
Thema „Frieden schaffen ohne Waffen". Wie im Zeitraf-
fertempo tauchte dieser Abend in meiner Erinnerung auf.
Dann ist sie offensichtlich eine Person von denen, die damals
geschickt worden waren! Mein Gegenüber schien sehr erregt
zu sein. Sie habe sich damals über den Abend sehr geärgert
und sie käme heute, um ihren Ärger loszuwerden, leitete sie
ihren Redeschwall ein. Als Lehrerin habe sie inzwischen
auch mit Jugendlichen und Eltern über meine Arbeit gesprochen. Auch in deren Auftrag sei sie heute hier. Ihre
Wortwahl gewann immer mehr an Schärfe. Sie spreche mir
das Recht ab, Pfarrer zu sein, Pfarrer in diesem Land zu sein.
Ich würde gegen unseren Staat und im Interesse fremder
Mächte, unter dem Deckmantel des Pfarrers, Wühltätigkeit
betreiben. Ich würde Jugendliche zur Wehrdienstverweigerung auffordern und damit zum Verstoß gegen die Gesetze
der DDR. Die Bürger Neuenhagens seien über meine Tätigkeit empört. Sie habe auch erfahren, dass mein Auftreten als
Kurprediger auf Usedom dort Empörung ausgelöst habe.
Ich versuchte ruhig zu bleiben, unterbrach die sichtlich gut
vorbereitete Rednerin und versuchte, ihr den Hintergrund

meines Handelns zu verdeutlichen. Als Christen, für die das Evangelium die Grundlage sei, würden wir in bestimmten Fragen Entscheidungen fällen, die sich nicht mit der Ideologie des Staates decken. Darin seien die Konflikte begründet. Mir gehe es nicht darum, die Menschen zur Anpassung anzuhalten, sondern zur wachsamen Auseinandersetzung und zum eigenverantwortlichen Entscheiden zu ermutigen.

Erneut prasselten Vorwürfe auf mich ein. Als diese nicht enden wollten, unterbrach ich mein Gegenüber und äußerte meine Vermutung, sie sei offensichtlich geschickt worden und Mitarbeiterin des Staatssicherheitsdienstes. Die Lehrerin reagierte darauf mit Empörung. Ich wollte dieses Gespräch nicht fortsetzen und beendete es nach eineinhalb Stunden.

In den MfS-Unterlagen finde ich einen Bericht, unterschrieben mit „S. [...]". Einige Auszüge aus dem Bericht seien hier genannt:

„Er kam vom Gelände der Kirche und hatte dort gearbeitet. War zunächst aufgeschlossen, bat mich herein. Ich bezog mein Kommen auf den Gesprächskreis ‚Schwerter zu Pflugscharen', an dem ich teilgenommen hatte [...]. Da bat er mich sogar in sein Arbeitszimmer. Ich nahm im Sessel Platz. Als ich aber meine Empörung über diese Veranstaltung äußerte und dass sie heute, ein halbes Jahr danach, nicht geringer ist, wurde er stutzig, spitzte die Ohren [...].

– Ich wurde des öfteren angesprochen, Gespräche mit Schülern, Eltern, Großeltern. Kirchliche Veranstaltungen [...] dienen antisozialistischen Zielen, werden missbraucht [...] Ich machte ihm meine Entrüstung deutlich, dass ein Pfarrer in unserem Staat so staatsfeindlich auftritt. Ist er und fühlt er sich als

Staatsbürger der DDR? Er habe diese Frage im Gesprächskreis nicht beantwortet.

Er: ‚Selbstverständlich bin ich Staatsbürger dieses Landes.' Nachsatz: ‚Ich hatte ja gar keine andere Wahl' (wörtlich).

– Wo nimmt er das Recht her, als Pfarrer so gegen den Staat aufzutreten? [...] Ich warf ihm vor, dass er Gesetzesverletzer (Wehrdienstverweigerer) unterstützt. Man müsse wohl selbst Gesetzesverletzer sein, um solche Handlungsweise zu verstehen [...] Ob ihm bewusst ist, dass er an den Grundfesten des Sozialismus rüttelt, die Gesinnungs- und Meinungsfreiheit schamlos ausnutzend.

Er: [...] (Auf die Gesinnungs- und Meinungsfreiheit eingehend): ‚Es ist schon etwas sehr Schlimmes, in dieser Gesellschaft gilt nur eine Meinung und es wird nicht akzeptiert, wenn ein anderer die Gesetze für sich nicht anerkennt. Er handle aus der Verantwortung für die Zukunft, um die er Angst hat'.

– (Auf die Darlegungen, dass er gegen die Beschlüsse seiner eigenen Kirchenleitung handelt):

Er: [...] Er befände sich nicht im Widerspruch zu seiner Kirchenleitung und versteht nicht, wie man immer einen Keil zwischen ihn und die Kirchenleitung treiben will. Außerdem möge sich dieser Staat abfinden damit, dass es ein paar Mill. Christen gibt, die ihre eigenen Wege gehen wollen. Wir wollen zwar alle Frieden, aber Wege dahin sind unterschiedlich [...]

– (Ich habe an verschiedenen Stellen meinen Ton zugespitzt). So habe ich ihn gefragt, ob er ausgelastet sei, weil es bei uns weder Arbeitslose noch Obdachlose gibt, um die er sich kümmern könnte.

Er: [...] Derer nimmt er sich an, solche, die das Wehrdienstgesetz für sich nicht akzeptieren oder nach Jahren keine Waffe mehr tragen wollen. Er kümmert sich um diejenigen, deren Meinung unterdrückt wird. Er zog als Beispiel heran, Jugendliche, denen man das Abzeichen ‚Schwerter zu Pflugscharen' abgerissen habe.

– [...] (Allgemein zeigte sich, dass er mein ehrliches, empörtes Auftreten nicht als Meinung der Neuenhagener Bürger ansehen wollte.)

Er: Er habe an der Wortwahl gemerkt, dass ich nur von der Staatssicherheit geschickt sein könnte. [...]

– (Ich habe ihm hier sein wirkliches Auftreten und seine Haltung gezeigt). Wenn ein Bürger kommt, um ihm seine ehrliche Meinung zu sagen, ist er gleich von der Staatssicherheit, so weit ist es mit ihm [...]. Ich habe ihm ungeschminkt ins Gesicht gesagt, dass er in meinen Augen kein Pfarrer ist und auch kein Christ, auch wenn er Theologie studiert hat, dass er unter diesem Deckmantel Wühltätigkeit treibt. Habe ihm gesagt, dass solche Leute schon seit Bestehen der DDR uns schaden wollen. Aber sie können das Rad nicht zurückdrehen [...].

Er: ‚Wenn Sie mir auch den Pfarrer absprechen, ich arbeite nach meinem Gewissen, nicht im Auftrag irgendwelcher Leute. Ich verstehe meinen Auftrag als Pfarrer so und werde so weiterarbeiten.

– (Im Gespräch hatte ich mehrfach betont, dass ich nichts anderes erwartet habe, keine Illusion hatte bezogen auf seine Person). Er treibt bewusst und zielgerichtet Hetze gegen den Staat. Er bedient sich der Mittel der Rhetorik. (Bezogen auf die Veranstaltungen mit den Schriftstellern, Namen habe ich nicht genannt, wandte ich das Sprichwort an): ‚Sage mir, mit wem du gehst, und ich sage dir, wer du bist'. Ich machte ihm deutlich, dass er der Herr im Hause (Kirche) ist und damit auch verantwortlich für Verunglimpfungen und Hohn, für das, was dort gesprochen wird. Dass solche Veranstaltungen keine Gemeindeangelegenheiten mehr sind, sie in der Kritik der Bevölkerung stehen.

(Er moserte ein wenig, war erschrocken. Er stutzte auch, als ich von meinem Urlaub auf Usedom sprach, weil ich dort direkt angesprochen wurde.)

(Daraufhin habe ich das Gespräch als beendet angesehen und bin entrüstet gegangen)

Er: Er sei auch froh, dass ich gehe. (An der Tür, da geht es einige Stufen hinunter, der Nachsatz): ‚Fallen Sie nicht!' (Ob das nur auf die Stufen bezogen war? - Das ist ein ausgefuchster Bursche!)."[230]

„Ich nehme an, dass Sie nicht nur in Ihrem eigenen Namen so reden. Sicher sind Sie Mitarbeiterin des Staatssicherheitsdienstes". Diese Bemerkung löste bei meiner Gesprächspartnerin große Empörung aus. Heute finde ich bestätigt, was ich damals vermutete.

Das Protokoll, das die „Genossin S." dem MfS übergab, gibt nur unvollkommen das Gespräch wieder. Sätze, die in diesem Gespräch hinausgeschleudert wurden, sind bei mir haften geblieben: „Ich spreche Ihnen das Recht ab, Pfarrer in diesem Land zu sein!" „Unter dem Deckmantel des Seel-

---

[230] Ebenda, Bd. VI, S. 77-84.

sorgers hetzen Sie Jugendliche gegen die geltenden Gesetze der DDR auf!" „Ich fordere Sie auf, verlassen Sie Neuenhagen, verlassen Sie dieses Land!"

Der Auftritt der „Genossin S." zwei Tage vor Heiligabend war beabsichtigt und vorbereitet. Dieser Zeitpunkt wurde bewusst gewählt. Nach solch einem Manöver kann ich nicht ohne Weiteres zur Tagesordnung übergehen. Es komme darauf an, „alle Möglichkeiten zu nutzen, ‚Kreuz' in Unruhe zu halten, ihn zu verunsichern", so wurde es bei einer Absprache der KD Strausberg am 30. September 1982 formuliert.[231] Treffender hat es Oberstleutnant Wiegand am 7. Januar 1983 am gleichen Ort auf den Punkt gebracht: „Es komme darauf an, die vorhandenen Potenzen kontinuierlich einzusetzen, um L. kaputtzumachen."[232]

Als im Frühjahr 1983 dem Generalsuperintendenten im Rat des Bezirks Frankfurt/O. die mir zur Last gelegten Verfehlungen aufgelistet wurden, tauchte auch dieser Vorfall auf: „Am 22.12.82 sucht die [...] Lehrerin [...] von sich aus das Gespräch mit Pfarrer Linke [...]. In diesem Gespräch sind beleidigende Äußerungen gegen die Lehrerin gemacht worden, wie etwa: Sie sei eine Beauftragte des Staatssicherheitsdienstes."[233]

Zwei Tage nach dem Auftritt der „Genossin S." war Heilig Abend. Die Christvespern des Nachmittags in der überfüllten Kirche lagen hinter uns. Zu 23 Uhr hatten wir, wie in den

---

[231] Ebenda, Bd. I, S. 262.
[232] Ebenda, S. 288.
[233] Ebenda, Bd. V, S. 176 ff.

Jahren zuvor, zu einem Mitternachtsgottesdienst eingeladen. Wer daran teilnahm, suchte die Stille. Tragendes Element war eine Bildmeditation, umrahmt von Orgelmusik, Chorgesang und Kerzenschein. Als ich an diesem Abend eine Dreiviertelstunde vor Beginn die Kirche betrat, entdeckte ich eine Gruppe von Jugendlichen, die in den ersten Bänken Platz genommen hatten und durch lautes Rülpsen und Sprechen auf sich aufmerksam machten. Ihr Lärmen und ihre Zwischenrufe verebbten auch nicht, als der Gottesdienst bereits begonnen hatte und ich sie während des Abends mehrfach um Ruhe bat. Verärgerung breitete sich bei den Besuchern aus. Einige Tage danach erfuhr ich, dass diese Jugendlichen aus einer zehnten Klasse der Schule Neuenhagen-Süd stammten. An dieser Schule war die „Genossin S." Lehrerin.

Absender „Amos"

Zu DDR-Zeiten gab es Briefe, die geschrieben wurden, aber die nie ihre Adressaten erreichten. Heute kann ich sie in den Akten des MfS wiederfinden. Aber es gab auch Briefe, deren Absender anonym bleiben wollten, die verunsichern und Angst säen sollten. Einen solchen Brief erhielt ich Anfang Januar 1983. Im Briefumschlag steckte ein Zitat aus dem Alten Testament, vervielfältigt mit einem Ormig-Abzugsgerät.

„Säet Gerechtigkeit und erntet nach dem Maße der Liebe! Pflüget ein Neues, solange es Zeit ist, den Herrn zu suchen, bis er kommt und Gerechtigkeit über euch regnen lässt! Ihr aber pflügt Böses und erntet Übeltat und esset Lügenfrüchte. Weil du dich nun verlässt auf deinen Weg und auf die Menge deiner Helden, darum soll sich ein Getümmel erheben in deinem Volk, dass alle deine Festungen zerstört werden [...]. (Hosea 10,12-14)"[234]

Dieses Zitat aus dem Propheten Hosea hatte ich Anfang Dezember 1982 bei dem Gemeindeabend mit Stefan Heym am Anfang verlesen und ausgelegt. Wer war daran interessiert, dieses Zitat zu streuen? Die Frage blieb damals unbeantwortet.

Mitte Januar 1983 kam mit der Tagespost ein weiterer anonymer Brief mit dem fiktiven Absender: „Prophet ‚Amos' Neuenhagen". „Plötzlich, über Nacht und nicht offiziell per Post, erhielt ich einen Brief des Propheten Hosea

---

[234] Privatarchiv D. Linke.

[...]", so begann der anonyme Schreiber. Sollte ein Zusammenhang zwischen dem anonymen Hosea-Brief und dem anonymen „Amos"-Brief bestehen? Weitere Briefe folgten.[235]

In der Akte des OV „Kreuz" finde ich einen Brief, den der Bürger A. aus Neuenhagen am 5. Januar 1983 an das MfS geschrieben hat. Als Journalist liefert er auch zugleich eine inhaltliche Auswertung mit:

„Sehr geehrte Kollegen, beiliegendes aufmüpfiges Bibelwort fand ich heute früh in meinem Briefkasten, als hektographierten Text auf losem Zettel, ohne Anschrift, ohne Absender. Das störte mich. Zudem handelt es sich möglicherweise um eine Eskalation politischer Untergrundarbeit bzw. Provokation, die für Sie wissenswert ist [...]. Offen ist für mich die Frage, ob dieser Text gezielt bestimmten Leuten in den Kasten gesteckt worden ist oder straßenweise ohne Selektion Kasten für Kasten [...].

Durch Herauslösung des Zitats aus dem historischen biblischen Kontext bekommt der Text einen aktuellen Sinn, der deutlich über den moralischen Bereich hinausgeht und direkte politische Brisanz erhält. Der letzte Satz des 1. Absatzes und der letzte Absatz sind durchaus als Drohung und Kampfansage zu verstehen. Dieser provokative Charakter würde noch verstärkt, wenn dieses ‚Flugblatt' selektiv bestimmten Leuten zugestellt wurde, die nach Meinung der Absender ‚Böses pflügen', indem sie unseren Staat stützen, und denen der Volksaufstand

---

[235] Vier Briefe sind abgedruckt in: Linke, Dietmar: Niemand kann zwei Herren dienen. a. a. O., S. 192 ff.

vorausgesagt wird, der ‚deine Festungen zerstört'. Ich kenne einiges von dem, was sich auf diesem Frontabschnitt tut. Diese Flugblattaktion scheint mir aber eine ernst zunehmende Zuspitzung darzustellen. Ich wünsche Ihnen Erfolg."[236]

Die Ehefrau des Bürgers A. wurde im Oktober 1980 als IMS „Ute Rauch" für eine Zusammenarbeit mit dem MfS verpflichtet. Ihr Führungsoffizier, Leutnant Deutsch, notierte in einem Treffbericht:

„Die Information wurde selbständig von Herrn A. an den unterzeichnenden Mitarbeiter übergeben. Dazu wurde vereinbart, das Original an den Ortsverband der NDPD Neuenhagen zur Auswertung weiterzuleiten [...] Es wird fest damit gerechnet, dass die Verteilung von Pfarrer Linke ausgeht."[237]

Am 14. Februar 1983 schrieb die HA II eine Information mit der Überschrift „Anonyme Postsendungen in Neuenhagen":

„Es wurde bekannt, dass Mitglieder der SED in der Gemeinde Neuenhagen zu Beginn des Jahres 1983 anonyme Postsendungen erhielten. Der Inhalt der Postsendungen wurde überwiegend aus Bibeltexten aufgebaut [...]. In der jüngsten Vergangenheit sollen beim Rat der Gemeinde Neuenhagen mehrere Exemplare der genannten Postsendung abgegeben worden sein."[238]

Ein Inoffizieller Mitarbeiter des MfS berichtet am 11. März:

„In der Beratung des Wohnbezirksausschusses am 22.2.83 erhielt ich folgendes zur Kenntnis: Der Vorsitzende der NF

---

[236] BStU, ASt Frankfurt/O., AOP 889/84, Bd. V, S. 190.
[237] BStU, ASt Frankfurt/O., AIM 1972/89, Bd. II/I, S. 75.
[238] BStU, ASt Frankfurt/O., AOP 889/84, Bd. V, S. 215.

der Gemeinde Neuenhagen berichtete über Flugblattaktionen der Kirche, dass insbesondere der Pfarrer Linke mit seinem Kirchenrat aktiv in dieser Richtung ist."[239]

In diesem Zusammenhang erhielt Siegmar W. (IM „Siegfried Klein") beim Treff mit Hauptmann Richter am 14. Januar den Auftrag, die im Pfarrhaus vorhandenen Schreibmaschinen und das Abzugsgerät zu erkunden.[240] Der IM kannte sich gut im Pfarrhaus aus, schließlich kam er öfter in das Kirchenbüro. Das Ergebnis konnte er beim nächsten Treff dem Hauptmann vorlegen.

Von der gezielt geschürten Unruhe durch Postsendungen mit Bibelzitaten an bestimmte Bürger von Neuenhagen wusste ich damals nichts. In den Akten ist der Akteur nicht auszumachen. „Vorrangig geht es darum, den Zersetzungs- und Beeinflussungsprozess in Neuenhagen intensiv zu forcieren [...]. Das muss zu einer erheblichen Verschärfung der Widersprüche zwischen der Bevölkerung, der Kirchengemeinde und Pfarrer L. führen."[241] So oder ähnlich wurden die Vorgaben bei den kontinuierlichen Absprachen zum OV „Kreuz" formuliert. Bei dem Bürger A. wäre dann diese Rechnung aufgegangen, wenn er – wie oben ausgeführt wurde – feststellt: „Es wird damit gerechnet, dass die Verteilung von Pfarrer Linke ausgeht". Im Wohnbezirksausschuss – und sicher nicht nur da – wurde darüber beraten. So etwas konnte zur „Verschärfung der Widersprüche" beitragen.

---

[239] Ebenda, S. 220.
[240] BStU, ASt Frankfurt/O., AIM 1983/89, Bd. II/I, S. 8 und 14.
[241] BStU, ASt Frankfurt/O., AOP 889/84, Bd. I, S. 285. Beratung der KD Strausberg am 7. Januar 1983.

Wir erhielten in den folgenden Wochen weitere Post vom „Propheten Amos". Die unterschiedlichen Schrifttypen, die Unterschiede im Inhalt und in der Argumentation, die verschiedenen Briefumschläge, dies alles sollte auf unterschiedliche Schreiber hinweisen und den Empfänger nervös machen. Wie viele Mitarbeiter hatte das Büro „Amos"?

Die Fragen blieben damals unbeantwortet. Jahre sind vergangen, bis ich heute die Brief-Durchschriften in den MfS-Akten lese. Der stellvertretende Bürgermeister, Herr Göricke (IM „Stern"), hat die Durchschriften, die mit den „Briefen", die ich erhielt, übereinstimmen, von „Amos" bekommen und an den Führungsoffizier, Leutnant Deutsch, weitergegeben. Der Leutnant schreibt im Treffbericht am 21. Januar 1983:

„Angeführte Schriften wurden vom ehemaligen Bürgermeister Neuenhagens, Gen. Butzner, ohne Abstimmung, selbständig an OV ,Kreuz' geschickt. Die Durchschriften hat er dem IM zur Kenntnisnahme überlassen."[242]

Im „Amos" - Brief vom 14. Januar steht:

„Plötzlich, über Nacht und nicht offiziell per Post, erhielt ich einen Brief [...] Darüber habe ich nachgedacht, weil man das ja soll [...]. Das, was ich über Ihr Tun und Handeln erfahren habe, hat mich davon abgehalten, Ihre Worte weiter anzuhören. Sie sollten sehr kritisch zu Gericht gehen. Es ist ja nicht nur ein Delikt wegen Verkehrsgefährdung, es gibt auch Nachreden über Ihre Auslandsreisen. Es gibt ein sehr altes arabisches Sprichwort: ,Was zwischen zwei Zungen gerät, gerät zwischen tausend'! oder ,Die Zungen der Leute sind die Schreibfedern der Wahrheit'! [...]

---

[242] BStU, ASt Frankfurt/O., AIM 2039/89, Bd. II/II, S. 264-270.

Da Sie ja ein ‚Rucksack-Neuenhagener' sind, lande ich bei
2.Sam.23,6-7: ‚Aber die nichtswürdigen Leute sind allesamt wie
verwehte Disteln' [...]. Sicher werden Sie noch mehr von mir
hören, denn auch der Prophet Jesaja, der ja auch durch Ihren
Mund zitiert wurde, und hier besonders Kap.2, möchte ich
abschließend 1,16 und 17 nennen: ‚Wascht euch, reinigt euch,
tut eure bösen Taten aus meinen Augen, lasst ab vom
Bösen'."[243]

In der MfS-Akte des IM „Stern" finde ich ebenfalls „Das
Gebet des Propheten Amos". Das war der dritte „Brief", den
der ehemalige Bürgermeister, Herr Butzner, mit dem Absender „Amos" an mich schickte. Am Schluss dieses
„Gebets" heißt es:

„Herr Jesus Christus hilf, dass jeder sehend wird und klar
erkennt: ‚Die untergehende Bourgeoisie verbündet sich mit
allen überlebten und untergehenden Kräften, um die ins
Wanken geratene Lohnsklaverei zu erhalten'[...]. Zeige mir
Herr den richtigen Weg und gib mir die Kraft, gemeinsam mit
dir für die Verwirklichung meines Gebets allen Widersachern,
die falsch Zeugnis legen und den Worten der ‚Aktion Sühnezeichen' mehr Glauben schenken als den Tatsachen auf der
Welt, den unerbittlichen Kampf anzusagen."

Die „Aktion Sühnezeichen" wurde wenige Sätze zuvor als
„eine Agentur von Kohl und Strauß" bezeichnet. Offensichtlich wurde auf den Aufkleber in meinem Arbeitszimmer
des Pfarrhauses angespielt mit der Aufschrift *Frieden
schaffen ohne Waffen*. Dieser Aufkleber stammte von der

---

[243] Amos-Brief vom 14. Januar 1983, Privatarchiv D. Linke.

„Aktion Sühnezeichen" aus West-Berlin. Leutnant Deutsch vermerkte dazu: „Das selbstgefertigte Gebet wurde vom ehem. Bürgermeister, Gen. Butzner, an den IM übergeben. Gen. Butzner hat das Original an Pfarrer Linke geschickt."[244] Am 23. März konnte IM „Stern" an Leutnant Deutsch zwei weitere Brief-Produkte übergeben. Der Leutnant vermerkte: „Gen. Butzner hat die Originale anonym an den Pfarrer Linke zu dessen Beeinflussung geschickt [...] Der Treff verlief planmäßig und ohne Störungen. Es gab keine Anzeichen der Dekonspiration."[245]

Die Dekonspiration trat erst ein, als die Akten nach dem Zusammenbruch der DDR geöffnet wurden.

[244] BStU, ASt Frankfurt/O., AIM 2039/89, Bd. II/II, S. 277-279.
[245] Ebenda, S. 283-290.

Signale an die Kirchenleitung

Die Auseinandersetzungen und Konflikte nahmen zu. Einerseits waren sie durch mich, durch uns, durch Reden, Handeln oder durch Aktionen verursacht. Andererseits ahnte ich nicht nur, dass im Hintergrund Kräfte am Werke waren, die gezielt agierten; inzwischen bekamen wir sie auch deutlich zu spüren. Das, was wir erlebten, entsprach nicht der Normalität pfarramtlichen Alltags. Durch die Akten des MfS gibt es Gewissheit. Es gibt Grenzen, die nicht überschritten werden sollten. Es gibt einen verwundbaren Punkt. In dieser Situation schrieb ich am 15. Juni 1982 einen Brief an die Kirchenleitung. Ich wollte sie informieren und hatte zugleich die Hoffnung, dass sie ihre Kontakte zu den staatlichen Organen nutzen würde, um vermittelnd zu einer Entspannung des Verhältnisses vor Ort beizutragen oder in einzelnen Sachfragen gegen die Eingriffe in die kirchliche Arbeit zu protestieren.

„Ereignisse der letzten Monate veranlassen mich, über diese und meine gegenwärtige Befindlichkeit Mitteilung zu machen. Ich empfinde die unten geschilderten Ereignisse als sehr belastend, einengend, zermürbend. Sicher sind diese Ereignisse durch meine Person provoziert, durch mein Auftreten, durch mein Verständnis des Evangeliums, durch mein Agieren. Ich meine, dass es bestimmte Situationen gibt, wo ich mich als Einzelner getrieben weiß zum Reden, zum Handeln, zum Reagieren, wo ich mich nicht im Spinnennetz des Taktierens und der Diplomatie einspinnen kann. Es gibt Situationen, wo mein Reden und Handeln nicht identisch ist mit dem Reden und Handeln der Institution Kirche, wo der Einzelne allein das

Wagnis eingehen muss. Ich sehe dieses letztlich als Resultat der Begegnung mit dem Evangelium und somit im Evangelium selbst begründet. Solange das Reden und Handeln des Einzelnen agendarisch kalkulierbar ist, solange es sich in der ‚Ordnung' bewegt, wird auch die Reaktion der gesellschaftlichen Ordnungshüter kalkulierbar sein. Aber da, wo die Grenze überschritten ist, kommt es zu unkontrollierbaren Gegenreaktionen, zur Konfrontation. Ich verstehe meinen Verantwortungsbereich nicht allein in den Grenzen einer Gemeinde, einer Kirche. Ich möchte mich verantwortlich wissen für das Ganze einer Gesellschaft und so auch für die, die nicht kirchlich gebunden sind. Ich meine, dass auch der Auftrag, das Evangelium zu verkünden, nicht an Grenzen gebunden ist.

Aber ich sehe auch, dass man mich mit bestimmten ‚Gegenschlägen' in Grenzen verweisen möchte, mich mürbe machen will. Ich sehe auch, dass Einzelne durch mich beunruhigt werden und selbst in Gefahr geraten. Ich empfinde beides als eine immer schwerer werdende Belastung.

Es hat sich gezeigt, dass Konflikte, die schon in meiner vorigen Gemeinde Meinsdorf aufgebrochen waren, hier in Neuenhagen weitergehen. Die im folgenden angesprochenen Punkte erheben nicht den Anspruch auf Vollständigkeit; sie sind aber sehr belastend für mich [...]"[246]

Ich listete die Konflikte der zurückliegenden Monate auf. Als Letztes erwähnte ich die Gespräche, die mit einzelnen Mitgliedern des Gemeindekirchenrates geführt worden waren, und schloss den Brief an die Kirchenleitung:

---

[246] Privatarchiv D. Linke.

„Die Tatsache, dass der Staatssicherheitsdienst sich hier in aller Offenheit eingeschaltet hat, ist alarmierend. Auch die Tatsache, dass mit offenen Angriffen die Gemeindearbeit beeinträchtigt wird, kann nicht ohne eine Reaktion hingenommen werden. Ich sehe, dass hier Gemeindeglieder gefährdet sind. Ich sehe, dass die Gemeindearbeit als ganze gefährdet ist. Ich empfinde, dass ich selbst – wie nie zuvor – an Grenzen meiner Arbeit angekommen bin."

Am 24. Juni 1982 kam der Berliner Generalsuperintendent Hartmut Grünbaum nach Neuenhagen. In meiner Personalakte finde ich von ihm folgendes Schreiben, das er nach unserem Gespräch an Propst Dr. Winter richtet:
„Wie besprochen, war ich gestern b. Br. Linke in Neuenhagen. Ich habe versucht, mit ihm die anstehenden Punkte zu besprechen. Das Gespräch war sachlich und um gegenseitiges Verstehen bemüht. Besonders belastend sind die Versuche, Gemeindeglieder und Kirchenälteste, die mit L. Verbindung haben, auf jede Weise einzuschüchtern, auch durch SSD[247]. Man kann schon von Boykottmaßnahmen sprechen. Auch die Art, wie man mit ihm in der Ordnungsstrafsache verfahren ist, sieht nach Rache der Staatshüter aus, nicht nach einem objektiven Verfahren."[248]
Am 12. Juli bestätigte Konsistorialpräsident Manfred Stolpe den Eingang meines Briefes und schrieb: „Wir erachten Ihre Darlegungen für so schwerwiegend, dass wir zum nächstmöglichen Zeitpunkt ein Gespräch unter Beteiligung der

[247] SSD: Staatssicherheitsdienst.
[248] Ev. Konsistorium Berlin-Brandenburg, Personalakte D. Linke, S 114.

Ortsdezernenten und des Superintendenten für nötig halten."[249]

Dieses Gespräch fand am 9. September im Konsistorium statt, an dem Herr Stolpe, Oberkonsistorialrat Pettelkau, Superintendent Rißmann, Barbe und ich teilnahmen. Manfred Stolpe protokolliert:

„Die Aussage ‚bin an die Grenzen meiner Arbeit gekommen' bedarf der Erörterung. Linke legt dar, dass sich die Linie gegen ihn verstärkt habe. Insbesondere würden Älteste vom Rat der Gemeinde angesprochen mit dem Ziel, sie gegen L. aufzubringen. Auch das MfS gehe auf die Ältesten zu. Gemeindeglied O. sei zur Rechenschaft gezogen worden wegen Äußerungen zur Schulpolitik. Linke bewege sehr, dass er Menschen in Gefahr bringe. Er frage sich, ob er ‚zurückdrehen' solle. Aber er könne nicht mehr zurück. Auf Rückfrage: er erwarte nicht, dass andere für ihn ‚ausbaden'. Wichtig sei die Erfahrung, nicht allein gelassen zu werden [...].

Ein Pfarrstellenwechsel werde wohl keine Änderung bringen, denn die Meinsdorfer Akten folgten auch nach Neuenhagen. Seine Fragen seien, ob man dies noch durchhalte und ob man andere gefährden dürfe. [...]

Frau Linke ergänzt, sie sei erschrocken über die staatliche Haltung, die sich verstärkt habe, obwohl L's sehr offen begonnen hätten. Nun sei es aber so weit, dass es nicht weiter ginge [...]

Rißmann erinnert, dass der aktive Kern, der L's trage, zum Teil nicht aus der Gemeinde stamme. Auch im Konvent gäbe es starke Anfragen an die kompromisslose Haltung Linkes. Die

---

[249] Privatarchiv D. Linke.

offene Arbeit, auch an Kirchenfernen, schaffe die Unruhe. Der Konflikt sei unvermeidlich. Solidarisierungen seien die Möglichkeit, aber die harte Linie bedinge die Auseinandersetzung. Ohne tragende Gruppe ließe sich die Haltung Linkes nicht durchhalten.

Pettelkau: Offenbar bestehe eine so hohe Empfindsamkeit [...].

Stolpe führt aus, die Kirche könne nicht als Ganze den Kurs Linke fahren; sie könne aber dafür eintreten, dass Raum für die Frager und Beunruhiger bleibe. Die Auseinandersetzung könne man nicht verhindern, Solidarisierungen kämen zu spät. Die Kirche müsse an alle denken und dieses spiegele sich in ihrer Haltung wider.

Linke äußert seine Enttäuschung über die Haltung der Kirche, die überwiegend abwarte und keine Position beziehe.

Pettelkau erläutert die Notwendigkeit, dass in der Kirche die verschiedensten Positionen Raum haben müssten. Linke könne nicht erwarten, dass seine Meinung zur herrschenden Lehre werde. [...]

Stolpe fasst zusammen. Nach seiner Überzeugung sei nicht die Kirche und auch nicht die Gemeinde Neuenhagen die Sturmspitze für gesellschaftliche Umwälzungen. Hauptaufgabe sei es, die Wahrheit von Jesus Christus durch die Zeiten zu tragen. In dieser Kirche sei der Platz auch für Linkes Haltung. Er müsse nur prüfen, ob Gesellschaftsveränderung Mittel der Verkündigung oder umgekehrt sei. Und er müsse prüfen, wie er den Andersdenkenden seiner Gemeinde gerecht werden wolle. Sup., Kons. und KL stünden zu ihm, könnten dies aber nur punktuell und müssten dazu gerufen werden. Man sollte zum Ende des Jahres die Situation erneut reflektieren. Dann stünde die Frage nach der Zukunft, müsse ein Neuanfang gesucht werden? Könne der Dienst eines Pfarrers in N. weiter versehen werden?

Die Kirchenleitung wurde am 10. 9. informiert."[250]

Am 28. Januar 1983 schrieb ich erneut an die Kirchenleitung und listete die Konflikte auf, die für uns im 2. Halbjahr des Jahres 1982 „eine teilweise unerträgliche Herausforderung" darstellten.

„Ich teile Ihnen dieses mit, weil ich nicht meine, dass diese Erscheinungen ‚normal' sind und weil ich feststelle, dass ich streckenweise an den Rand der Belastbarkeit gekommen bin. Natürlich bin ich nicht nur als Einzelperson oder wir als Familie davon betroffen, sondern hier gerät unsere gesamte Arbeit mit in das Spannungsfeld, werden andere mit verängstigt, geraten in Existenzängste."[251]

Am 7. Februar 1983 fand ein Gespräch des Stellvertreters des Vorsitzenden für Inneres vom Rat des Bezirks Frankfurt/O. mit Generalsuperintendent Schuppan statt, das in Absprache mit dem MfS gründlich vorbereitet worden war. Dem Generalsuperintendenten wurde ein Konflikt-Katalog meine Person betreffend übergeben.[252]

Zwei Tage danach schrieb Konsistorialpräsident Stolpe an mich: „In unserem Gespräch am 9.9.1982 haben wir vorgesehen, einen derartigen Gedankenaustausch in einigen Mona-

---

[250] Ev. Konsistorium Berlin-Brandenburg, Personalakte D. Linke, S. 115 ff.
[251] Privatarchiv D. Linke.
[252] Ebenda.

ten zu wiederholen. Dazu bin ich gern bereit.["253] Hatten die vom Rat des Bezirks erhobenen Vorwürfe den Anlass für ein neues Gesprächsangebot gegeben? Mit meinen kontinuierlichen Informationen an die Kirchenleitung hatten wir, Barbe und ich, die Hoffnung verknüpft, die Kirchenleitung würde an die Staatsorgane herantreten, um aufzuklären, wieso es die von mir benannte Kampagne gegen die Gemeindearbeit in Neuenhagen gibt, die in verschärfter Form auch Gemeindeglieder einbezog.

[253] Ebenda.

Neue Strategie im Zersetzungsprozess

Es sei „als neuer Aspekt die Tatsache" zu beachten, „dass sich ‚Kreuz' und seine Ehefrau völlig auf die pazifistische, eigenständige Friedensbewegung der Kirche konzentrieren und zum Vertrauenskreis der Verfechter dieser Bewegung gehören", wurde bei einer Absprache in der Kreisdienststelle Strausberg am 11. August 1982 festgestellt.[254]

Näheres dazu unterbreitete der stellvertretende Leiter der Abteilung XX aus Frankfurt/O., Major Heydel, bei einer Beratung am 30. September. Er wies darauf hin, „dass der Verdächtige zunehmend zu einer Schlüsselfigur im oppositionellen pazifistischen Untergrund wird. Er ist in der DDR und international gefährlicher als in Neuenhagen sichtbar. Neuenhagen jedoch ist Ausgangs- und Endpunkt vielfältiger feindlicher Aktivitäten [...]."[255]

Diesem neuen Aspekt müsse mit einer neuen Strategie begegnet werden. „Über staatliche Organe" sei durch Gespräche eine „innerkirchliche Disziplinierung und Auseinandersetzung mit 'Kreuz' anzustreben", wurde bei einer Beratung in der KD Strausberg kurz vor Jahresende entschieden. Es seien „konkrete politisch-operative Maßnahmen einzuleiten, um 'Kreuz' innerkirchlich in Misskredit zu bringen."[256]

Diesbezüglich war für den 7. Januar 1983 eine Beratung in Frankfurt/O. geplant, die exakt vorbereitet wurde. Dafür wurde von der Abt. XX/7 eine vierseitige Konzeption erar-

---

[254] BStU, ASt Frankfurt/O., AOP 889/84, Bd. I, S. 259 f.
[255] Ebenda, S. 262.
[256] Ebenda, S. 273.

beitet. Außerdem wurden auf fünf Seiten die bisherigen Maßnahmen zum OV „Kreuz" aufgelistet.[257]

In der „Konzeption" wird betont: „Beide Eheleute sind Drahtzieher und Organisatoren feindlicher Aktivitäten größeren Ausmaßes [...]". Daher seien die Verdächtigen zu „diskreditieren, zu verunsichern" und es sei „ein Keil zwischen sie und kirchenleitende Organe zu treiben, damit eine Distanzierung erreicht wird". Sie seien „ständig in Bewegung zu halten und mit unseren Maßnahmen zu zermürben. Dabei geht es nicht darum, ihn auf eine andere Pfarrstelle zu drängen, sondern darum, ihn mit offensiven Maßnahmen zu schlagen."[258]

An der Beratung am 7. Januar zum OV „Kreuz" in Strausberg nahmen neun Mitarbeiter des MfS teil: von der HA XX/4, von den Bezirksverwaltungen Frankfurt/O. und Berlin, sowie von den Kreisdienststellen Strausberg und Brandenburg.

Als Schwerpunkte für die weitere Bearbeitung wurden unter anderem genannt: „die innerkirchliche Auseinandersetzung" und „Maßnahmen zur öffentlichen Diskreditierung von Pfarrer L." Vorrangig gehe es darum, „den Zersetzungs- und Beeinflussungsprozess in Neuenhagen intensiv zu forcieren [...]. Das muss zu einer erheblichen Verschärfung der Widersprüche zwischen Bevölkerung, der Kirchengemeinde und Pfarrer L. führen". „In kirchenleitenden Organen" sei der „Partner für Pfarrer L. zu finden, der ihn wirksam diszipliniert."

[257] Ebenda, S. 275-283.
[258] Ebenda.

„Oberstleutnant Wiegand erklärte, dass er die Richtung der Bearbeitung im vollen Umfang billige. Es sei nicht so, dass die eingeleiteten Maßnahmen wirkungslos gewesen seien. Es komme jedoch darauf an, die vorhandenen Potenzen kontinuierlich einzusetzen, um L. kaputtzumachen.

Wesentlich sei, dass [...] konkreter und prinzipieller massive Forderungen an die Kirche gestellt werden, weil nur über diesen Weg die Maßnahmen Wirkung haben [...]."

Konkret wurde festgelegt:

„Es sind progressive Kräfte zu organisieren, die im Gesprächskreis und ähnlichen Veranstaltungen die Position des Staates vertreten und offensiv gegen L. Stellung nehmen."

„Zugleich sind offizielle Beschwerden an den Gemeindekirchenrat von Bürgern aus Neuenhagen vorzubereiten."

„Die im Zusammenhang mit der von I. vorgesehenen Parzellierung des Kirchenlandes Neuenhagen erarbeiteten Materialien sind der BV Frankfurt (O), Abteilung XX zu übergeben."

„Die von der KD Strausberg übergebene Dokumentation zu Aktivitäten des L. sind [...] aufzubereiten und zur Grundlage von Absprachen mit der Parteikommission ‚Kirchentag' zu machen. Entsprechende Verhandlungen werden mit der Zielstellung geführt, die Kirche zu veranlassen, L. zu disziplinieren und davon die Bereitschaft weiterer Unterstützung abhängig zu machen."[259]

Es ist interessant und aufschlussreich, aus dem Berichtsdeutsch die Verben herauszufiltern und aneinanderzureihen:

---

[259] Ebenda, S. 284-292.

diskreditieren, verunsichern, zermürben, mit offensiven Maßnahmen schlagen, zersetzen, diffamieren, kaputtmachen. Den
Worten sind Taten gefolgt. Das MfS hat dafür Sorge
getragen und kontinuierlich die vorhandenen Kapazitäten
eingesetzt, um den „Fall Linke" zu lösen. Jetzt kam es für
das MfS darauf an, dass die Verantwortlichen in Kirchenleitung und Konsistorium ihrerseits die notwendigen Schritte
einleiten.

Für Juni 1983 war in Frankfurt/O. im Rahmen der Feierlichkeiten zum Luther-Jubiläum ein regionaler Kirchentag
geplant. Kann ein Entgegenkommen des Staates bei der
Durchführung des Kirchentages davon abhängig gemacht
werden, ob Kirche ihrerseits bereit ist, „Linke" zu disziplinieren? Kann der Kirchentag als „Faustpfand" in den
Auseinandersetzungen des OV „Kreuz" ins Feld geführt werden? Diese Fragen wurden bei einer Beratung der Parteikommission „Kirchentag" von Funktionsträgern des MfS
und anderer offizieller Dienststellen am 14. Januar 1983 in
Frankfurt/O. erörtert. Darüber gibt ein „Vermerk" der Abt.
XX/7 der MfS-Bezirksverwaltung Frankfurt/O. Auskunft.
Major Heydel, Leiter der Abteilung XX der MfS Bezirksver-
waltung Frankfurt/O., stellte die „Probleme" dar, die durch
„Verstöße von Pfarrer Linke, Neuenhagen, das Verhältnis
Staat – Kirche belasten." Daraus wurde die „Grundforderung
entwickelt, Möglichkeiten zu prüfen", dass „Grenzen des
Entgegenkommens des Staates aufgezeigt werden, wenn die
Kirche sich nicht deutlich mit Pfarrer Linke befasst." Er
„verwies darauf, dass Pfarrer Linke nicht allein als Gemein-

depfarrer gesehen werden sollte und dass, wenn nicht der Kirchentag zum Faustpfand gemacht werden soll, ein alternatives Problem zu finden wäre, um Pfarrer Linke innerkirchlich zu disziplinieren."

Vertreter der SED-Bezirksleitung unterstrichen in der Diskussion, dass „auf ein ausgewogenes Verhältnis Staat-Kirche Wert zu legen sei", aber „nicht über das Ziel hinaus geschossen werden dürfe." „Was das Verhältnis Staat-Kirche belaste, sei aus dem Feld zu räumen und jede Möglichkeit zu nutzen, mit der Kirche zu reden, dabei auch auf Probleme hinzuweisen."

„Bevor eine Entscheidung getroffen werde, Pfarrer Linke ins Gespräch zu bringen, so wurde abschließend festgelegt, sei eine Abstimmung mit dem Staatssekretär für Kirchenfragen und dem ZK der SED vorzunehmen, um zu gewährleisten, dass das vorgeschlagene Vorgehen gebilligt werde."[260]

Im ZK wurde der Vorschlag akzeptiert. Über das Gespräch mit dem Leiter der Abt. Kirchenfragen im ZK der SED, Rudi Bellmann, informiert ein Vermerk, den Major Heydel, am 18. Januar fertigte:

„Gen. Bellmann stimmte einem offensiven Vorgehen gegen Linke auch im Zusammenhang mit der Vorbereitung des Kirchentages zu. Er betonte, dass es richtig sei, den Kirchentag durch staatliche Organe großzügig zu unterstützen. Das dürfe jedoch nicht dazu führen, dass darauf verzichtet wird, auf die prinzipielle Einhaltung der staatlichen Ordnung und sozialistischen Gesetzlichkeit zu drängen. Aus dieser

---

[260] BStU, ASt Frankfurt/O., AOP 889/84, Bd. V, S. 197 f.

Erwartungshaltung sei es legitim, straffer an das Problem Linke heranzugehen, auch im Zusammenhang mit dem Kirchentag.

Für alle Seiten sei klar, dass Bischof Forck einer der negativsten und reaktionärsten Würdenträger sei, der die Konfrontation sucht und der [...] keinerlei Aktivitäten unternahm, um Linke zu einer Veränderung seiner Haltung zu bewegen. [...] Die Kirche könne nicht erwarten, dass zugesehen werde, wie Linke ständig neuen Zündstoff liefere [...].

Das Gespräch zwischen dem Stellvertreter für Inneres beim Rat des Bezirkes und Verantwortlichen für die Vorbereitung des Kirchentages, die Möglichkeiten besitzen, Linke zu disziplinieren, sei vorzubereiten. Am 20.1.1983 wird Gen. Bellmann den 2. Sekretär der SED-Bezirksleitung Frankfurt/O., Gen. Grell, davon in Kenntnis setzen, dass er den gemeinsamen Vorschlag der Sicherheitsorgane Berlin und Frankfurt/O. billige."[261]

Alle Vorbereitungen zielten darauf ab, dass mit Generalsuperintendent Schuppan ein „Gespräch zur Problematik Linke" geführt werden sollte. Zu seinem Zuständigkeitsbereich gehörte Frankfurt/O. Somit war er auch als offizieller Vertreter der Kirchenleitung für die Vorbereitung des Kirchentages in Frankfurt/O. verantwortlich. Zu dem beabsichtigten Gespräch sollte auch Superintendent Rißmann, der zu dieser Zeit amtierender Generalsuperintendent in Ost-Berlin war, eingeladen werden. Die Abteilung XX der BV Frankfurt/O. hatte in Zusammenarbeit mit der KD Strausberg das Linke betreffende belastende Material zusammenge-

---

[261] Ebenda, Bd. II, S. 9.

tragen und für das bevorstehende Gespräch, das der Stellvertreter für Inneres vom Rat des Bezirks Frankfurt/O., G. Müller, führen sollte, aufbereitet. Mit ihm verständigte sich Major Heydel, Leiter der Abt.XX, am 21. Januar. Für das geplante Gespräch Schuppan – Müller wurde die folgende Konzeption „festgelegt":

„Ausgangspunkt für das Gespräch wird die Tatsache sein, dass in der Vergangenheit mehrfach über Linke gesprochen wurde, ohne dass nur die geringste Veränderung in seinem Verhalten spürbar wurde. Die Kontinuität seines negativen Auftretens macht es erforderlich, darauf aufmerksam zu machen, dass das, dem Verhältnis Staat-Kirche nicht dienlich ist. Einerseits verlangt die Kirche Entgegenkommen, andererseits wird geduldet, dass Linke die Position der Kirche im Sozialismus, die die anwesenden Vertreter der Kirche anerkennen, verlässt.

Die Anwesenden werden dann mit den Fakten konfrontiert, die beweisen, dass Linke die Konfrontation will und mit seinen Aktivitäten anstrebt. Darauf aufbauend wird erklärt, dass Linke so das Ansehen der Kirche schädigt.

Alle diese Probleme werden nicht als Vorhalte angesprochen, sondern als Fragestellungen, die letztlich in der Frage münden, ob Linke Pfarrer der Kirche in der DDR oder der ‚Evangelischen Kirche in Deutschland' ist.

Es werden dann folgende Erwartungen zum Ausdruck gebracht:

– die bereits 1981 getroffenen Festlegungen zur Disziplinierung Linkes sollten im innerkirchlichen Rahmen durchgesetzt werden.

– durch den Einfluss der Kirche sollte dafür Sorge getragen werden, dass auch in Neuenhagen die Grundsätze für die Kirche im Sozialismus durchgesetzt werden [...].

Diese Erwartungen werden unter dem Blickwinkel der Vorbereitung des Kirchentages zum Ausdruck gebracht, indem deutlich gemacht wird, dass man vom Staat nicht grenzenlos Entgegenkommen erwarten kann, wenn man zugleich Aktivitäten gegen den Staat wissend duldet.

Es wird zugesichert, dass die Kirchentagsvorbereitungen auch weiterhin unterstützt werden und der Kirche auch die Stadthalle zur Verfügung gestellt wird, aber nachdrücklich erwartet wird, dass Linke innerkirchlich diszipliniert wird [...]."[262]

---

[262] Ebenda, Bd. V, S. 213 f.

Konfliktkatalog – Herausforderung zum Handeln

Das Gespräch im Rat des Bezirkes Frankfurt/O. mit General-
superintendent Schuppan fand am 7. Februar 1983 statt. In
einem Vermerk, den der Generalsuperintendent mir übersand-
te, ist über dieses Gespräch zu lesen:
„Teilnehmer: 1. Stellvertreter des Vorsitzenden für Inneres beim
Rat des Bezirkes Frankfurt/O., Herr Müller; 1. Stellvertreter des
Vorsitzenden für Inneres beim Rat des Kreises Strausberg, Herr
Beer; Referenten für Kirchenfragen Berlin, Herr Mußler, und
Frankfurt/Oder, Herr Naundorf; Gen. Sup. Schuppan.
1.1. Einleitend erklärt Herr Müller den Anlass dieses Gesprächs: Es müsse eine grundsätzliche Klärung hinsichtlich des
Verhaltens Pfarrer Linke – Neuenhagen – herbeigeführt werden. Sein Verhalten berühre die Kirche im Ganzen, es greife
das Fundament ‚Kirche im Sozialismus' an. Es seien eine Reihe von Einzelgesprächen mit Pfarrer Linke geführt worden;
aus diesen Gesprächen habe Pfarrer Linke keine Schlussfol-
gerungen gezogen. Man müsse feststellen, dass durch Pfarrer
Linke die Redlichkeit des kirchlichen Amtes in Frage gestellt
werde.
1.2. Herr Müller verliest einen mehrseitigen Schriftsatz, der
in zeitlicher Reihenfolge die folgenden Beschwernisse an-
spricht [...].“[263]
Dieser mehrseitige Schriftsatz ist in der Akte OV
„Kreuz" erhalten. Demnach schließt Müller seine Einleitung
mit folgenden Sätzen:

---

[263] Privatarchiv D. Linke.

„Ich möchte betonen, dass in der langjährigen Zusammenarbeit mit Ihnen, Generalsuperintendent Schuppan, und auch mit Generalsuperintendent Richter, Cottbus, es einmalig ist, dass von einem Pfarrer in so konzentrierter und auffälliger Weise die Redlichkeit eines kirchlichen Amtes und die Redlichkeit christlichen Anliegens in Frage gestellt wird."[264]

Es folgt eine Auflistung und umfangreiche Schilderung unterschiedlicher Konflikte: Schulkonflikte, der fingierte Brief aus „Holland", Fahrerlaubnisentzug, Plakatierungen, Kurpredigereinsatz in Ückeritz, das Gespräch mit der „Genossin S.", Brandschutzkontrolle, Buchlesungen.

Am Ende fasst Herr Müller zusammen:

„Ich sprach eingangs von der Überzeugung, dass in Einzelfällen kirchlicherseits mit Herrn Linke gesprochen wurde. Wir müssen aber heute die dringliche Bitte an Sie richten, ihn endlich zur Einsicht zu führen, damit derartige Vorkommnisse der Vergangenheit angehören, zumal sie in der kirchlichen Arbeit unseres Bezirkes – im Sprengel Eberswalde und Cottbus – einmalig sind. Deshalb möchte ich unsere Erwartungen folgendermaßen zusammenfassen:

1. Pfarrer Linke anzuhalten, entsprechend der kirchlichen Praxis die Gemeindearbeit und sein persönliches Auftreten so einzurichten, dass Konfrontationen unterbleiben und er sich an die Grundposition ‚Kirche im Sozialismus' hält.

2. Dass nunmehr endlich aufgehört wird, das Pfarrhaus zur Popularisierung westlicher Losungen zu missbrauchen und sie umgehend aus dem Fenster herausgenommen werden.

---

[264] BStU, ASt Frankfurt/O., AOP 889/84, Bd. V, S. 176-183.

3. Dass Herr Linke als Pfarrer aufhört, seinen Kindern NATO-Symbole auszuhändigen und diese damit in der Schule demonstrieren müssen.

[...] Ich möchte Ihnen ausdrücklich sagen, dass diese Information aus dem bestehenden Vertrauensverhältnis heraus Ihnen zur Kenntnis gegeben worden ist, um solch einen Stein des Anstoßes im Interesse des Ansehens und der Redlichkeit der Kirche – wie man so sagt – aus dem Wege zu räumen."[265]

Generalsuperintendent Schuppan schreibt abschließend in seinem Vermerk über das Gespräch: „Herr Müller betont, ein derartiges Verhalten könne zu einer Belastung des Vertrauensverhältnisses zwischen Staat und Kirche führen. Es sei jetzt Sache der Kirche, klärende Gespräche mit Pfarrer Linke zu führen...

Schuppan nimmt zur Kenntnis und teilt mit, dass Bischof, Konsistorialpräsident und Sup. Rißmann informiert werden. In Gesprächen mit Pfarrer Linke sollen die angesprochenen Fragen erörtert werden [...]."[266]

Nachdem mit deutlichen Worten die Erwartungshaltung des Staates zum „Fall Linke" ausgesprochen worden war, wurden offen stehende Fragen zum Kirchentag in Frankfurt/O. erörtert: Druckgenehmigungen, Bereitstellung der Stadthalle für den Eröffnungsabend, DEWAG übernimmt Gestaltung der Freilichtbühne, Sonderzüge aus Berlin.

---

[265] Ebenda.
[266] Privatarchiv D. Linke.

Superintendent Rißmann wurde danach zum 16. Februar in den Rat des Bezirks Frankfurt/O. eingeladen. Ihm sollten „die vorgetragenen Beschwernisse ebenfalls direkt" vorgetragen werden. So war es mit Generalsuperintendent Schuppan vereinbart worden. Superintendent Rißmann sagte diesen Termin ab und teilte dem Bezirk mit, „dass erst interne Gespräche geführt werden müssten, ehe ein Gespräch in Frankfurt/O. sinnvoll erscheint".[267]

Ich erhielt damals den Aktenvermerk des Generalsuperintendenten und habe in einem Schreiben an die Kirchenleitung am 16. Februar 1983 zu den einzelnen Vorwürfen Stellung genommen.

Auf die Erwartungshaltung des staatlichen Gesprächspartners musste reagiert werden. Am 4. März kam Bischof Dr. Forck zu einem Gespräch nach Neuenhagen. Am 28. März waren Barbe und ich zu einem Gespräch ins Konsistorium geladen. Daran nahmen Generalsuperintendent Krusche, der Anfang März 1983 seinen Dienst in Berlin begonnen hatte, die Oberkonsistorialräte Giering und Pettelkau sowie Superintendent Rißmann teil. Grundlage dieses Gesprächs bildete der vom Rat des Bezirks vorgelegte Konflikt-Katalog, der Punkt für Punkt abgearbeitet wurde. Da spielten zum Beispiel auch die „Schulmappe der Tochter Mirjam", das Hemd, das Martin in der Schule trug und als „belgisches Uniformhemd" missdeutet wurde, und der kleine Aufkleber „Frieden schaffen – ohne Waffen" am Fenster des Pfarrhauses eine Rolle.

---

[267] Privatarchiv D. Linke.

Auf den vom Rat des Bezirkes mündlich vorgetragenen Konflikt-Katalog sollte mündlich reagiert werden. Diese Aufgabe wollte Generalsuperintendent Krusche übernehmen und damit zugleich seinen Antrittsbesuch im Rat des Bezirkes Frankfurt/O. verbinden. Am 14. Juni, drei Tage vor dem Beginn des Kirchentages, fand dieses Gespräch im Rat des Bezirkes Frankfurt/O. statt, an dem der Stellvertreter des Vorsitzenden für Inneres, Müller, der Sektorenleiter für Kirchenfragen, Naundorf, Generalsuperintendent Krusche und OKR Pettelkau teilnahmen. In dem von OKR Pettelkau gefertigten Vermerk heißt es dazu:

„Krusche erklärt, er sähe diesen Besuch als einen Antrittsbesuch und legt kurz seine Position dar, die er – ausgehend vom 6. 3. 78 – mit der Formel umreißt, Christen hätten in der sozialistischen Gesellschaft ihren Platz und ihre Aufgabe. Er bittet darum, dass Probleme zw. Staat und Kirche stets im Gespräch geklärt werden und benannte als konkreten Anlass des Gesprächs heute die Vorhaltungen, die Gen. Sup. Schuppan im Blick auf Pfr. Linke, Neuenhagen, gemacht worden sind.

Müller erwidert ebenfalls unter Bezugnahme auf den 6. 3. 78. Er erkundigt sich nach den bisherigen Tätigkeiten Krusches und erklärt dann im Blick auf Linke, der 6. 3. 78 sei noch in vielem auszufüllen, Linkes Verhalten liege jedoch nicht auf der Linie des 6. 3. Die Art, wie er sein Pfarramt ausfülle, sei nicht wahrhaftig und redlich. Er stelle nach seiner Überzeugung sicher auch eine innerkirchliche Belastung dar. Eigentlich sei er ein innerkirchliches Problem.

Wir bitten zunächst darum, unser heutiges Gespräch als das Bemühen verstehen zu wollen, Pfr. Linke nicht in eine Isolation im Verhältnis zu den staatlichen Organen zu führen, sondern die Gesprächsmöglichkeiten wieder so zu öffnen, dass nicht alle Fakten im Zusammenhang mit der Person Linke konfrontativ von beiden Seiten, also sowohl von staatlicher als auch von Linkes Seite, gedeutet werden. Wir bitten daher darum, jedes administrative Herangehen an Probleme mit Pfr. Linke nach Möglichkeit zu vermeiden. Krusche bittet darum, etwa neu auftretende Probleme mit Pfr. Linke nicht erst lange liegen zu lassen, sondern sie ihn möglichst kurzfristig wissen zu lassen.

Müller erklärt, von einem administrativen Herangehen könne keine Rede sein. Linke schaffe vielmehr von seiner Seite laufend neue Fakten. Die Zusammenstellung für Gen. Sup. Schuppan sei keine bewusste Sammlung negativer Meldungen über Linke, sondern schlicht die Zusammenstellung aller Fragen, die über den Schreibtisch Müllers im Zusammenhang mit Linke gegangen seien [...].

Wir baten darum, die von staatl. Seite vorgetragenen Beschwernisse nochmals durchgehen zu dürfen, nachdem die Gegendarstellung von Pfr. Linke vorliege.

a) Der Brief aus Amstelveen sei gefälscht. Linke werde auch jetzt noch immer durch anonyme Briefe belastet [...].

– Müller erwidert darauf, Faktum sei für ihn der Brief. Es sei doch merkwürdig, dass nur Linke solche anonymen Briefe erhalte, was sehr zu bedauern sei. Offenbar werde aber doch jemand durch sein Verhalten gereizt [...]."[268]

---

[268] Ev. Konsistorium Berlin-Brandenburg, Personalakte D. Linke, S. 164-166.

Im weiteren Gesprächsverlauf wurden die einzelnen Punkte abgearbeitet.

Am Schluss seines Vermerks schreibt OKR Pettelkau:

„Wir erklärten nochmals, dass es uns darum ginge, genau diese Konfrontation abzubauen. Wir würden uns unsererseits bemühen, die gewiss auch in der Persönlichkeitsstruktur Linkes mitbegründeten Probleme zu lösen [...]. Krusche erklärte abschließend, dass es ihm darum ginge, mit dem Rat des Bezirkes auch in solch schwierigen Angelegenheiten weiter im Gespräch zu bleiben und er für diese Möglichkeit dankbar sei."[269]

---

[269] Ebenda.

IM „Dorothea" – Reisebegleiterin nach Mittelasien

In die Sowjetunion zu reisen ohne festgelegte Reiseroute, ohne Reiseleiter war lange mein Wunsch. Die Weite der Landschaft aufnehmen, Station machen, wann und wo ich will. Da dies so in der DDR nicht möglich war, buchte ich mit meinem Schwager Hans Dieter Hain, der zu dieser Zeit Pfarrer in der Görlitzer Landeskirche war, eine vierzehntägige Reise über das Reisebüro, vom 6. bis 19. März 1983: Moskau, Fergana, Taschkent, Frunse, Alma Ata, Dushanbei, Moskau.

Von dieser geplanten Reise hatte das MfS rechtzeitig erfahren.

Am 6. Januar 1983 schickte die KD Strausberg ein chiffriertes Fernschreiben an die HA VI, Bereich Auslandstourismus. Von dort wurde am 14. Januar geantwortet:

„Die in Ihrem FS genannten Bürger der DDR nehmen an der Touristenreise 10-117-01 vom 6.3.-19.3.1983 in die UdSSR teil. Programm siehe Anlage. Die Reise wurde am 25.10.1982 in der Zweigstelle des VEB Reisebüro der DDR [...] durch Linke, Dietmar gebucht [...] Als Reiseleiter fungiert der Bürger der DDR [...] Die Reisegruppe ist mit einer Stärke von 30 Personen ausgebucht. Über die Bereitstellung eines Platzes durch Umbuchung muss bei politisch-operativer Notwendigkeit umgehend entschieden werden.

In der Reisegruppe hat der Angehörige des MfS (OibE) Hartig, Roland [...] gebucht. Eine Einbeziehung in die Lösung politisch-operativer Aufgaben bitten wir, mit der HA Kader und Schulung, AG OibE, Gen. OSL Bandur [...] abzusprechen, welcher durch unsere Diensteinheit vorinformiert wurde."[270]

Bei der Beratung am 7. Januar in der KD Strausberg wurde festgelegt: „In der Reisegruppe, in der L. in die Sowjetunion reist, kommt ein IM der Abt.XX zum Einsatz mit dem Auftrag, Verbindung zu L. herzustellen. Für den Einsatz wird ein konkreter Reiseauftrag erarbeitet."[271]

IMS „Dorothea" erhielt von der Abteilung XX der BV Frankfurt/O. den Auftrag, „Kreuz" auf der Reise nach Mittelasien zu begleiten.

Am 20. Januar listet die Abt. XX/7 den „Informationsbedarf" auf:

„Es wird gebeten, über die sowjetischen Sicherheitsorgane für die Ankunft in Moskau eine eingehende Zollkontrolle bei den genannten Personen einzuleiten [...]. Bei der Zollkontrolle wären zu beachten das Einführen von kirchlicher Literatur, einschließlich Bibeln in russischer Sprache, nicht vorgeführte Devisen, mitgeführtes Adressenmaterial, mitgeführte nachrichtendienstliche Hilfsmittel.

Folgender Informationsbedarf ist den sowjetischen Sicherheitsorganen zu übermitteln: Welche Kontakte zu Sowjetbürgern oder Ausländern sucht Linke? Von welchen Veranstaltungen halten sich die Genannten zurück, entfernen sich gemeinsam oder einzeln von der Reisegruppe. Was unternehmen diejenigen bzw. derjenige, der bei der Reisegruppe verbleibt, wird die Abwesenheit legendiert, abgeschirmt? Was wird unternommen, wenn es zu einer Absonderung von der Reise-

[270] BStU, ASt Frankfurt/O., AOP 889/84, Bd. V, S. 199.
[271] Ebenda, Bd. I, S. 291.

gruppe kommt; gibt es Anzeichen für besondere Interessen, z .B. militärische Objekte, kirchliche Einrichtungen [...]? Gibt es Versuche der Genannten, sich legal oder illegal von der Reisegruppe zu trennen und außerhalb des Programms selbständig zu handeln? Welche politischen Auffassungen vertritt Linke bei Kontakten mit Sowjetbürgern [...]? Kommt Linke bei politischen Äußerungen auf die sogenannte staatsunabhängige Friedensbewegung in der DDR zu sprechen? Zeigt Linke Interesse an der Weiterführung von Kontakten zu Sowjetbürgern, spricht er Einladungen aus [...]? Spricht Linke über seine Arbeit in der DDR [...]? Erledigt Linke während seines Aufenthaltes Post, führt er Telefonate, erhält er selbst Post? Fertigt er Aufzeichnungen [...]? Äußert sich Linke über den Zweck seiner Reise [...]?"[272]

Am 15. Februar schreibt die KD Strausberg eine Fahndungsmitteilung für die Grenzabfertigungsorgane im Flughafen Schönefeld:

„Das Fahndungsobjekt wird im OV ‚Kreuz', Reg-Nr. V 30/80 des Verdachtes der landesverräterischen Agententätigikeit gem. §100 StGB pol.-operativ bearbeitet. [...] Das Fahndungsobjekt reist am 6.3.83 über den Zentralflughafen Berlin-Schönefeld [...] per Flugzeug in die UdSSR und kehrt am 19.3.83 über den Zentralflughafen Berlin-Schönefeld in die DDR zurück.

Zur zielgerichteten Unterstützung der politisch-operativen Bearbeitung des OV ‚Kreuz' bitten wir um Realisierung folgender Fahndungsmaßnahmen: sofortige telef. Benachrichtigung unserer DE bei Aus- u. Einreise; Durchf. einer eingehen-

---

[272] Ebenda, Bd. V, S. 205 f.

den Zollkontr. bei Aus- u. Einreise: Literatur kirchlichen bzw. antisoz. Charakters, persönl. Aufzeichnungen (Adressen, Telefonnummern), Fototechnik (Fabrikat, Filme, Kassetten), nachrichtendienstliche Technik; Durchführung zollrechtlicher Maßnahmen bei zoll- und devisenrechtlichen Verstößen, wobei Weiterreise des Fahndungsobjektes zu gewährleisten ist."[273]

Ursprünglich wollten wir zu dritt fahren, aber der dritte Platz wurde von uns zurückgegeben. Vielleicht ist auf diese Weise der Platz für IM „Dorothea" frei geworden. Von Anfang an war IM „Dorothea" an unserer Seite, eine attraktive Frau in unserem Alter, aufgeschlossen und sehr interessiert. Es bestanden für Hans Dieter und mich keine Hinweise, die uns veranlasst hätten, den Kontakt mit dieser jungen Frau (IM „Dorothea") auf dieser Reise zu meiden.

Es war eine Rundreise, von Hauptstadt zu Hauptstadt in Mittelasien. Der Programmablauf auf jeder Station war identisch: Halt im Hotel, Fahrt in die Berge, Besuch der Lenin-Denkmäler oder anderer „Errungenschaften". Ein straff durchorganisiertes Reiseprogramm sollte wenig Freizeit für eigene Erkundungen lassen. Der Kontakt zu der Bevölkerung sollte vermieden werden. Mein Schwager hatte Adressen mitgebracht von Menschen, die in der Nähe wohnten, und Bibeln in russischer Sprache, die wir ihnen bringen wollten. Die Familien, denen wir die Bibeln brachten, nahmen uns mit großer Herzlichkeit auf und erzählten uns von ihrer Geschichte in diesem Land. Wir verließen die Reisegruppe, um Kirchen, Moscheen oder Friedhöfe aufzusuchen, fuhren im

---

[273] Ebenda, S. 216.

Taxi in Dörfer zurück, an denen der Reisebus im zügigen Tempo vorbeigefahren war. Dieses registrierte IM „Dorothea". Teilweise nahmen wir sie mit auf diese Touren. Darüber konnte sie dann genau berichten.

War es der ständige Höhenwechsel oder das Widerstreben gegen das festgesetzte Programm? Nach wenigen Tagen wurde ich schwer krank. Ich war wie gelähmt, ein Zustand, den ich bisher noch nicht erlebt hatte. Starke Medikamente, die mein Schwager mitgenommen hatte, ermöglichten es, dass ich mich nicht in medizinische Behandlung begeben musste, aber ich lag im Bett und kam schwer krank in Schönefeld an, wo uns Barbe abholte.

Am Tag unserer Rückkehr in Berlin, am 19. März, nimmt der Leiter der Abt. XX, Major Heydel, zusammen mit Hauptmann Bautz den Bericht von IM „Dorothea" entgegen: „Entsprechend meines Auftrages trat ich am 6.3.1983 meine Reise in die UdSSR an [...]. In der Reisegruppe waren u. a. Hans Hain und Dietmar Linke. Beide trafen gegen 9 Uhr am Flughafen Berlin-Schönefeld ein, begleitet von der Ehefrau des Dietmar Linke. Die ersten Kontakte ergaben sich während des Aufenthaltes vor Beginn der Reise im Aufenthaltsraum nach Durchgang der Zollkontrolle [...]. Im Flugzeug saßen beide hinter mir [...]."[274]

Auf einer Rundreise durch die UdSSR, von Flughafen zu Flughafen, von Hauptstadt zu Hauptstadt, gibt es viel Zeit zum Gespräch; diese nutzte IM „Dorothea", um ihrem Auftrag entsprechend zu arbeiten. Am Ende des ersten Berichtes,

[274] Ebenda, S. 226-229.

den IM „Dorothea" unmittelbar nach der Rückkehr gab, heißt es: „IMS ‚Dorothea' führte diese Reise im Auftrag des MfS zwecks operativer Kontrolle des L. (OV ‚Kreuz') durch."[275]

Zur Reisegruppe gehörte auch der MfS-Mitarbeiter Major Roland Hartig, der ebenfalls einen „Informationsbericht über Pfarrer Linke aus Neuenhagen" lieferte.[276] Major Heydel von der Abt. XX Frankfurt/O. schreibt am 4. April an die HA Kader und Schulung/ AG OibE: „Gen. Major Hartig löste die ihm übertragenen Aufgaben umsichtig, politisch verantwortungsbewusst und operativ geschickt. Die von ihm im Verlauf der Reise erarbeiteten Informationen weisen politisch-operative Relevanz auf und sind für das zu bearbeitende Material auswertbar. Sie werden gebeten, Gen. Major Hartig für den in seinem Urlaub gezeigten Einsatz und sein kluges tschekistisches Handeln gemäß der genannten Aufgabenstellung Dank und Anerkennung auszusprechen."[277]

[275] Ebenda, S. 229.
[276] Ebenda, S. 221-225.
[277] Ebenda, Bd. VII, S.8.

IM „Helga Grusche" im Einsatz

Ende 1982 am Rande der Gemeindeabende mit Rolf Schneider und Stefan Heym lernte ich Christa G. kennen. Sie wohnte in Petershagen und war durch den dortigen Pfarrer Andreas Rütenick auf diese Veranstaltungen aufmerksam gemacht worden. Bei den ersten Begegnungen lernte ich eine aufgeschlossene, interessierte Frau kennen, die mit sechzig Jahren gerade Rentnerin geworden war. Ich erfuhr, dass sie zuvor Leiterin des Brecht-Weigel-Hauses in Buckow/Mark gewesen war. „Ich bin an weiteren Informationen über Veranstaltungen in Ihrer Gemeinde interessiert", sagte sie beim Verabschieden. Daraufhin schickten wir ihr die Gemeindebriefe. In einem Gemeindebrief informierte ich über eine mehrtägige Rentnerfreizeit, die 1983 in Chorin geplant war. Am 19. März 1983 schreibt Christa G. (IM „Helga Grusche") in einem Bericht für das MfS: „Ich meldete mich für die Rentnerrüste vom 26.4.-11.5.1983 in Chorin an. Die geforderte Anzahlung von 100,- M wurde von mir im Februar 83 überwiesen."[278]

Hauptmann Lehr von der KD Strausberg notiert im Treffbericht:

„Der IMB hielt die Instruktionen ein, auf Handlungen zu seiner Person durch das im OV ‚Kreuz' bearbeitete Ehepaar zu reagieren und nicht von sich aus aktiv zu werden. Die Handlungen waren dadurch bisher erfolgreich. Gegenwärtig ist es nur passend, dass der IMB an der Rentnerrüste vom 26.4.-

---

[278] BStU, ASt Frankfurt/O., AIM, 113/76, Bd. I/III, S. 12.

11.5.83 in Chorin teilnimmt. Weitere Aktivitäten könnten als übertrieben erscheinen [...]. Der IMB wird beim nächsten Treff umfassend beauftragt, nachdem zum weiteren Einsatz eine grundlegende Absprache mit dem Ltr. KD und dem OV-führenden MA, Hptm. Richter, stattgefunden hat."[279]

Beim Treff am 31. März wurde dem IM die Anzahlung für die Rentnerrüste vom Führungsoffizier zurückerstattet.[280]

Mitte Februar 1983 besuchte mich Frau G. im Pfarrhaus. Über eine Stunde – so entnehme ich es ihrem Bericht an das MfS – dauerte unser Gespräch.[281] Hauptmann Lehr vermerkt im Bericht:

„Erstaunlich ist die Offenheit des Linke gegenüber dem IMB. Ein Großteil der Aussagen im Bericht ist durch Informationen der Abt.26 bestätigt. Der Bericht ist op. wichtig. Der IMB erhielt bereits beim vorigen Treff eine ausführliche Beauftragung zum OV ‚Kreuz', einschließlich Aufenthalt in Chorin. Entsprechend ist die Verbindung zu Linke zu festigen, indem dessen Interesse an der Person des IMB verstärkt wird."[282]

Diese Offenheit war es, die für Barbe und mich lebenswichtig war, ebenso wie Vertrauen. Ich erlebte Christa G. als aufgeschlossene, herzliche Gesprächspartnerin. Sie stellte Fragen, die nicht aufdringlich waren. Sie war literarisch und politisch interessiert. Sie erzählte, dass sie auch zu dem Pfarrhaus in Buckow, zu Pfarrer Luckau und seiner Frau, ein sehr gutes Verhältnis habe. Ihr Interesse am kirchlichen und

---

[279] Ebenda, S. 11.
[280] Ebenda, S. 19.
[281] Ebenda, Bd. II/V, S. 514-521.
[282] Ebenda.

kulturellen Leben wurde von ihr als Begründung angeführt, um sich am Gemeindeleben in Neuenhagen zu beteiligen. Ihr Angebot zur Mitarbeit nahmen wir gern an. So kam es, dass wir sie zur Teilnahme und Mitarbeit bei Veranstaltungen und Aktionen eingeladen haben. Heute weiß ich, dass Frau G. im Jahr 1983 zu dem wichtigsten Informanten für das MfS wurde. Bei allen wichtigen Ereignissen war sie in den kommenden Monaten mit dabei und verschaffte sich dadurch die erforderlichen Hintergrundinformationen. Aus den Akten ersehe ich, dass ihre Teilnahme und ihr Verhalten jeweils zuvor mit dem MfS-Mitarbeiter abgesprochen wurden. In diesem Kapitel werden Veranstaltungen erwähnt, die wir bis zur Sommerpause 1983 durchführten, bei denen Frau G. (IM „H. Grusche") dabei war und über die sie dem MfS berichtete. Die Berichte wurden in der Regel unmittelbar danach von ihr zu Papier gebracht.

Der Frauenkreis in Neuenhagen, der sich einmal im Monat traf, war für mich ein ganz wichtiger Unterstützerkreis. Es gab etliche Frauen, auf die ich mich bei der Durchführung von verschiedenen Gemeindeveranstaltungen verlassen konnte und die sehr wach und interessiert unsere Arbeit begleiteten. Es waren Menschen, die nicht mehr im Berufsleben eingebunden waren und daher auch ihre Zeit zur Verfügung stellen konnten. Andererseits erlebten sie, dass sie mitgestalten konnten und nicht Objekte der Betreuung waren. In jedem Jahr gingen wir für mehrere Tage auf Reisen. Diese „Rentnerrüsten" trugen zu einem wachsenden Vertrauensverhältnis bei.

Vom 26. April bis 11. Mai 1983 fuhren wir nach Chorin. Wir wohnten in einem Heim der Inneren Mission, das in der

Nachbarschaft zum ehemaligen Kloster Chorin liegt. Unmittelbar nach unserer Rückkehr aus Chorin schrieb Frau G. (IM „Helga Grusche") einen achtseitigen Bericht für das MfS. Darin wird über das Programm, über Inhalte, Eindrücke und über persönliche Gespräche informiert.

„An der Rüste nahmen 15 Personen teil. Zum Programm gehörten: tägliche Seminare über Bibeltexte, in deren Mittelpunkt die sogen. Galater-Paulus-Thematik stand, für die Abendstunden u. a. ‚Judentum und Antisemitismus', ‚Vom Sinn des Altwerdens', ‚Wie lebe ich mit meinen Ängsten?' Weiterhin veranstaltete Linke einen Dia-Vortrag über seine Reise in die mittelasiatischen SSR [...]. Weiteres: ein Abend über jüdische Lyrik in der Diaspora und im Widerstand, ein ‚Bergfest', Besuche der Klosterruine Chorin mit dortigem Chorkonzert der Rentner, viele Wanderungen, gemeinsamer Kirchenbesuch, Hausgottesdienst mit Abendmahl am 8. Mai. Die Rüste war recht straff und streng gehalten [...]."[283]

Zusätzlich zu diesem Bericht konnte IM „Helga Grusche" umfangreiche Charakteristika der einzelnen Teilnehmer der Rüste erarbeiten. Unter anderem war es ihr durch ihre herzliche Art gelungen, eine Beziehung zu Barbes Mutter, die an der Rüste teilnahm, aufzubauen.

Der Führungsoffizier schrieb am 13. Mai:

„Der IMB hatte die Aufträge zum OV ‚Kreuz' in sehr guter Qualität erfüllt, sowohl in Bezug auf die Aufklärung der Personen als auch auf die Vertiefung der Kontakte zum Pfarrer Linke. [...]

---

[283] Ebenda, S. 539-546.

Da der IMB eine sehr hohe Einsatzbereitschaft, verbunden mit größeren physischen Belastungen, gezeigt hat und auch entsprechende qualitativ hohe Ergebnisse erzielte, wird vorgeschlagen, dem IMB im Juni 1983 eine Prämie von 300,- M auszuzahlen."[284]

Durch den Bericht werde ich daran erinnert, dass ich Frau G. während der gemeinsamen Tage in Buckow auf den Kirchentag in Frankfurt/O. aufmerksam gemacht hatte, der vom 17. bis 19. Juni stattfinden sollte. Ich ermunterte sie, sich dafür anzumelden, was sie umgehend tat.

Für die Wochenzeitung *Die Kirche* wollte sie einen Artikel über die Rentnerrüste schreiben. Für dieses Angebot war ich ihr damals sehr dankbar.

Am Pfingstsonntag, dem 22. Mai, war Konfirmation in Neuenhagen. Unser Sohn Martin gehörte zur Konfirmandengruppe. IM „H. Grusche" berichtet:

„Linke hielt vor überfüllter Kirche eine scharfe Predigt, die, wie ich bemerkte, von vielen Eltern und Verwandten aufmerksam und beifällig aufgenommen wurde. Einige Ausführungen griffen die sozialistische Gesellschaftsordnung an: ‚Christliche Eltern müssen viel Phantasie entwickeln, um ihre Kinder zu aufrechten, jungen Christen zu erziehen. Das ist heute nicht so einfach [...]. Bei uns in der Kirche sind alle gleich [...]. Keine Wertung nach Parteiabzeichen [...]. Es ist unerträglich, wenn Erfahrungen die Hoffnungen zerstören [...]. Keine Macht der Welt hat das Recht, euch zu reglementieren

[284] Ebenda, Bd. I/III, S. 22-24.

[...]'. Aus der BRD war Pfarrer Eberhard Schäfer, Buxtehude, anwesend [...].“[285]

Frau G. (IM „H.Grusche") überreichte unserem Sohn Martin nach dem Gottesdienst einen Blumenstrauß. Die Unkosten dafür wurden ihr vom MfS erstattet.

Alljährlich feierten wir mit der katholischen Gemeinde Dahlwitz/Hoppegarten einen ökumenischen Gottesdienst. Zu diesem ökumenischen Gemeindefest am 29. Mai auf unserem Kirchengelände, an dem auch die Gemeinde aus Neuenhagen-Süd teilnahm, hatte ich Frau G. eingeladen. Sie berichtet darüber dem MfS:

„Anwesend waren ca. 200 Personen. Wesentliche Höhepunkte waren: gemeinsamer Gottesdienst, eigentliches Kirchenfest (Kaffeetafel, Bastel- und Spielstraße für Kinder), Vorführung eines Films über das 750-jährige Bestehen der Pfarrgemeinde [...] Linke hielt eine umfassende Predigt unter dem Motto ‚Gottes Volk unterwegs'. L. erklärte, dass es nicht mehr genügt, in seiner Gemeinde allein zu wirken, sondern es müssten die ökumenischen Grenzen überwunden werden. Ein Großteil der Predigt hatte einen religiösen Charakter [...].

Im Anschluss an das Kirchenfest kam es meinerseits zu weiteren Gesprächen mit Linke. Dabei äußerte er u. a., dass ihm und der Gemeinde solche Veranstaltungen Auftrieb gäben [...].“[286]

Am 2. Juni nahm Frau G. (IM „H.Grusche") am Abend des Gesprächskreises teil und berichtete umfangreich über die

---

[285] Ebenda, Bd. II/V, S. 559 f.
[286] Ebenda, S. 576 f.

Diskussion an diesem Abend.[287] Frank Rudolph, mit dem ich zusammen im Predigerseminar in Wittenberg war und der nun Pfarrer im Kreis Templin war, sprach zum Thema: „Wurzeln und Hintergründe der Theorie von Karl Marx in der Sicht eines Theologen".[288]

Der Führungsoffizier notiert am 3. Juni:

„,H. Grusche' wurden die monatlichen Zuwendungen für Mai/Juni (je 200,- M) ausgezahlt und operative Auslagen zur Erfüllung bedeutsamer Aufträge (Rentnerrüste, Kirchentag usw.) in Höhe von 750,- M zurückerstattet. Für die bewiesene hohe Einsatzbereitschaft und die erarbeiteten operativ bedeutenden Ergebnisse wurde eine Prämie (200,- M) überreicht. ,H. Grusche' arbeitete in den letzten Tagen/Wochen äußerst intensiv, oft bis weit in die Nacht hinein [...].

Neben den Veranstaltungen zum Kirchentag in Ffo. (16.-19.6.83) wird sie voraussichtlich bei folgenden anwesend sein: 20.6.83 Gemeindeabend mit Gästen aus Amstelveen (Holland); 26.6.83 Gottesdienst mit Altbischof Schönherr; 28.6.83 Busfahrt in den Spreewald (Kirchengemeinde Nhg.); 3.7.83 Friedenswerkstatt in Berlin (Erlöserkirche).

,H. Grusche' war durch Barbe Linke aufgefordert worden, am 3.7.83 in Berlin aktiv mitzuwirken [...] ,H. Grusche' wurde beauftragt und instruiert, das Verhältnis zu Barbe Linke zielgerichtet zu vertiefen. Als Grundlagen sollen dazu u. a. Beteiligung an der ,Friedenswerkstatt' am 3.7.83 und eine

---

[287] Ebenda, S. 552-554.
[288] Seit 1963 war Frank Rudolph als IM „Klaus" tätig. Vgl. Knabe, H., Die unterwanderte Republik, a. a. O., S. 273.

(noch unbestimmte) Einladung der B. Linke an den IMB sein."[289]

Vom 16. bis 19. Juni fand der Kirchentagskongress in Frankfurt/O. statt, an dem Barbe und ich teilnahmen. Frau G. hatte sich auf meine Anregung hin für den Kirchentag angemeldet. Am 14. Juni sprach sie mit dem Führungsoffizier die Formalitäten für die täglichen Treffs während des Kirchentages durch. Während des Kirchentages war sie in einem Privatquartier untergebracht, zusammen mit einer ehemaligen Rechtsanwältin, die zugleich die Gesprächsleitung der Arbeitsgruppe IV hatte, in der auch Frau G. mitarbeitete. Über die Zusammensetzung der Arbeitsgruppe und die Inhalte der Diskussion fertigte sie handschriftliche Notizen und sprach weitere Informationen auf eine Tonkassette. Beides übergab sie bei den täglichen Treffen dem Führungsoffizier, Hauptmann Lehr.

Am Kirchentag nahmen auch Holländer aus der Partnergemeinde Amstelveen als offizielle Gäste teil. Mit ihnen war für den Montag nach dem Kirchentag ein Gemeindeabend in Neuenhagen verabredet, an dem auch Frau G. (IM „H. Grusche") teilnahm. Sie berichtet:

„Anwesend waren ca. 35 Personen, die sich alle namentlich vorstellen mussten [...]. Linkes hatten ein kaltes Büfett vorbereitet. Die Atmosphäre war aufgelockert. Linke begrüßte und erklärte, dass dies eine offizielle Veranstaltung sei mit einer

[289] BStU, ASt Frankfurt/O., AIM 113/76, Bd. I/III, S. 25-27.

offiziell eingeladenen Delegation aus Holland und keine ‚Winkelaktion', zur Information für Leute, die offensichtlich Angst hatten zu kommen [...] Linke ging auf den Kirchentag in Frankfurt/O. ein und bedankte sich dafür, dass die Neuenhagener so lebhaft daran teilnahmen [...]. Nach einem Abendessen wurden Fragen gestellt [...]."[290]

Im Anschluss an diesen offiziellen Abend waren wir, wie so oft, noch mit einer Gruppe in unserem Wohnzimmer zusammen. Auch Frau G. war dabei und konnte über dieses Gespräch berichten.[291]

Bei dem Treff am 21. Juni notierte der Führungsoffizier:

„Das persönliche Verhältnis zu Linke hat sich weiter gefestigt. Im Gespräch unter vier Augen erklärte ‚H. Grusche' ihm, dass die Zeiten vorbei seien, als sie noch Angst vor den DDR-Staatsorganen hatte. Man habe ihr und ihrer Familie so übel mitgespielt, dass kaum eine Steigerung möglich sei [...]. Auch das Verhältnis zu Barbe Linke ist am 20.6.83 richtiggehend herzlich gewesen. B. Linke habe spät nachts den IMB zum Bahnhof gefahren. Die beiden Holländer ließen es sich nicht nehmen, sie ebenfalls zu begleiten. Mit den Holländern tauschte ‚H. Grusche' die Adressen aus zwecks Briefwechsel."[292]

Die 2. Friedenswerkstatt war ursprünglich für den 4.-5. Juni geplant. Im Gespräch mit der Kirchenleitung gab es Einwände. Es gab Stimmen, die von einer kontinuierlichen,

---

[290] Ebenda, S. 632-638.
[291] Ebenda, Bd. I/III, S. 38-43.
[292] Ebenda, S. 33.

separaten Großveranstaltung abrieten. Von Kirchenleitungsvertretern wurde erwogen, die Friedenswerkstatt im zeitlichen Kontext der jährlichen Friedensdekade (zwischen Bußtag und Ewigkeitssonntag) einzubinden. Dagegen sprach sich der Vorbereitungskreis aus, da in dieser Zeit eine Vielzahl von themenbezogenen Veranstaltungen stattfänden und auch, bedingt durch die Jahreszeit, eine Nutzung des Freigeländes um die Kirche nicht mehr möglich sei. Andererseits wurde vom Junitermin abgeraten, da in dieser Zeit die Kirchentage in Rostock (10.-12. Juni) und in Frankfurt/O. (17.-19. Juni) stattfänden. Als Kompromiss und letzten möglichen Termin vor der Sommerpause einigte man sich auf den 3. Juli. Da bereits durch die 1. Friedenswerkstatt des Vorjahres Erfahrungswerte vorlagen und auch massive Forderungen des Staates ausgesprochen waren, die Friedenswerkstatt generell zu verbieten, wurde seitens der Kirchenleitung eine stärkere Kontrolle gefordert. Ein Lenkungsausschuss, für den Vertreter der Vorbereitungsgruppe und Vertreter der Kirchenleitung benannt waren, sollte bestimmte Sicherheitsvorkehrungen treffen und auch am Tag selbst aktiv werden, um Konflikte zu vermeiden. In diesem Lenkungsausschuss hatte sich besonders der neue Generalsuperintendent, Günter Krusche, hervorgetan.[293] Die Spontanität, die die erste Friedenswerkstatt auszeichnete, sollte beschnitten werden.

Barbe und ich hatten Frau G. zur Mitarbeit bei der Friedenswerkstatt angeregt. Als das MfS dieses erfuhr, sollte ihr

[293] Seit 1966 hat Günter Krusche als IM „Günter" mit dem MfS zusammengearbeitet.

Einsatz genutzt werden. Am 22. Juni sollten alle Mitarbeiter und Helfer der Friedenswerkstatt in ihre Aufgabenbereiche eingewiesen werden. Barbe hatte mit zwei anderen die Verantwortung für den „Hyde-Park" im Gelände neben der Kirche übernommen. Ich war zur Moderation bei den Schriftstellerlesungen, die in der Kirche stattfinden sollten, eingeteilt.

Am 21. Juni, einen Tag vor dem Treffen der Mitarbeiter, erhielt IM „H. Grusche" dafür die nötigen Instruktionen durch ihren Führungsoffizier. Ihr Auftrag lautete: „Feststellung wesentlicher Personen zur ‚Friedenswerkstatt' und deren evtl. differenzierte Aufgaben. Besondere Beachtung von ‚Kreuz', Beschaffung von Materialien, die bei der Einweisung verteilt werden. Der IMB soll sich für Aufgaben bereit erklären, die keinen demonstrativ-öffentlichkeitswirksamen Charakter tragen."[294]

IM „H. Grusche" berichtet.[295] Man rechne mit 5.000 Besuchern. Sie nennt die thematischen Schwerpunkte, nennt die Plätze und Räume. Für das MfS sind diese Informationen von großem Wert, schließlich geht es darum, rechtzeitig einen Plan für den Einsatz ihrer Mitarbeiter während der Friedenswerkstatt zu erstellen.

Hauptmann Lehr schreibt über einen Treff mit IM „Helga Grusche" am 23. Juni:

„Ihre Aufgaben als ‚Helferin' wurden weitgehend festgelegt. Sie bemühte sich, entsprechend ihren Neigungen, zur Betreuung der Künstler/Theaterschaffenden eingesetzt zu werden [...].

[294] BStU, ASt Frankfurt/O., AIM 113/76, Bd. II/V, S. 639.
[295] Ebenda,, S. 645-650.

Jedoch erhob Barbe Linke dagegen Einspruch, sie habe ‚H. Grusche' als Helferin gewonnen, wolle sie auch in ihrem Bereich einsetzen (sogen. ‚Hyde-Park'). ‚H. Grusche' hat vor dieser Aufgabe Befürchtungen, da sie meint, hier zu sehr in die Öffentlichkeit zu müssen. Sie solle u. a. ‚Provokanten' neutralisieren. Diese Bedenken für die eigene Person wurden weitgehend abgebaut. ‚H. Grusche' braucht bei ihrem dortigen Einsatz nicht zu aktiv werden, da ihr dafür ja noch jegliche Erfahrungen fehlen (als Begründung gegenüber Linkes) [...]"[296]

Der Treff am 1. Juli mit IM „Helga Grusche" diente ausschließlich der „Instruierung des IMB im Zusammenhang mit der ‚Friedenswerkstatt'".

„Vorrangig wurden folgende Probleme besprochen: Die Teilnahme an der ‚Friedenswerkstatt' durch den IMB dient vor allem dazu, das Vertrauensverhältnis zum Ehepaar Linke zu vertiefen. Da voraussichtlich wenig Kontakt am 3.7.83 mit Dietmar Linke zustande kommt, sind die Aktivitäten und Kontakte der Barbe Linke in den Vordergrund der Aufklärung zu rücken, wozu der IMB gute Möglichkeiten besitzt. Der IMB hat sich der 'Regie' durch B. Linke weitgehend unterzuordnen. [...]"[297]

Der Treff am 4. Juli, einen Tag nach der Friedenswerkstatt, dauerte von 13.15 - 17.30 Uhr. IM „H. Grusche" legte, ihrem Auftrag entsprechend, einen schriftlichen Bericht „über das Pfarrerehepaar Linke" vor und gab weitere Informationen mündlich.[298]

---

[296] Ebenda, Bd. I/III, S. 29.
[297] Ebenda, S. 45.
[298] Ebenda, Bd. II/V, S. 665-669.

Friedenswerkstatt 1983 in Ost-Berlin. Hyde-Park. Auf dem Podium Barbe Linke. Privatarchiv D. Linke

Skizze eines normalen Tages

Die MfS-Akten spiegeln nicht den normalen Alltag wider, bieten kein objektives Bild des wirklichen Lebens. Das Wahrgenommene, das Inoffizielle Mitarbeiter des MfS berichtet und was die hauptamtlichen Mitarbeiter der Staatssicherheit notiert und ausgewertet haben, ist zweckbestimmt. Auch wenn ich mich in diesem Buch vor allem auf die Konfliktsituationen beschränke, in denen das MfS und staatliche Organe am Werke waren, so möchte ich unterstreichen, dass der normale Alltag, auch im Pfarramt, bunt und reich war.

Vor mir liegen die Amtskalender jener Jahre. In ihnen stehen Uhrzeiten, Abkürzungen der Ereignisse, Namenskürzel. Einen Tag habe ich im Kalender aufgeschlagen. Mittwoch, der 5. März 1980.

Gegen 6 Uhr stehe ich auf. Es ist kühl im Haus. Ich werde heizen, ziehe mir Arbeitszeug und Gummistiefel an, der Keller ist vom Grundwasser feucht. Zuerst nehme ich die Asche aus dem Heizkessel und versuche ihn anzuheizen. Nicht immer glückt es, das Brennmaterial ist durch die Feuchtigkeit des Kellers beeinträchtigt. Die Dusche danach wirkt wie eine Befreiung.

Die Kinder müssen um 7 Uhr aufstehen. Wir frühstücken zusammen am Küchentisch. Um 8 Uhr beginnt die Schule. Martin ist in der fünften Klasse und fährt mit dem Fahrrad zur Goetheschule. Mirjam ist in der ersten und Jonas in der vierten Klasse. Sie gehen nur über die Straße in die Grundschule. Das alte Schulhaus, in dem die Klassen eins bis vier unterrichtet werden, steht neben der Kirche.

Kurz nach 8 gehe ich runter in mein Arbeitszimmer, überfliege die Termine für diesen Tag. Dringende Post ist zu erledigen. Aber zuerst will ich mir den Predigttext für den kommenden Sonntag ansehen. Einige Gedanken schreibe ich auf. Der Text wird mich in den folgenden Tagen begleiten.

Das Telefon klingelt. Das Bestattungsinstitut vereinbart mit mir einen Beerdigungstermin. Die Angehörigen werden nachher ins Kirchenbüro kommen.

9.30 Uhr. Ich fahre zum Friedhof. Die Kirchengemeinde hat für einige Gräber Pflegeverträge abgeschlossen. Mit dem Friedhofsgärtner, Herrn Ganth, bespreche ich die erforderlichen Pflegearbeiten und die morgige Beerdigung. Ein altes, überwuchertes Gräberfeld soll abgeräumt werden. Dafür benötigen wir die erforderliche Technik. Ich werde mich diesbezüglich mit dem Baustoffhandel in Verbindung setzen.

Zurück zum Pfarrhaus. Haustür und Gartentor sind tagsüber unverschlossen. Das Kirchenbüro öffnet um 10 Uhr. Mit Frau Wünn, der Sekretärin, spreche ich ab, was heute zu erledigen ist. Das Telefon klingelt. Frau Wünn gibt den Telefonhörer an mich weiter.

Ich bin mit dem Leiter der kirchlichen Baubrigade verabredet, mit dem ich die Bauvorhaben an der Kirche durchsprechen will, die bis zur Ökumenischen Festwoche im Juni fertig sein sollen. Im Gemeindekirchenrat haben wir beschlossen, beim Konsistorium einen Antrag auf Beihilfe für Bauarbeiten an der Kirche zu stellen. Zwei Verträge für die Pflege von Grabstellen auf dem Friedhof sind ebenfalls vorzubereiten. Ich setze mich an die Schreibmaschine.

13 Uhr. Jonas und Mirjam sind inzwischen aus der Schule gekommen. Martin kommt eine Stunde später. Wieder sitzen wir am Küchentisch. Es gibt Milchreis, den mögen die Kinder, und ich auch. Nur Barbe isst am liebsten Kartoffeln.

Der Blick in den wilden Garten. Jonas und Mirjam berichten von der Altstoffsammlung in ihren Klassen. Die Schüler sollten Papier mitbringen. Ein Wettbewerb ist entbrannt. Wer hat wie viel Papier gesammelt? Jonas hat sich am Nachmittag mit Stephan verabredet. Matthias kommt, er will mit Martin im Bastelschuppen einen alten Fernseher auseinandernehmen. Jetzt sind wir allein, die Kinder sind aufgestanden. Barbe und ich trinken noch einen Espresso.

Am Nachmittag besuche ich Frau Z. aus dem Frauenkreis, die schon länger krank ist. Zu dritt trinken wir Kaffee, ihre Enkeltochter ist gerade da. Wieder spricht Frau Z. von der Zeit, als sie 1945 als Flüchtling hier in diesem Ort ankam.

18 Uhr. Mit zwei Ehepaaren aus Berlin-Marzahn bin ich verabredet. Sie haben Interesse am Pachtland der Kirchengemeinde. Wir fahren zum Kirchenacker. Ich zeige ihnen die Parzellen, die noch nicht verpachtet sind. Die Fläche ist völlig verwildert und müsste erst einmal urbar gemacht werden. Die jungen Leute sind begeistert, raus aus der Stadt, wenigstens am Wochenende!

Zurück im Pfarrhaus richte ich den Gemeinderaum für den Abend her. Tische und Stühle sind zu stellen. Um 20 Uhr trifft sich der Gesprächskreis.

Vorher mache ich das Abendessen. Barbe bereitet sich für den Abend vor. Noch einmal sitzen wir alle am Tisch, reden, waschen das Geschirr ab.

20 Uhr. Das Thema für den heutigen Abend lautet „Lebensgestaltung und Lebensbewältigung". Barbe liest aus „Tagebücher und Briefe" von Maxie Wander. Wie immer schließt sich ein Gespräch an und wir erzählen, wie wir Maxie und Fred Wander kennengelernt haben.[299]

Es ist nach 22 Uhr, als wir die letzten Besucher verabschieden.

„Wollen wir noch einen Spaziergang machen?", fragt Barbe. Als wir am Friedhof vorbeikommen, schaue ich nach, ob die Gruft für die morgige Beerdigung fertig ist. Bei unseren Freunden brennt noch Licht. Wir klopfen ans Fenster. Lara und Moritz öffnen und nehmen uns in den Arm. „Heute gab's Rotwein bei Frau Gast im Laden", lacht Lara. Wir stoßen an aufs Leben und erzählen, erzählen. Es ist weit nach Mitternacht, als wir nach Hause gehen.

---

[299] An diesem Abend war Andreas P. (IM „André") dabei. Leutnant Jaschke, der Führungsoffizier von IM „André", schreibt am 10.04.1980 im „Auszug aus Treffbericht": „Die Veranstaltung wurde inoffiziell auf Tonband mitgeschnitten." (BStU, ASt Berlin, AIM 7933/91, Bd.II/I, S. 237).

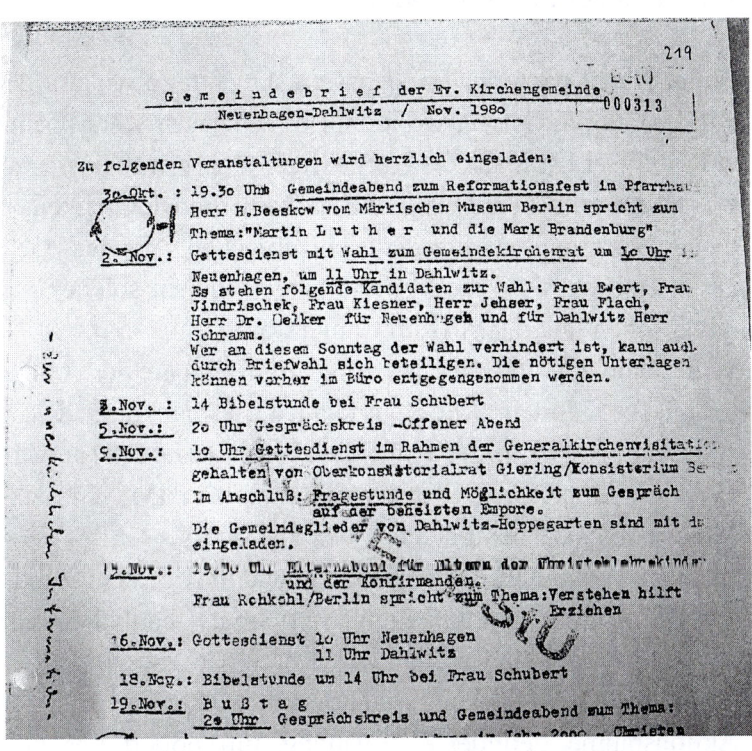

G e m e i n d e b r i e f der Ev. Kirchengemeinde BStU

Neuenhagen-Dahlwitz / Nov. 1980   000313

Zu folgenden Veranstaltungen wird herzlich eingeladen:

30.Okt. : 19.30 Uhr Gemeindeabend zum Reformationsfest im Pfarrha...
Herr H.Beeskow vom Märkischen Museum Berlin spricht zum
Thema:"Martin L u t h e r und die Mark Brandenburg"

2.Nov.: Gottesdienst mit Wahl zum Gemeindekirchenrat um 10 Uhr i...
Neuenhagen, um 11 Uhr in Dahlwitz.
Es stehen folgende Kandidaten zur Wahl: Frau Ewert, Frau
Jindrischek, Frau Kiesner, Herr Jehser, Frau Flach,
Herr Dr. Oelker für Neuenhagen und für Dahlwitz Herr
Schramm.
Wer an diesem Sonntag der Wahl verhindert ist, kann auch
durch Briefwahl sich beteiligen. Die nötigen Unterlagen
können vorher im Büro entgegengenommen werden.

3.Nov. : 14 Bibelstunde bei Frau Schubert

5.Nov.: 20 Uhr Gesprächskreis -Offener Abend

9.Nov.: 10 Uhr Gottesdienst im Rahmen der Generalkirchenvisitati...
gehalten von Oberkonsistorialrat Giering/Konsistorium Be...
Im Anschluß: Fragestunde und Möglichkeit zum Gespräch
auf der beheizten Empore.
Die Gemeindeglieder von Dahlwitz-Hoppegarten sind mit i...
eingeladen.

13.Nov.: 19.30 Uhr Elternabend für Eltern der Christenlehrekinder
und der Konfirmanden.
Frau Rohkohl/Berlin spricht zum Thema:Verstehen hilft
Erziehen

16.Nov.: Gottesdienst 10 Uhr Neuenhagen
11 Uhr Dahlwitz

18.Nov.: Bibelstunde um 14 Uhr bei Frau Schubert

19.Nov.: B u ß t a g
20 Uhr Gesprächskreis und Gemeindeabend zum Thema:

*Teil des Gemeindebriefes der Kirchengemeinde Neuenhagen-Dahlwitz
vom November 1980, mit einem Ormig-Gerät vervielfältigt.
BStU, ASt. Berlin, AIM 7933/91, Bd. II/I, S. 313.*

Einbruch des MfS ins Pfarrhaus

In der Nacht nach der Friedenswerkstatt fuhren wir mit den Kindern an die Ostsee, wo ich für die nächsten vier Wochen auf der Insel Ummanz als Kurprediger tätig war. Unsere Abwesenheit in Neuenhagen bot dem MfS die Möglichkeit, in dieser Zeit erneut ins Pfarrhaus einzubrechen. Aus den Akten ist zu ersehen, dass die Vorbereitungen für ein solches Manöver schon lange vorher im Gange waren.

Wie schon bei der Vorbereitung zum Einbau der Abhörtechnik im Februar 1980, wurde auch diesmal Karin R. (IM „Giesela") aktiv. In der KD Strausberg wurde am 13. März 1983 im Beisein des Führungsoffiziers der IM „Giesela", Major Antczak, festgelegt: „Der IM wird beauftragt, zu ‚Kreuz' Verbindung aufzunehmen und bei diesem Anlass das Haus, die Räumlichkeiten, Einrichtung, baulichen Veränderungen aufzuklären und zu fixieren. Bei diesem Einsatz kommt es darauf an, herauszuarbeiten, wo sich im Haus die Aktionsräume befinden."[300] Anfang Juli notiert der Führungsoffizier der IM „Giesela": „IM fertigte auftragsgemäß eine Wohnungsskizze zu OV 'Kreuz'."[301]

Im Oktober 1982 wurde Siegmar W. als IMS „Siegfried Klein" angeworben und verpflichtet „zum peripheren Einsatz und zur Bearbeitung des OV 'Kreuz'".[302] Im Februar 1983 erhielt er den Auftrag, die Wohnung Linke aufzuklären. Am 24. März lieferte IM „S. Klein" einen „Bericht zu Nutzungs-

---

[300] BStU, ASt Frankfurt/O., AOP 889/84, Bd. II, S. 30.
[301] Ebenda, Bd. VII, S. 45-47.
[302] BStU, ASt Frankfurt/O., AIM 1983/89, Bd. I/I, S. 19.

fragen der Räume zur Vorbereitung von Maßnahmen der Abt. 26."[303] Als Anlage sind Skizzen über das Haus und die Wohnung beigefügt. Der Führungsoffizier vermerkt: „Der Bericht erscheint objektiv, da er ständig Gespräche mit seiner Mutter über diese Problematik führt. Auf der Anlage wurde der Lageplan durch den IM präzisiert."[304]

IM „H. Grusche" bestätigte beim Treff am 30. Juni, dass wir „in der Nacht vom 3. zum 4.7.1983 nach Waase/Rügen fahren" und die Schwiegermutter „spätestens am 1.7.83 nach Zehdenick" bringen würden, wo sie „vier Wochen bleiben" wird.[305] So stand der Zeitpunkt unserer Abwesenheit fest, aktualisierte Skizzen vom Haus und von der Wohnung lagen vor und es wurde bestätigt, wo sich im Pfarrhaus die Aktionsräume befinden. Somit waren die Grundlagen für Maßnahmen der Abteilung 26, den Einbau weiterer Abhörtechnik im Pfarrhaus, erarbeitet.

Die Betreuung der Schafe während unserer Abwesenheit hatte Herr Stemmler, der Friedhofsgärtner, übernommen. Nach unserer Rückkehr von der Ostsee kam Herr Stemmler zu uns. Noch immer erregt, berichtete er uns im Garten, was er erlebt hatte. Einen Tag nach unserer Abfahrt aus Neuenhagen wollte er am Abend des 5. Juli gegen 22 Uhr Grünfutter für die Schafe bringen, aber er kam nicht ins Haus.

„Ich kam mit dem PKW und habe diesen vor der Toreinfahrt geparkt. Ich stieg mit meiner Frau aus und ging zum Pfarrhaus.

---

[303] Ebenda, S. 29.
[304] Ebenda, S. 36. In der Akte „Siegfried Klein" sind neun Skizzen vom Pfarrhaus und vom Wohn- und Arbeitsbereich abgelegt.
[305] BStU, ASt Frankfurt/O., AIM V/113/76, Bd. II/V, S. 658.

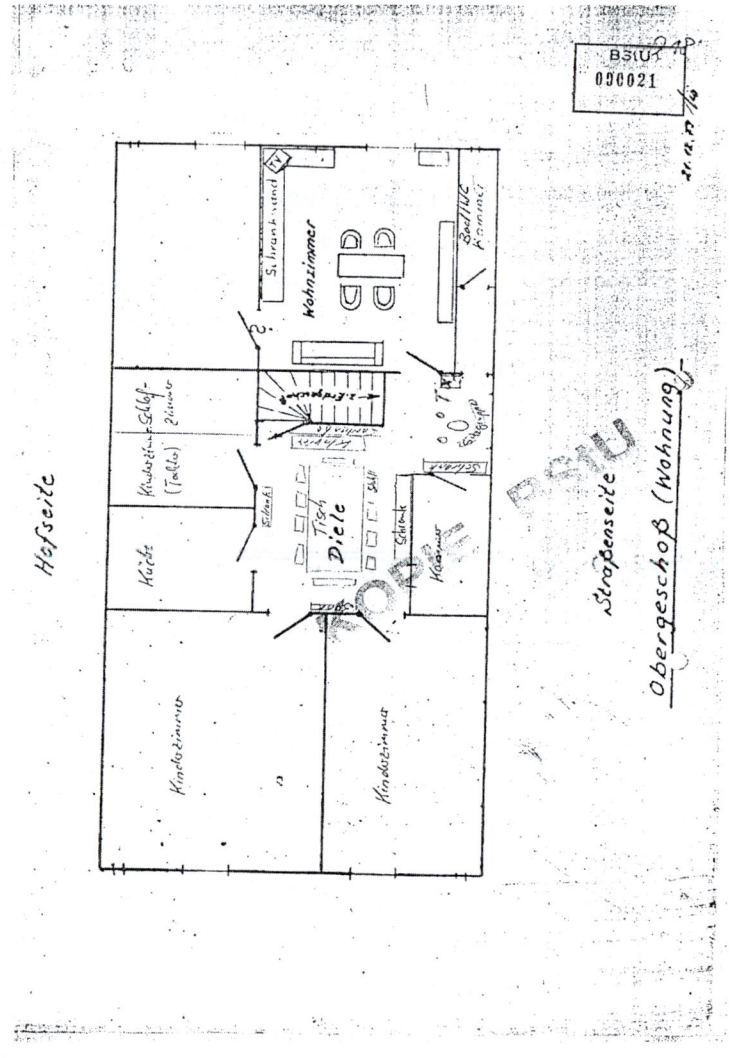

Skizze unserer Wohnung in Neuenhagen in Vorbereitung des Einbaus der Abhörtechnik im Pfarrhaus. BStU, ASt Frankfurt/O., AIM 1983/89, Bd II/I, S. 21

Bei der Fahrt zum Pfarrhaus hatte ich zwei PKW bemerkt, die unweit vom Pfarrhaus auf der gegenüberliegenden Seite parkten. Ich wollte den Schlüssel ins Schloss stecken, die Haustür öffnen, und wollte durch das Pfarrhaus gehen, um die Toreinfahrt auf dem Hof zu öffnen. Es gelang mir nicht, den Schlüssel ins Schlüsselloch zu stecken. Es sah so aus, als ob ein Schlüssel von innen steckte. Ich hörte auch noch irgendwelche Stimmen und Geräusche im Haus. In dem Moment, als ich an der Tür stand, kamen zwei Personen angelaufen. Jede Person hatte eine Flasche Bier in der Hand. Eine Person blieb unmittelbar an der Ecke des Pfarrhauses stehen und versuchte, an der Regenrinne die Bierflasche zu öffnen. Die andere Person stand am Baum, es sah so aus, als ob der Mann pinkelte. Meine Frau bekam Angst. Wir sahen uns an. Ohne etwas zu sagen, wussten wir, die Männer sind von der Stasi. So stiegen wir in unseren PKW und fuhren nach Hause.

Am nächsten Tag war ich wieder im Pfarrhaus. Ich bekam mit meinem Schlüssel sofort die Tür auf. Auf dem Hof traf ich Frau Lengert. Sie sagte mir, dass sie am Abend noch bis gegen 19 Uhr im Garten und im Pfarrhaus gewesen sei und dass sie beim Verlassen die Eingangstür zweimal abgeschlossen hätte. Ich fragte Frau Lengert, ob noch jemand im Haus wohne. Sie sagte, dass dort niemand wohne und dass sie als Letzte das Haus gegen 19 Uhr verlassen hat. Ich fragte sie, ob sie irgendwelche Veränderungen festgestellt habe. Da sagte sie, dass sie sich gewundert habe, dass die Haustür nur einmal abgeschlossen war."[306]

[306] Vgl. Zeugenaussage von Konrad Stemmler vom 18.8.1983. BStU, ASt Frankfurt/O., AOP 889/84, Bd. VII, S. 83-87.

Nach meiner Rückkehr stellte ich fest, dass die Tür zu meinem Arbeitszimmer nicht richtig schloss. Im Raum selbst bemerkte ich, dass die Schranktür, hinter der Tonkassetten lagerten, nur angelehnt war und die Kassetten durcheinander geraten waren; am Schmalfilmprojektor und an den Filmen war die Staubschicht zerstört. Auch an den Büchern und Aktenordnern hatte sich jemand zu schaffen gemacht.

Als ich den Bericht von Herrn Stemmler hörte, wusste ich, „sie" waren da gewesen, einen Tag nach unserer Abfahrt zur Ostsee. Doch damit hatten sie nicht gerechnet, dass an diesem Tag zu später Stunde jemand ihre Hausdurchsuchung und den *Wanzen*-Einbau stören würde. Was haben sie gefunden, was mitgenommen? Was haben sie eingebaut? Wie gehen wir damit um?

Diese und andere Fragen bewegten uns in jenen Tagen. Sollten wir Anzeige gegen „Unbekannt" erstatten, obwohl wir wussten, wer am Werke gewesen war? Die Juristen im Konsistorium waren im Urlaub. Einige Tage später vereinbarte ich einen Termin mit Konsistorialpräsident Manfred Stolpe im Konsistorium. An diesem Gespräch nahm Barbe teil. Nachdem ich Herrn Stolpe den Vorfall geschildert hatte, sagte er: „Bruder Linke, damit müssen Sie leben!" Warum, so frage ich heute, hat er dieses Problem nicht offensiv angepackt? Warum ist seitens des Konsistoriums nie eine Untersuchung eingeleitet worden? Warum ist dieser Vorfall nie in den Gesprächen mit Staatsvertretern angesprochen worden? Als IM „Sekretär", so wissen wir heute, hatte Herr Stolpe vielfältige Kontakte zum MfS, die er, wie er später oft betonte, zu humanen Zwecken genutzt hat. Im Fall Linke allerdings nicht.

Unter der Dienstpost fand ich nach der Rückkehr aus dem Urlaub das Protokoll, das OKR Pettelkau über das Gespräch vom 14. Juni im Rat des Bezirks Frankfurt/O. gefertigt hatte. Am 5. August schrieb ich eine Stellungnahme zu diesem Protokoll an die Kirchenleitung:

„In meinen Berichten an die Kirchenleitung über Vorfälle der letzten Monate hatte ich bereits meinen Eindruck formuliert, dass hier seitens staatlicher Stellen der Versuch unternommen wird, einen breiten Angriff gegen mich und gegen meine Arbeit in Neuenhagen zu unternehmen. Eben in dieser Situation äußerster Belastungen und Bedrohungen hatte ich mich mit diesen Berichten vom Juni 82 und Januar 83 an die Kirchenleitung gewandt [...]

Alle Versuche des staatlichen Gegenübers zielten bisher darauf ab, mich einzuschüchtern, indem man die Grenzen des Handlungsspielraums klar absteckte, bzw. mich zu einem Weggehen aus Neuenhagen zu bewegen [...] Auf dem Hintergrund der gegenwärtigen Situation, die derartig vom Misstrauen des staatlichen Gegenübers gezeichnet ist und mich durch eine Reihe massiver Angriffe bis in die Substanz getroffen hat, habe ich ein Weggehen aus Neuenhagen für mich geprüft. Ich bin aber der Meinung, dass auch ein Wechsel innerhalb der DDR nur die vorhandenen Probleme an einen anderen Ort verlagern würde. Das hat ein Wechsel aus meiner ehemaligen Gemeinde Meinsdorf oder mein Kurpredigereinsatz 1982 auf Usedom gezeigt. Somit ist für mich ein Wechsel der Pfarrstelle zunächst ausgeschlossen.

Andererseits ist es aber für mich deutlich, dass ich unter einer derartigen massiven Spannung und Belastung auf Dauer nicht arbeiten kann. In der Anlage sende ich ein Protokoll über einen Einbruch in das Pfarrhaus, der sich am 5. Juli 83 ereignete. Die Beobachtungen, dass ein reges Interesse an den im Amtszimmer lagernden Arbeitsmaterialien bestand, lassen darauf schließen, dass hier ein bestimmter Kreis von anonymen Kräften nicht ausgeschlossen ist.

Ich stelle für mich fest, dass es sich nur schwer mit einem solchen Umstand leben lässt. Ich habe danach bereits Konsistorialpräsident Stolpe und Gen. Sup. Krusche informiert."[307]

Nach dem ergebnislosen Gespräch mit Herrn Stolpe erstattete ich am 17. August beim Volkspolizeikreisamt, Abteilung Kriminalpolizei, „Anzeige gegen Unbekannt". Danach wurde eine Spurensicherung durchgeführt. Ich habe nie eine Antwort auf meine Anzeige erhalten.

Am 18. August wurden Herr Stemmler und ich von der Kriminalpolizei zu dem Einbruch vernommen. Beide Vernehmungsprotokolle sind in den MfS-Akten zum OV „Kreuz" abgelegt.[308] Am gleichen Tag fertigte die Abteilung XX/4 der BV Frankfurt/O. einen „Aktenvermerk":

„Vom Stellv. Referatsleiter der BV Bln., Abt.XX/4, Gen. Hasse, wurde geäußert, dass bisher keine Informationen darüber vorliegen, dass Linke Aktivitäten zur Kontrolle seiner Wohnung auf ‚Abhörgeräte' unternommen hat. In diesem

---

[307] Privatarchiv D. Linke.
[308] BStU, ASt Frankfurt/O., AOP 889/84, Bd. VII, S. 80-87.

Zusammenhang liegen bisher auch keine Inf. darüber vor, dass sich Linke an Kirchenleitungsmitgl. gewandt hat. Es wurde vereinbart, dass die BV Bln. Abt. XX/4 bei vorliegenden Verdachtshinweisen unverzüglich unsere DE informiert."[309]
Am Tag zuvor hatte Major Antczak in Brandenburg einen „Kurztreff" mit IM „Giesela". Er schreibt in seinem Bericht: „Der IM berichtete, dass die Familie Linke die Maßnahmen des MfS in ihrer Wohnung erkannt hat."[310]

Als wir von dem „Einbruch ins Pfarrhaus" erfahren hatten, fragten wir uns: In welchen Räumen außer meinem Arbeitszimmer waren sie noch? Was haben sie entwendet oder eingebaut? Von diesem Zeitpunkt an haben wir entscheidende Gespräche nur noch im Freien geführt. Doch es ließ sich nicht vermeiden, dass ich von Besuchern in meinem Arbeitszimmer aufgesucht wurde, mit denen ich nicht ohne Erklärung in den Garten gehen konnte Das war eine äußerst schwierige Situation. Den Abhörprotokollen, die in den Akten abgelegt sind, ist zu entnehmen, dass jetzt zu der *Wanze* in unserem Wohnzimmer eine weitere in meinem Arbeitszimmer hinzugekommen war.

Nach der *Wende* schrieb ich im September 1990 an das Volkspolizeikreisamt, Abteilung Kriminalpolizei, in Strausberg und bat nachträglich um Auskunft über das Ergebnis der Ermittlungen. Der Leiter des Kriminalamtes schrieb am 20. September, wenige Tage vor dem Ende der DDR: „Die

[309] Ebenda, S. 92.
[310] Ebenda, S. 48 f.

Täter konnten nicht ermittelt werden; das gegen Unbekannt eingeleitete Ermittlungsverfahren wurde gemäß § 143,1 der Strafprozessordnung vorläufig eingestellt."[311]

---

[311] Privatarchiv D. Linke.

Fasten für das Leben

Vor der Sommerpause 1983 erfuhren wir, dass am 6. August, dem Jahrestag des Atombombenabwurfs auf Hiroshima, in Paris und an anderen Orten eine Fastenaktion beginnen würde. Damit sollte Einfluss genommen werden auf die Abrüstungsverhandlungen in Genf. Dieser Aktion wollten wir uns anschließen. Ich vereinbarte mit dem Kollegen der Erlöserkirche in Berlin-Lichtenberg, dass wir in den Tagen vom 6. bis 12. August mit einer Gruppe die Kirche für diese Aktion nutzen. Am 6. August begann die Fastenaktion mit zwölf Personen. Weitere schlossen sich an den folgenden Tagen an. Wir wohnten, arbeiteten und schliefen in diesen Tagen in der Kirche. „Wir hungern nach Abrüstung – Fasten für das Leben", so stand es auf einem Plakat vor der Kirche. Außerdem wurde zu Veranstaltungen und Gesprächsrunden in die Kirche eingeladen. Auch an anderen Orten der DDR hatten sich kleine Gruppen solidarisiert. Zur gleichen Zeit fastete eine Gruppe im *Haus der Kirche* in West-Berlin, mit denen wir durch Kontaktpersonen in diesen Tagen in Verbindung standen.

Die Fasten-Aktion wurde am 6. August mit einem Gottesdienst eröffnet, zu dem auch Frau G. (IM „H.Grusche") erschien. Sie berichtet dem MfS:

„Gegen 10 Uhr waren ca. 200 Leute in der Kirche. Pfarrer Linke leitete die Veranstaltung. Er wies auf den 38. Jahrestag des ersten Atombombenabwurfs hin und auf die Notwendigkeit, gegen alle Atomwaffen in West und Ost vor-

Fastenaktion 1983. V. l. n. r.: Rommy Mehner, Bärbel Bohley, Dietmar Linke. Privatarchiv D. Linke

zugehen [...] Als Höhepunkt wurde zu einer Kerzenaktion aufgerufen. Bereitgestellte Kerzen sollten an bereits brennenden ‚Friedenskerzen' entzündet und auf zwei Bleche gestellt werden, wobei jeder Bereitwillige einen Wunsch äußern sollte. Von den ca. 200 Leuten kamen ca. 30 der Aufforderung nach. Dietmar Linke: 'Ich zünde diese Kerze an und denke dabei an alle Gruppen, die zu dieser Stunde in der Welt zusammenkommen'. Barbe Linke: ‚Ich zünde diese Kerze an für Hunderttausende von Kindern, die jährlich verhungern müssen, weil der Rüstungswahnsinn in der Welt das Geld für Lebensmittel verschlingt. Ich zünde diese Kerze an für mich selbst, dass ich die Kraft behalten möge, in der Finsternis zu leuchten'. [...] zündete eine Kerze an ‚für die Sicherheitsorgane der DDR, die die Würde von vielen von uns mit Füßen treten. Mögen wir mit ihnen in einen friedlichen Dialog kommen' [...]"[312]

Bei der Eröffnung dieses Gottesdienstes sagte ich unter anderem:

„Angesichts der Zuspitzung der atomaren Aufrüstung in Ost und West haben sich Menschen an der Basis zu Wort gemeldet und zu handeln begonnen in einer nicht mehr zu übersehenden Friedensbewegung. Die Kirche, die Christen, die vom Evangelium her zum Friedenstiften befähigt werden, haben auf der 5. Vollversammlung des Ökumenischen Rates in Nairobi bereits 1975 erklärt: ,Die Kirche sollte ihre Bereitschaft erklären, ohne den Schutz von Waffen zu leben und bedeutsame Initiativen ergreifen, um auf eine wirksame Abrüstung zu drängen [...]'. In dieser Tradition stehend, beginnen wir heute mit einer Gruppe in dieser Kirche eine Aktion ,Fasten für das Leben'.

Wir wissen uns mit dieser Aktion verbunden und solidarisch mit verschiedenen Gruppen in der Ökumene des Ostens und des Westens. Wir wissen von einigen Freunden in Westeuropa, Japan und den USA, die mit diesem Tag ein unbefristetes Fasten beginnen.

Die gegenwärtig in Vancouver, Kanada, versammelte 6. Vollversammlung des ÖRK hat die Mitgliedskirchen aufgerufen, an diesem 6. August verschiedene Veranstaltungen als ein Zeugnis für Frieden und Gerechtigkeit durchzuführen. Wir wollen mit unserer Aktion diesem Aufruf entsprechen. Wir wissen, dass heute gleichzeitig an verschiedenen Orten der DDR Menschen

---

[312] BStU, ASt Frankfurt/O., AOP 889/84, Bd. VII, S. 69.

auf dem Hintergrund ihrer Verantwortung für den Frieden in der Welt zusammenkommen, so z. B. in Halle, Karl-Marx-Stadt, Schwerin, Teterow [...]"[313]

Unsere Gruppe bestand aus Christen und Nichtchristen. Zu ihr gehörten unter anderem Martin Böttger, Bärbel Bohley, Gisela Decker, Ute Delor, Ulrike Grunemann, Katja Havemann, Volker Hesse, Matthias Holst, Peter Köhn, Martin König, Roald Matscheroth, Rommy Mehner, Christoph-Johannes Möbius, Gerd Poppe, Hans-Jochen Tschiche, Wolfram Tschiche, Matthias Wolf.

Das Fasten sowie das gemeinsame Leben und Übernachten in der Kirche hat uns als Gruppe zusammenwachsen lassen. Es gab viel Zeit für Gespräche. Diese Aktion richtete sich auch an die Öffentlichkeit. Die Kirchentür stand in diesen Tagen offen. An den Abenden wurde zu themengebundenen Gesprächsrunden eingeladen. In Briefen wandte sich die Gruppe an die Konferenz der Evangelischen Kirchenleitungen in der DDR und an die Fastengruppe im *Haus der Kirche* in West-Berlin. Darin heißt es unter anderem:

„Gemeinsam fasten wir in Ost und West – zur gleichen Zeit, aus gleichem Anlass, mit gleichen Befürchtungen und mit ähnlichen Hoffnungen. Zum ersten Mal laufen Aktionen dieser Art parallel in West und Ost. Und das ohne vorherige Absprache [...] Wir sind herausgefordert, die Erde bewohnbar zu erhalten und allen Menschen ein würdiges Leben zu ermöglichen. Diese Aufgabe vereint die Menschen aller Weltanschauungen, auch über Grenzen hinweg [...]"[314]

[313] Privatarchiv D. Linke.
[314] Ebenda.

Ein offener Brief wurde an den Vorsitzenden des Staatsrates, Erich Honecker, gerichtet:

„Viele Menschen fürchten, dass die Kraft der Politiker nicht ausreicht, sich auf den risikovollen Weg des gegenseitigen Vertrauens zu wagen. Deshalb denken wir, dass die Menschen in den Ländern dieser Welt ermutigt werden müssen, sich der Politik der gegenseitigen Bedrohung zu verweigern. Wir sind der Meinung, dass viele Einzelne und Gruppen deutliche und unmissverständliche Zeichen setzen müssen, die ihren gewaltlosen Widerstand gegen die Politik des Unfriedens sichtbar machen [...]"[315]

Die HA XX/4 fertigte am 15. August einen zusammenfassenden Bericht über unsere Fastenaktion. Darin wird unter anderem „vorgeschlagen, dass mit kirchenleitenden Personlichkeiten Gespräche geführt werden sollen, um sie aufzufordern, selbst energische Maßnahmen zur Unterbindung des politischen Missbrauchs religiöser Veranstaltungen einzuleiten". Der Staatssekretär für Kirchenfragen soll mit den Bischöfen Forck/Berlin und Demke/Magdeburg sowie mit Konsistorialpräsident Stolpe sprechen, der Stellvertreter für Inneres vom Magistrat, Stadtrat Hoffmann, mit Generalsuperintendent Krusche und der Stellvertreter für Inneres vom Rat des Kreises Strausberg mit Linke als Organisator. In den Gesprächen soll deutlich gemacht werden: „Weitere Fastenaktionen sind nicht zuzulassen. Erneut ist mit entschiedener Konsequenz den Vertretern der Kirche darzule-

---

[315] Ebenda.

gen, dass strafrechtliche Maßnahmen wirksam werden können, wenn sie dieser Aufforderung nicht nachkommen."[316]
In einer „Einschätzung über die Fastenwoche" der HA XX/4 vom 15. August heißt es unter anderem:

„Antisozialistische Angriffe richteten sich gegen die Friedens- und Verteidigungs- und Sicherheitspolitik der Partei und enthielten darüber hinaus Forderungen nach 'Gewährleistung der Menschenrechte', nach Religions-, Presse- und Meinungsfreiheit in der DDR. Ferner wurden alternative Sozialismusvorstellungen propagiert und auf Möglichkeiten des gewaltfreien Widerstandes auch in der DDR verwiesen, um ‚politischen Druck' auszuüben und gesellschaftliche Veränderungen herbeizuführen."[317]

Am 23. August führte der Stellvertreter für Inneres vom Magistrat, Stadtrat Hoffmann, ein Gespräch mit Generalsuperintendent Krusche. In einer „Information" des Stadtrates über das Gespräch ist zur Fastenaktion unter anderem zu lesen:

„Generalsuperintendent Krusche erklärte [...] ‚Bislang hat die Kirchenleitung sich an der Nase herumführen lassen, doch allmählich fruchten meine Vorstellungen'. Krusche informierte, dass die Kirchenleitung beispielsweise einen Beschluss zur Aktion ‚Fasten für das Leben' gefasst hätte (s. Anlage). [...]
‚Auch ich war äußerst sauer über den Brief an den Staatsratsvorsitzenden', erklärte Krusche, ‚dies umso mehr als der Brief am Mittwoch abgeschickt worden sein soll und ich an diesem Tag ein Gespräch mit Linke hatte'. [...]

---

[316] BStU, ASt Frankfurt/O., AOP 889/84, Bd. VII, S. 72-78.
[317] Ebenda, S. 79.

Es muss wieder einmal festgestellt werden, betonte Genosse Hoffmann, dass es nicht angehen kann, dass sich hinter dem Rücken der Kirchenleitung Dinge abspielen, die von dieser nicht zu kontrollieren und zu beeinflussen sind. Wir müssen erneut darauf hinweisen, dass die Kirchenleitung die Verantwortung auch für solche Aktivitäten trägt. In diesem Sinne verlangen wir von der Kirchenleitung, dass sie die Kräfte diszipliniert, die durch provokatorische Aktivitäten gegen die Politik des sozialistischen Staates auftreten und damit dem Verhältnis Staat/Kirche und nicht zuletzt auch den Interessen der Kirche schaden. [...]."[318]

Generalsuperintendent Krusche übergab bei diesem Gespräch den Wortlaut des Kirchenleitungsbeschlusses zur Aktion „Fasten für das Leben":

„1. KL sieht im Fasten einen legitimen Ausdruck christlichen Glaubens, der jedoch nach biblischem Verständnis, wie das Gebet, nicht als ein Akt öffentlicher Demonstration missbraucht werden darf (Matth.6);

2. KL erinnert daran, dass sie übereinstimmend mit den anderen ev. Kirchen in der DDR den Standpunkt vertritt, dass Anliegen kirchlicher Gruppen von diesen nicht in öffentlichen Erklärungen an außer kirchliche Stellen gerichtet werden sollten;

3. KL hält daher den offenen Brief der Gruppe ‚Fasten für das Leben' an den Staatsratsvorsitzenden nicht für geeignet, ein kirchliches Anliegen verstehbar zu machen; [...]"[319]

---

[318] BStU, ASt Frankfurt/O., AOP 889/84, Bd. VII, S. 115-118.
[319] Ebenda.

Die Tage in der Erlöserkirche waren für mich eine wichtige Erfahrung. Das Fasten erzeugte eine große Klarheit im Denken und Handeln. Die Gespräche, die Diskussionen und die Stille am Morgen haben sich tief eingeprägt. Etwas von dem Frieden, der höher ist als unsere Vernunft, wurde erfahrbar. Es war eine tiefgehende Solidarität, die gerade auch während der Abendveranstaltungen spürbar wurde, an die ich mit Dankbarkeit denke.

Lichterkette am Weltfriedenstag 1983 und ihre Folgen

In den Tagen des gemeinsamen Fastens bewegte uns in der Gruppe die Frage: Wie können wir draußen, außerhalb der Kirchenmauern, Zeichen setzen, um unseren Wunsch nach Frieden, nach Abrüstung in Ost und West Ausdruck zu verleihen. Wir wollten den 1. September, den Weltfriedenstag, zum Anlass nehmen und zu einer Lichterkette zwischen der Sowjetischen und der US-amerikanischen Botschaft in Ost-Berlin einladen. Darüber verständigten wir uns am Ende der Fastenwoche in der Erlöserkirche. Bewusst wollten wir auf die Straße gehen, um unser Anliegen öffentlich zu machen. Die Lichterkette sollte unseren Wunsch symbolisieren, dass es zu einer Verständigung zwischen den beiden Großmächten in Sachen Abrüstung kommen möge.

Diese Aktion konnte nicht öffentlich beim Abschlussgottesdienst der Fastenwoche bekannt gegeben werden. Es hätte die Sicherheitskräfte sofort mobilisiert und unser Vorhaben schon im Vorfeld zerschlagen. Durch Mund-zu-Mund-Propaganda wurde diese Nachricht verbreitet.

Der 1. September war ein Donnerstag. Auch diejenigen, die zur Arbeit gehen mussten, sollten dabei sein können, deshalb war die Aktion für 6.30 Uhr vorgesehen. Barbe und ich hatten am Vorabend eine Vollmacht für unsere Freunde Ute und Uwe Römhild in Neuenhagen geschrieben. Im Falle einer Inhaftierung wollten sie sich unserer Kinder annehmen. Am Morgen des 1. September fuhren Barbe und ich mit dem Trabant nach Berlin. In der Tasche hatte ich zwei Briefe, die ich am Vorabend geschrieben hatte und die in den Botschaften der UdSSR und der USA übergeben werden sollten. Das Auto parkten wir abseits von der Friedrichstraße und gingen zu Fuß Richtung US-amerikanische Botschaft. Wir erfuhren, dass auf dem S-Bahnhof Kontrollen durchgeführt wurden und Einzelne zurückgewiesen worden waren. Unübersehbar war die große Zahl der Polizisten und der zivilen Ordnungshüter in den Nebenstraßen. Es erschien wie ein Wunder, dass es uns gelang und wir uns mit einer kleinen Gruppe vor dem Botschaftsgebäude der Amerikaner aufstellen konnten. Die mitgebrachten Kerzen wurden entzündet. Um nicht zu provozieren, wurden keine Transparente enthüllt, keine Reden gehalten. Offensichtlich hatten westliche Journalisten von dieser Aktion erfahren und waren mit einem Kamerateam vor Ort. Uns gegenüber stellten sich uniformierte Einsatzkräfte auf. Es waren vielleicht zehn Minuten vergangen, als der Befehl zum Einsatz gegeben wurde. Mit Gewalt wurden wir von der Botschaft vertrieben und in die Seitenstraße abgedrängt. Versuche, mit den Uniformierten zu reden, waren vergeblich. Wir gelangten über die Kreuzung Unter den Linden – Friedrichstraße und wollten weiter zur Sowjetischen Botschaft. Diejenigen, die sich vor der Sowjetischen Botschaft aufhielten, wurden uns von der Polizei entgegengetrieben.

Barbe wurde plötzlich von zwei Polizisten ergriffen und zu einem Einsatzwagen geschleppt. Als ich mich einmischte und ihren Namen rief, wurde ich gepackt und mit derben Schlägen ebenfalls auf den Einsatzwagen befördert. Zu fünft saßen wir uns gegenüber, als die Plane herabfiel und sich das Fahrzeug in Bewegung setzte.

Lichterkette am Weltfriedenstag 1983. V. l. n. r.: 2. Rainer Eppelmann, 6. Barbe Linke, 7. D. Linke, 10. Katja Havemann. Privatarchiv D. Linke

Als das Fahrzeug hielt, hörten wir, wie ein Tor geöffnet wurde. Wir wurden in einen Raum geführt. Eine Verständigung untereinander wurde uns untersagt.

Westliche Sender hatten sofort nach unserer Festnahme darüber berichtet und unsere Namen genannt. Damit waren diejenigen, die über uns zu entscheiden hatten, unter Druck gesetzt. Diese Öffentlichkeit bewirkte, dass wir nach einigen Stunden freigelassen wurden.

Kaum waren wir frei, war uns klar, wir müssen die Briefe bei den Botschaften abgeben. Zuerst gingen wir in die US-amerikanische Botschaft. Ohne Halt passierten wir den Eingang. Wir wurden zu einem kurzen Gespräch mit Mitarbeitern der Botschaft in einen Raum gebeten; dabei übergaben wir den Brief. Barbe und ich liefen weiter in Richtung Unter den Linden zur Sowjetischen Botschaft. Der Pförtner im Eingangsbereich nahm wortlos den Brief an den Botschafter entgegen. Nachdem wir das Botschaftsgebäude verlassen hatten, wurden wir von einem Polizisten angehalten; wir sollten ihm unsere Personalausweise zeigen. In ein Funkgerät sprach er unsere Personalien. Auf unsere Frage, warum der Mittelstreifen gesperrt sei, antwortete er, dort würde Gas ausströmen, deshalb sei dieser Bereich abgesichert. Wir gingen zu unserem Auto und fuhren nach Neuenhagen.

Am gleichen Tag meldete dpa:

„bei dem versuch einer unabhängigen friedensdemonstration in ost-berlin sind am donnerstagmorgen mindestens vier personen festgenommen worden. etwa 50 junge menschen hatten sich kurz vor 7.00 uhr vor der amerikanischen botschaft versammelt und wollten dort mit brennenden kerzen eine mahnwache zum ‚weltfriedenstag', der in der ddr stets mit grossem aufwand begangen wird, aufstellen. der versuch, dies auch vor der wenige hundert meter entfernten sowjetischen botschaft unter den linden' zu tun, wurde bereits im ansatz von der ddr-polizei unterbunden. vor der amerikanischen botschaft schritten polizisten bereits nach kurzer zeit ein und drängten die demonstranten gewaltsam in eine seitenstrasse. wenig später wurde die gruppe von der ecke friedrichstrasse/unter den linden weggedrängt. zu den festgenommenen gehörten der 39-jährige evangelische pfarrer dietmar linke aus neuenhagen bei berlin und seine frau. beide wurden ebenso wie zwei weitere männer auf einen polizeilastwagen gebracht."[320]

Am nächsten Tag konnten wir auf der ersten Seite der SED-Zeitung *Neues Deutschland* lesen, dass Erich Honecker am Vortag im Elektroapparatewerk in Berlin-Treptow eine Rede zum Weltfriedenstag gehalten habe. „Wenn es um die Sicherung des Friedens geht, ist uns keine Anstrengung zu groß."

Wie reagierte die Staatsmacht auf die Lichterketten-Aktion? Am nächsten Tag fand in der Dienststelle der HA XX eine Krisensitzung unter der Leitung von Oberst Coburger statt. An ihr nahmen der Leiter der HA XX/4, Vertreter der HA IX, ZAIG, der BV Berlin und Frankfurt/O. und der KD Strausberg teil. Oberst Coburger übermittelte den Auftrag des Ministers, Erich Mielke. Es sollte ein Vorschlag für das weitere „Vorgehen gegen Eppelmann und Linke" erarbeitet werden, „in dessen Ergebnis beide durch die Abteilung Inneres in gebührender Form verwarnt werden". Es sei davon auszugehen, „dass die Demonstration vor der Botschaft der USA in Berlin eine Tathandlung ist, die zwangsläufig Reaktionen der gegnerischen Seite hervorrief, und dass es sich um eine gezielte, geplante Aktion zur Diskriminierung der DDR handelte". Es sei deutlich zu machen, dass „diese Demonstration keine Friedensaktivität war" und „dass Eppelmann und Linke durch politisches Abenteurertum die Kirche in Misskredit bringen". Es wurde eingeschätzt, „dass Eppelmann und Linke sich eines groben Verstoßes gegen die Ver-

---

[320] BStU, ASt Frankfurt/O., AOP 889/84, Bd. VII, S. 119.

anstaltungsverordnung und der Rädelsführerschaft für versuchte Zusammenrottung schuldig gemacht haben". Bis zum 5. September sollten die Gesprächskonzeptionen erarbeitet werden für die Gespräche mit Eppelmann und Linke, für die Gespräche des Staatssekretärs Gysi mit den Bischöfen Forck und Hempel (als Vorsitzenden der Konferenz der Kirchenleitungen) und für die Gespräche des Stellvertreters des Oberbürgermeisters von Berlin für Inneres, Hoffmann, mit Generalsuperintendent Krusche und Konsistorialpräsident Stolpe. Das Gespräch mit Linke solle der Stellvertreter für Inneres vom Rat des Kreises Strausberg zusammen mit dem Kreisstaatsanwalt, das Gespräch mit Eppelmann soll der Sektorenleiter für Kirchenfragen beim Berliner Magistrat zusammen mit einem Staatsanwalt führen.[321]

In den „Empfehlungen" für die Gespräche mit den Bischöfen, dem Generalsuperintendenten und Konsistorialpräsidenten heißt es unter anderem:

„Durch die Pfarrer Eppelmann/Berlin-Friedrichshain und Linke/Neuenhagen wurde im unmittelbaren Zusammenwirken mit Vertretern westlicher Massenmedien am 01.09.1983 unter vorsätzlichem politischen Missbrauch des Weltfriedenstages in der Hauptstadt der DDR eine schwerwiegende Provokation inspiriert, organisiert und durchgeführt.

Nach Abstimmung der Details der geplanten politischen Provokation mit den Vertretern westlicher Massenmedien, insbesondere mit dem Leiter des ARD-Büros, Merseburger, veran-

---

[321] Ebenda, S. 122 f.

lassten sie gemeinschaftlich handelnd die Ansammlung von ca. 50 Personen gegen 06.30 Uhr vor den diplomatischen Vertretungen der UdSSR und der USA [...]."

Eppelmann und Linke hätten „unter Missachtung der Veranstaltungsverordnung" „ohne staatliche Genehmigung eine erlaubnispflichtige Veranstaltung" durchgeführt. Sie wären die Rädelsführer einer „Zusammenrottung", die „die öffentliche Ordnung und Sicherheit" beeinträchtigt. Durch „ungesetzliche Verbindungsaufnahme" wären Nachrichten verbreitet worden, die der DDR schaden.

„Die im Zusammenhang mit diesen provokativ-demonstrativen Handlungen erfolgten Angriffe, insbesondere auf die Friedenspolitik der DDR, können zu Belastungen des Verhältnisses zwischen Staat und Kirche führen [...].

Durch einen Staatsanwalt beim Generalstaatsanwalt der DDR bzw. einen Staatsanwalt des Kreises Strausberg wurden (werden) Eppelmann und Linke letztmalig verwarnt [...]."[322]

Am Donnerstag, dem 8. September, wurde ich vom Stellvertreter für Inneres, Beer, angerufen. Er wollte mich zum nächsten Tag in den Rat des Kreises „vorladen" zwecks Belehrung über staatsrechtliche Fragen. Es ginge über schwierige Fragen und Probleme. Ich entgegnete, dass ich an dem Grundsatz festhalten wolle, dass derjenige, der von einem anderen etwas wolle, zu dem gehe, von dem er etwas will. Herr Beer sagte, es sei eine Vorladung seitens der staatlichen Organe, dem hätte ich zu folgen. Er würde Gespräche nur in

---

[322] Ebenda, Bd. II, S. 90-92.

staatlichen Einrichtungen führen. Er gäbe mir Bedenkzeit, die Sache wäre sehr ernst.

Gegen 13 Uhr kam eine Mitarbeiterin, die Sekretärin für Kirchenfragen, zu mir. Sie käme im Auftrag des Genossen Beer und wolle bitten, dass ich der Vorladung folgen möge. Sie sagte, dass in Anwesenheit eines Staatsanwaltes eine Belehrung zum Vorfall des 1. September erfolgen würde. Ich sagte zu und erklärte, dass ich zusammen mit einer anderen Person kommen würde. Dieses wurde mir zugebilligt. Ich bat Superintendent Rißmann, an diesem Gespräch teilzunehmen. Neben dem Stellvertreter des Vorsitzenden für Inneres, Beer, saß uns der Staatsanwalt Rau gegenüber. Über das Gespräch existiert in den MfS-Akten eine „Aktennotiz über die Belehrung und Verwarnung des Herrn Pfarrer Linke, Neuenhagen Kreis Strausberg":

„Durch den Stellvertreter für Inneres wurde Herrn Rißmann und Herrn Linke mitgeteilt, dass diese staatliche Belehrung mit Herrn Linke als Bürger allein erfolgt und Herr Rißmann im Anschluss an diese Belehrung über den Inhalt informiert wird. Daraufhin gab es von Herrn Linke kein Einverständnis, da er als Bürger das Recht habe, einen sogenannten Rechtsbeistand zu haben, Herr Rißmann war ebenfalls nicht einverstanden, dass er nicht teilnehmen konnte. […] Nach einer bestimmten Aufforderung, dass wir Herrn Linke allein sprechen wollen, zogen sich beide zur Beratung zurück, und Herr Linke erklärte sich dann einverstanden, trotz Einspruch, die Belehrung entgegenzunehmen.

Einleitend teilte der Stellvertreter für Inneres Herrn Linke den Anlass für die Vorladung mit, indem ihm gesagt wurde, dass er als Inspirator, Organisator und Teilnehmer einer Provokation am 1.9.83 im Bereich der diplomatischen Vertretungen der UdSSR und der USA in Berlin grobe Verstöße gegen die Staats- und Rechtsordnung der DDR begangen hat und sich deshalb eine staatliche Belehrung notwendig macht, die durch den Staatsanwalt Rau durchgeführt wird.

Genosse Rau verwarnte und belehrte Herrn Linke entsprechend der Konzeption […].

Herr Linke wurde aufgefordert, die Verwarnung und Belehrung ernst zu nehmen und sollte er zuwider handeln, er mit strafrechtlicher Verfolgung und wegen grober Verletzung der staatsrechtlichen Pflichten mit weitgehenden persönlichen Konsequenzen zu rechnen hat. Es wurde noch einmal betont, dass dieses die letzte Verwarnung und Belehrung ist […].

Herr Linke lehnte mit aller Entschiedenheit die gegen ihn erhobenen Beschuldigungen ab und stellte in Abrede, Organisator oder Veranstalter dieser Provokation gewesen zu sein. Er wies entschieden die einzelnen Fakten zurück und bezeichnete sie als falsche Informationen, die der Staatsanwaltschaft gegeben wurden, weil das, was am 01.09.83 geschah, eine ‚spontane' Willensbekundung der Menschen war, weil er und diese Menschen den Frieden sehr ernst nehmen. Deshalb, so brachte er zum Ausdruck, wirkt er für den inneren Frieden des Landes. Er stellte die Frage, ob es nicht richtig gewesen wäre, als Zeichen der Stärke des Staates, wenn die Staatsorgane Ruhe bewahrt hätten, denn die Menschen wären friedlich auseinander gegangen.

Die unangemessenen Worte, so betonte er, des Staatsanwaltes schlagen der Wahrheit direkt ins Gesicht. Die Analyse, die der

Belehrung zugrunde liegt, ist unwahr. Er meinte, es wäre doch richtiger gewesen, ein Gespräch mit ihm zu führen und nicht gleich eine Belehrung zu machen. [...] Beim nächsten Gespräch, sagte Herr Linke, müssen wir fairnishalber die Wahrheit diskutieren. Er wurde darauf hingewiesen, dass es kein weiteres Gespräch mit ihm mehr geben wird, sondern die Belehrung und Verwarnung die letzte ist [...]."[323]

Am 10. September schickte ich das Protokoll, das ich über die „Belehrung" gefertigt hatte, an die Kirchenleitung und schrieb: „Ich bin betroffen von den falschen Beschuldigungen und den ausgesprochenen Drohungen. Wie kann man diesen begegnen?"[324]

Den MfS-Akten entnehme ich, dass der Staatssekretär für Kirchenfragen, Klaus Gysi, am 8. September den Vorsitzenden der Konferenz der Kirchenleitungen, Bischof Hempel, und am 9. September Bischof Forck zum Gespräch geladen hatte. An beiden Gesprächen nahm Oberkirchenrätin Christa Lewek vom Sekretariat des Kirchenbundes teil. „Auf der Grundlage der Empfehlungen legte der Staatssekretär in beiden Gesprächen den staatlichen Standpunkt zur groben Verletzung staatsbürgerlicher Pflichten durch die Amtsträger der Kirche Berlin-Brandenburg, Pfarrer Eppelmann und

---

[323] Ebenda, Bd. VII, S. 150 f.
[324] Privatarchiv D. Linke.

Pfarrer Linke, dar", so heißt es in einem Bericht der HA IX vom 12. September.[325]

In diesem Bericht ist über das Gespräch mit Bischof Hempel zu lesen:

„Oberkirchenrätin Lewek stellte fest, dass es ‚schon beschwerlich für Staat und Kirche in der DDR ist, wenn der anderen Seite Munition zur Diffamierung und für Sensationen gegeben wird', und erklärte, dass sie ‚solche Aktionen rundweg' ablehne. Bischof Hempel ergänzte diese Darlegungen dahingehend, dass nicht nur er und Oberkirchenrätin Lewek ‚gegen solche Aktionen, die dem gesellschaftlich anderen Ausland dienen', wären, sondern auch ‚die Mehrheit unserer verantwortlichen Leute dagegen' sei."[326]

Über das Gespräch des Staatssekretärs mit Bischof Forck heißt es im Bericht abschließend:

„Durch Bischof Forck wurde nach Entgegennahme der Darlegungen des Staatssekretärs eine ‚genaue Überprüfung und Aufarbeitung' zugesichert. Gleichzeitig distanzierte er sich mit den Worten ‚so geht es nicht weiter' von derartigen Aktionen. Abschließend äußerte der Staatssekretär, Bischof Forck solle in seinem Zuständigkeitsbereich konsequenter gegen gesetzwidrige Aktionen vorgehen, was dieser zusicherte."[327].

Für den 23. September hatte Bischof Forck ein Gespräch mit Barbe und mir vereinbart. Bischof Forck war sehr erregt. „Sie haben die Aktion am 1. September als Privatperson zu

[325] BStU, ZA, HA IX, Bd. 347, S. 24.
[326] Ebenda.
[327] Ebenda S. 25.

357

verantworten [...] Sie haben das nicht in Ihrer Funktion als Pfarrer getan", sagte der Bischof.

„Ich kann eine solche Trennung zwischen Amts- und Privatperson nicht nachvollziehen", antwortete ich. „Auf Ihre Anfrage kann ich nur sagen, ich habe die westlichen Medien nicht informiert."

„Sie werden nicht damit rechnen können, dass die Gesamtkirche sich hinter diese Aktion stellt [...]. Wenn Sie sich in der Friedensarbeit so exponieren, müssen Sie doch Ihre Seelsorgepflichten in der Gemeinde vernachlässigen."

Dies waren die Vorwürfe, die das MfS formuliert hatte, um eine „innerkirchliche Auseinandersetzung mit Pfarrer L." zu bewirken, und die ich mehrfach in Gesprächen mit Staatsfunktionären gehört hatte. Nun vernahm ich sie aus dem Mund des Bischofs. Sollte ich mich rechtfertigen? Ich war tief getroffen. Die Kirche ging auf Distanz! Zu diesem Zeitpunkt wusste ich nicht, dass zuvor entsprechend den „Empfehlungen" des MfS ein Gespräch des Staatssekretärs für Kirchenfragen mit dem Bischof stattgefunden hatte. Dieses Gespräch zeigte seine Wirkung. Weshalb hatte der Bischof diese Vorwürfe übernommen? Ich war sprachlos, hatte keine Kraft mehr und verließ den Raum.

Am Wochenende fuhren Barbe und ich mit einer Gruppe in ein Freizeitheim nach Wanzka bei Neustrelitz. Nach unserer Rückkehr fanden wir in Neuenhagen einen Brief von Bischof Forck vor:

„Lieber Bruder Linke, gestern habe ich etwa 9 mal und heute vormittag 2 mal versucht, Sie telefonisch zu erreichen, aber vergeblich. Eben bin ich zu Ihnen hinausgefahren, aber auf mein Klingeln hat sich keiner gemeldet [...] So kann ich Ihnen nur schriftlich mitteilen, was ich Ihnen und Ihrer Frau gern mündlich gesagt hätte: Es tut mir leid, dass wir gestern so auseinander gegangen sind. Und wenn ich Sie verletzt habe, bitte ich Sie um Vergebung. Nach meiner Meinung sollten wir das Gespräch aber noch fortsetzen. Wir müssen voneinander wissen, sonst können wir nicht füreinander einstehen. Auch kritische Anfragen gehören zur Brüderlichkeit. Wir haben es meiner Meinung nach alle nötig, Kurskorrekturen vorzunehmen.

Wenn Sie nach Ihrer Rückkehr anrufen, um einen Gesprächstermin zu vereinbaren, wäre ich Ihnen dankbar. Ich bin gern bereit, zu Ihnen zu diesem Gespräch hinauszukommen [...]"[328]

Durch die westlichen Medien war dieses Ereignis vom 1. September öffentlich verbreitet worden. Ich erinnere mich, dass Fred Wander aus Wien anrief und sagte: „Ihr habt der Parteiführung am 1. September die Maske vom Gesicht gerissen, das verzeihen sie nie!" Aber er lachte, wie nur Fred Wander lachen konnte, und ich stimmte in sein Lachen ein. Es gab eine Fülle von Sympathisanten, aber auch einige, die sich darüber ärgerten. Das MfS musste darauf offensiv reagieren. Es wollte die Gelegenheit nutzen, um gegen meine Person die Stimmung unter den Bürgern zu beeinflussen. Dafür hatte die KD Strausberg am 8. September eine „Parteiinformation" erarbeitet:

---

[328] Privatarchiv D. Linke.

„Es wird empfohlen, dass die gegenwärtig bestehende günstige Situation in Neuenhagen offensiv in der ideologischen Auseinandersetzung genutzt wird. Zu erwarten ist, dass ein Großteil kirchlicher Amtsträger der verschiedenen Konfessionen des Kreises Strausberg sich gegen die Handlungen des Pfarrers Linke verwahrt."[329]

Als Argumentationsgrundlage wurde in dieser „Parteiinformation" herausgearbeitet:

Linke „wirkte als einer der Hauptorganisatoren mit bei der Demonstration in der Öffentlichkeit". Diese „stellte eine Provokation unserer staatlichen Organe und eine Verächtlichmachung der Friedensbemühungen der Sowjetunion dar". „Charakteristisch für die feindliche Zielstellung der Demonstration war, dass bewiesenermaßen westliche Massenmedien (ARD, ZDF) vorher exakt in Kenntnis gesetzt wurden, die in ausführlicher Weise in feindlich-hetzerischer Art berichteten." Bezeichnend sei, „dass fast alle Personen der Aufforderung durch Kräfte der DVP nach kamen, die Demonstration aufzulösen, außer Ehepaar Linke, das sich dagegen verwahrte. Daraufhin wurde das Ehepaar Linke mit weiteren zwei Personen vorläufig festgenommen und dem zuständigen Berliner VP-Revier zugeführt."

Abschließend heißt es: „Sehr wichtig und interessant sind die Reaktionen Neuenhagener Bürger. Die größere Anzahl äußerte sich, teilweise spontan und direkt gegenüber dem Rat der Gemeinde Neuenhagen, befremdet bis sehr empört über das Verhalten Linkes. Diese Bürger erwarten eine konsequente Bestra-

---

[329] BStU, ASt Frankfurt/O., AOP 889/84, Bd. VII, S. 136-139.

fung des Pfarrers. Solche progressiven Personen sind z. B. Werktätige aus dem VEB Umspannwerk Neuenhagen [...], die Mitarbeiter des Rates der Gemeinde Neuenhagen, Pädagogen der Neuenhagener Schulen, Werktätige aus dem LIW usw. Auch unter wichtigen christlich gebundenen Bürgern und Mitgliedern der CDU-Ortsgruppe [...] herrscht Empörung. In der Gemeinde Neuenhagen werden jetzt verstärkt öffentliche Meinungen gegen Linke geäußert [...] Linke soll sich endlich seinen wirklichen Aufgaben als Pfarrer widmen als gegen den Staat zu wühlen [...]

Allerdings brachten bisher auch zwei Neuenhagener Bürger ihre ‚Verbundenheit' mit Linke zum Ausdruck [...] Zu betonen ist aber, dass diese feindlich eingestellten Personen entsprechend jetzigen Erkenntnissen keinen Anklang in der Bevölkerung finden."[330]

Am Mittwoch, dem 7. September, hatten wir zum Gesprächskreis in Neuenhagen eingeladen unter dem Thema „Leben ohne Gewalt – Gandhi und M.-L. King". Es waren etwa 30 Personen erschienen, unter ihnen auch Frau G. (IM „H. Grusche"). An diesem Abend wurde auch über den 1. September gesprochen. IM „H. Grusche" berichtet dem MfS: „L. fasste als Quintessenz zusammen, dass Gewaltlosigkeit die Maxime sei. Wenn Sicherheitsleute Angst vor einer Kerze [...] haben, haben wir gesiegt, weil wir dadurch die Unsicherheit des Systems zeigen. Linke erklärte weiter, dass es wichtig sei, dass wir Verbündete haben. Denn nur durch die unmittelbare An-

---

[330] Ebenda.

wesenheit westlicher Massenmedien sei den Demonstranten am 1.9.83 Schlimmeres erspart geblieben [...] Dagegen hätten die Jugendlichen später in Berlin-Weißensee rigorose Festnahmen, Verhöre bis 18 Stunden usw. erfahren. Dort seien eben keine Medien des Westens gewesen.

Frage dazu: Welcher Spielraum bleibt uns noch?

Linke: Unser Spielraum ist die Kirche. Ich habe noch nie erlebt, dass einer in der Kirche verhaftet wurde [...].

Einwurf von B. Linke: Ich möchte dich warnen zu sagen, dass die Kirche ein absoluter Schutzraum ist. Sie erklärte das Beispiel der Inhaftierung des Fastenteilnehmers, Bauingenieur [...], der nach der Fastenwoche in seiner Golgatha-Gemeinde Bericht über die Fastenwoche erstattete und anschließend inhaftiert wurde. Die Ehefrau habe tagelang nicht gewusst, wo ihr Mann geblieben sei. Inzwischen habe die Staatssicherheit der Frau mitgeteilt, dass gegen ihn ein Ermittlungsverfahren eingeleitet sei. Barbe Linke erklärte, dass sie am 7.9.83, nachmittags, bei Stephan Hermlin und Ehefrau vorgesprochen habe, um im Falle [...] um Unterstützung zu bitten. Frau Hermlin sei entsetzt gewesen, dass so etwas möglich sei. Beide hätten versprochen, im Rahmen der Möglichkeiten zu recherchieren [...]

[...] erklärte im kleinen Rahmen, dass er gern am 1.9.83 an Linkes Seite gestanden hätte. Aber er liebt seinen Beruf und die Kinder. Hier stünde er echt in einem Gewissenskonflikt. B. Linke fand seine Nichtteilnahme verständlich."[331]

---

[331] BStU, ASt Frankfurt/O., AIM, V/113/76, Bd. II/VI, S. 19-26.

Nach der Aktion vom 1. September sollte auch Barbe „letztmalig verwarnt" werden. Vorab erstellte das MfS eine „Übersicht über feindlich-negative Aktivitäten der Linke, Barbe Maria – Neuenhagen":

„Die Linke zählt zu den Inspiratoren und Organisatoren einer sogenannten staatlich ‚unabhängigen' Friedensbewegung." „Sie gehört zum Kreis der Organisatoren der sogenannten Bewegung ‚Frauen für den Frieden'."

„Folgende feindlich-negative Handlungen sind kennzeichnend: Unterschriftensammlung zum ‚Berliner Appell', Unterstützung des Ehemannes beim Missbrauch von religiösen Veranstaltungen, ‚seelsorgerische' Unterstützung von Personen, die wegen Wehrdienstverweigerung inhaftiert und verurteilt wurden", „die Linke organisierte maßgeblich Schriftsteller-Lesungen in kirchlichen Räumen mit den dem MfS bekannten Personen".

„Die Linke gehörte zu den maßgeblichen Organisatoren des im März 1983 durchgeführten Friedensseminars in der Hauptstadt der DDR, das dem Ziel diente, die Arbeit der ‚Friedenskreise' in der DDR abzustimmen, zu koordinieren und einheitlich auszurichten.

Sie hat wesentlichen Anteil an der Vorbereitung und Durchführung der ‚Friedenswerkstatt' im Juli 1983 in der Berliner ‚Erlöser-Kirche'."

„Die Linke war maßgeblich an der Vorbereitung und Organisierung der Demonstration am 1. September 1983 vor der USA- und UdSSR-Botschaft beteiligt. Durch ihr provokatorisches Auftreten gegenüber den eingesetzten Kräften der DVP kam es zu ihrer vorläufigen Festnahme [...]."[332]

Am 14. September erschien die Referentin für Kirchenfragen aus Strausberg im Pfarrhaus. Sie überbrachte für Barbe eine Vorladung vom Stellvertreter für Inneres zu einem Gespräch für den kommenden Tag. Bei einem telefonischen Rückruf wurde vereinbart, dass eine Begleitperson dabei sein könne. Der Stadtjugendpfarrer Michael Passauer begleitete Barbe, Superintendent Rißmann wurde vorher informiert. Das Gespräch sollte der Direktor für Arbeit beim Rat des Kreises Strausberg, Herrn Günther, führen. So hatte es der Stellvertreter des Vorsitzenden des Rates des Kreises entschieden. In einem „Aktenvermerk" des Rates des Kreises vom 15. September heißt es:

„Am 15. September 1983 erschien Frau Linke in Begleitung eines Herrn Passauer, der sich als Vorgesetzter von Frau Linke ausgab und forderte, an dem anberaumten Gespräch teilzunehmen, da er im Auftrag des Bischofs extra aus Berlin gekommen wäre. Herr Passauer verwies darauf, dass er Stadtjugendpfarrer von Berlin sei und als solcher Vorgesetzter der Frau Linke, die Jugendarbeiterin sei. Herr Passauer wurde darauf hingewiesen, dass eine Teilnahme am Gespräch nicht möglich sei, da es mit der Bürgerin Frau Linke geführt würde und der Darlegung eines staatlichen Standpunktes diene. In anmaßender Art und Weise versuchte Herr Passauer seine Absicht, dem Gespräch beizuwohnen, durchzusetzen. Sein Anlie-

---

[332] BStU, ASt Frankfurt/O., AOP 889/84, Bd. VII, S. 124-127.

gen wurde schließlich energisch zurückgewiesen. Er erklärte erregt, dass er über diese Verfahrensweise eine entsprechende Aktennotiz für seine Kirchenleitung fertigen werde.

Nachdem Herr Passauer den Raum verlassen hatte, wurde durch den Gen. Günther der Frau Linke der Inhalt des staatlichen Standpunktes dargelegt (entsprechend der Konzeption). Sie wurde belehrt und verwarnt, die Staats- und Rechtsordnung der DDR zu achten und einzuhalten. Sie wurde belehrt, dass bei Zuwiderhandlungen strafrechtliche Konsequenzen eintreten und weitergehende persönliche Konsequenzen möglich sind.

Frau Linke versuchte während der Darlegung des staatlichen Standpunktes, durch provokatorische Zwischenfragen Diskussionen auszulösen, die unterbunden wurden. Sie fertigte sich zu einzelnen Formulierungen Aufzeichnungen [...].

Nachdem ihr der staatliche Standpunkt dargelegt worden war, wies sie energisch die ‚Beschuldigungen und Anschuldigungen' sowie die ausgesprochene Belehrung zurück. Das Vorgehen der staatlichen Organe bezeichnete sie als Maßnahmen, die zur Rechtlosigkeit der Bürger führten. Sie versuchte, ihre Position und ihren Standpunkt darzulegen und deklamatorische Erklärungen abzugeben. Das wurde unterbunden mit der Unterstreichung, das Gespräch sei ausschließlich zum Darlegen des staatlichen Standpunktes geführt worden [...]."[333]

Über das Gespräch fertigte Barbe ein Gedächtnisprotokoll. Am Tag unserer Ausreise wurde dieses Protokoll beschlag-

---

[333] BStU, ASt Frankfurt/O., AOP 889/84, S. 153 f.

nahmt. Nun finde ich es in den MfS-Akten wieder. Am Ende des Protokolls ist zu lesen:

„Linke: Ich weise alle Anklagepunkte mit größter Entschiedenheit zurück. Eine solche massive Bedrohung ermöglicht kein Gespräch.

Günther: Wir führen kein Gespräch mit Ihnen.

Linke: Ist es für Sie ausgeschlossen, dass ich weder den Pfarrer Eppelmann noch den Pfarrer Linke noch die Westmedien brauche, um am Weltfriedenstag spontan und allein meine Friedenssehnsucht zum Ausdruck zu bringen?

Günther: Ich rede nicht mehr mit Ihnen. Das sind Ihre Probleme. Sie haben die Konsequenzen zu tragen.

Linke: Dann habe ich kein Recht, grobe Verfälschungen richtig zustellen.

Günther: Das Recht liegt bei uns; das Gespräch ist beendet."[334]

---

[334] Ebenda, S. 156 f.

Friedensdekade 1983

„Frieden schaffen aus der Kraft der Schwachen." Das war das Motto der Friedensdekade vom 6. bis 16. November. Wir eröffneten die Dekade am 6. November mit einem Friedensfest, an dem unter vielen anderen Gästen auch Gäste aus dem Friedenskreis der Markus-Gemeinde in West-Berlin teilnahmen. Steffen Mertens, der Maler und Bildhauer aus Rathenow, gestaltete Teile der Predigt in einer Aktion. Füße aus Ton verwandeln sich in Stiefel. Gesichter werden eingezwängt in einen Kasten. Das Grau des Kastens sticht heraus. Helme ragen heraus und es scheinen alle in eine Richtung zu marschieren. Hände, zum Militärgruß erhoben, durchbrechen das Grau. Sind wir diese graue Masse, gesichtslos, im Gleichschritt der Stiefel? Doch plötzlich wächst aus dem Grau, aus den Helmen ein Gesicht. Der Helm verdeckt nicht mehr das Gesicht, er ist umgestülpt, wird auf den Kopf gestellt. Frisches Grün und Blüten brechen hervor. Der Einzelne in dieser grauen Masse nimmt Gestalt an. Einer macht nicht mehr mit, einer geht los.
Im Anschluss versammeln wir uns in Gruppen und gehen der Frage nach: Wie können wir gegen die Ohnmacht angehen und Frieden schaffen aus der Kraft der Schwachen? Nach einer Kaffeetafel und gemeinsamem Singen pflanzen wir vor der Kirche zwei Friedensbäume, einen Ginkgobaum und eine Korkenzieherweide. Die Bäume brauchen Pflege. Sie werden auch nach diesem Tag an dieses Fest erinnern.

Innerhalb der Friedensdekade sprach am 8. November in der Kirche Neuenhagen Generalsuperintendent Günter Krusche zum Thema „Gibt es eine eigenständige Friedensbewegung der Kirche?". Frau G. (IM „H. Grusche") war rechtzeitig von einem Aufenthalt in einem kirchlichen Heim in West-Berlin zurückgekehrt, um an den Veranstaltungen während der Friedensdekade teilzunehmen. Über den Abend mit Herrn Krusche berichtet sie dem MfS. An diesem Abend war unüberhörbar, dass sich der Referent von den Aktionen der Basisgruppen distanzierte.

„Krusche vertrat die Meinung, dass [...] dem Christentum ein weiter Raum zur Friedensbetätigung gegeben ist [...] Diese Friedensbereitschaft des Christen müsste aber in jedem Falle politikfähig bleiben und das würde bedeuten, dass man sich den Positionen des jeweiligen Staates, in dem man als Christ lebt, anpassen muss [...] Wir leben in einem Staat, der eine Verfassung hat, in der Religions- und Glaubensfreiheit den Christen zugesichert sind, was auch konkret eingehalten wird. Und dieser Staat erwartet natürlich auch diese besondere Politikfähigkeit, dass er also nicht billigen kann, wenn Christen sich als Oppositionelle bzw. Konterrevolutionäre betätigen [...] Unsere vorrangige Aufgabe in der DDR sei es, dass wir uns Freiräume suchen müssen, in denen wir in diesem Staat und mit seinen Möglichkeiten für uns, für den Frieden arbeiten können [...]

Es gab Meinungen von jungen Leuten, die meinten, man muss unbedingt laut und lauter werden in der Friedensargumentation der Kirche [...] Eine Jugendliche brachte ein sehr plastisches Beispiel [...] Ein paar Streichhölzer, ein paar Christen können von der Staatsmacht zerbrochen werden, aber eine ganze Hand voll oder mehrere Hände voll Christen könnten nicht mehr zerbrochen werden. Das wäre dann eine Macht, mit der der Staat rechnen müsste. Sie bekennt sich dazu, dass man als junger Christ, der die staatliche Friedensbewegung nicht anerkennt, das Recht haben muss, auf die Straße gehen zu können und auch zu sagen, ich denke so und so.

Krusche ging auf das Beispiel ein und sagte, ja, ich habe Sie gut verstanden und ich verstehe auch die Sorgen der jungen Menschen, die sich zum Teil brüskiert fühlen, wenn sie mit Plakaten auf die Straße rennen und sich artikulieren möchten. Aber ich möchte wiederum betonen, dass man auch den Staat verstehen muss, dass der Staat natürlich auch von einigen Christen enttäuscht worden ist und seine Erfahrungen mit Christen gesammelt hat und dass er wiederum betonen möchte, sucht die Möglichkeiten als junge Christen, die einen Dialog mit dem Staat herbeiführen [...]

Der Pfarrer Linke sagte, ehe das Resümee kommt, möchte ich noch etwas dazu sagen. Er sagte, ich habe mir das heute mit angehört und muss aber dazu sagen, dass diese Dialogbereitschaft einem sehr schwer gemacht wird. Ich habe etliche Erlebnisse gehabt und gerade in den letzten Tagen ein Erlebnis, das mich besonders beeindruckt hat. Ein junger Christ aus meiner Gemeinde ist vom Wehrkreiskommando gemustert worden und hat hier gesagt, dass er auf Grund seines Gewissens nicht in der Lage ist, seinen Dienst mit der Waffe zu versehen. Er möchte nicht den Wehrdienst verweigern, aber er möchte sein Recht als Staatsbürger in Anspruch nehmen und im Rahmen einer Bausoldateneinheit dienen. Das ist ihm wohl halb und halb zugesagt worden. Und als jetzt das letzte Gespräch im Wehrkreiskommando Strausberg gelaufen ist, hat man ihm gesagt: ‚Es tut uns leid, sie kommen zur regulären Truppe.' Darauf hat sich der junge Mann mit seinem Pfarrer in Verbindung gesetzt und ist ziemlich durchgedreht und soll laut Linke 2 Tage inhaftiert worden sein. Nach diesen 2 Tagen, so Linke wieder wörtlich, hat man ihn so fertig und willfährig gemacht, dass er einen regulären Truppendienst begonnen hat. Derartige Beispiele, so Linke, verhindern doch wohl eine Dialogbereitschaft [...]

Auf Grund dieses Vortrages von Linke verzichtete der Generalsuperintendent auf sein Resümee. Irgendwie war ein paar Minuten eine ziemlich peinliche Stille im Raum."[335]

Im Rahmen der Friedensdekade war ich am 10. November zu einer Podiumsdiskussion in die Kirche nach Petershagen eingeladen. Im Podium hatte neben mir Generalsuperintendent Krusche Platz genommen. IM „H. Grusche" berichtet:

„Krusche begann mit einem ca. 10-minütigen Vortrag [...] Er behauptete wiederum die Notwendigkeit des Dialogs der Kirche mit den staatlichen Organen, distanzierte sich von Demonstrationen mit den Worten ‚Ich bin da völlig uneins mit dem Dietmar Linke'. Er vertrat den Standpunkt, das Vertrauen des staatlichen Partners auf legitimer kirchlicher Basis zu erringen [...].

Pfarrer Linke behauptete mit aller Härte seinen Standpunkt des Demonstrationsrechts der Christen und aller in der Verfassung

---

[335] BStU, ASt Frankfurt/O., AIM, V/113/76, Bd. II/VI, S. 68-72; auch BStU, ASt, Frankfurt/O., AOP 889/84, Bd. VII, S. 186-190.

garantierten Rechte. Er schilderte ausführlich die Ereignisse des 1.9.83 in Berlin. Weiterhin beschuldigte er bestimmte staatliche Organe der Verletzung von Gesetzen, Beispiel des Wehrpflichtigen, der sich zur Bausoldatentruppe gemeldet hatte und zum regulären Waffendienst gezwungen wurde [...]

Meinungen in der Diskussion:

[...]: ‚Ich bin der Meinung, man sollte den Staat mit kleinen Schritten damit vertraut machen, dass Christen ihre Position vertreten. Indem man im Betrieb Nein sagt zu bestimmten Auflagen und seinen christlichen Standpunkt darlegt, erreicht man sicher mehr als in Demonstrationen, die der Staat falsch versteht. Die Angst des Staates im freundschaftlichen, aber konsequenten Gespräch überwinden, das wäre ein Weg.'

[...]: ʻEin Miteinander zwischen Staat und Kirche ist doch nur dann möglich, wenn die Schwachen vom Mächtigen angehört und verstanden werden. In diesem bisherigen Missverhältnis liegt doch schon meine Sorge begründet. Wenn wir uns nur nach Vorschrift artikulieren dürfen, ist doch alles nur eine Farce. Auf der Ebene Staatsrat-Kirchenleitung mag manches noch laufen, doch wie sieht es unten im Dunkeln aus?'

[...] (im Bankgespräch): ‚Ich hatte schon die Staatssicherheit auf dem Hals, als ich für die Veranstaltung mit Stefan Heym geworben habe. Da erschienen die im Betrieb und machten ein Fass auf. Wenn meine Betriebsleitung nun nicht so gut zu mir stehen würde, wo wäre ich dann vielleicht? Da reden wir von Dialogbereitschaft der Christen. Menschenskinder, das ist doch ein Witz. Christen in einer totalitären Umgebung, einer streng atheistischen, sind wie Schafe unter Wölfen. Ich mache gar nichts mehr und habe alle Aufgaben abgegeben. Allerdings er-

ziehe ich meine Kinder zu echten Christen. Mein kleiner Sohn, erstes Schuljahr, ist als einziger Schüler in der Klasse nicht bei den Pionieren. Das Kind, ein sehr sensibler Junge, hat schon die ersten Kämpfe zu bestehen. Er hat sich geäußert, dass wir keine Panzer brauchen, da hat die Lehrerin fast die ganze Stunde in der Klasse über die Notwendigkeit von Panzern gesprochen. Mein Sohn kam völlig fertig nach Hause.'
Zusatz: Auf dem Heimweg äußerte [...]: ‚In 10-20 Jahren wird der Staat einsehen, wenn wir dann noch existieren, dass er sich durch seine Repressalien entlarvt hat und für viele Bürger unglaubwürdig wurde. Für die Gegenwart halte ich Krusches Taktik für geeigneter. Ein Linke und seine Verdienste werden erst später verständlich werden. Momentan ist der diplomatische Dialog geeigneter, die Angst des Staates vor unkontrollierten Vorgängen abzuschwächen.‘[336]

Bei der Feier zum 70. Geburtstag von Stefan Heym im Frühjahr 1983 im Restaurant Ganymed in Berlin sprachen Barbe und ich auch mit dem Schriftsteller Jurek Becker und luden ihn zu einer Lesung nach Neuenhagen ein. Er lebte seit 1978 mit einem DDR-Pass in West-Berlin. Der Gemeindeabend mit ihm am 16. November bildete den Abschluss der Veranstaltungsreihe zur Friedensdekade in Neuenhagen.

---

[336] BStU, ASt Frankfurt/O, AIM, V/113/76, Bd. II/VI, S. 76-83.

Lesung mit Jurek Becker am 16.11.1983 in der Kirche Neuenhagen
Foto: Martin Linke

Über dreihundert Personen füllten die alte Dorfkirche in Neuenhagen. Jurek Becker las aus dem Erzählband ‚Nach der ersten Zukunft‘, der 1980 in der Bundesrepublik erschienen war.

Die KD Strausberg hatte auch für diesen Abend konspirative Technik „zur Dokumentierung feindlich-negativer Handlungen" angefordert. Fünf IM-Berichte über diesen Abend liegen in den MfS-Akten. IM „H. Grusche" berichtet:

Jurek Becker „gab in der anschließenden lebhaften Diskussion bekannt, dass dieser Abend in Neuenhagen sein erster öffentlicher Auftritt in der DDR seit der Biermann-Angelegenheit 1976 sei. Becker schilderte seine Entwicklung als Anhänger der Biermann-Gruppe und die daraus entstandenen Konsequenzen, wie Ausschluss aus der SED, der er als Antifaschist (im Ghetto in Polen aufgewachsen, Familienmitglieder durch die Faschisten ermordet etc.) 20 Jahre als Mitglied angehört habe, Ausschluss aus dem Präsidium des Schriftstellerverbandes, eigener Austritt aus dem Verband, 2 Jahre Arbeit an einer Universität in den USA und seit 1978 mit DDR-Pass und entsprechendem Visum ‚in WB lebender DDR-Bürger'. ‚Natürlich fühle ich mich noch zur DDR gehörig, aber ich lebe auch inmitten täglicher Eindrücke des Westens, die sicher nicht ohne Einfluss bleiben auf meine Arbeit.'

‚Die in der BRD und in WB lebenden Schriftsteller vertreten zig verschiedene Richtungen. Ich möchte nicht mit Reiner Kunze und Karl-Heinz Jakobs verglichen werden.' ‚Im westdeutschen Verband der Schriftsteller bin ich nicht. Man druckt aber trotzdem meine Arbeiten, und ich habe ein auskömmliches Leben.'

‚Die Partei hat nicht immer recht, sonst hätte sie nicht soviel eingestandene Fehler gemacht, sich revidiert und korrigiert.'
‚Das Problem der DDR-Regierung ist das Verhältnis Regierung-Bevölkerung. Hier liegen alle Fehler, aber auch alle Chancen einer positiven Weiterentwicklung [...]'
Die verlesenen Erzählungen Beckers wurden mit großer, positiver Resonanz aufgenommen. Besonders die Erzählung ‚Der Verdächtige' (ein von Sicherheitsorganen observierter Bürger, der versucht, der Observation zu entgehen, die Sinnlosigkeit einsieht und sich zum passiven Widerstand durchringt, dem vermutlich aktiver Protest folgt) hatte in den Bankreihen starke Erregung zur Folge [...]
Becker erhielt insgesamt starken Zuspruch. Plötzlich gegen Ende der Veranstaltung riefen angetrunkene Randalierer aus der hintersten Ecke der Kirche. ‚Scheiße, studiertes Gequatsche, verstehen kein Wort, was soll der Mist, das hilft uns nicht, die Atomwaffenaufstellung zu verhindern. Solche Veranstaltungen hat es hier früher in der Kirche nicht gegeben [...]'
Jurek Becker war nervlich total verstört [...]. Pfarrer Linke rief in die Kirche hinein: ‚Wer hat Sie geschickt?'
Becker forderte die Randalierer auf, nach vorn zu kommen und die Fragen mit ihm zu besprechen [...]
[...]: ‚Das kennen wir alles. Nun fehlt bloß noch das Rollkommando. Diese Provokation ist doch gesteuert! Wir haben doch auch wieder Beobachter drin. Ist das nicht fürchterlich?'
Im anschließenden ‚Stallgespräch' nahmen ca. 25 - 30 Leute teil [...] Becker vertrat auch hier den Standpunkt, dass er Sozialist sei, aber durch die Politik der DDR-Regierung bzw. der SED nicht mehr in der Lage sei, in der DDR zu leben, da er hier seinen

Beruf nicht ausüben dürfe. Als er äußerte, er freue sich, dass gewisse Erleichterungen eingetreten seien, wie die Auflage eines neuen Buches von ihm im Hinstorff-Verlag und Neuauflagen seiner Bücher ‚Boxer' und ‚Jacob der Lügner', gab es scharfe Attacken seitens einiger Berliner Intellektueller:

‚Dafür brauchen Sie der DDR-Regierung nicht zu danken. Sie sind im Moment in deren Konzept eingeplant. Wir wissen von Lektoren Ihres DDR-Hausverlages Hinstorff, dass dafür etliche Manuskripte anderer begabter Schriftsteller ad acta gelegt wurden. Das sind miese Taktiken der Partei, die aber von Eingeweihten durchschaut werden.'

‚Sie sagen, dass Strittmatter und Aitmatow hier trotz ihrer Aufmüpfigkeit verlegt werden und dass Sie das als Hoffnungsschimmer am Horizont der starren Kulturpolitik der Partei betrachten. Das sind für uns keine Erleichterungen und Hoffnungen. Das sind taktische Manöver mit Prominentennamen. Im allgemeinen sieht die Kulturpolitik so finster und vernagelt aus wie eh und je [...]'

Die Diskussion zog sich bis weit nach Mitternacht hin."[337]

---

[337] Ebenda, S. 90-97.

Gehen oder Bleiben? – Ausbürgerung nach West-Berlin im Dezember 1983

„Sie müssen aus Neuenhagen weggehen, damit Ruhe einkehrt", sagte Bischof Forck im Herbst 1983 in einem Gespräch bei uns in Neuenhagen.

Wenige Wochen zuvor, während unserer Aktion „Fasten für das Leben", hatten Barbe und ich ein Gespräch mit Generalsuperintendent Günter Krusche. Dabei hatte Herr Krusche erwogen, dass ich allein für eine bestimmte Zeit „raus gehen" sollte, „damit Ruhe einkehrt". Er hatte einen zeitweiligen Aufenthalt in England in Erwägung gezogen. Barbe und ich hatten diese Überlegung sofort verworfen, denn es hätte bedeutet, dass ich „draußen" gewesen und Barbe mit den Kindern allein in dem Spannungsfeld geblieben wäre. Wir hatten damals gesagt, dass wir uns auch das östliche Ausland, die ČSSR oder Polen, vorstellen könnten. Doch dies schien unserem Gesprächspartner völlig absurd.

Es gab keine konkreten Angebote der Kirchenleitung und des Konsistoriums für einen Pfarrstellenwechsel in der DDR. Bischof Forck hatte als eine vage Möglichkeit eines Wechsels den Norden der Landeskirche Berlin-Brandenburg in Erwägung gezogen. In dem Falle wäre es erforderlich, alle Außenkontakte abzubrechen und ohne Telefon und Türklingel zu leben, sagte er. Ruhe solle einkehren. „Können Sie sich das für uns vorstellen?", fragte Barbe. Bichof Forck: „Nein!"

Gab es keine Alternative? Hinter der Tür des Pfarrhauses wollten wir uns nicht verschanzen. Keine Außenkontakte, was hieße das konkret? Das MfS hatte mehrfach betont, dass unsere „Öffentlichkeitswirksamkeit eingegrenzt" werden sollte. Auch in einer neuen Gemeinde, im Norden der Landeskirche, würde das MfS als *Schild und Schwert der Partei* uns nicht aus dem Auge verlieren. Bischof Forck wusste das und teilte unsere Bedenken.

In den Akten lese ich, dass das MfS seinerseits die Ausbürgerung als Möglichkeit zur Konfliktlösung verfolgte. Mehrfach wurde seit der Eröffnung des OV „Kreuz" unterstrichen: „L. muss in dem Gedanken gestützt werden, einen Antrag auf Übersiedlung zu stellen."[338] „Verunsicherung des L. und Entfernen aus der Pfarrstelle [...] Alle sich bietenden Möglichkeiten nutzen, L. in seiner Auffassung zu bestärken, die DDR zu verlassen."[339]

Bei einem Besuch von Karin R. (IM „Giesela") in Neuenhagen im November 1979 erfuhr sie, dass wir einen Freund haben, der vor einigen Jahren mit seiner Familie nach Kanada gegangen war. Er war zuvor Pfarrer in der Kirchenprovinz Sachsen und betreute jetzt eine deutschsprachige Gemeinde in Kanada. Er wollte mit seiner Familie im kommenden Sommer zu Besuch nach Berlin kommen. Kanada, so etwas könnte ich mir auch vorstellen. Dieser Satz mag in unserem Gespräch mit Karin R. (IM „Giesela") gefallen sein. Bei dem Treffen mit dem MfS-Mitarbeiter am 20. November 1979 konnte IM „Giesela" darüber berichten.[340] Beim nächs-

---

[338] BStU, ASt Frankfurt/O., AOP 889/84, Bd. I, S. 132.
[339] Ebenda, S. 172 f.
[340] BStU, ASt Potsdam, AIM 1916/87, Bd. I/II, S. 16 f.

ten Treffen im Januar 1980 erhielt sie den Auftrag: „Lang-
fristig Familie Linke beeinflussen zur Antragstellung auf
Übersiedlung".[341]

In den Tagen nach unserer Festnahme am 1. September 1983
wird der Auftrag wiederholt. Sie solle „die weiteren Pläne
und Absichten des L. herausarbeiten, sowie sie zur Übersiedlung beeinflussen".[342]

„Sie haben kein Recht, in diesem Land zu leben und zu
arbeiten." Das war der Tenor der anonymen Briefe, die uns
in Neuenhagen erreichten.

Im Oktober 1982 berichtete IM „Christian" seinem Führungsoffizier: „In Neuenhagen wird hartnäckig das Gerücht
verbreitet, dass Pfarrer Linke einen Antrag auf Ausreise in
einen kap. Staat gestellt hat."[343] Diejenigen, die dieses Gerücht
verbreiteten, wollten unsere Glaubwürdigkeit infrage stellen.

Bei der Beratung der KD Strausberg am 7. Januar 1983 heißt
es: Es gehe darum, „L. ständig in Bewegung zu halten und
mit unseren Maßnahmen zu zermürben. Dabei geht es nicht
darum, ihn auf eine andere Pfarrstelle zu drängen, sondern
darum, ihn mit offensiven Maßnahmen zu schlagen."[344]
Oberstleutnant Wiegand forderte, „es komme darauf an, die
vorhandenen Potenzen kontinuierlich einzusetzen, um L.
kaputtzumachen".[345]

---

[341] BStU, ASt Potsdam, AIM 1916/87, Bd. I/II, S. 43.
[342] BStU, ASt Frankfurt/O., AOP 889/84, Bd. VII, S. 96.
[343] BStU, ASt Frankfurt, AIM 2029/89, Bd. II/I, S. 98.
[344] BStU, ASt Frankfurt/O., AOP 889/84, Bd. I, S. 277.
[345] Ebenda, S. 288.

Die Ereignisse im Jahr 1983 eskalierten. Es gab in unserem Haus keinen Raum mehr, um offen zu reden. Das unsichtbare Gegenüber war nicht kalkulierbar. Unbequeme Bürger mussten aber nicht unbedingt inhaftiert werden, um sie zu disziplinieren oder loszuwerden.

Das MfS hatte die Möglichkeit einer Inhaftierung erwogen. Die KD Strausberg schrieb am 29. Juli 1983 im Sachstandsbericht zum OV „Kreuz" eine „strafrechtliche Einschätzung": „Aufgrund der jetzigen angespannten internationalen politischen Situation würden strafprozessuale Maßnahmen gegen die Verdächtigen empfindlich die Fortsetzung der sozialistischen Friedenspolitik, den positiven Abschluss des Madrider Treffens sowie die Friedensbewegung in den kapitalistischen Ländern stören [...] Es muss verhindert werden, dass die Verdächtigen durch strafprozessuale Maßnahmen zu Märtyrern werden."[346]

Ich bin verwundbar. Ich bin ersetzbar. Das hatte ich in diesen Monaten erkannt. Meine Arbeit war für mich auch immer Ermutigung, das Suchen nach neuen Möglichkeiten, um bestehende Barrieren zu durchbrechen. Waren wir jetzt an einer unüberwindbaren Grenze angekommen? Sollten wir gehen?

Immer wieder haben wir in den zurückliegenden Jahren Menschen weggehen sehen. Rund 3,5 Millonen Menschen waren es bis zum Fall der Mauer. In unzähligen persönlichen Gesprächen war das Thema *Gehen oder Bleiben* reflektiert worden. Häufig boten die selbst geschaffenen Nischen –

---

[346] Ebenda, Bd. II, S. 77.

wenn auch für begrenzte Zeit – eine Ersatzfunktion. Wenn der Spielraum nicht mehr gegeben war, die Nische nicht mehr trug, Hoffnungen auf Veränderungen erloschen waren und zu den Erfahrungen von Eingrenzung und Entmündigung psychische und physische Bedrohungen kamen, war unausweichlich die Frage nach der Alternative gestellt.

Der DDR-Staat hatte im August 1961 die Mauer gebaut, um das Weggehen zu verhindern. Doch damit war das Problem nicht gelöst. Personen, die danach einen Antrag auf Ausreise stellten, wurde die „Rechtswidrigkeit" ihres Ansinnens auf vielfältige Weise deutlich gemacht. Kirchenleitungen und Synoden hatten, auch schon vor dem Mauerbau, vielfach Appelle formuliert, in denen zum Bleiben aufgefordert wurde. Die Zurückbleibenden fühlten sich häufig verraten, allein gelassen. Einige verurteilten die Gehenden und versuchten so, ihre eigene Identität zu retten. Aber es gab auch die anderen, die Verständnis äußerten, die die Entscheidung akzeptierten.

Ich war aber nicht nur Bürger in diesem Land, sondern auch Pfarrer und damit in eine besondere Verantwortung für die Menschen gestellt. Durfte ein Pfarrer die DDR verlassen? Die Kirchenleitungen formulierten ein eindeutiges Nein. Lediglich durch familiäre oder gesundheitliche Gründe konnte eine Ausnahme, eine Zustimmung der Kirchenleitung zur Übersiedlung, erwirkt werden. Pfarrern, die sich zum Gehen entschlossen, wurden die Ordinationsrechte, das Berufspatent, aberkannt. Verließen sie die DDR, waren sie nicht mehr Pfarrer. Die Kirche war nicht mehr für sie zuständig. Frühestens nach „Ablauf von zwei Jahren nach dem Verlassen der DDR" könne von einer Kirchenleitung der

Bundesrepublik geprüft werden, ob die „Rechte und Pflichten aus der Ordination erneut übertragen werden". Bei dieser Prüfung solle zuvor abgeklärt werden, ob die ehemalige Kirchenleitung in der DDR damit einverstanden ist. Auf diese Verfahrensweise hatten sich die Kirchen in Ost und West verständigt.

Am 18. November 1983 schickte ich einen Brief an den Rat des Kreises Strausberg, Abteilung Innere Angelegenheiten:
„Hiermit beantragen wir die Ausbürgerung aus der Staatsbürgerschaft der Deutschen Demokratischen Republik zwecks Übersiedlung in die BRD für folgende Personen:

      Dietmar Linke, geb. 12. 08. 1944

      Barbe Maria Linke, geb. Hain, geb. 20. 01. 1944

      Martin Linke, geb. 20. 09. 1968

      Jonas Linke, geb. 31. 1. 1970

      Mirjam Linke, geb. 20. 01. 1973

      Charlotte Hain, geb. Varchmin, geb. 25. 03. 1907."[347]

Am nächsten Tag schrieb ich an die Kirchenleitung und teilte unseren Entschluss mit:
„Dazu möchte ich folgendes erklären: Ich habe in einer Situation, da die Angriffe auf meine Person und damit auf meine Arbeit durch staatliche Vertreter zunahmen, die Möglichkeit einer Mitteilung über diese Vorfälle an die Kirchenleitung gewählt (Schreiben an die KL vom 15.6.82). Dies war ein Ausdruck des Suchens nach einem Ausweg, weil ich damals

---

[347] Privatarchiv D. Linke.

bereits die Erfahrung gemacht hatte, dass ich wie nie zuvor an die Grenzen meiner Möglichkeiten, aber auch an die Grenzen der eigenen Belastbarkeit gekommen war. Es war aber bald erkennbar, dass diese Vorfälle mit einer Auflistung nicht zu Ende waren. Dies führte zu einer weiteren Mitteilung an die Kirchenleitung (Schreiben vom 28. Januar '83). Am 7. Febr. 1983 wurde dem Generalsuperintendenten Schuppan vom Rat des Bezirkes Frankfurt/O. ein umfangreicher Katalog mit Beschuldigungen meine Person betreffend vorgelegt. Auf diesen Katalog wurde durch Vertreter der Kirchenleitung (Generalsuperintendent Krusche und Herr Pettelkau) in einer Gesprächsrunde im Rat des Bezirkes am 14.6.83 reagiert. Diese beiden Gesprächsrunden konnten jedoch nicht das Grundsatzproblem lösen. Weitere entscheidende Einschnitte waren der Einbruch ins Pfarrhaus in der Zeit meiner Abwesenheit am 4.7.83 durch Personen, die an meinen Arbeitsmaterialien u. ä. interessiert waren (Mitteilung ans Konsistorium vom 17.8.83) und das Gespräch mit dem Staatsanwalt des Kreises Strausberg (auf dem Hintergrund des 1.9.83) am 9. Sept. 83 (Schreiben an die Kirchenleitung vom 10.9.83). Ich könnte mehr auflisten und würde die Leser dieser Zeilen damit nur mehr zeitlich in Anspruch nehmen. Vielleicht war dies für einige Vertreter der Kirchenleitung das Empfinden in der Vergangenheit gewesen.
Ich habe mich Ihnen mitgeteilt, weil ich Hoffnung hatte, wir könnten gemeinsam einen Weg finden, der einen Ausweg aus diesem Kesseltreiben darstellt. Ich habe lange überlegt, welche Alternative der Arbeit es für mich geben würde. Ich habe dies in einem Gespräch mit Bruder Forck ventiliert. Doch ich habe keine andere akzeptable Möglichkeit gefunden.

Für mich ist erkennbar, dass eine weitere gediegene Arbeit in Neuenhagen nicht mehr möglich ist. Meine Frau und ich sind schon lange an den Grenzen der Belastbarkeit angekommen. Die Belastungen von außen haben eine so zerstörerische Qualität erreicht, dass sie die innere Substanz angreifen. Ich denke, dass die Würde eines jeden Menschen unantastbar sein sollte. Weil nicht fassbare Kräfte diese Würde nicht achten, sind wir nach langer und schwerer Gewissensprüfung zu dem für uns nicht leichten Entschluss gekommen. Es mag mancher meinen, ich hätte selbst die oben erwähnte Entscheidung durch mein Verhalten provoziert. So mag es sich einem Außenstehenden darstellen. Ich habe lange einen Weggang ausgeschlossen, weil ich mich für die Menschen in diesem Land, für diese Gesellschaft engagieren wollte. Ich hatte mit großen Erwartungen und Hoffnungen begonnen. Aber jeder ist das Produkt seiner Erfahrungen. Schritte und Aktionen, die für Außenstehende manchmal spektakulär erschienen, waren für mich eine logische Folge meiner Erfahrungen. Eine Alternative, nach der ich lange gesucht habe, um weiter in dieser Gesellschaft Pfarrer zu sein, hätte diese Erfahrungskette mit einbeziehen müssen.

Ich möchte den Vertretern kirchenleitender Organe danken, die mich in der zurückliegenden Zeit begleitet haben. Ich möchte mich Anfragen, die mich auf dem Hintergrund meiner jetzigen Entscheidung erreichen werden, nicht entziehen. Aber ich habe für mich erkannt, dass die Arbeit in Neuenhagen oder auch anderswo ohne mich weitergehen wird. Ich habe sicher manche Fehler gemacht, und ich möchte noch einmal die Chance eines Neuanfangs nutzen, wenn nicht hier, dann anderswo.

Ich möchte die Kirchenleitung bitten, mir die Rechte der Ordination zu belassen und mich aus dem Dienst als Pfarrer in Neuenhagen für den Fall der Ausbürgerung zu entlassen."[348]

Aus den Akten ist erkennbar, dass alle Instanzen, die in den vergangenen Jahren mit uns befasst waren, sofort reagierten. Am 23. November schreibt die Abt. XX/7 der BV Frankfurt/O. eine „Information zu den Ergebnissen bei der operativen Bearbeitung des OV ‚Kreuz'":
„Am 21. November 1983 ging auf dem Postweg dem Rat des Kreises Strausberg, Abteilung Innere Angelegenheiten, folgendes Schreiben zu [...]." Es folgt unser Ausbürgerungsantrag in Abschrift. Weiter heißt es: „Inoffiziell wurde erarbeitet, dass Linke sich auch in einem Brief an die Kirchenleitung Berlin-Brandenburg wandte, in dem er mitteilte, dass er einen Antrag auf Entlassung aus der Staatsbürgerschaft gestellt habe und gedenke, mit seiner Familie nach Berlin (West) überzusiedeln. Seine Entscheidung begründete er unter anderem damit, dass er die Kirchenleitung mehrfach darauf hingewiesen hätte, die Angriffe auf seine Person würden ihn an die Grenze der Belastbarkeit führen, ohne dass darauf in angemessener Form reagiert worden wäre [...]."[349]
In der Information des MfS wird ausführlich der Inhalt meines Briefes an die Kirchenleitung dargestellt. Der Brief an die Kirchenleitung ist nicht auf dem Postweg abgeschickt worden. Er muss von einem Mitarbeiter des Konsistoriums dem MfS zugeleitet worden sein.

[348] Privatarchiv D. Linke.
[349] BStU, ASt Frankfurt/O., AOP 889/84, Bd. II, S. 96.

In der gleichen Information heißt es:

„Am 21.11.1983 hatte Linke ein Gespräch mit Superintendent Rißmann [...] Linke informierte ihn offiziell davon, dass er am 18.11.1983 den Antrag auf Ausbürgerung gestellt hätte [...] Dazu erklärte Rißmann, dass er von seinem privaten Standpunkt jeden begrüße, der in den Westen gehen wolle. Er sagte: ‚Wer raus will, immer los, denn es ist besser, fröhlich im Westen als traurig im Osten.' Er beurteile als Pfarrer das ganz locker. Zugleich verwies er darauf, dass sich Linke keiner Illusion hinsichtlich einer Anstellung hingeben solle. Es würden erhebliche Komplikationen hinzukommen [...]"[350]

Ich kann mich an diese Sätze des Superintendenten gut erinnern. Wir, Barbe und ich, saßen während des Gesprächs mit dem Superintendenten in meinem Arbeitszimmer. Die vom MfS im Juli 1983 eingebaute *Wanze* machte es möglich, das Gespräch mit zu verfolgen. So wurde es möglich, dass Originaltöne in der oben genannten „Information" ihren Niederschlag fanden.

Der Leiter der Abteilung XX der BV Frankfurt/O., Major Heydel, übersandte diese „Information zu Ergebnissen bei der Bearbeitung des OV ‚Kreuz'" an den Leiter der HA XX/4, Oberstleutnant Wiegand mit einem Anschreiben, in dem es unter anderem heißt:

„Entsprechend der telefonischen Rücksprache mit Ihnen am 22.11.83 wurde festgelegt, dass in Zusammenarbeit mit der KD Strausberg der Vorschlag zur Übersiedlung gemäß Richtlinie 2/83, verbunden mit der Bitte um Sofortauflassung, erarbeitet

---

[350] Ebenda.

wird [...] Mit der Abt. Innere Angelegenheiten beim Rat des Kreises Strausberg wird konzeptionell ein mit Linke zu führendes Gespräch zur Klärung der sich aus dem Antrag ergebenden notwendigen Fragen vorbereitet. Prinzipiell wird darauf orientiert, die Bearbeitung des Antrages nicht zu komplizieren."[351]

Am 28. November erarbeitete die KD Strausberg einen sieben Seiten umfassenden „Vorschlag zur Übersiedlung aus politisch-operativen Gründen":

„Der Entschluss der Antragstellung resultierte aus zunehmenden Auseinandersetzungen, die mit Linke wegen seiner feindlich-negativen Aktivitäten von Seiten kirchenleitender Organe und des Staatsapparates geführt wurden. Linke hat seinen vorgesetzten Dienststellen seinen Entschluss mitgeteilt, es wird von ihnen keine ablehnende Position eingenommen, es erfolgte jedoch auch keine Unterstützung des Antrages [...]

Die Übersiedlungsabsichten wurden von den antragstellenden Personen nicht begründet. Inoffiziell wurde herausgearbeitet, dass die antragstellenden Personen durch vielfältige Differenzierungs- und Zersetzungsmaßnahmen erheblich verunsichert worden sind und in der DDR keine Möglichkeiten des Wirksamwerdens im Sinne ihrer feindlichen Zielstellung mehr sehen [...]

Das politische und staatliche Interesse an einer Übersiedlung der antragstellenden Personen wird dadurch begründet, dass

---

[351] BStU, ZA, HA XX/4, 962, S. 495.

– die von Linke und seiner Ehefrau ausgehenden Aktivitäten darauf gerichtet sind, oppositionell orientierte Kräfte im Innern der DDR zu formieren und zu führen […].

Mit der Genehmigung der beantragten Übersiedlung werden die feindlichen Aktivitäten der antragstellenden Personen unterbrochen.

Folgeerscheinungen einer genehmigten Übersiedlung:

– Von den antragstellenden Personen können nach einer genehmigten Übersiedlung keine unmittelbaren feindlichen Aktivitäten in der DDR ausgehen.

- Ihre Glaubwürdigkeit als sogenannte bedingungslose Systemgegner wird in ihrem Umgangskreis in der DDR in Frage gestellt, der direkte Einfluss auf den Umgangskreis wird unterbrochen.

– Der Differenzierungsprozess innerhalb der Kirche der DDR wird im Falle der genehmigten Übersiedlung gefördert, da Linke zunehmend als Störfaktor erkannt worden ist.

– Linke wird in Berlin (West) nach erfolgter Übersiedlung seine Ordination als Pfarrer, zumindest zeitweilig, verlieren. Materielle Zuwendungen, die er als Pfarrer in der DDR von Gemeinden im NSA erhielt, entfallen.

– Nach der erfolgten Übersiedlung nach Berlin (West) ist mit dem Aufbau von Rückverbindungen der Linkes zu rechnen [...]"[352]

Bereits am 24. November wurde mir durch einen Boten ein Schreiben des Stellvertreters für Inneres überbracht: „Wir bitten Sie Herr Linke, Ihre Gattin und Ihre Schwiegermutter am 29.11.83 um 8.00 Uhr in der Abteilung Innere Ange-

---

[352] BStU, ASt Frankfurt/O., AOP 889/84, Bd. II, S. 102-108.

legenheiten, Zimmer 53, beim Rat des Kreises Strausberg vorzusprechen."[353]

Im Hinblick auf dieses Gespräch fand am 28. November eine Absprache zwischen dem Leiter der Abt.XX der BV Frankfurt/O., Major Heydel, und dem Stellvertreter für Inneres des Bezirks Frankfurt/O., Müller, statt. In einem Aktenvermerk heißt es:

„Gegenüber Linke sind Recht und Gesetz strikt einzuhalten, ohne Komplikationen hervorzurufen. [...] Die Orientierung des Gen. Müller ist darauf gerichtet, bis Weihnachten 1983 die Übersiedlung zu vollziehen. [...] Die Abteilungsleiterin Inneres und der Stellvertreter des Vorsitzenden des Rates des Kreises Strausberg für Inneres sind angewiesen, alle Maßnahmen mit den Genossen der KD Strausberg abzustimmen [...]"[354]

Am 29. November fuhren Barbe, ihre Mutter Charlotte und ich nach Strausberg. Über dem Eingangsportal zum Rat des Kreises prankte das DDR-Enblem. Im Zimmer 53 saß der Stellvertreter für Inneres, Herr Beer, mit zwei Mitarbeitern am Ende eines Konferenztisches. Wir nahmen am anderen Ende Platz. An der Stirnwand hing das Bild des Staatsratsvorsitzenden. Herr Beer nahm eingangs Bezug auf den Ausbürgerungsantrag. Es ginge darum, die nötigen Formalitäten zu erledigen. Die Antragsformulare lagen ausgefüllt vor ihm. Wir sollten sie nur noch unterschreiben. Herr Beer fragte nach den Beweggründen für unseren Antrag. Barbe sagte: „Sie und das MfS kennen die Beweggründe sehr

---

[353] Privatarchiv D. Linke.
[354] BStU, ASt Frankfurt/O., AOP 889/84, Bd. VII, S. 225 f.

genau!" Da wir diese bewusst nicht in unserem Brief an den Rat des Kreises genannt hatten, schwiegen wir auch jetzt dazu. Der Form halber brauche er eine Person und deren Anschrift, zu der wir übersiedeln würden, sagte Herr Beer. „Das Notaufnahmelager Marienfelde in West-Berlin", sagte ich. Das wurde aber nicht akzeptiert. Eine private Anschrift müsse es sein. Wir hatten eine Freundin, die in einem Seniorenheim in West-Berlin wohnte. Ihren Namen und ihre Anschrift schrieb eine Mitarbeiterin in die Formulare. Es war erkennbar, dass unserer Ausreise hier nichts im Wege stand. Ich machte Herrn Beer deutlich, dass ich Zeit benötige, um alle Amtsgeschäfte ordentlich zu übergeben. Herr Beer sagte uns, das ginge in Ordnung.

Der Stellvertreter für Inneres schreibt über das Gespräch in einer Aktennotiz:
„Dem Ehepaar wurde zu Beginn des Gespräches der Eingang ihres Schreibens bestätigt und die Erwartung geäußert, dazu Motive und Beweggründe darzulegen. Dazu waren beide nicht bereit und Linke äußerte wörtlich: ‚Herr Beer, Sie wollen doch von mir nicht verlangen, hier jetzt die ganze Liste zu offerieren, die sich im Laufe der Jahre unseres Kennens zusammengetragen hat.' […].
Linke: ‚Glauben Sie mir, Herr Beer, dieser Entschluss ist uns nicht leicht gefallen.'
Frau Linke: ‚Aber unumstößlich.'
Über diesen Schritt hätte er nur mit dem Bischof gesprochen. Er war an keiner Stelle dazu zu bewegen, Reaktion und Meinung des Bischofs dazu zu nennen. […]

‚Natürlich habe ich enge Vertraute, die wissen davon. Sie nehmen aber nicht an, dass ich Ihnen Namen nennen werde. Wer wie ich jahrelang in der Gemeinde gelebt hat, ist doch tief verwurzelt in ihr und hat doch seine Freunde und Vertraute. Und was Ihre Frage nach dem Gemeindekirchenrat betrifft, auch da gilt, das ist Sache der Kirche und nicht Sache staatlicher Organe.'

Beide weigerten sich kategorisch, eine Erklärung für diesen Schritt abzugeben. Auf die perspektivisch geforderte schriftliche Begründung eingehend, erklärte Frau L.: ‚Ehe wir etwas schriftlich erklären, bleiben wir lieber hier.'

Herr L. ergänzte dazu: ‚Wissen Sie, seit etwa 2 Jahren werden wir von Mitgliedern der Gemeinde gefragt, ob es stimme, dass wir einen Ausreiseantrag gestellt hätten. Da war bei uns der Gedanke überhaupt noch nicht vorhanden. Das wurde von außen hineingetragen. Wissen Sie, was das ist, das ist Rufmord.'

Auf eine Bezugsperson angesprochen, gab es bei beiden echte Ratlosigkeit. Man hat das feste Ziel, zunächst in das Aufnahmelager Marienfelde zu gehen, ‚um keinem zur Last zu fallen'. Man einigte sich dann auf [...]"[355]

Barbe und mir war nach dem Gespräch am 29. November klargeworden, dass man keine Zeit verstreichen lassen würde, um uns loszuwerden, und dass wir handeln müssen. Durch Freunde erfuhren wir von der Spedition *Lassen*, mit der wir Kontakt aufnahmen. Gleichzeitig begannen viele Helfer,

[355] Ebenda, S. 228 f.

Listen unserer Bücher und Gegenstände für den Zoll aufzu-
schreiben. Auch Barbes Mutter Charlotte musste ihren Wohnsitz von Zehdenick nach Neuenhagen verlegen. Ihr Haushalt
musste im Eiltempo aufgelöst werden. Das habe ich nie
vergessen, wie Charlotte mit ihren sechsundsiebzig Jahren
sofort „Ja" sagte, „ich komme mit", als wir sie Anfang
November fragten, ob sie mitgehen würde.

Nach unserem Gespräch im Rat des Kreises Strausberg
schreibt der Stellvertreter für Inneres am gleichen Tag einen
dreiseitigen „Vorschlag auf Übersiedlung", der vom Stellvertreter für Inneres beim Bezirk Frankfurt/O. befürwortet
wurde.[356]

Der Leiter der HA XX, Generalmajor Kienberg, schreibt am
2. Dezember dem Leiter der Zentralen Koordinierungsgruppe: „Es wird gebeten, den Übersiedlungsantrag des
Pfarrers Linke mit Familie aus operativen Gründen be-
schleunigt zu bearbeiten, damit kurzfristig die Übersiedlung
erfolgen kann." Dieses Schreiben wurde vom Stellvertreter
des Ministers, Rudi Mittig, bestätigt.[357]

Der Stellvertreter Inneres beim Bezirk Frankfurt/O. schreibt
am 2. Dezember an den Leiter der HA Innere Angelegenheiten beim Ministerium des Innern, Herrn Hubrich:
„Beiliegend unterbreite ich nach gründlicher Abstimmung mit
der Bezirksleitung der SED und den bezirklichen Sicherheitsorganen den Vorschlag, das Ersuchen auf Übersiedlung

[356] BStU, ZA, ZKG, 5821, S. 6-8.
[357] Ebenda, S. 17.

der Familie Linke aus Neuenhagen, Krs. Strausberg, in möglichst kurzer Zeit zu entscheiden. Diesem Vorschlag wird aus bezirklicher Sicht zugestimmt.[...] Es wäre gut, noch vor Weihnachten die Auflassung zu geben."[358]

Am 6. Dezember teilte mir das Konsistorium mit:

„Die Kirchenleitung ist am 2.12.1983 über Ihren Antrag auf Ausbürgerung aus der Staatsbürgerschaft der DDR und Ihren Antrag auf Entlassung aus dem Dienst unterrichtet worden [...] Für die Entscheidung über Ihren Antrag auf Entlassung aus dem Dienst ist das Konsistorium zuständig. Die Kirchenleitung hingegen entscheidet über Ihren Antrag auf Belassung der Rechte aus der Ordination.

Beide Anträge haben Sie jedoch unter dem Vorbehalt Ihrer Entlassung aus der Staatsbürgerschaft der DDR gestellt. Sie sind daher derzeit noch nicht entscheidungsreif, solange sie bedingt gestellt sind. Wir bitten deshalb, uns unverzüglich zu unterrichten, wenn über Ihren Antrag auf Entlassung aus der Staatsbürgerschaft entschieden worden ist und gegebenenfalls das Ausreisedatum festgesetzt worden ist. Wir werden die Kirchenleitung bitten, die Entscheidung über Ihren Antrag auf Belassung der Rechte aus der Ordination vorzubereiten."[359]

Am 9. Dezember wurde in der Kirchenleitungssitzung über meinen Antrag verhandelt. Im Protokoll heißt es:

„Pettelkau berichtet, dass Pfarrer Dietmar Linke, Neuenhagen, im Zusammenhang mit seinem Ausbürgerungsantrag den An-

---

[358] BStU, ZA, ZKG, 1569, S. 271.
[359] Privatarchiv D. Linke.

trag an die KL auf Belassung der Rechte aus der Ordination gestellt hat. Dr. Winter berichtet über die mündliche Stellungnahme von Sup. Rißmann zu diesem Antrag. Nach Aussprache (Dr. Forck, Krusche, Dr. Furian, M. Becker, Günther, Bransch) wird der Antrag von Pfr. Linke zur Abstimmung gestellt: 1 Ja, 9 Nein, 3 E. Damit ist der Antrag abgelehnt."[360]
Bischof Forck sagte mir später bei einer Begegnung in West-Berlin, dass er in dieser Sitzung dafür plädiert hätte, mir die Rechte der Ordination zu belassen. Er sei aber überstimmt worden. Er war aus dem Kirchenleitungsgremium der Einzige, der uns in der entscheidenden Phase begleitet hatte und um die Hintergründe unserer Antragsentscheidung wusste.

Am 21. Dezember wurden Charlotte, Barbe, unser Sohn Martin und ich zu 15 Uhr in den Rat des Kreises bestellt. Durch ein Telefonat vorgewarnt, wussten wir, jetzt wird es ernst. Der Countdown läuft. Der Pförtner war informiert: „Über den Hof, eine Treppe." In der Abteilung Inneres begegnete uns ein Sachbearbeiter. Es war spürbar, dieser Akt wird jetzt abgewickelt. Die Ausweise wurden uns abgenommen. Wir erhielten die Ausbürgerungsurkunden. Im Volkspolizei-Kreisamt würden uns die Identitätsbescheinigungen ausgehändigt. „Die VP ist verständigt." Wir wollten nachfragen und bekamen die Antwort: „Alles Weitere erfahren Sie bei der VP." In der Pass- und Meldestelle lagen die Papiere bereit. Darin lasen wir: „Ausreise bis 22. Dez. 1983." „Nein",

[360] Ev. Konsistorium Berlin-Brandenburg, Personalakte D. Linke, S. 216.

sagten wir, „wir reisen nicht am 22. Dezember aus!" „Sie müssen morgen bis 24 Uhr die DDR verlassen haben!"

Ein Verhandeln war nicht möglich. Als der Dienstvorgesetzte erschien, schrie dieser uns an: „Sie haben gehört, morgen 24 Uhr. Bis dahin haben Sie das Territorium der DDR zu verlassen, sonst ...!"

Nun tickte die Uhr. Jede Stunde war kostbar. Draußen war es bereits dunkel. Wir gingen zum Auto. Menschen hasteten an uns vorbei. Für viele war bereits Feierabend, andere machten noch die letzten Weihnachtseinkäufe. Aus einem Lautsprecher schepperte Weihnachtsmusik. „Morgen Kinder wird's was geben." Wie weit war diesmal Weihnachten für mich entfernt. Ich würde keinen Weihnachtsbaum für die Kirche besorgen, keine Stühle in die Kirche tragen für die Gottesdienste am Heiligen Abend, keine Predigten vorbereiten, keine Liederzettel drucken. Ein letztes Mal fuhren wir die Straße von Strausberg nach Neuenhagen.

Unsere Kinder verschenkten oder packten ihre Sachen. In der Diele warteten Besucher, die uns verabschieden wollten. Gute Wünsche. Umarmungen. Plötzlich eine lange, weiß gedeckte Tafel unten im Büro. Gläser und Kerzen. Miezi, Lara und Frau Lengert, die treuen Helfer, trugen Speisen auf. Lachen, Weinen. Jemand sprach. Steffens Gesicht hinter den runden Brillengläsern. Jemand hatte das Fenster geöffnet: Der halbe Mond auf nachtschwarzem Grund. Die Kinder liefen die Treppen hinauf und hinab. Frau Theurer, die Tischlerin, kam und packte Steffens großes Ölbild ein, zuvor umarmte sie mich: „Sie werden uns fehlen, Sie und Ihre Frau."

Die Nacht ließ kaum Zeit zum Schlaf. Als ich mich weit nach Mitternacht hinlegen wollte, stand Barbe bereits wieder auf. Am Morgen kamen die Spedition *Lassen* aus West-Berlin und der Zoll. Das Umzugsgut war einzeln aufgelistet worden. Zwei Herren vom Zoll machten Stichproben. „Zeigen Sie Position Nummer [...]!" Der Inhalt wurde mit den Listen verglichen. Aus einem Schrank sollte das Schubfach herausgezogen werden. „Was ist das?" Der Beamte zeigte auf ein Schriftstück. „Gedächtnisprotokoll vom Gespräch im Rat des Kreises". „Dieses Papier muss ich beschlagnahmen", sagte der Beamte.

In meinem Arbeitszimmer standen die Bücherkartons. „Einige Kartons müssen wir öffnen." Der Beamte studierte die Bücherliste, in der jedes einzelne Buch mit Titel, Verfasser und Erscheinungsjahr notiert war. „Karton Nummer [...], Titel [...]!" Es galt, die Nummer zu finden. Bücher wurden ausgepackt. Bei einigen Titeln gab ich Erläuterungen; sie konnten wieder eingepackt werden. Bei anderen hieß es: „Dieses muss ich beschlagnahmen!" Erst danach konnte mit dem Einladen in den Möbelwagen begonnen werden.

Mit dem Auto fuhr ich am Nachmittag ins Konsistorium nach Berlin. Ich sollte meine Ordinationsurkunde und das Zeugnis über die Anstellungsfähigkeit abgeben. Als ich die Treppe hinaufstieg, hörte ich Adventslieder. Im Flur saßen die Mitarbeiter des Hauses zur Adventsfeier zusammen. Als man mich entdeckte, kamen mir Bischof Forck und der Konsistorialpräsident, Herr Stolpe, entgegen. Herr Stolpe gab mir die Entlassungsurkunde und ein von ihm als Konsistorialpräsidenten verfasstes Schreiben. Darin heißt es:

„Sie verlieren mit Ihrer Entlassung Ihre Pfarrstelle in der Kirchengemeinde Neuenhagen. Ihren Antrag auf Belassung der Rechte und Pflichten aus der Ordination vom 19.11.1983 hat die Kirchenleitung beraten. Sie hat dem Antrag nicht stattgegeben. Mit Ihrer Entlassung verlieren Sie daher die Rechte aus der Ordination sowie alle Ansprüche auf Besoldung und Versorgung gegen die Evangelische Kirche Berlin-Brandenburg ab 22.12.1983.

Die Ordinationsurkunde und das Anstellungszeugnis reichen Sie bitte an uns zurück [...] Für Ihren weiteren Lebensweg wünschen wir Ihnen und Ihrer Familie den Beistand unseres Herrn. Wir danken Ihnen für allen in unserer Kirche geleisteten Dienst."[361]

---

[361] Privatarchiv D. Linke.

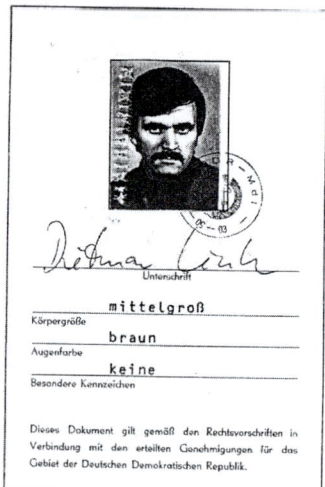
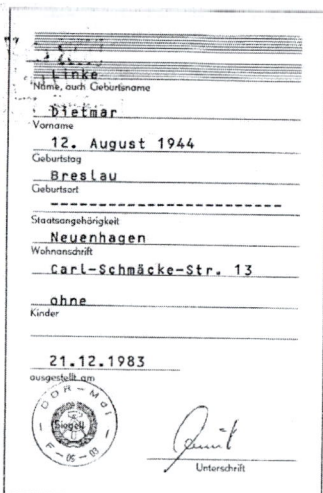

Identitätsbescheinigung mit Ausreisevisum D. Linke
Privatarchiv D. Linke

URKUNDE

Dietmar Linke

geboren am **12. 08. 1944** in Breslau

wohnhaft in Neuenhagen, Carl-Schmäcke-Str. 13

wird gemäß § 10 des Gesetzes vom 20. Februar 1967 über die Staatsbürgerschaft der Deutschen Demokratischen Republik (GBl. I S. 3) aus der Staatsbürgerschaft der Deutschen Demokratischen Republik entlassen. Die Entlassung erstreckt sich auf folgende kraft elterlichen Erziehungsrechts vertretene Kinder:

Martin Linke

geboren am **20. 09. 1968** in Wilhelm-Pieck Stadt Guben

Jonas Linke

geboren am **31. 01. 1970** in Luckenwalde

Mirjam Linke

geboren am **20. 02. 1973** in Luckenwalde

Die Entlassung aus der Staatsbürgerschaft der Deutschen Demokratischen Republik wird gemäß § 15 Abs. 3 des Staatsbürgerschaftsgesetzes mit der Aushändigung dieser Urkunde wirksam.

Frankfurt(Oder),

den 21. 12. 1983

Ausgehändigt am 21.12 83

Entlassung aus der Staatsbürgerschaft der DDR.
Privatarchiv D. Linke

In der Nacht brachten uns unsere Freunde Lara und Moritz und Stemmlers zum Übergang Friedrichstraße. Unterwegs steckte ich noch eine Mitteilung an die Versicherung in den Briefkasten über den Unfall, der sich wenige Tage zuvor auf der Landstraße zwischen Köpenick und Mahlsdorf ereignet hatte. Durch Manipulation hatte sich der PKW-Hänger gelöst, war auf die Gegenfahrbahn geraten und hatte ein entgegenkommendes Fahrzeug beschädigt. Wer hatte manipuliert und damit diesen Unfall verursacht?

In Moritz' Auto ging es vorbei am S-Bahnhof Hoppegarten und an der Kirche in Dahlwitz auf die Fernverkehrsstraße nach Berlin. Unweit vom Bahnhof Friedrichstraße stiegen wir aus. Menschen strömten in Richtung Übergang. Tränenpalast hatten die Berliner dieses Gebäude getauft. Wie viele Tränen mögen hier vergossen worden sein! Es war kurz vor 24 Uhr. Besucher drängten an uns vorbei. Wir standen ihnen im Weg, neben uns Taschen oder Rucksäcke. In der Eile des Aufbruchs hatten wir dieses und jenes gegriffen, mehr unbewusst als bewusst, Dinge, mit denen sich Erinnerungen verbinden. Wir schoben den Grenzbeamten unsere Kennkarten zu. Mit einem Stempel besiegelten sie den Akt. Ein Uniformierter bediente einen Drücker. Die Tür ging auf.

Wenige Tage vor unserer Ausreise erhielt ich einen Brief von Frau G. (IM „H. Grusche):
„Wir haben bis Mitternacht gestern zusammengesessen und können es immer noch nicht fassen, dass Sie gehen. Am meisten trifft es mich, denn ich hatte an Ihnen so etwas wie einen Halt gefunden und eine neue Aufgabe vor allem, für die es sich

zu kämpfen lohnt. Und jetzt? Wie soll das alles weitergehen ohne Sie? Diese Frage stellen sich gegenwärtig wohl mehr Leute, als Sie sich vorstellen können. [...] Wir hatten doch noch so viel Pläne und Aufgaben. Was wird nun? Ich bin total geschafft. Sehen wir uns überhaupt jemals wieder?? Ich flehe Sie an: Lassen Sie von sich hören, wenn Sie Fuß gefasst haben, und seien Sie meiner Freundschaft immer gewiss [...] Wir umarmen Sie von ganzem Herzen; möge Gottes Segen immer mit Ihnen sein. Ihre [...] und Familie."[362]

Dieser Brief hatte mich damals sehr bewegt. Ein Jahr davor hatte ich Frau G. erst kennengelernt. In den darauffolgenden Monaten hatte es vielfältige und intensive Kontakte gegeben. Nun hatten wir keine Zeit mehr, uns von ihr zu verabschieden. Diesen Brief nahm ich mit über die Grenze.

Nachdem ich nach der *Wende* die 14 Bände ihrer IM-Akte in den Händen hatte, erhielten die Sätze aus diesem Brief für mich einen völlig neuen Sinn: „Ich hatte an Ihnen einen Halt gefunden und eine neue Aufgabe, für die es sich zu kämpfen lohnt." Diese Aufgabe war erfüllt. Aber der Kampf, hatte der sich auch gelohnt?

Am 22. Dezember, dem Tag unserer Ausreise, unterrichtet Christa G. (IM „H. Grusche") ihren Führungsoffizier, Hauptmann Lehr, über diesen Brief.[363] Der Hauptmann schreibt: „,H. Grusche' wird beauftragt, den Kontakt zu ,Kreuz' nach Möglichkeit beizubehalten, wobei die Aktivitäten von ,Kreuz' von WB ausgehen müssen."[364]

---

[362] Privatarchiv D. Linke.
[363] BStU, ASt Frankfurt/O., AIM, V/113/76, Bd. II/VI, S. 100.
[364] Ebenda, S. 98.

Am 17. Januar 1984 wird IM „H. Grusche" mit der J. R. Becher-Medaille ausgezeichnet und erhält dazu eine Geldprämie von 300,- M überreicht. Im Aktenvermerk heißt es dazu: „Auszeichnung und Prämie wurden gegeben aufgrund der durch ‚H. Grusche' erarbeiteten hervorragenden operativen Ergebnisse vor allem im Jahre 1983 und dabei vorrangig zum OV ‚Kreuz'."[365]

Am 3. Februar 1984 schrieb die KD Strausberg einen Zwischenbericht zum OV „Kreuz":

„Auf Grund einer Vielzahl durchgeführter operativer Maßnahmen wuchsen in zunehmendem Maße die Auseinandersetzungen, die mit den Linkes wegen ihrer feindlich-negativen Aktivitäten von Seiten kirchenleitender Organe und des Staatsapparates geführt wurden. Als deren Ergebnis fassten sie den Entschluss, diesen Schwierigkeiten aus dem Wege zu gehen und legal nach Westberlin überzusiedeln [...] Am 22.12.1983 um 23.55 Uhr reisten die Linkes über die GÜSt Friedrichstraße nach WB aus. Bei der durchgeführten Zollkontrolle wurde durch den Zoll ein Gedächtnisprotokoll über das Gespräch am 15.09.1983 beim Rat des Kreises, Abteilung Inneres, eingezogen.[...]

Seitens der Kirchenleitung wurde dem Linke die Konzession entzogen [...]

Inoffiziell konnte bisher erarbeitet werden, dass die Linkes in WB erhebliche Schwierigkeiten und Probleme, insbesondere mit der Wohnung, des Schulbesuchs durch die Kinder sowie der Arbeitssuche haben [...]."[366]

---

[365] Ebenda, Bd. II/V, S. 112.
[366] BStU, ASt Frankfurt/O., AOP 889/84, Bd. II, S. 134-138.

Am 20. Juni 1984 fertigte die MfS-Kreisdienststelle Strausberg den „Abschlussbericht zum OV ‚Kreuz'". Noch einmal
wurden die „staatfeindlichen" Aktivitäten aufgelistet. Weiter
heißt es:

„Bei der Bearbeitung des OV ‚Kreuz' wurde davon ausgegangen,
dass diese feindlichen Aktivitäten der Linkes aus politischen
Gründen strafrechtlich nicht geahndet werden können. Durch
Anwendung des Strafgesetzbuches der DDR hätte man die Lin-
kes zu ‚Märtyrern' und sogenannten ‚Friedenskämpfern' in der
DDR gemacht. Aus diesem Grund wurden vielfältige Differen-
zierungs-, Zersetzungs- und Kriminalisierungsmaßnahmen in Zu-
sammenarbeit mit der HA XX/4 und der Abt. XX der BV
Frankfurt (O) geplant und durchgeführt. Dabei konnten folgende
Ergebnisse erreicht werden: [...]

Die feindlich-negativen Aktivitäten der Linkes wurden beweiskräftig dokumentiert und als Zersetzungs- und Differenzierungsmaßnahmen zur Schürung der innerkirchlichen Auseinandersetzung durch kirchenleitende Organe aufbereitet.
– Öffentlichkeitswirksame Aktivitäten wurden beweiskräftig
dokumentiert und diese Aktivitäten als Grundlage für gesellschaftliche und staatsanwaltliche Belehrungen und Verwarnun-
gen verwendet.
– Alle durch die Bearbeiteten inszenierten Aktivitäten wurden
zur offensiven politischen Arbeit durch die SED-Kreisleitung
genutzt.
(Ständige Erarbeitung von Parteiinformationen zum Verhalten
und zu Aktivitäten der Linkes.)
– Der Differenzierungsprozess innerhalb der Kirchengemeinde
in Neuenhagen wurde ständig geführt. Im Ergebnis dieses

Differenzierungsprozesses gelang es, den Gemeindekirchenrat zu spalten und somit die Arbeitsfähigkeit und den Aktionsradius der feindlich-negativen Kräfte stark einzuschränken.

Alle diese durchgeführten Zersetzungs- und Differenzierungsmaßnahmen führten bei den Linkes zu dem Entschluss, einen Antrag auf Übersiedlung nach WB zu stellen. [...]

Die Kirchenleitung Berlin-Brandenburg entzog dem L. die Ordination vor seiner Übersiedlung nach WB. Die Übersiedlung der Linkes erfolgte am 22.12.1983 um 23.50 Uhr nach WB.

Zum heutigen Zeitpunkt kann eingeschätzt werden, dass auf Grund des Entzugs der kirchlichen Unterstützung der Linkes sowie des Einzugs der Ordination des L., der Eingliederungsprozess in WB sehr schwer vonstatten geht. Beide sind in WB arbeitslos und haben keinen festen Wohnsitz [...] Aus den genannten Gründen wird der OV ‚Kreuz' abgeschlossen und archiviert."[367]

Das Territorium der DDR durften wir nicht mehr betreten. Das MfS verhängte über uns eine Einreisesperre, die bis zum Jahr 1999 gelten sollte.[368]

---

[367] Ebenda, S. 147-151.
[368] BStU, ZA, ZAIG 5/022459 und 5/22460.

BV Frankfurt (O)
KD Strausberg

Strausberg, den 20. 06. 84
ri-lz

Bestätigt:
Leiter der KD

Schmidt
Major

Abschlußbericht
OV "Kreuz", Reg.-Nr. V/30/80

Im November 1979 wurde zu den Personen

Linke, Dietmar
12. 08. 44 in Breslau
Pfarrer

und   Linke, Barbe-Maria, geb. Hain
20. 01. 44 in Köslin
Katechetin

ein Operativ-Vorgang angelegt. Die Bearbeitung des OV
"Kreuz" erfolgte mit dem Ziel der Erarbeitung von Informationen und Beweisen zu Tatbestandsmerkmalen des
§ 100 StGB.

Linke zählte zu den Inspiratoren und Organisatoren einer
sogenannten staatlich "unabhängigen" Friedensbewegung in
der DDR. Er organisierte unter Mißbrauch der Freiräume
der Kirche und seiner kirchlichen Funktion und unter Einbeziehung seiner Ehefrau Aktionen demonstrativ-provokato-
rischen Charakters, die sich gegen die Friedens-, Vertei-
digungs- und Sicherheitspolitik der DDR richteten und bezog
dabei politisch-negative Kunst- und Kulturschaffende sowie
Personen aus nichtsozialistischen Staaten ein.

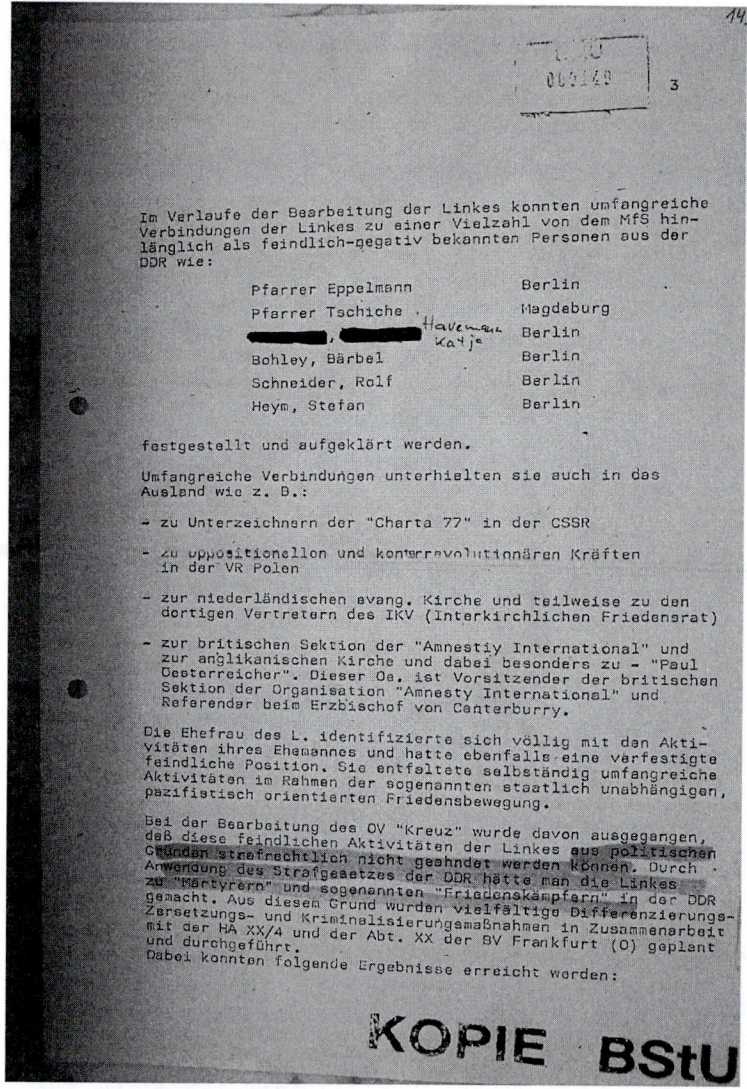

Im Verlaufe der Bearbeitung der Linkes konnten umfangreiche
Verbindungen der Linkes zu einer Vielzahl von dem MfS hin-
länglich als feindlich-negativ bekannten Personen aus der
DDR wie:

Pfarrer Eppelmann	Berlin
Pfarrer Tschiche	Magdeburg
▬▬▬▬▬ *Havemann Katja*	Berlin
Bohley, Bärbel	Berlin
Schneider, Rolf	Berlin
Heym, Stefan	Berlin

festgestellt und aufgeklärt werden.

Umfangreiche Verbindungen unterhielten sie auch in das
Ausland wie z. B.:

- zu Unterzeichnern der "Charta 77" in der CSSR

- zu oppositionellen und konterrevolutionären Kräften
  in der VR Polen

- zur niederländischen evang. Kirche und teilweise zu den
  dortigen Vertretern des IKV (Interkirchlichen Friedensrat)

- zur britischen Sektion der "Amnestiy International" und
  zur anglikanischen Kirche und dabei besonders zu - "Paul
  Oestreicher". Dieser Oe. ist Vorsitzender der britischen
  Sektion der Organisation "Amnesty International" und
  Referendar beim Erzbischof von Canterburry.

Die Ehefrau des L. identifizierte sich völlig mit den Aktivitäten ihres Ehemannes und hatte ebenfalls eine verfestigte
feindliche Position. Sie entfaltete selbständig umfangreiche
Aktivitäten im Rahmen der sogenannten staatlich unabhängigen,
pazifistisch orientierten Friedensbewegung.

Bei der Bearbeitung des OV "Kreuz" wurde davon ausgegangen,
daß diese feindlichen Aktivitäten der Linkes aus politischen
Gründen strafrechtlich nicht geahndet werden können. Durch
Anwendung des Strafgesetzes der DDR hätte man die Linkes
zu "Märtyrern" und sogenannten "Friedenskämpfern" in der DDR
gemacht. Aus diesem Grund wurden vielfältige Differenzierungs-
Zersetzungs- und Kriminalisierungsmaßnahmen in Zusammenarbeit
mit der HA XX/4 und der Abt. XX der BV Frankfurt (O) geplant
und durchgeführt.
Dabei konnten folgende Ergebnisse erreicht werden:

*Aus dem fünfseitigen Abschlussbericht zum OV `Kreuz`, BStU, ASt
Frankfurt/O., AOP 889/84, Bd. II, S. 134 und 136*

AUCH IN WEST-BERLIN IM BLICKFELD DES MFS
Eröffnung der OPK „Kreuz II"

Die Stimmung, die unser Weggang verursachte, gibt ein Brief wieder, den uns wenige Wochen nach unserer Ausreise Werner Fischer[369] aus Ost-Berlin schrieb:

„Euer Weggang war, wie Ihr Euch denken könnt, ein Schock für viele [...] Auch ich war irritiert und allzu schnell bereit, zu verurteilen. Aber es hat sich gerade in den letzten Monaten angedeutet, in welch massive Auseinandersetzungen wir mit dem Machtapparat geraten, setzen wir unseren Weg fort, auf dem es kein Zurück mehr geben kann und darf. Inzwischen weiß ich, dass es bei jedem eine Schmerzgrenze gibt, die, ist sie einmal erreicht, zur Entscheidung zwingt. Wer kann sich anmaßen, über die Richtigkeit einer so oder so getroffenen individuellen Entscheidung, die Ergebnis unserer ganz konkreten Situation in diesem Staat ist, zu befinden?

Noch ist die Grenze meiner Belastbarkeit nicht erreicht [...] Es gibt da so einen Lenin-Ausspruch: ‚Mir ist ein lebender Revolutionär lieber als ein toter.' Ich denke, wenn zerstörerische Mechanismen unsere Kräfte zu erlahmen drohen, sollten wir zusehen, sie anderswo produktiv einzusetzen.

Dass Euer Weggang ein qualitativer Verlust war, muss ich nicht betonen [...] Wir haben vielleicht die mögliche Ent-

---

[369] Werner Fischer, geb. 1950 in Caputh, Mitarbeiter in der unabhängigen Friedensbewegung in Ost-Berlin, 1985/86 Mitbegründer der Initiative für Frieden und Menschenrechte (IFM), Januar 1988 im Kontext der Liebknecht-Luxemburg-Demonstration verhaftet, Abschiebung mit Bärbel Bohley nach England., August 1988 Rückkehr in die DDR. 1990 Beauftragter zur Auflösung des MfS.

wicklung zu gelassen betrachtet. Es war nicht vorstellbar, dass sich unsere Reihen so schnell lichten würden. Daraus haben wir eine positive Konsequenz gezogen. Es ist zumindest, was Berlin betrifft, ein Zusammenrücken des Bekannten- und Freundeskreises festzustellen. Besonders mit der Inhaftierung von Bärbel und Ulrike[370], wo trotz aller Angst (wir glaubten ja, jetzt ginge es uns allen an den Kragen) oder vielleicht darum, ein wunderbares Klima des Miteinander und der Solidarität entstand. Dieser Trend hält erfreulicherweise an. Es gibt mehr Treffen, auch außerhalb der Kirche, bei denen inhaltliche Diskussionen zunehmend bestimmender werden. Natürlich gibt es immer noch Sektierertum und Profilierungsbestrebungen, bei denen einige meinen, sie seien die größten Hähne auf dem Friedensmist. Aber das ist ja nicht ausschließlich ein Problem unter der Käseglocke DDR."[371]

Wie reagierten die ehemaligen Kollegen auf unseren Weggang? In den MfS-Akten finde ich dazu eine Information der Abt. XX/4 der BV Berlin über den Pfarrkonvent Berlin-Weißensee am 4. Januar 1984:

„Der zuständige Sup. [...] gab die Information, dass dem in die BRD übergesiedelten ev. Pfarrer Linke/Neuenhagen die Rechte für die Führung eines Pfarramtes durch die Kirchenleitung der Landeskirche Berlin-Brandenburg aberkannt wurden. Diesem Schritt soll sich die ev. Kirche in der BRD angeschlossen haben. Diese Information löste im Pfarrkonvent Weißensee heftige Diskussionen aus, in der sich die ev. Pfarrer [...]/Ho-

---

[370] Bärbel Bohley und Ulrike Poppe wurden im Dezember 1983 inhaftiert.
[371] Privatarchiv D. Linke.

henschönhausen, [...]/Berlin-Malchow und [...] gegen die Entscheidung der KL aussprachen. Die große Mehrheit des Konvent befürwortete die Entscheidung. Auch Sup. [...] gab zu verstehen, dass er Verständnis für die Entscheidung der KL aufbringt."[372]

Es war im März 1984, als sich erstmals wieder seit unserer Ausreise der Gesprächskreis in Neuenhagen traf. Zu diesem war auch Frau Christa G. (IM „Helga Grusche") aus Petershagen erschienen. Über diesen Abend berichtete sie:
„Auf einmal kam die Rede auf Linke und seinen Weggang.
Frau [...]: ‚Als ich davon hörte, war mir zumute, als habe in meinem Bekanntenkreis jemand Selbstmord verübt, und ich habe mich gefragt, was ich denn versäumt habe bei diesem Menschen. Aber da man einen Selbstmord nicht rückgängig machen kann, sollte man sich dem Leben zuwenden und vor allem keine Vergleiche ziehen, wenn uns ab Sommer 84 nun ein neuer Pfarrer betreut. Pfarrer kommen und Pfarrer gehen, aber die Gemeinde bleibt. Daran sollten wir immerfort denken.'
Frau [...]: ‚Man sollte aber auch nicht verheimlichen, dass Linke gegangen worden ist [...]'
Herr [...]: ‚Ich verstehe die Leute nicht, die jetzt mit gebrochenen Flügeln dasitzen und ein schweres Herz haben, weil Linke nicht mehr da ist. Er hat sie doch im Stich gelassen. Sagt das nicht genug?'
Das Ehepaar [...] hielt sich mit seiner Meinung sehr zurück. Lediglich Frau [...] meinte: ‚Als wir heute hierherkamen und

[372] BStU, ASt Frankfurt/O., ZMA I-0026, S. 45.

den PKW vor dem Haus sahen, dachten wir, es ist doch alles wie früher als er noch da war.'[...]

Frau [...] meinte: ,Es fehlt etwas im Haus. Er hat Leben hineingebracht. Es war schön mit ihm zusammen.'

[...]: ,Ich gehöre ja nun zu denjenigen, die mit ihm beim Abschiednehmen bis zur Grenze mitgefahren sind. Wir haben uns unter Tränen voneinander getrennt. Es war wie ein Abschied für immer und fiel allen sehr schwer [...].'

Frau [...]: ,Dem Linke soll es gar nicht gut gehen drüben.'

Keine Antwort in der Runde. Jeder sah vor sich hin [...]"[373]

Ich habe nicht überblicken können, welche Tragweite die Aberkennung der Rechte aus der Ordination für uns haben würde. Wir lebten nun in West-Berlin, in der West-Region der Berlin-Brandenburgischen Kirche. Die Kirche war nicht für uns zuständig. Zuständig war für Barbe und mich jetzt das Arbeitsamt. Im Konsistorium in West-Berlin wurde mir bereits im Frühjahr 1984 vom Personaldezernenten signalisiert, dass sie uns nicht helfen könnten. Er legte mir nahe, dass wir in die Bundesrepublik weiterziehen sollten. Unsere Nähe zu dem einstigen Wirkungsbereich würde das gute Verhältnis zur Ost-Region der Kirche Berlin-Brandenburg stören. Die Bundesrepublik aber war für uns genauso fremd wie West-Berlin. Es kam darauf an, nach den vorausgegangenen Turbulenzen endlich ein wenig zur Ruhe zu kommen. So blieben wir in West-Berlin.

---

[373] BStU, ASt Frankfurt/O., AIM V/113/76, S. 158-161.

Im Juli 1985 schrieb mir der Personaldezernent des West-berliner Konsistoriums:

„Wir erkennen Ihre Schwierigkeiten. Aber bedenken Sie bitte, dass Ihre Übersiedlung nicht im Einvernehmen mit der Kirchenleitung Berlin-Brandenburg stattfand. Darum sind mehrere Zusammenhänge zu bedenken:

1) Sie sind nicht dem Rat aus der Neuen Grünstraße[374] gefolgt, eine ländliche Pfarrstelle anzunehmen, um so den Kirchenkreis Lichtenberg zu verlassen, in der Ihr Engagement in der Friedensarbeit die Spannungen zu den staatlichen Stellen hervorgerufen hatte. Westberlin ist Ihrem ehemaligen Arbeitsfeld näher als Cottbus oder die Uckermark.

2) Dieses Hintergrundes wegen, der bei einer möglichen Wiederbeilegung der Ordinationsrechte eine Rolle spielt, können wir Ihnen nicht raten, einen Pfarrdienst in Westberlin zu suchen [...]."[375]

In diesem Brief begann bereits eine Legendenbildung, die sich später, auch nach der *Wende*, fortsetzte. Es gab nie ein konkretes Angebot der Kirchenleitung an mich, in eine andere Pfarrstelle in der DDR zu gehen.

Das pulsierende Leben in West-Berlin konnte nicht darüber hinwegtäuschen, dass wir uns auf einer Insel befanden, umgeben von der Mauer, die uns von dem Umfeld trennte, in dem wir bisher gelebt hatten. In der Ferne konnte man den Fernsehturm am Alexanderplatz sehen. Man fuhr mit der U-Bahn unter Ostberliner Territorium, durch Bahnhöfe, die seit

---

[374] Neue Grünstraße: Sitz des Ev. Konsistoriums in Ost-Berlin.
[375] Privatarchiv D. Linke.

dem Mauerbau geschlossen waren. Wir waren froh, dass nach den zermürbenden Auseinandersetzungen der zurückliegenden Jahre ein Neuanfang möglich wurde. Bei der Einsicht in die Akten, die das MfS über uns angelegt hatte, musste ich 1993 feststellen, dass wir auch im „Operationsgebiet" West-Berlin im Blickfeld des MfS waren.

Im Sommer 1985 stellte das MfS fest, dass ich „Verbindung zur Feindorganisation ‚13.August e. V.'" unterhalten würde.[376]

Bei einem Besuch im Museum Haus am Checkpoint Charlie in West-Berlin lernten Barbe und ich im Sommer 1984 den Leiter, Dr. Rainer Hildebrandt, kennen. Er führte uns zu einer Bildtafel, auf der die Ereignisse vom 1. September 1983, die Lichterkette vor der US-amerikanischen Botschaft, festgehalten waren. „Was macht Ihr jetzt?", fragte uns Rainer Hildebrandt. „Die Kirche übernimmt Euch nicht? Ihr könnt hier vor Gruppen über Eure Erfahrungen in der Friedensarbeit und über das Leben in der DDR berichten. Ihr seid Zeitzeugen." Dieses Angebot nahmen wir teilweise an.

Ich erlebte das Haus am Checkpoint Charlie in diesen Jahren als Begegnungsstätte für Menschen, die durch Flucht, durch Haft oder durch einen Ausreiseantrag in den Westen gekommen waren. Für diese Menschen, die gezeichnet waren von ihrer Geschichte, musste jemand Zeit haben. Diese Zeit hatte ich, um ihnen als Gesprächspartner und Seelsorger zur Verfügung zu stehen. Es war jene Zeit, in der es wenige waren, die diese „Geschichten" hören wollten, Berichte über Haft-

---

[376] BStU, ASt Frankfurt/O., AOPK 2069/89, Bd. I, S. 105.

Im Haus von Rainer Hildebrandt. V. l. n. r.: Lew Kopelew, Dietmar Linke, Rainer Hildebrandt. Privatarchiv D. Linke

Barbe und Dietmar Linke im Gespräch mit Rainer Hildebrandt
Privatarchiv D. Linke

413

bedingungen und Menschenrechtsverletzungen in der DDR. Ich hörte denen zu, die durch die Zuchthäuser der DDR gegangen waren, und erhielt Einblick in das, was hinter den Zuchthausmauern dieser Gesellschaft geschah und nie zum Thema in der DDR gemacht wurde.

Am 20. August 1986 verfasste die KD Strausberg einen „Einleitungsbericht zur OPK ‚Kreuz II'":

„Es wird vorgeschlagen, zu den Personen Linke, Dietmar [...] und Linke, geb. Hain, Barbe [...] eine operative Personenkontrolle einzuleiten [...] Es gibt operativ bedeutsame Anhaltspunkte, dass beide Personen ihre gegen die DDR gerichteten feindlich-negativen Aktivitäten verstärken [...] Beide Ehepartner unterhalten Rückverbindungen in die DDR [...].

Zum Sachverhalt: [...] Erstmals trat der L., Dietmar in der ARD-Sendung ‚Moment mal' am 12.07.1985 öffentlich auf [...] Am 24.04.1985 wurde bekannt, dass die L's Kontakte aufgenommen haben zur ‚Arbeitsgemeinschaft 13. August e. V.'. Zur 64. Pressekonferenz der ‚AG 13. August' im Haus am Checkpoint Charlie reichte die Linke, Barbe schriftlich einen Diskussionsbeitrag ein, der dort verlesen wurde [...] In der Folgezeit verdichteten sich die Informationen, dass die L's ihre Aktivitäten innerhalb der ‚Arbeitsgemeinschaft 13. August' verstärkten [...]

Bei dem durch die KD Rathenow in einem OV ‚Gaukler' bearbeiteten freischaffenden Bildhauer [...] konnten ebenfalls Kontakte zu den L's festgestellt werden. Im OV ‚Gaukler' besteht der begründete Verdacht, dass der [...] zunehmend versucht, auf der Basis der Kontakte zu L. und dessen in der DDR noch wohnhaften Umgangspersonen im Sinne der PUT wirksam zu werden. Die L's stehen in postalischer und telefonischer Verbindung mit OV ‚Gaukler' und inspirieren ihn zu feindlich-negativen Aktivitäten [...]

Des weiteren wird in dieser Information die Verbindung der L's zu dem dem MfS hinlänglich bekannten Jürgen Fuchs deutlich [...]"[377]

In einem „Maßnahmeplan"[378] wurde unter anderem festgelegt, dass eine „offensive Bearbeitung der L's geprüft" werde und in diesem Zusammenhang „geeignete IM-Kandidaten" ausgewählt werden sollen. Durch Funkaufklärung sollen unsere Kontakte im Verantwortungsbereich (West-Berlin und Bundesrepublik) festgestellt werden. Bei unseren Transitreisen durch die DDR sollen Beobachtungs- und Fahndungsmaßnahmen eingeleitet werden. Bei unseren Freunden Ute und Uwe Römhild in Neuenhagen sollen Telefonüberwachung und Postkontrolle eingeleitet werden „zur Feststellung geplanter Aktivitäten, Pläne und Absichten sowie geplanter Treffen". Ebenfalls soll unser Kontakt zu Steffen Mertens in Rathenow, der vom MfS im OV „Gaukler" bearbeitet wird, stärker unter Kontrolle gehalten werden.[379]

In der Folgezeit wurden Telefongespräche, die wir mit unseren Freunden Ute und Uwe Römhild in Neuenhagen führten, mitgeschnitten, Briefe einbehalten oder kopiert. Die schriftlichen Dokumente befinden sich in der MfS-Akte „Kreuz II". „Nicht zuständig", so sind die Reaktionen der Kirchenver-

---

[377] BStU, ASt Frankfurt/O., AOPK 2069/89, Bd. I, S. 7-13.
[378] Ebenda, S. 14 f.
[379] Ebenda

treter in West-Berlin und in der Bundesrepublik, bei denen ich wegen einer Übernahme in den kirchlichen Dienst anklopfte, zusammenzufassen. Zuständig sei, so erklärte man mir, die Kirche in der DDR, aus der ich käme. Wenn sie grünes Licht gäbe, könnte über eine Wiederanstellung nachgedacht werden. Aber das wäre frühestens nach zwei Jahren möglich. In die DDR oder nach Ost-Berlin durfte ich nicht einreisen, um im dortigen Konsistorium vorstellig zu werden. Bischof Forck aus Ost-Berlin traf ich während eines Besuchs in West-Berlin. „Aber es muss erst eine Kirchenleitung im Westen ihre Bereitschaft zur Übernahme signalisieren. Dann werden wir in der Ostberliner Kirchenleitung darüber beschließen", sagte er, als ich ihm von den Schwierigkeiten berichtete.

Dreieinhalb Jahre waren es schließlich bis zu einem Neubeginn im Pfarramt in West-Berlin. Dreieinhalb Jahre Berufsverbot und Arbeitslosigkeit − verursacht durch die Entscheidung der Kirchenleitung in Ost-Berlin und die Handlungsunfähigkeit der Kirche im Westen. Was die Mitarbeiter des MfS angestrebt hatten, die Kirche solle mich disziplinieren, schien eingetreten zu sein. Mit dem Entzug der Ordinationsrechte war die Kirche nicht mehr für mich zuständig.

Ich habe es nach unserer Ausbürgerung häufig erlebt, dass Freunde oder Bekannte nicht verstanden haben, dass die Kirche sich nicht mehr für uns zuständig wusste. Jeder andere Bürger, der von Ost nach West übersiedelte, konnte im Westen an seinen beruflichen Erfahrungen anknüpfen und sich um Arbeit in seinem Beruf bewerben. Was Kirche mit dem Entzug der

Ordinationsrechte praktizierte, war einmalig. Es war schwierig, mit dieser Situation umzugehen. Ich war gerne Pfarrer und wollte es auch künftig sein. Und nun erlebte ich, wie Amtsträger der Kirche sich hinter Vereinbarungen, die zwischen Ost und West getroffen wurden, verschanzten. Im Frühjahr 1986 wurde ich zum Beispiel von Kollegen in Steglitz gefragt, ob ich Pfingsten einen Gottesdienst übernehmen könnte. Ich sagte zu. Sie fragten im Westberliner Konsistorium nach, ob das möglich sei. Von dort erhielten sie ein eindeutiges Nein als Antwort.

Gott sei Dank gab es in diesen Jahren Freunde und Bekannte, die uns helfend zur Seite standen. Ich denke unter anderem an Bodo Gotthardt und seine Frau in Steglitz, durch ihre Unterstützung mussten wir nicht ins Notaufnahmelager Marienfelde. Bodo hatte in kürzester Zeit eine Wohnung für uns aufgetan. Oder an Heidi und Wolfgang Tews, die uns in West-Berlin nach unserer Ankunft mit Rat und Tat zur Seite standen. Annelies Piening machte uns mit Mechthild Günther bekannt, die uns das Westberliner Nachtleben zeigte und mit der wir dann sehr oft zusammen waren. Annelies war auch zur Stelle, als unsere DDR-Waschmaschine streikte, sie holte unsere Wäsche ab und wusch sie. Diesen Freundschaften, von denen ich hier nur einige nennen kann, ist es zu danken, dass eine Integration in einer völlig anderen Welt möglich wurde. Insbesondere für unsere Kinder, für die der abrupte Wechsel ein Schock gewesen sein muss, war das Beziehungsgeflecht wichtig. Wir konnten sie nicht darauf vorbereiten. Edith und Eberhard Schäfer fallen mir ein, deren Gäste wir so manches Mal in Buxtehude in ihrem Pfarrhaus waren. Auf Amrum, in ihrem Zelt, konnten wir als Familie Ferien machen, die Nordsee, Ebbe und Flut, zum ersten Mal erleben. In diesen Jahren waren unsere Freunde ein Haltegriff, für den ich rückblickend unendlich dankbar bin. Barbes Briefpartnerin Susanne Reich und ihr Mann Ruedi luden uns sofort in die Schweiz ein. In Ruedis Kirchen-Gemeinde in Marthalen habe ich für ihn Vertretungen gemacht. In der Zeit der Arbeitslosigkeit war ich als Referent des Gesamtdeutschen Instituts in Berlin und in Westdeutschland tätig und habe politische Häftlinge betreut. Doch mein Wunsch war, wieder im Pfarramt arbeiten zu können.

Drei Jahre nach unserer Ausbürgerung fand im Dezember 1986 ein erstes Gespräch mit dem Bischof in West-Berlin, Dr. Martin Kruse, bezüglich einer Übernahme in den kirchlichen Dienst statt. Am 27. Januar 1987 schrieb der Personaldezernent des Westberliner Konsistoriums, OKR Wewerke, an die Kirchenleitung in Ost-Berlin: „Nach mehr als drei Jahren seit seiner Entlassung sind wir bereit, ihm eine Bewerbung zu ermöglichen, wenn die dortige Kirchenleitung keinen Widerspruch dagegen erhebt."[380]

In der Kirchenleitungssitzung in Ost-Berlin wurde am 20. Februar 1987 darüber abgestimmt. Das Ergebnis war: 5 Ja, 2 Nein, 8 Enthaltungen.[381]

Im März 1987 erhielt ich das Signal, dass ich mich in West-Berlin bewerben könne. In diesem Zusammenhang schickte ich einen aktualisierten Lebenslauf an das Konsistorium in der Bachstraße.

---

[380] Privatarchiv D. Linke.
[381] Ev. Konsistorium Berlin-Brandenburg, Personalakte D. Linke, S. 230.

1993 entdeckte ich in den MfS-Akten (OPK „Kreuz II") folgende Unterlagen zu diesem Vorgang:

Ein Aktenvermerk vom 17. März 1987:

„Durch den Gen. Heydel, Abt. XX, wurde mitgeteilt, dass durch IM in WB erarbeitet wurde, dass Linke sich im Konsistorium beworben hat, die Ordination wieder zu erlangen. Bericht dazu folgt."[382]

Eine Information der Abt. XX der BV Frankfurt/O. vom 6. Mai 1987:

„Am 10.03.1987 fand eine Sitzung der Kirchenleitung der Evangelischen Kirche Berlin-Brandenburg (Berlin-West) statt, in der unter anderem ein Tagesordnungspunkt die Beratung zum Pfarrer Linke war. Ein leitender Mitarbeiter des Konsistoriums ergänzte zunächst die Angaben im vorliegenden Lebenslauf und berichtete darüber, dass sich die Kirchenleitung der anderen Region (gemeint ist die Evangelische Kirche Berlin-Brandenburg, Hauptstadt der DDR) positiv zum Wunsch des Linke ausgesprochen hat. Der Wunsch sei, ihm die in der Ordination begründeten Rechte und Pflichten erneut zu übertragen und ihn in den Dienst der Westberliner Kirche zu übernehmen. Abschließend empfahl der leitende Mitarbeiter als Sprecher des Kollegiums des Konsistoriums der Kirchenleitung, dem Linke den Dienst als Pfarrer zu ermöglichen. Daraufhin beriet die Kirchenleitung den Antrag und äußerte die Bereitschaft, dem Linke die Ordinationsrechte wieder zu übertragen und ein Zeugnis über die Wiederanstellungsfähigkeit zu erteilen. Die Kirchenleitung wird aber erst darüber

---

[382] BStU, ASt Frankfurt/O., AOPK 2069/89, S. 145.

abstimmen, wenn dem Dietmar Linke die Bewerbung um eine unbesetzte Pfarrstelle möglich ist und ein Vorstellungsgespräch bei der Kirchenleitung stattgefunden hat. Dieses Vorgehen der Kirchenleitung wurde mit einer Stimmenthaltung beschlossen."[383]

Am 23. März 1987 schrieb die Abt. XX der BV Frankfurt/O. dem Leiter der KD Strausberg:

„In der Anlage übermitteln wir Ihnen den von Dietmar Linke (AOV Ihrer DE) für die Kirchenleitung der Evangelischen Kirche in Berlin-Brandenburg (Berlin-West) verfassten Lebenslauf. Auf der Tagesordnung der Kirchenleitungssitzung vom 10.3.1987 stand die Bereitschaftserklärung, dem ‚ehemaligen DDR-Pfarrer Dietmar Linke' für den Fall einer Bewerbung auf eine Pfarrstelle in Westberlin die in der Ordination begründeten Rechte und Pflichten erneut zu übertragen. Das Ergebnis der Beratung ist gegenwärtig noch nicht bekannt. Da diese Information von einem IM im Operationsgebiet stammt, wird um Gewährleistung des Quellenschutzes gebeten [...]"[384]

Als ich mich im Frühjahr 1987 um eine Pfarrstelle in West-Berlin bewerben durfte, schickte ich einen aktualisierten Lebenslauf an das Konsistorium in der Bachstraße mit dem Datum 4. März 1987. Diesen Lebenslauf mit meiner Unterschrift fand ich als Kopie in den MfS-Akten.[385]

Ebenfalls entdeckte ich eine Kopie des Briefes von OKR Wewerke an mich vom 30. Juni 1987, in dem er mir mitteilt:

[383] Ebenda, S. 159.
[384] Ebenda, S. 197.
[385] Ebenda, S. 198 f.

„Die Kirchenleitung der Evangelischen Kirche in Berlin-Brandenburg (Berlin West) hat in ihrer Sitzung am 23. Juni 1987 beschlossen, Ihnen die in der Ordination begründeten Rechte und Pflichten erneut zu übertragen. Die Kirchenleitung der Evangelischen Kirche in Berlin-Brandenburg (Bereich DDR) hat dem nicht widersprochen. Als Anlage übersenden wir Ihnen die Urkunde über die erneute Übertragung der in der Ordination begründeten Rechte und Pflichten sowie das Zeugnis über die Wiederanstellungsfähigkeit."[386]

Wer war dieser IM aus dem „Operationsgebiet", wie das MfS West-Berlin und die Bundesrepublik nannte, der diese Informationen aus der Kirchenleitung und die Kopie meines Lebenslaufs an das MfS weitergab?
Im Juli 1993 informierte ich das Konsistorium und übergab Kopien dieser Schriftstücke, die ich in den vom MfS über uns angelegten Akten entdeckt hatte. Wie sind diese Unterlagen und Informationen in die Hände des MfS gelangt?, fragte ich in einem Begleitschreiben.
Das *Berlin-Brandenburgische Sonntagsblatt* schrieb in seiner Ausgabe vom 19. September 1993 unter der Überschrift „Stasi-Zuträger in West-Berliner Kirchenleitung? Konsistorialpräsident bestätigt Verdacht":
„Aus der ehemals West-Berliner evangelischen Kirchenleitung sind vertrauliche Texte und Mitteilungen an die DDR-Staatssicherheit gelangt. Das hat der Berliner Konsistorialpräsident Horstdieter Wildner gegenüber dem Sender Freies Berlin (SFB)

[386] Ebenda, S. 154.

bestätigt. Wie der Sender mitteilte, soll der Stasi-Zuträger der Kirchenleitung angehört und auch Schreiben aus der landeskirchlichen Personalabteilung weitergegeben haben. Bislang in Stasi-Akten gefunden worden sei zudem ein Bericht mit Interna aus einer Kirchenleitungssitzung vom März 1987. Wildner habe damit der SFB-Sendung ‚Horizonte' gegenüber einen entsprechenden Verdacht des Berliner Pfarrers Dietmar Linke bestätigt […]."

Im April 1994 teilte mir Oberkonsistorialrat Pettelkau mit:

„Wie Sie vermutlich wissen, laufen sowohl hinsichtlich eines Mitgliedes der Kirchenleitung West als auch hinsichtlich eines Mitgliedes des Konsistoriums Ost Ermittlungen wegen des Verdachtes, durch Informationsübermittlung an das MfS die dienstliche Verschwiegenheit verletzt zu haben [...]"[387]

1994 war bekannt geworden, dass die Moderatorin der Reformierten Kirche, die Pfarrerin Horsta Krum, über zehn Jahre als IM „Helena" mit dem MfS zusammengearbeitet hatte. Sie war von 1979 bis 1990 Mitglied der Kirchenleitung in West-Berlin und hatte unter anderem vertrauliche Informationen über Verhandlungen in der Kirchenleitung weitergeleitet. 1993 wurde sie vom Dienst beurlaubt. Einem Disziplinarverfahren hatte sie sich entzogen, indem sie zuvor einen Antrag auf Entlassung aus dem Dienst stellte.[388]

---

[387] Privatarchiv D. Linke.

[388] Vgl. Knabe, Hubertus: Die unterwanderte Republik, a. a. O., S. 273 ff.
Auch: Henkys, Reinhard: Aus der Akte IM „Helena", a. a. O.

Nachdem ich im Juli 1987 den Dienst in der Kapernaum-Kirchengemeinde im Wedding begonnen hatte, besuchten auch hier Inoffizielle Mitarbeiter des MfS Gottesdienste und andere Veranstaltungen.

Am 14. Januar 1988 schrieb die HA XX/5 an die KD Strausberg:

„Als Anlage erhalten Sie eine inoffiziell erarbeitete Information zu Veranstaltungen der Kapernaum-Kirche, an der der durch Ihre Diensteinheit bearbeitete Pfarrer Linke, Dietmar, tätig ist, und eine Ausgabe des ‚Kapernaum-Reporter‘ vom November 1987 zur Kenntnisnahme und zum Verbleib."[389]

Während der Friedensdekade im November 1987 führten wir in der Kapernaum-Gemeinde verschiedene Veranstaltungen durch. Darüber ist in einer MfS-Information vom 14. Januar 1988 zu lesen:

„Am 13.11.1987 führte der operativ bekannte Fuchs, Jürgen, eine Lesung in der westberliner Kapernaum-Kirche/Bezirk Wedding, Seestr. 35, aus seinem Roman ‚Das Ende einer Feigheit‘ durch. Unter den etwa 50 Zuhörern befand sich auch der ehemalige DDR-Bürger Rosenthal, Rüdiger.

Am 16.11.1987 fand in oben genannter Kirche des weiteren eine Podiumsdiskussion mit ehemaligen Vertretern der ‚unabhängigen Friedensbewegung der DDR‘ statt. Von den Anwesenden waren 8 bis 10 Personen ehemalige DDR-Bürger. Leiter dieser Veranstaltung, die im Rahmen der Friedensdekade der Evangelischen Kirchen der Bundesrepublik und der DDR stattfand, war Pfarrer Dietmar Linke.

[389] BStU, ASt Frankfurt/O., AOPK 2069/89, S. 204.

Zu Beginn dieser Veranstaltung wurde der vor 5 Monaten aus der DDR nach Westberlin übergesiedelte Rosenthal, Rüdiger, vorgestellt, der einen Bericht über den im Juni 87 in der Hauptstadt der DDR stattgefundenen ‚Kirchentag von Unten' gab. Zur bildlichen Darstellung der Arbeit der ‚unabhängigen Friedensgruppen' in der DDR wurde durch den Veranstalter ein Videofilm über die Basisgruppen ‚Kirche von Unten' gezeigt, der während des Kirchentages in Berlin im Juni 1987 gefertigt wurde [...]"[390]

Am 17. Januar 1988 wurden in Ost-Berlin während der Demonstration für Rosa Luxemburg und Karl Liebknecht Vertreter unabhängiger Basisgruppen verhaftet, unter ihnen der Liedermacher Stephan Krawczyk. Am 25. Januar kam es zu weiteren Festnahmen. Unter den Verhafteten waren auch Freunde, mit denen wir bis zu unserer Ausbürgerung zusammengearbeitet hatten: Bärbel Bohley, Werner Fischer, Ralf Hirsch. Staatsfeindliche Hetze, Agententätigkeit, Staatsverleumdung und Landesverrat wurden ihnen vorgeworfen. Diese Nachrichten beunruhigten. Es musste etwas geschehen. Was konnten wir tun?

Während die Kirchenleitung in Ost-Berlin zum Handeln herausgefordert war, während eine Vielzahl von Fürbittandachten und Gottesdiensten in verschiedenen Städten der DDR stattfanden und sich eine DDR-weite und auch die Grenzen überschreitende Solidaritätswelle ausbreitete, schwieg die Kirche in West-Berlin und in der Bundesrepublik. Der Präses der EKD-Synode,

[390] Ebenda, S. 205.

Schmude, erklärte, er lehne jede Einmischung in die gegenwärtigen Vorgänge in der DDR ab. Die Kirchen in der DDR könnten für sich selbst reden und handeln. Keine Einmischung! Am 1. Februar rief ich im Konsistorium in West-Berlin an und fragte, ob mit einer offiziellen Stellungnahme der Westberliner Kirche zu rechnen sei. Antwort: Nein! Man wolle sich nicht einmischen. Weil wir eine Kirche seien, sei es ausreichend, wenn die Kirchenleitung in Ost-Berlin sich zu Wort meldet.

Ich war über dieses Schweigen betroffen. Die Friedensgruppe der Kapernaum-Gemeinde und der Gemeindekirchenrat verständigten sich auf eine Veranstaltung, die am 6. Februar 1988 als Solidaritätsgottesdienst stattfinden sollte. Die Zeit der Vorbereitung war kurz. Jürgen Fuchs übernahm es, Schriftsteller, Liedermacher und andere Interessierte einzuladen. Wolf Biermann und Reiner Kunze hatten bereits zugesagt.

An diesem Abend war die Kapernaum-Kirche übervoll mit 1.200 Personen. Auch Stephan Krawczyk und Freya Klier, die bereits am 2. Februar ausgebürgert worden waren, und Ralf Hirsch waren dabei. Das Bild, das uns der Maler Steffen Mertens vor unserer Ausreise geschenkt hatte und das Steffen „Friedenszug" nennt, bildete die Grundlage meiner Betrachtungen:

„Eigentlich hat dieses Bild keinen Anfang und kein Ende. Was wir sehen, ist ein Ausschnitt, ein langer Menschen-Zug. Wo kommen sie her? Wo gehen sie hin? Tanzend, spielend, musizierend. Als Betrachter bin ich mit hineingenommen auf diesen Weg. Was verbindet uns in diesem Zug? Eine gemeinsame Vision, ein Traum, eine Hoffnung [...]

Die Mächtigen veranstalten ihre Sortierspiele, die einen nach Ost, die anderen nach West. Diese Wochen haben es gezeigt. Die Wogen des Protestes der Solidarität kennen keine Grenzen [...] Das haben wir erlebt. Die Lichter lassen sich nicht löschen. Es werden neue Kerzen angezündet. Die brennenden Kerzen der Mahnwachen, die Welle des Protestes, die Solidarität sind stärker. Das ist meine Hoffnung. [...]"

Im zweiten Teil des Abends, den Jürgen Fuchs moderierte, beteiligten sich mit Liedern, eigenen Texten oder Wortbeiträgen: Bettina Wegner, Stephan Krawczyk, Wolf Biermann, Kuno Kunert, Reiner Kunze, Gert Bastian, Petra Kelly, Anna Jonas, Siegmar Faust, Yaak Karsunke, Hans Christoph Buch, Hans-Joachim Schädlich, György Dalos, Ulrich Schacht, Sieghard Pohl, Sigmar Schollack und viele andere, unter ihnen auch Sascha Anderson.

Am 8. Februar schreibt die HA XX eine Information „über den ‚Solidaritätsgottesdienst für die Inhaftierten der Friedensgruppen in der DDR'":

„An der Veranstaltung nahmen ca. 1000 Personen teil [...] Auffällig viele Medienvertreter waren anwesend: ARD, ZDF, SAT 1, ORF, ‚Radio 100,6', andere Hörfunk- und Zeitungsjournalisten. Die als Gottesdienst angekündigte Veranstaltung wurde eröffnet und insgesamt geleitet von dem operativ bekannten Pfarrer Linke, ehemals DDR, Neuenhagen bei Berlin. Inoffiziell wird eingeschätzt, dass der erste Teil den Charakter eines ‚Fürbitt-Gottesdienstes' und der zweite Teil eine reine Hetzveranstaltung mit massiven Angriffen gegen die Staats- und Gesellschaftsordnung der DDR durch Rede-, Lied-, und

Textbeiträge operativ bekannter Antikommunisten aus der BRD und Westberlin und ehemaliger DDR-Bürger war.

Von den kürzlich aus der DDR ausgereisten feindlichen Kräften waren anwesend: Krawczyk, Stefan; Klier, Freya; Hirsch, Ralph [...] Von den genannten Personen trat Krawczyk besonders aggressiv auf, indem er darlegte, von den DDR-Behörden vor die Wahl gestellt worden zu sein, 12 Jahre Haft auf sich zu nehmen oder in die BRD auszureisen, und somit gezwungen wurde, das Land zu verlassen. Er forderte mit Nachdruck seine Rückkehr in die DDR. Er trat mit einigen Liedern auf.

Von den prominenten militanten antikommunistischen Kräften aus der BRD traten vor allem in Erscheinung: Kelly, Petra; Bastian, Gert; Biermann, Karl-Wolf; Fuchs, Jürgen; Wegner, Bettina; Buch (WB/Schriftsteller); Jonas (Vorsitzende des BRD-Schriftstellerverbandes); ein Schriftsteller aus der UVR, der der dortigen Opposition angehört.

Die Hetze gegen die DDR, von der die Gesamtveranstaltung geprägt war, konzentrierte sich vor allem auf:

– Solidarisierung mit und Forderung nach Freiheit für alle in der DDR befindlichen ‚Kämpfer für Frieden und Menschenrechte‘

– Protest gegen die ‚Abschiebung' und Verweigerung der Rückkehr von in die BRD ausgereisten DDR-Oppositionellen

– Protest gegen die Einreisesperren in die DDR (wie bei Kelly, Bastian und Jonas)

– Forderung nach Gewährleistung von Menschenrechten in der DDR wie Freizügigkeit, Meinungsfreiheit und Freiheit zur politischen Betätigung.

Besonders militant-aggressiv trat die Kelly mit der perspektivischen Aufgabenstellung zum verstärkten Zusammenwirken mit oppositionellen ‚Friedensgruppen' in allen osteuropäischen Ländern auf.

[...] Nacheinander zündeten innerhalb der Kirche ca. 30 Personen Kerzen an und forderten dabei zur Freilassung politisch Inhaftierter in der DDR und die Genehmigung der Ausreise durch Antragsteller auf.“[391]

Am 9. März fand in der MfS-Kreisdienstelle Strausberg eine Beratung statt, deren „Hauptgegenstand die gegenwärtigen Aktivitäten von Linke-OPK ‚Kreuz II' in Berlin (West) bildeten“. Nach der Auswertung des Solidaritätsgottesdienstes wurde festgestellt:

„Charakter, Teilnehmerkreis und publizistische Wertung der Veranstaltung lassen darauf schließen, dass

– L. im Amt eines Pfarrers eine zentrale Rolle im Kampf gegen die DDR zu spielen beginnt. Offensichtlich wird auf seine Erfahrungen in der DDR gesetzt, seine Verbindungen und Rückverbindungen;

– L. offenbar die Rolle zugedacht ist, unter dem Deckmantel der Seelsorge feindlich-negative Kräfte, die sich jetzt in der BRD und Berlin (West) befinden, zumindest zu sammeln, um den Eindruck von Einheit und Geschlossenheit sowie Solidarität zu erwecken. Damit würde die Möglichkeit der Motivierung, Inspirierung und Organisierung feindlicher-negativer Kräfte in der DDR ermöglicht;

---

[391] Ebenda, S. 230-232.

– L. über solche Verbindungen verfügt (Fuchs, Kelly, Bastian ...),
die einen geheimdienstlichen Hintergrund nicht ausschließen.
Auf Grund dieser Sachlage wurde ein einheitlicher Standpunkt zu
der Auffassung erarbeitet, die OPK ‚Kreuz II' zielgerichtet
weiterzuführen. [...]"[392]
Eine weitere Absprache erfolgte am 20. Juli in der KD Strausberg, an der Mitarbeiter der HA XX/5 und Abt. XX/7 der BV
Frankfurt/O. teilnahmen. Es wurde dabei festgestellt:
„Deutlich wird, dass ‚Kreuz II' im umfassenden Sinne seine
feindlichen Aktivitäten gegen die DDR fortsetzt und sich mit
anderen feindlichen Personen in Berlin (West) verbündet hat [...]
Die Genossen der HA XX/5 zeigen sich besonders interessiert
an der Verbindung ‚Kreuz II' – Fuchs und stimmten einem
abgestimmten Vorgehen zu."[393]

Jürgen Fuchs war seit unserem Eintreffen in West-Berlin ein
wichtiger Wegbegleiter. Er kannte die Machenschaften der
DDR-Staatssicherheit aus eigener Erfahrung. Sehr bald gab er
uns den Rat: „Ihr solltet aufschreiben, festhalten, was geschehen ist. Es ist legitim, dass ein Pfarrer seine Erfahrungen, die er
in der DDR, also in einer Diktatur, gemacht hat, aufschreibt
und veröffentlicht." Ich bin diesem Rat gefolgt. Dieser Schreib-
prozess wurde für mich der Beginn der Aufarbeitung. So
entstand ein Manuskript, das 1988 unter dem Titel „Niemand
kann zwei Herren dienen – Als Pfarrer in der DDR" erschien.
Von den Erfahrungen aus der Arbeit in der DDR zu erzählen,
das war von Anfang an auch ein Schwerpunkt meiner Arbeit in

[392] Ebenda, S. 261 f.
[393] BStU, ASt Frankfurt/O., Abt XX, Bd. 727, S. 11 f.

West-Berlin. Daher fand die Buchpräsentation von „Niemand kann zwei Herren dienen" im August 1988 in der Kapernaum-Kirche statt. Jürgen Fuchs sagte bei der Präsentation:

„Menschen, die die DDR verlassen haben, sind nicht Menschen zweiter Klasse. Sie müssen sich nicht entschuldigen, müssen keine Schuldgefühle entwickeln und haben besonders beizutragen zu dem, was ich Brücke nennen würde und Überwindung von Ein- und Ausgrenzung. Es kann Brücken geben, eine gemeinsame Arbeit für demokratische Zustände. Wir müssen die Grenze nicht als Grenze akzeptieren, auch wenn die Tür hinter uns zugeschlagen wurde."

Der letzte Vermerk des MfS in dem Aktenbestand der OPK „Kreuz II" trägt das Datum 9. November 1989. Die Akte wird geschlossen mit der Begründung „[...] Auf Grund der bestehenden polit. Situation in der DDR [...] wird die OPK archiviert."[394]

---

[394] BStU, ASt Frankfurt/O., AOPK 2069/89, S. 364.

Dietmar Linke im Gespräch mit Jürgen Fuchs (1988)
Privatarchiv D. Linke

Trauung im Gemeindezentrum Schillerhöhe in Westberlin.
Privatarchiv D. Linke.

In der Nacht vom 9. zum 10. November 1989 stand ich mit Barbe am Grenzübergang Chausseestraße. Wir erlebten mit, wie die Ostberliner nach Westberlin strömten und wie Grenzbeamte hilflos und ohnmächtig zusahen und sich die Schlagbäume auch für uns öffneten. Ohne Ausweis standen wir plötzlich in Ost-Berlin.

In den darauffolgenden Tagen war ein Passieren der Grenze für uns nicht möglich. Die Kontrollen bestanden zunächst fort. Am 22. Dezember 1989, sechs Jahre nach unserer Ausbürgerung, öffnete sich auch für uns die Grenze. Ohne Visum konnten wir wieder Ost-Berlin betreten. Die über uns vom MfS verfügte Einreisesperre bis zum Jahr 1999 war durch die Ereignisse der Geschichte außer Kraft gesetzt worden.

*Frühjahr 1990
Der ehemalige Grenz-
streifen. Der einstige
Wachturm wird zum
Aussichtsturm. Im
Vordergrund Barbe Linke.
Privatarchiv D. Linke*

*Mauerdurchbruch
zwischen Berlin Wedding
und Berlin Mitte,
Frühjahr 1990.
Privatarchiv D. Linke*

„Zeigt doch eure Akten vor, Dietmar Linke, Barbe Linke ...
Zeigt doch die Pläne, die Praxis des Fertigmachens,
des Vertreibens, des versuchten Kaputtmachens ... "
Jürgen Fuchs[395]

„Das produktive Dagegen, human natürlich"

Barbe Maria und Dietmar Linke
im Gespräch mit Jürgen Fuchs
im Februar 1997

J. F.: Ich habe einen Teil deines Manuskriptes gelesen,
Dietmar, aber auch Dokumente im Original. Als wir uns vor
dem Mauerfall verständigt haben, da war immer ein Begriff
Druckanwendung. Wie sind wir nach dem Westen gekommen? Wie ist diese ganze Geschichte gewesen?
Man hatte kein einziges Dokument. Jetzt sind die Dokumente da. Ich finde das eine gute und wichtige Ausgangsposition. Es ist so, wie wenn man sich aus einer Schizo-
phrenie befreit. Stimmen, die man hörte, und das, was man
damals mehr oder weniger ahnte, kann man jetzt nachlesen.
Ihr habt euch als Bürger der DDR, als kirchliche Angestellte,
Bürgerrechtler, politische Oppositionelle hineinbegeben in
eine Auseinandersetzung, habt über Jahre – sie sagen *Maß-*
nahmen – Maßnahmen der Zersetzung, des Kampfes gegen
euch persönlich, gegen eure Familie, eure politischen Freun-

---

[395] Fuchs, Jürgen: Magdalena, a. a. O., S. 247.

de, erfahren. Und ich habe den Eindruck, nachdem ich die Dokumente sah und eure biografischen Daten kenne, dass es sich hierbei um Verbrechen gehandelt hat. Aus Kenntnis von Zehntausenden von Dokumenten liegt hier ein außerordentlich dokumentiertes Verbrechen vor.

Gab es ein Detail, ein Wort, eine Mitteilung, wo ihr gesagt habt: Mensch! Was ist denn das? Etwas Besonderes innerhalb der dokumentarischen Information?

D. L.: Wenn du liest *kaputtmachen*, auf dich angewandt, und dann wird eine Strategie entwickelt, um einen Einzelnen und seine Familie kaputtzumachen. Dieses schwarz auf weiß auf dem Papier zu lesen, mit all den Ausführungsbestimmungen, die festgelegt werden, und den Personen, die benannt und aktiv werden sollen, da musst du tief Luft holen und dich zurücklehnen.

J. F.: Als ihr die Dokumente hattet, wem habt ihr sie zuerst gezeigt? Ihr habt sie mit nach Hause genommen, das habe ich gehört. Habt ihr sie den Kindern gezeigt? Wie haben die Kinder darauf reagiert?

B. L.: Was ich bemerke, damals wie heute, bei unseren Kindern, die gar nicht mehr mit uns wohnen, weil sie erwachsen sind, dass dieses Thema sie auch wie ein Grauschleier begleitet und sie sich eigentlich davon befreien wollen.

J. F.: Das, was ich jetzt frage, hat eine große Überschrift, die heißt Wahrnehmung des Verbrechens. Eure Wahrnehmung habt ihr teilweise beschrieben. Jetzt wollen wir einmal die Wahrnehmung der Umwelt sehen, der nächsten Umwelt. Habt ihr Kopien mitgenommen zu Freunden oder zu Gemeindemitgliedern? Wie ist das gewesen?

D. L.: Wir haben natürlich mit unseren Freunden darüber gesprochen, auch über gemeinsame Bekannte, die Spitzel waren. An einige der ehemaligen IM hatte ich geschrieben: Das und das haben wir festgestellt. Wir würden gern von dir hören, wie es dazu gekommen ist. Es gab keine Antwort.

Auf der anderen Seite habe ich, nachdem ich dieses ganze Paket auf dem Tisch hatte, sehr bald der Kirchenleitung hier in West-Berlin davon Kenntnis gegeben. Ich habe Kopien hingegeben, habe versucht, ein Stück durchschaubar zu machen.

J. F.: An wen hast du dich da gewandt?

D. L.: An die Kirchenleitung. Konsistorialpräsident Wildner hat darauf reagiert. Inzwischen ist der Überprüfungsausschuss eingesetzt worden, der auch das Material in die Hand bekommen hatte.

J. F.: Du hast die Kirchenleitung darüber informiert. Was hast du dir davon erhofft? Warum hast du das gemacht?

D. L.: Ich habe im Sommer 1993 einen Antrag auf Rehabilitierung gestellt. Ich habe der Kirchenleitung Kopien aus den Akten hingegeben und habe gesagt: Vor unserem Weggang aus der DDR habe ich Hilfe-Signale gesandt. Sie sind nur teilweise gehört worden. Das MfS war daran interessiert, Kirchenleitung und Konsistorium zu gewinnen, um gegen mich disziplinarisch vorzugehen. Den Entzug meiner Ordinationsrechte durch die Kirchenleitung im Dezember 1983 verbucht das MfS als Erfolg.

J. F.: Dreieinhalb Jahre Berufsverbot durch die Kirchenleitung von 1984 bis 1987. Du wolltest also informieren und durch diese Information eine Veränderung der Wahrnehmung anregen. Und eine Reflektion darüber, was diese Menschen zu verantworten haben. Welche Reaktionen gab es?

D. L.: Eine Meldung, dass der Brief eingetroffen ist, und: „Wir werden es dem Überprüfungsausschuss weitergeben. Auf den Antrag in Sachen Rehabilitierung können wir uns im Moment nicht äußern." Auch Dokumente derer, die als kirchliche Mitarbeiter als IM tätig gewesen sind, habe ich an den Überprüfungsausschuss weitergegeben.

J. F.: Gab es eine Bewertung der Dokumente? Haben sich Einzelne, die du angesprochen hast – es waren ja einzelne Mitmenschen –, geäußert zu dieser Tat an euch?

D. L.: Es gab im September 1995 ein Gespräch im Konsistorium in der Neuen Grünstraße in Ost-Berlin, ein erstes Gespräch nach meinem Rehabilitierungsantrag vom Juli 1993, wo diejenigen mit dabei waren, die 1983 in meiner Sache die Entscheidung zu fällen hatten. Propst Furian und Oberkonsistorialrat Pettelkau. In diesem Gespräch sagte Herr Pettelkau, der dabei in den Unterlagen blätterte: „Wir dachten immer, sie seien zu sensibel. Wir haben die Brisanz von derartigen Vorfällen nicht richtig eingeschätzt."

Im November 1995 schrieb Bischof Huber: „Eine Ihre Freiheit oder Ihr Leben wirklich bedrohende Situation war nach dem damaligen Wissensstand jedoch nicht gegeben. In einer solchen Situation hätten sich die staatlichen Organe unmittelbar an die Kirchenleitung gewandt und ein Strafverfahren als unmittelbar bevorstehend angekündigt."

J. F.: Also, das Ende der DDR-Staatlichkeit war im Herbst 1990. Das Ende der SED-Alleinherrschaft war im November-Dezember-Januar 1989/90. Und diese Art von Todesdrohungen, Rufmordanrufen, fortgesetzter Tätigkeit, wann machte sich das fest?

D. L. Es setzt etwa im Sommer 1995 ein, nachdem meine Dokumentation über die Humboldt-Universität, über die Theologische Fakultät, auf dem Tisch liegt.[396]

J. F.: Und veröffentlicht ist.

D. L.: Danach setzt ein Telefonterror ein.

J. F.: Bitte genau ausführen, was das ist.

D. L.: Anrufe zu allen Tages- und Nachtzeiten, auf dem Privat- und dem Dienstapparat. ‚Herr Linke, die Zeit ist aus!' ‚Du Schwein lebst immer noch!' ‚Dreckpack, wie kriegen euch!' ‚Schwein, Abschaum.' ‚Satan.' ‚Stasisau.' ‚Hallo, der Führungsoffizier ...'

Dieser Telefonterror wurde ergänzt durch eine Rufmordkampagne. Die Leiterin unserer Kita wurde mehrmals angerufen, auch andere in unserem Umfeld: ‚Wissen Sie, dass Pfarrer Linke Satanist ist und Satansmessen abhält?' ‚Linke hat als IM ‚Brecht' für die Stasi gearbeitet und hat zwei Führungsoffiziere gehabt'...

J. F.: Stellen sich die Personen vor am Telefon?

D. L.: Nein.

J. F.: Habt ihr Abgeordnete oder politische Verantwortliche informiert? Habt ihr das öffentlich gemacht?

D. L. Wir haben die Kirchenleitung informiert. Wir haben es dem Staatsanwalt übergeben. Wir haben eine Fangschaltung veranlasst. Dabei wurde festgestellt, dass diese Anrufe fast alle aus Schweden kamen.

---

[396] Linke, Dietmar, Theologiestudenten der Humboldt-Universität zwischen Hörsaal und Anklagebank, a. a. O.

J. F.: Wenn ihr die Ergebnisse und das, was ihr getan habt in der Arbeit, auch in der oppositionellen Arbeit gegen die Diktatur, in der Auseinandersetzung mit der Staatssicherheit, im Unterlaufen von Mauer und Zensur, im Abwehren dieser Maßnahmen, wenn ihr dieses jetzt noch einmal bedenkt in Bezug auf die Akten und auf die Situation, wie sie dann war, hat sich da etwas verändert? Hat die größer werdende Kenntnis des verbrecherischen Handwerks und der Zersetzung bei euch dazu beigetragen, dass ihr etwas neu seht, wo ihr euch und andere neu einordnet oder begreift? Es gibt eine schöne Zeile von Biermann: Zum Druck ist das Bewusstsein des Drucks hinzugekommen. Gibt es so etwas?

D. L.: In der DDR bin ich zuerst davon ausgegangen, es sind viele Zufälligkeiten, die sich ereignen, die einem das Leben schwer machen. Als wir eindeutig den Wanzeneinbau registrieren, ist es klar, *wer* die Akteure sind. Das MfS.

Durch die Akten stelle ich heute fest, dass sich ein ganzer Apparat mit uns befasste. Es war nicht nur die Kreisdienststelle Strausberg. Es war eine Vielzahl von unterschiedlichen Dienststellen des MfS in unserer Sache tätig. Der Stellvertreter des Ministers persönlich hatte die Angelegenheit des OV „Kreuz" zu überwachen.

J. F.: Nenne bitte einen Namen.

D. L. General Mittig. Und Oberstleutnant Wiegand musste ihm ständig Bericht erstatten. Sie saßen fast alle vier Wochen zusammen in Strausberg, Frankfurt oder in Berlin bei der HA XX/4. Dort wurden die Strategiepläne entwickelt. Natürlich waren wir nur kleine Lichter, aber mit diesen kleinen Geschichten, die wir gemacht haben und zu verantworten hatten, haben wir diesen riesigen Apparat herausgefordert.

J. F.: Wie kommst du darauf, dass ihr kleine Lichter wart? Ihr habt große Aktionen gemacht, die große Ausstrahlungen hatten.

D. L.: Das war normale Arbeit.

J. F.: Wir haben darüber gesprochen: Was machen diese Kenntnisse, die ihr jetzt habt? Wenn ihr das noch einmal bedenkt, war es ja auch Gemeindearbeit in der DDR, aber dann auch hier, auch heute. Es war und ist eine psychosoziale, seelsorgerliche Arbeit. Ihr habt eure persönlichen Gefühle, euer Leben mit hineingegeben. Und eben an dieser Stelle finden über Jahre hinweg sogenannte Zersetzungsmaßnahmen eines staatlich gelenkten Geheimdienstes statt mit dem Ziel, euch und eure Familie kaputt zu machen. Wie verantwortlich ist einzuschätzen, dass ihr überhaupt den Beruf ausgeübt habt an dieser Stelle? Wie verantwortlich ist einzuschätzen, dass andere, die davon informiert wurden – Vorgesetzte oder andere –, dieses wussten und damit umgegangen sind?

Ich mach es mal etwas gröber. Ihr habt hier eine Kirchengemeinde und Räume. Gegenüber ist eine Dealer-Kneipe. Und ihr seht Menschen herumlaufen, die suchtkrank sind. Ihr seht die Dealer ein- und aussteigen. Ihr legt euch mit denen an und die fangen an, euch kaputt zu spielen. In unserer Beratungsstelle ist es gerade passiert. Ich habe mich mit denen angelegt, weil wir den Kinder- und Jugendbereich verantworten.

Jetzt gibt es einen Punkt. Einmal, es gibt eine Familie, Kinder, Angehörige. Das andere, es gibt Menschen in der Gemeinde. Nun muss man, wo man sich befindet, einschätzen:

Was ist das? Wie ist die Wahrnehmung und wie sind die Folgen aus dieser Wahrnehmung, wenn auf einzelne Mitglieder der Kirche harte, verbrecherische Maßnahmen gerichtet sind, die auch andere involvieren? Einbrüche. Angst machen. Verunsicherungen. Verleumdungen. Rufmord. Es muss ja irgendein minimales Klima geben für etwas. Herr Pettelkau hat da eine Äußerung gemacht. Na gut, das ist eine Äußerung. Gibt es überhaupt ein Bewusstsein dafür, was ich jetzt sage?

D. L.: Die Dienstvorgesetzten sind das eine. Aber auch unter uns, die wir in der gemeinsamen Arbeit als Opposition standen, wurde dieses kaum thematisiert. Der andere mit seinen Problemen und Ängsten wurde nicht ernst genommen. Die Termine, die gemeinsamen Aktionen hatten Vorrang.

B. L.: Es tun sich Abgründe auf bei dieser Thematik. Da gibt es selbst unter Artgenossen so was wie Schutzmechanismen, die sich dann in Abwehr zeigen.

Und wenn du nach dem Klima hier an diesem Ort fragst, ich bin da sehr grob mit der Antwort. Da heißt es: Lasst uns damit in Ruhe! Wenn euch das noch umtreibt, dann ist das eure Privatangelegenheit!

J. F.: Wie? Was heißt Privatangelegenheit? Führe das bitte aus.

B. L.: Wenn ihr das noch immer mit euch rumschleppt, dieses Thema Staatssicherheitsdienst und DDR, dann seht zu, wie ihr damit fertig werdet. Redewendungen wie: Nach vorn sehen! Ärmel hochkrempeln! Ein Brief von Bischof Huber endet mit dem Satz: Die Hände an den Pflug legen und nicht zurücksehen!

J. F.: Du hast es schwarz auf weiß gesehen, Dietmar, in diesen Schubladen. *Zersetzung* ist ja von ihnen definiert und ist angewandt worden auf mindestens Zehntausende von Menschen, in unterschiedlicher Ausprägung. Wie kommst du überhaupt auf die Idee, die Menschenrechtsverletzungen, die du selbst erlebt hast und die andere auch erlebt haben, jetzt, da du sie gesehen hast, nicht zu beschreiben? Die Aufgabe, die du dir gestellt hast, ist ja dermaßen naheliegend und richtig. Wenn es überhaupt etwas Logisches gibt, ist es das.

Jetzt nennen wir es noch einmal so allgemein. Die Menschenrechtsverletzungen, die an euch begangen wurden, auch an der Familie, was haben die für Wirkungen auf euch gehabt?

D. L.: Ich setze mich hin und schreibe es auf. Im Grunde mache ich nichts anderes, als dass ich noch einmal diese Situationen durchschreite, mit allen Höhen und Tiefen. Ich kann nicht sagen, dass uns nur Unverständnis entgegenschlug. Es gab dich und andere, mit denen wir uns sehr schnell verständigen konnten. Aber es gab auch die anderen, die mit unserer Geschichte sehr schwer umgehen konnten. Ich bin eigentlich sehr zurückhaltend und möchte keinen überfahren mit meinen Erfahrungen. Insofern habe ich in kleinen Dosen den Kollegen hier und da versucht, etwas zu vermitteln.

J. F.: Wieso in kleinen Dosen?

D. L.: Man muss zwei Personengruppen unterscheiden. Die einen, die eine DDR-Sozialisation haben, aber nie etwas mit dieser Mafia zu tun hatten, haben es schwer, sich mit der Materie zu befassen, sie zu begreifen, zu verstehen. Die andere Personengruppe, mit der wir es hier zu tun haben,

Sozialisation West-Berlin oder Bundesrepublik, für die diese Geschichte noch weiter weg ist. Diese Menschen heranzuführen an dieses dunkle Kapitel DDR-Geschichte [...].

J. F.: Welche Menschenrechtsverletzungen, Verbrechen oder Repressionen sind an euch begangen worden?

B. L.: Einbruch in die Intimsphäre, ausgelöst durch illegale Hausdurchsuchungen, das Bewusstsein, selbst im Schlafzimmer hast du kein Fach, in das du deine privaten Notizen legen kannst.

D. L.: Der Wanzeneinbau erfolgte Anfang 1980. Vier Jahre lang wurde über diese Technik mitgeschnitten.

J. F.: Es fanden dort seelsorgerliche Gespräche statt. Ihr habt mit Menschen gesprochen, die in Krise oder Not waren. Was verbindet ihr mit dem Begriff Kriminalisierung in Bezug auf euch?

B. L.: Rufmord. Bedrohung. In der Schule, mit den Kindern [...]

J. F.: An diesem Punkt gefragt, welcher Schutz ist euch gewährt worden? In welcher Weise wurden die beschriebenen Menschenrechtsverletzungen reflektiert und erwidert durch die, mit denen ihr in einem Bündnis standet, beruflich oder politisch? Wie ist die Tat wahrgenommen worden? Wie ist sie beurteilt worden? Welche Form des Beistandes, des Schutzes oder auch der Verteidigung habt ihr erfahren?

D. L.: Ich habe diesen Schutz nicht erfahren. Für mich ist es eine ganz gravierende Geschichte, als Barbe und ich in einer solchen Situation im Sommer 1983 zu Konsistorialpräsident Manfred Stolpe ins Konsistorium gehen und ihm berichten, dass die Stasi während unseres Urlaubs wieder im Pfarrhaus war, und das Stolpe gegenüber genau ausführen. Herr Stolpe klopfte mir auf die Schulter und sagte nur: „Bruder Linke, damit müssen Sie eben leben." Eigentlich wirst du in dieser Situation wahnsinnig.

J. F.: Halt. Warum wahnsinnig? Was wäre der Schutz gewesen?

D. L.: Der Schutz wäre gewesen, wenn Stolpe als Jurist und in der Funktion als Konsistorialpräsident gesagt hätte: Bruder Linke, ich werde dem nachgehen. Heute, wo wir um Stolpes vielfältige Kontakte mit dem MfS wissen [...]

J. F.: Gibt es ein einziges kirchliches Dokument oder eine Aussage, wo diese Art von Menschenrechtsverletzungen, nämlich Formen der Repression, des leisen Terrors – wie es die Stasi selber genannt hat in den Richtlinien –, der Rufschädigung, der Kriminalisierung bis hin zur psychischen oder physischen Liquidierung beschrieben worden ist durch kirchliche Einrichtungen?

B. L.: Zur DDR-Zeit? Nein.

J. F.: Dieser Wirklichkeitsbereich wurde nicht beschrieben?

B. L.: Nein, er wurde ausgeklammert.

J. F.: Ihr seid in der Situation einer Strafverfolgung gewesen im Sinne des Strafrechtsparagraphen 106, durch Eröffnung des OV „Kreuz" gegen euch. Es wäre eine Inhaftierung möglich gewesen. Wie lange hat der OV „Kreuz" gedauert?

D. L.: Der OV „Kreuz" wird im Herbst 1979 eröffnet und geht bis zur Ausbürgerung im Dezember 1983.

B. L.: Davor gibt es in Meinsdorf den OV „Jugendfreund".

J. F.: Innerhalb dieser gesamten Zeit seid ihr erstens unter einer akuten Bedrohung und Strafverfolgung, wo jederzeit ein Untersuchungsvorgang mit oder ohne Haft hätte sein können. Zum anderen habt ihr jahrelang die spezifische Form der Nichtinhaftierung, aber der Verfolgung, im Sinne der leisen Methode des Terrors und der Repression, um die öffentlichkeitswirksame Form der Inhaftierung zu vermeiden, erlebt. Geradezu die tückische Form der Verfolgung. Die kirchliche Argumentation habe ich auch gelesen: Ja, wenn es eine Strafverfolgung oder Inhaftierung gegeben hätte, dann [...] Es gab über Jahre hinweg erlebbar, erfahrbar und jetzt dokumentierbar akute Menschenrechtsverletzungen, im Sinne einer zielgerichteten, planmäßigen, euch selbst schädigenden, beeinträchtigenden Maßnahme gegen euch. Das einzige Problem war die Wahrnehmung. Wurde es wahrgenommen? Konnte es nachvollzogen werden? Haben diejenigen, die es zu beurteilen hatten, zum Beispiel von kirchlicher Seite, es wahrgenommen und beurteilt? Ja oder nein?

B. L.: Es gab keine Wahrnehmung der tatsächlichen Situation.

J. F.: Warum nicht?

B. L.: Das oberste Gebot war, keine Opposition bilden. Keine Opposition zu diesem Staat, Kirche im Sozialismus war angesagt. So sagte es mir auch der ehemalige Propst Ringhandt[397]: „Wir haben die Funktion, etwas zu bewahren und hinüberzuretten, aber jetzt nicht aktive Opposition zu sein."

J. F.: Das eine sind politische, menschliche, moralische Handlungen gegen die Diktatur, um sie anzunocken oder zu

[397]Siegfried Ringhandt, 1906-1961, war Propst im Ostberliner Konsistorium.

bekämpfen. Das andere sind – jetzt noch mal Ringhandt – verschiedene Wege, wie man's angeht. Und dann kommt der Bereich, auf dem ich jetzt frage und sende.

Ich hatte ja einen Bruch mit Ringhandt. Als ihr übergesiedelt wart, fragte er: „Du hast mit denen zu tun?" Ich sagte: „Ich habe Dietmar und Barbe Linke kennengelernt. Wir sind befreundet. Ihnen ist schwere Repression zugefügt worden." Er: „Ja, aber man geht nicht weg!"

Das will ich alles abkürzen. Ich bring es noch einmal auf den Teil, den ich als politischer Häftling, als jemand, der von der Staatssicherheit mehrere Jahre bekämpft wurde, dargestellt habe. Ich forderte Ringhandt auf, unabhängig von seinem Lebensalter, die Menschenrechtsverletzungen und Repressionen gegen diese beiden Personen Linke und ihre Familie, die politischen Freunde, einschließlich der Gemeinde wahrzunehmen. Da hat er gesagt: „Gut, das höre ich jetzt."

Ich sagte, ich fordere ihn auf, diese Menschenrechtsverletzungen zu benennen.

Ja, das wisse er, er wäre inhaftiert gewesen und er könne das sich vorstellen.

Dann habe ich gesagt, welche Wirkungen haben diese Menschenrechtsverletzungen auf die handelnden Personen gehabt? Sie haben Ängste ausgelöst. Sie haben die Schutzfunktion gegenüber den Kindern eingeschränkt. Sie haben im beruflichen Bereich die Unverantwortlichkeit hergestellt, weil natürlich dann überhaupt kein Vertrauen mehr am Telefon und anderen Sachen gegenüber hergestellt werden konnte. Und welche Reaktionen der Kirche gibt es darauf? Unabhängig von Taktik, unabhängig von verschiedenen Wegen?

Er: „Ja, wir haben versucht uns zu kümmern, aber so ..."

Ich habe gesagt: „Die Antworten in Bezug auf die psycho-soziale und persönliche Notsituation dieser beiden Menschen sind katastrophal, seelsorgerlich und therapeutisch fast verbrecherisch."

Er, wieso ich das so sage?

„Weil ich ihnen ansehe, dass sie in einer Krise sind und fast nicht beschützt sind. Und das ist eine Wahrnehmung, die ich habe und die ich hier feststellen muss, wo Politisches, Religiöses oder anderes übergeordnet wird der ganz konkreten, authentischen Lage, in der sich Menschen befinden."

Auf dieser Frequenz sendete ich lange und auf dieser befragte ich Ringhandt.

Denn soweit ihr durch solche Drohanrufe unter Terror gesetzt werdet, seid ihr persönlich involviert, ist die Gemeindearbeit involviert, ist auch die Gesellschaft involviert. Weil Angst gemacht wird, sind auch die Öffentlichkeit und die Verfassung involviert, weil ihr ja eine freie Meinungsäußerung macht im Sinne von Wissenschaft, Kunst, Literatur, Freiheit. Das sind unsere Verfassungsparagraphen. Wenn in Algier ein Publizist so angegriffen wird, sogar physisch liquidiert wird, ist es doch zu berichten. In dieses Feld gehört es rein.

Wenn man dieser Spur folgt, will ich euch fragen, was ist zu tun gegen diese von Einzelnen, von Organisationen oder von Staaten ausgehende Gewalt euch und andern gegenüber?

B. L.: Es öffentlich machen.

D. L.: Es benennen, herausholen aus den Schubladen.

J. F.: Ich habe gefragt nach Gegenstrategien. Was setzen wir dem entgegen? Ihr habt spontan reagiert: Öffentlichkeit.

Dietmar, du hast vorhin von einem Beharrungsvermögen gesprochen oder auch, dass ich nicht gesponnen habe, dass ich Kurs gehalten habe, dass ich zwischendurch die Situation erkannt habe, in der ich mich befinde. Wenn ich zum Beispiel sehe, dass eine Gemeinde, aber auch eine Familie, ein Freundeskreis in Not gerät und ich Strategien habe, mich dem zu widersetzen. Ihr habt das ja immer die Jahre versucht. Massive Einwirkungen auf euch, die – ich wiederhole es nochmals – auch für mich juristisch belegt waren, durch das Geplante, durch das Zielgerichtete, durch das Vorsätzliche. Ihr habt ja relativ lange dem standgehalten, im Alltag dem zu begegnen. Dass man dann zum Beispiel einen Wechsel überlegt von Tätigkeiten, von Orten. Dass man eine Bewegung hineinbringen möchte, das ist als eine Überlegung ganz naheliegend. Dass man in irgendeiner Weise subjekthaft darauf reagiert. Also Öffentlichkeit oder dem standhalten oder das thematisieren.

Was sind die Bereiche, die einen am meisten selbst gefährden? Erinnert ihr euch? Wir hatten einmal eine Begegnung in der Waldstraße, wo ich sagte, wir berühren die Todesebene. Wo liegen deine/eure Gefährdungen? Das Bewusstsein der Gefahr bzw. das, was man dem entgegensetzt und wie man damit umgeht [...] Denkt man nicht daran oder geht man weiter?

B. L.: Es geht nicht darum, nicht daran zu denken. Es arbeitet in dir. Die Vergangenheit arbeitet in dir. Das Gute ist, dass ich mich dieser Arbeit stelle, aber ich brauche teilweise auch Unterstützung und Hilfen. Und ich weiß nicht, ob der Gedanke an das physische Ende den Schrecken auslöst. Diesen

Telefonterror nannte ich vor Weihnachten Nervenkrieg. Wenn das sieben- bis achtmal Tag und Nacht geschieht und du auf einen wichtigen Anruf wartest und gezwungen bist, ranzugehen, weil es auch um ein seelsorgerliches Gespräch gehen kann, weil deine Tochter dich braucht, die nachts anruft [...] Dann ist es sehr, sehr schwierig.

J. F.: Beschreibe das bitte noch mal!

B. L.: Dieses filigrane, punktuelle Zerstören von Seelenkräften, von Substanz. Diese Substanz, die durch das MfS in der DDR angegriffen war. Diese Kräfte setzen auch in West-Berlin ihr zerstörerisches Werk fort. Ich fühle jetzt, dass Luft und Kälte eindringen. Das ist auch die Angst, die ich um Dietmar und um die Kinder habe.

J. F.: Beschreib das noch einmal näher. Luft und Kälte? Ist es fehlender Schutz, den du beschreibst? Wünschst du dir den?

B. L.: Ich wünsch es mir nicht nur, sondern ich bin sicher, dass dieser Raum hermetisch abgeriegelt sein muss.

J. F.: Was ist das für ein Raum?

B. L.: Das ist der innerste Innenraum in einem Menschen.

J. F.: Und wodurch wird der durchlöchert? Weil man sich öffnet oder weil man etwas beschreibt, was mit diesem Nichtgesicherten zu tun hat?

B. L.: Weil Dietmar es benannt hat, mit Namen und Hausnummern. Ich denke, sie haben ein krankes, pathologisches Gehirn und dieses pathologische Gehirn erfindet Möglichkeiten, diese Räume anzugreifen.

J. F.: Beschreib das noch mal, was du mit krankem Gehirn bezeichnest.

450

B. L.: Wenn ich dem anderen den Tod androhe. Einen Pastor als Satanist zu bezeichnen, heißt, ihm den Lebensraum zu nehmen. Damit zu operieren heißt, ich nehme ihm jegliche Chancen, dass er unbescholten arbeiten kann, ganz zu schweigen von Sorglosigkeit oder Freiheit. Es geht ja auch um Freiheit.

J. F.: Du verwendest diese Begriffe *krank, sadistisch*. Das sind Begriffe, die das so bezeichnen. Gleichzeitig lesen wir es aus den Akten. Wir haben es zu tun mit einem weltweit operierenden Geheimdienst, der mit anderen Geheimdiensten kooperiert hat im Rahmen des Warschauer Paktes [...] Wenn wir es weltweit sehen, haben wir es mit einem großen, ernsten, alten, neuen, zukünftigen Problem zu tun.

Was ihr berichtet, beschreibt, erlebt, bekämpft und durchgestanden habt, betrifft viele, wenige, die es so weit betreiben wie ihr. Wenige, die es reflektieren. Wenige, die es auf den Punkt bringen. Aber es ist doch fast ein Massenphänomen. Die Wahrscheinlichkeit, dass es zukünftig auftritt, so und anders, ist relativ hoch.

J. F.: Was ist mit den Tätern? Diejenigen, die Menschenrechtsverletzungen gegen euch begangen, organisiert, angestiftet, durchgeführt haben, über eine erhebliche Anzahl von Jahren, gegen euch beide persönlich, die Familie, politische Freunde, andere eingeschlossen, die diese Sachen ausgedacht haben und in die Praxis umgesetzt haben, die IM's geworben und angestiftet haben, kontrolliert, erpresst und motiviert haben, die dazu beigetragen haben, dass die physische und psychische Gesundheit von Bürgern und Mitbürgern beeinträchtigt wurde. Was ist mit denen? Welche von denen sind in Verantwortung ob ihrer Verbrechen? Wie ist ihr jetziger

Alltag? Wo ist die juristische, moralische, gesellschaftliche Antwort auf diese Schandtaten?

Was ist mit den Führungsoffizieren der IM, die euch bespitzelt haben? Was ist mit der Bezirksverwaltung Frankfurt/O., Abteilung XX, Leiter, Leiterstrukturen? Was ist mit der Hauptabteilung XX? Was ist mit dem Verantwortlichen der Hauptabteilung XX/7 bzw. XX/4, Wiegand?

D. L.: Mit dem ehemaligen Oberstleutnant des MfS Wiegand haben wir im November 1996 ein Gespräch geführt.

J. F.: Was für ein Gespräch?

D. L.: Ich wusste, dass Oberkonsistorialrat Schröter nach der Wende über Jahre hinweg Kontakt mit Wiegand hatte.

B. L.: Herr Schröter ist Mitarbeiter im Berliner Konsistorium und war von der Kirche 1990 als Koordinator zur Auflösung des Ministeriums für Staatssicherheit bestimmt. Nach der Wende hatte er eine Gesprächsreihe mit ehemaligen offiziellen und Inoffiziellen Mitarbeitern dieses Ministeriums initiiert.

D. L.: Herrn Schröter fragte ich an, wie ich Wiegand erreichen könne. So kam ich an die Telefonnummer. Herr Wiegand sagte am Telefon: „Wer sind Sie? Ach ja, erinnere mich. Aber ich muss es erst einmal überlegen. Ich melde mich in acht Tagen."

J. F.: Wann war das genau?

D. L.: Im November 1996.

J. F.: Er meldet sich tatsächlich? Was hat er gesagt?

D. L.: „Wiegand. Wie verabredet, wollte ich Ihnen einen Termin nennen. Ich komme zu Ihnen. Eine Bedingung, ich gebe keine Auskunft über Personen, sondern es geht um Strukturen. Unter diesen Bedingungen bin ich zu einem Gespräch bereit."

Dieses Gespräch fand hier im Haus statt, zwei Etagen unter uns, in der Familienberatungsstelle. Wir baten Pfarrer Rudi Pahnke, dabei zu sein.

J. F.: Was war das Entscheidende an diesem Gespräch?

D. L.: Das Entscheidende, dass ich aus seinem Munde höre: „Ja, so war das! Das war bei Staatsfeinden üblich. Bei Feinden der Republik waren alle Mittel recht. Feinde werden wie Feinde bearbeitet. Das war mein Auftrag. Ich habe Sie als Feinde gesehen."

Das hat eine andere Qualität, wenn es vom Urheber bestätigt wird, als wenn du es auf dem Papier liest, in einem Protokoll.

Ich habe einige Ereignisse genannt und hatte auch die Kopien parat. Er fragte: „Wann war das? Soll ich das gewesen sein? Wer hat das unterschrieben? OV ‚Kreuz‘, ich erinnere mich, war ein Schwerpunkt-OV. Es gab vielleicht zwanzig Schwerpunkt-Vorgänge."

J. F.: Ihr habt das noch einmal sehr eindringlich geschildert. Der Ausgangspunkt war die Frage nach den Tätern. Ihr habt jetzt noch einmal die Beschreibung eines Mannes gegeben, eines Offiziers, der sich in diesem Haus aufgehalten hat. Die Frage ist die nach der Verantwortlichkeit für Menschenrechtsverletzungen vielfacher Art.

Das ist die Auseinandersetzung mit den Tätern, dass hier im Haus mal ein Gespräch stattfindet und Herr Wiegand noch die Bedingungen setzt, dass nicht über Personen gesprochen wird und er anschließend wieder rausgeht, sich in sein Auto setzt und nach Hause fährt? Das ist sozusagen die Auseinandersetzung mit den Tätern?

Alles stimmt, nur es gibt keine justiziable Umgangsweise, weil es als Verbrechen und Menschenrechtsverletzung nicht beschrieben war innerhalb dieses Systems, in dem sie sich aufgehalten haben. Aber es gibt ein internationales Recht und es gibt verschiedene Kategorien, nicht nur der juristischen, sondern auch der Beschreibung dessen, was jetzt ist. Wenn ihr das jetzt so beschreibt, auch was im Manuskript ist, das ist natürlich eine solche Bodenlosigkeit der Nichtbehandlung dieses Täterbereichs, die dermaßen offensichtlich ist, dass man erstens fragt, was sich überhaupt verändert hat, bis auf das, dass er in diesen Gebäuden nicht mehr residieren kann. Macht auf die Öffentlichkeit und auf Einzelpersonen, die als Mitarbeiter von ihnen gesteuert wurden, ist nach wie vor vorhanden. Wenn man sich diesen Bereich vorstellt! Wenn du nur einzelne Zeilen von dem, was im Manuskript steht, behandelst und das umschlägst auf einzelne Menschen und ihre Biografien, auf das Einführen von militärischen Kategorien, von Vorgesetzten-Kategorien, von Dienstgraden und Staatsstruktur, dann sind es Staatsverbrechen, ist es Staatsterrorismus. Wo ist die Entsprechung an dieser Stelle?

B. L.: Nirgends.

J. F.: Was schlagt ihr für eine Antwort vor? Wir haben über psychische Auswirkungen gesprochen, über politische, seelsorgerliche, religiöse. Das ist eine Auswirkung.

B. L.: Die Versuche, die Gespräche mit den Beteiligten, die Dietmar nach dem Fall der Mauer unternahm, sind gescheitert. Was wir durch die Medien erlebt haben, nimm die Mauerschützenprozesse oder den langwierigen Havemann-Prozess [...] Dass Recht nicht wieder aufgerichtet wird, bewusst oder unbewusst. Ich kann nur für mich sagen, dass ich mir keine Möglichkeiten ausdenken will – ob ich sie hätte, ist noch eine andere Frage –, um diese Leute vor Gericht zu stellen.

D. L.: Es auf den Tisch legen und es benennen. Das ist das Allererste. Ich habe versucht, innerkirchlich einen Klärungsprozess herbeizuführen. Der ist nicht zustande gekommen. Ich habe einen Antrag auf Rehabilitierung gestellt. Der ist abgelehnt worden.

Das Wichtigste, was ich habe leisten können, ist dies, festhalten, dem Vergessen entreißen, aus dem Dunklen ans Licht ziehen.

J. F.: Mehr kann man nicht tun, subjektiv, als Person. Es gibt in der Gewaltpsychologie einen Satz von einem Forscher, der sagt: Wenn man sich mit den Tätern beschäftigt, macht man sehr viel für die Opfer. Weil man sie auch wahrnimmt. Umgekehrt genauso. Warum stellt sich eine so merkwürdige Defensive ein? Wie kann es sein, dass eine evangelische Kirche so mit diesem Bereich umgeht, mit dieser Art von männlicher Gewalt, militärischer Gewalt, die sie auch mit verkörpern, mit staatsterroristischer Gewalt?

B. L.: Dahinter stecken Ängste. Es hieße, sich einem *Blinden Fleck* zu stellen, konkret, mit den Geschädigten zu sprechen, sie anzuhören und sich zu fragen, wer war ich in jener Zeit? Wie habe ich mich verhalten?

Ich vermute, nach 1945 war ein ähnliches Klima in Deutschland. Wir haben gestern einen Bericht über Hannah Arendt gehört. Sie war nach Kriegsende erstaunt über diese Verharmlosung der Vergangenheit und den Eifer der Deutschen, zur Tagesordnung überzugehen. Sie war 1950 in Deutschland und fand diesen Eifer vor, diese Geschäftigkeit. Geschäftigkeit bedeutet auch, nicht innezuhalten und über das Geschehene zu reflektieren, es zur Kenntnis zu nehmen. Eine ähnliche Stimmung erleben wir heute. Defensive, sagst du. Wichtig finde ich, die Möglichkeiten herauszufinden, die es in einer Demokratie gibt.

J. F.: Ich finde euch in keiner Weise defensiv. Ich empfinde euch als realistisch, mutig, energisch. Ich empfinde euch solidarisch gegenüber anderen und euch selbst. Ich wollte nur andeuten, dass es sowieso keine Möglichkeit gibt, die Taten von Wiegand und anderen rückgängig zu machen, ob sie nun verstehen, was ihr für richtig haltet, oder ob sie bereuen, das ist fast eine untergeordnete Frage. Sondern dass es bei Menschenrechtsverletzungen und Verbrechen dieser Art und auch dem, was man selber erlebt hat und andere erlebt haben, nur das produktive Dagegen gibt, human natürlich, aber das produktive Dagegen. Das drückt ihr für mich aus. Ich empfinde die Gesellschaft insgesamt als defensiv. Sich vorzustellen, Wiederholungen und Ausdehnung von solchen Geschehnissen [...] Umso wichtiger ist das, was ihr tut.

Jürgen Fuchs im Gespräch mit Barbe und Dietmar Linke (April 1996). Privatarchiv D. Linke

Abkürzungsverzeichnis

Abt.	Abteilung	
	K:	Abteilung Kriminalpolizei
	26:	Technische Abteilung des MfS
	26 a:	Telefonüberwachung
	26 b:	Wanzeneinbau
	M:	Postkontrolle
	Abt. X :	Internationale Verbindungen
	Abt. XII:	Erfassung u. Überprüfung von Personen
ABV	Abschnittsbevollmächtigter	
ADN	Allgemeiner Deutscher Nachrichtendienst	
AG	Arbeitsgruppe	
AI	Auskunftsinformation	
AIM	Archivierte IM-Akte	
AK	Arbeitskreis	
AKG	Auswertungs- und Kontrollgruppe	
A-Maßn.	Telefonüberwachung	
AOP	Archivierter „Operativer Vorgang"	
AOPK	Archivierte „Operative Personenkontrolle"	
AOV	Archivierter „Operativer Vorgang"	
AP	Allgemeine Personenablage	
ARD	Arbeitsgemeinschaft der öffentlich-rechtlichen Rundfunkanstalten der Bundesrepublik Deutschland	
ASt.	Außenstelle	
AU	Archivierter Untersuchungsvorgang	
Bd.	Band	

BdL	Büro der Leitung
BdVP	Bezirksverwaltung der Volkspolizei
Bgm.	Bürgermeister
BL	Bezirksleitung
B-Maßn.	Abhörüberwachung
BND	Bundesnachrichtendienst
BRD	Bundesrepublik Deutschland
BStU	Der Bundesbeauftragte für die Unterlagen des Staatssicherheitsdienstes der ehemaligen DDR (Deutsche Demokratische Republik)
BV	Bezirksverwaltung
CDU	Christlich-Demokratische Union
CFK	Christliche Friedenskonferenz
CVJM	Christlicher Verein Junger Männer
DA	Dienstanweisung
DE	Diensteinheit
DEWAG	Deutsche Werbe- und Anzeigengesellschaft
dpa	Deutsche Presseagentur
DVP	Deutsche Volkspolizei
EKD	Evangelische Kirche in Deutschland
EKU	Evangelische Kirche der Union
ER	Einreise
EV	Ermittlungsverfahren
FDJ	Freie Deutsche Jugend
Ffo.	Frankfurt/Oder
FS	Fernschreiben
FSTW	Funkstreifenwagen
GBL	Gesetzblatt
GI	Geheimer Informant

GKR	Gemeindekirchenrat
GM	Geheimer Mitarbeiter
GMS	Gesellschaftlicher Mitarbeiter für Sicherheit
Gen.	Genosse
Genn.	Genossin
GO	Grundorganisation
GST	Gesellschaft für Sport und Technik
GÜSt	Grenzübergangsstelle
HA	Hauptabteilung
	HA I, Abt. MfNV: Abt. Ministerium f. Nationale Verteidigung
	HA II: Spionageabwehr
	HA VI: Auslandstourismus
	HA VII/Abt. 3: Ministerium des Innern/Volkspolizei
	HA VIII/Abt.12: Beobachtung polit. Untergrundtätigkeit
	HA IX: Bearbeitung von Untersuchungsvorgängen/Ermittlungsverfahren
	HA XVIII: Volkswirtschaft
	HA XX/2: Jugendpolitik
	HA XX/4: Kirche
	HA XX/7: Kultur und Medien
	HA XX/9: Bekämpfung polit. Untergrundtätigkeit
	HA XXII: Terrorabwehr
	HA Kader und Schulung
HO	Handelsorganisation
HVA	Hauptverwaltung Aufklärung

IF	Interflug
IM	Inoffizieller Mitarbeiter
IMB	IM zur Bearbeitung im Verdacht der Feindtätigkeit stehender Personen und Gruppen
IMK	IM zur Sicherung der Konspiration
IMS	IM für Sicherung des Verantwortungsbereichs
IMV	IM-Vorlauf IM mit vertraulichen Beziehungen
JG	Junge Gemeinde
JMW	Jungmännerwerk
KAP	Kooperative Abteilung Pflanzenproduktion
KD	Kreisdienststelle
KfS	Komitee für Staatssicherheit der UdSSR
KK	Kerblochkartei
KKH	Kreiskrankenhaus
KKL	Konferenz der Kirchenleitungen
KL	Kirchenleitung
KL	Kreisleitung
KO	Konspiratives Objekt
KP	Kontaktperson
KR	Kirchenrat
KS	Kader und Schulung
KSZE	Konferenz für Sicherheit und Zusammenarbeit
KVP	Kasernierte Volkspolizei
KW	Konspirative Wohnung
LIW	Landwirtschaftliches Instandsetzungswerk
LPG	Landwirtschaftliche Produktionsgenossenschaft
M	Postkontrolle
MA	Mitarbeiter

MdI	Ministerium des Innern
MfNV	Ministerium für Nationale Verteidigung
MfS	Ministerium für Staatssicherheit
MiS	Mitarbeiter im Staatsapparat
ML	Marxismus-Leninismus
NATO	Nordatlantikpakt
ND	Neues Deutschland
NDPD	Nationaldemokratische Partei Deutschlands
NF	Nationale Front
NSA	Nichtsozialistisches Ausland
NVA	Nationale Volksarmee
OibE	MfS-Offizier im besonderen Einsatz
OKR	Oberkonsistorialrat
op.	operativ
OPK	Operative Personenkontrolle
Oltn.	Oberstleutnant
OSL	Oberstleutnant
OSV	Ordnungsstrafverfahren
OV	Operativer Vorgang
PA	Personalakte
Pdm.	Potsdam
Pfr.	Pfarrer
PGH	Produktiongenossenschaft Handwerk
PK	Personenkontrolle
Pol.	Politisch
PUT	Politische Untergrundtätigkeit
PZF	Postzollfahndung
R. d. B.	Rat des Bezirkes
R. d. K.	Rat des Kreises

RL	Richtlinie
SED	Sozialistische Einheitspartei Deutschlands
SFB	Sender Freies Berlin
SSD	Staatssicherheitsdienst
StGB	Strafgesetzbuch
Sup.	Superintendent
ÜSE	Übersiedlungsersuchender
USA	Vereinigte Staaten von Amerika
UVR	Ungarische Volksrepublik
VEB	Volkseigener Betrieb
VK	Verkehrspolizei
VKSK	Verband der Kleingärtner, Siedler und Kleintierzüchter
VP	Volkspolizei
VPKA	Volkspolizeikreisamt
VR	Volksrepublik
VRP	Volksrepublik Polen
VVO	Veranstaltungsverordnung
WB	West-Berlin
ZA	Zentralarchiv
ZAIG	Zentrale Auswertungs- und Informationsgruppe des MfS
ZDF	Zweites Deutsches Fernsehen
ZK	Zentralkomitee
ZKG	Zentrale Korrdinierungsgruppe
ZMA	Zentrale Materialablage
ZV	Zivilverteidigung

Quellen- und Literaturverzeichnis

A. Unveröffentlichte Quellen

1. Der Bundesbeauftragte für die Unterlagen des Staatssicherheitsdienstes der ehemaligen DDR (BStU), Zentralarchiv (ZA) bzw. Außenstelle (ASt)

1.1 Untersuchungsvorgänge
Linke, Dietmar:　　　　　　　　ZA, AU 4569/85

1.2 Operativ-Akten
OV „Jugendfreund"	ASt. Potsdam,
(Dietmar Linke):	AOP 1557/78, Bd.I-II
OV „Kreuz"	ASt. Frankf./O.,
(Barbe u. Dietmar Linke):	AOP 889/84, Bd. I-VII
OPK „Kreuz II"	ASt. Frankf./O.,
(Barbe u. Dietmar Linke):	AOPK 2069/89

Weitere Aktenbestände zu Barbe und Dietmar Linke:
Einreisesperre Linke	ZA, ZAIG 5 - 22459
	und 22460
Maßnahmen bezüglich	
„Lichterkette" am 1.9.1983	ZA, ZAIG 5571
Gruppe „Frauen für den	
Frieden"	ZA, ZAIG: 5572
Kontakte Linke in die ČSSR	ZA, AP 8213/82
Protokolle der Abt.26	ZA, AP 22343/92
Übersiedlung	ZA, ZKG 1569 und 5821

Maßnahm. gegen Linke u. Eppelmann (nach dem 1. Sept. 1983)	ZA, HA IX - 347
Berichte/Vorträge D. Linke 1986 in Westdeutschland	ZA, HA XX/4 - 30
Arbeitspläne der HA XX/4	ZA, HA XX/4 - 65
B-Maßnahme, Einsatz sowj. IM's, u. a.	ZA, HA XX/4 - 962
Berichte der IM „Giesela" an Kienberg	ZA, HA XX/4 - 963
Auftreten D. Linke in West-Berlin	ZA, HA XX/4 - 1930
Offensive Maßnahmen zum 1.9.1983	ZA, HA XX/4 - 2412
Info d. Abt. XX/7 Ffo. zu Linke	ZA, HA XX/ AKG - 3405
Überarbeitete Abhörprotokolle	ZA, HA XX/ AKG - 4005
KK, Reisesperre, u. a.	ASt. Frankf./O. - ZMA I - 0026
Erfassung Kennziffer 4.1.1.	ASt. Frankf./O. - 048
Belehrungen bezügl. 1.9.1983	ASt. Frankf./O. - BdL 022
Ausreise - Antragsteller	ASt. Frankf./O. - Abt.XX - 172
Bearbeitung OPK „Kreuz II"	ASt. Frankf./O. - Abt.XX-727
Auswertung OV „Jugend- freund"	ASt. Frankf./O. - Abt.XX-1097
KK und Fahrraddemo Halbe	ASt. Potsdam - AKG/ZMA - A-3439

1.3 IM-Akten (AIM)

IMK „Adelheid Müller" — ASt. Frankf./O., AIM, 977/81, Bde I/I, III/I.

IM „André" — ASt. Berlin, AIM 7933/91, Bd. II/I + Ersatzband.

IM „Birke" — ASt. Berlin, AIM 2834/88, Bde I/I-IV; II/I-V.

IM „Carla May" — ASt. Frankf./O., AIM 1147/86, Bd. I/I.

IM „Christian" — ASt. Frankf./O., AIM 2029/89, Bde I/I, II/I.

IM „Egon" — ASt. Potsdam, AIM 22/83, 2 Bde.

IM „Reinfried Gellert" — ASt. Frankf./O., AIM 929/89, Bde I/I, II/I.

IM „Giesela" — ASt. Potsdam, AIM 1916/87, Bde I/I-III.

IM „Helga Grusche" — ASt. Frankf./O., AIM 113/76, Bde I/I-III, II/I-IX, III/I-II.

IM „Helena" — ASt. Potsdam, AIM 1552/84.

IM „Hiller" — ASt. Rostock, AIM 243/91.

IM „Johannes" — ASt. Frankf./O., AIM 1791/80, 2 Bde.

IM „Kalle" — ZA, AIM 4465/87, Bde I/I, II/I-III.

IM „Siegfried Klein"	ASt. Franf./O., AIM 1983/89, 2 Bde.
IM „Ute Rauch"	ASt. Frankf./O., AIM 1972/89, Bde I/I, II/I.
IM „Robert"	ASt. Frankf./O., AIM 269/77, 2 Bde.
IM „Roland"	ASt. Potsdam, AIM 1316/77.
IM „Stern"	ASt. Frankf./O., AIM 2039/89, Bde I/I, II/I-III.
IM „Tini"	ASt. Potsdam, AIM 101/82, 1 Bd.
IM „Paul Wende"	ASt. Frankf./O., AIM 768/74, Bde I/I+II, II/I.

2. Archiv Evangelisches Konsistorium Berlin-Brandenburg

Personalakte Linke, Dietmar

3. Brandenburgisches Landeshauptarchiv

Selbstverbrennung Pfr. Brüsewitz	Rep. 401 - 21490
Berichte R. d. K. Jüterbog über Kräfteverhältnis unter Pfarrern und kirchl. Amtsträgern	Rep. 401 - 24139
Berichte Wahlbeteiligung der Geistlichen 1979	Rep. 601 - 23467
Berichte Wahlbeteiligung der Geistlichen 1981	Rep. 601 - 23468
Friedensdekade 1983	Rep. 601 - 23493
Berichte d. Stellv. Inneres R. d. K. Strausberg in Sachen Kirchenfragen	Rep. 601 - 23495
Analysen d. R. d. K. Strausberg über Kräfteverhältnis der Pfarrer	Rep. 601 - 27330

B. Gedruckte Quellen und Darstellungen

ACHMATOWA, ANNA, Poem ohne Held, Reclam, 5. Aufl., Leipzig 1989.

ANLAGE zur Gauck-Recherche zum IM „Sekretär", BStU Reg. Nr. IV/1192/64 v. 31.3.1992.

BERLIN-BRANDENBURGISCHES Sonntagsblatt, Sonderdruck, Nr.44, v. 01.11.1992, Erklärung der Kirchenleitung der Ev. Kirche in Berlin-Brandenburg zum Problemkreis ‚Kontakte der Kirche zum Herrschaftsapparat der DDR'.

BESIER, GERHARD, Der SED-Staat und die Kirche 1969-1990. Die Vision vom „dritten Weg", Berlin-Frankf./M. 1995.

BROCKE, MICHAEL / RUTHENBERG, ECKEHART / SCHU-LENBURG, KAI UWE, Stein und Name. Die jüdischen Friedhöfe in Ostdeutschland, Berlin 1994.

B S t U, Das Wörterbuch der Staatssicherheit, Berlin 1993.

FRICKE, KARL WILHELM, / STEINBACH, PETER / TUCHEL, JOHANNES (Hg.), Opposition und Widerstand in der DDR. Politische Lebensbilder, München 2002.

FUCHS, JÜRGEN, „... und wann kommt der Hammer?" Psychologie, Opposition und Staatssicherheit, Berlin 1990.

DERS., Unter Nutzung der Angst. Die „leise Form" des Terrors - Zersetzungsmaßnahmen des MfS, Berlin 1994 (BF informiert 2/94).

DERS., „Ich habe eine Botschaft, die heißt: keine Sicherheit". Eine spezifische Form des DDR-Terrors gegen Oppositionelle, in: Frankfurter Rundschau, 23. April 1997, S. 12.

DERS., Magdalena. MfS Memfisblues. Stasi. Die Firma. VEB Horch & Gauck. Berlin 1998.

DERS, Das Ende einer Feigheit, Reinbek bei Hamburg 1988.

GROSSE, LUDWIG / SCHULTZE, HARALD / WINTER, FRIEDRICH (Hg.), Überprüfungen der Stasikontakte in den östlichen Gliedkirchen der EKD. Im Auftrag des Kirchenamtes der EKD, in: Die Zeichen der Zeit, Beiheft 1, 1997.

HENKYS, REINHARD, Aus der Akte „IM Helena". Die West-berliner Pfarrerin Horsta Krum und die Stasi. epd-Dokumentation Nr.16/94.

HEYM, STEFAN, Die Schmähschrift oder Königin gegen Defoe, Leipzig 1974.

KNABE, HUBERTUS, Die unterwanderte Republik, Stasi im Westen, Berlin 1999.

LANDTAG BRANDENBURG, Anlagen zum Bericht des Untersuchungsausschusses 1/3 vom 29.4.1994, Teil A, Potsdam 1994.

LEBEN UND BLEIBEN IN DER DDR. Eine Zusammenstellung der Theologischen Studienabteilung bei dem Bund der Evangelischen Kirchen in der DDR, epd-Dokumentation, Nr. 41a / 85, Frankf./M. 23. September 1985.

LINKE, BARBE MARIA, Widerspruch, Reaktion auf Friedrich Winters Artikel „Ausreise von Pfarrern in die Bundesrepublik". Kirche im Sozialismus. Zeitschrift zu Entwicklungen in der DDR, Heft 2, Berlin 1986, S. 65 f.

DIES., Moses – Ein Experiment, Vechta 2014.

LINKE, DIETMAR, Niemand kann zwei Herren dienen. Als Pfarrer in der DDR, Hamburg 1988.

DERS., „Streicheln, bis der Maulkorb fertig ist". Die DDR-Kirche zwischen Kanzel und Konspiration, Berlin 1993.

DERS., Theologiestudenten der Humboldt-Universität zwischen Hörsaal und Anklagebank, Neukirchen-Vluyn 1994.

DERS., Bündnispartner oder Gegner? Die Medien berichteten einseitig über das Staat-Kirche-Verhältnis in der DDR. In: „Unsere Medien – Unsere Republik", Adolf-Grimme-Institut, Marl, 6/1993, S. 12 ff.

DERS., Diener zweier Herren. Pfarrer A. P. im Dienst des MfS und der Evangelischen Kirche Berlin-Brandenburg. In: Zeitschrift des Forschungsverbundes SED-Staat, Nr.1, Berlin 1996, S. 75 ff.

DERS., Die DDR entlässt ihre Kinder. Warum verlassen Menschen ihre Heimat? In: Kirche im Sozialismus. Zeitschrift zu Entwicklungen in der DDR, Heft 2, Berlin 1986, S. 67 ff.

DERS., Einer, der raus ist, spricht weiter – Begegnungen mit Jürgen Fuchs. In: Literatur-Edition „WIR" Nr. 3, S. 156 ff, Berlin 1996.

DERS., Existenzweisen institutionalisierter Theologie in der DDR. Möglichkeiten und Grenzen politischer Einflussnahme auf die Theologische Fakultät Berlin. In: Hochschule Ost, Heft 4/95, Leipzig 1995, S.26 ff. Auch in: Hochschule & Kirche. Theologie & Politik. Besichtigung eines Beziehungsgeflechts in der DDR. Hg. PASTERNACK, P., Berlin 1996, S. 143 ff.

DERS., „Im Interesse der Feindorganisation", in: Rainer Hildebrandt zum 80. Geburtstag, Berlin 1996, S. 97 ff.

DERS., Weggehen ist weitergehen, in: MANFRED RICHTER / ELSBETH ZYLLA (Hg.), Mit Pflugscharen gegen Schwerter. Erfahrungen in der Evangelischen Kirche in der DDR 1949-1990, S. 245-259, Bremen 1991.

DERS., Thesen zur „Unabhängigen Friedensbewegung" in der DDR, in: ISRAEL, JÜRGEN (Hg.), Zur Freiheit berufen. Die Kirche in der DDR als Schutzraum der Opposition, Berlin 1991, S. 131 ff.

DERS., Solidarität kennt keine Grenzen, in: Freier Deutscher Autorenverband (Hg), Aufbruch, S. 150 ff, Koblenz 1991.

DERS., Durch diese Erfahrungen sind mir ungeheure Kräfte zugewachsen, in: FELSMANN, BARBARA, Beim Trompeter habe ich immer geweint. Kindheit in der DDR. Erinnerungen an die Jungen Pioniere, Berlin 2003, S. 95 ff.

MECKEL, MARKUS / GUTZEIT, MARTIN, Opposition in der DDR. Zehn Jahre kirchliche Friedensarbeit – kommentierte Quellentexte, Köln 1994.

MÜLLER-ENBERGS, HELMUT / SCHMOLL, HEIKE / STOCK, WOLFGANG, Das Fanal. Das Opfer des Pfarrers Brüsewitz und die evangelische Kirche, Frankfurt/M. – Berlin 1993.

NEUBERT, EHRHART, Untersuchung zu den Vorwürfen gegen den Ministerpräsidenten des Landes Brandenburg Dr. Manfred Stolpe, Potsdam 1993.

DERS., Vergebung oder Weißwäscherei. Zur Aufarbeitung des Stasiproblems in den Kirchen, Freiburg i. Breisgau 1993.

DERS., Geschichte der Opposition in der DDR 1949-1989, 2. Aufl., Bonn 1998.

DERS., / EISENFELD, BERND (Hg.), Macht-Ohnmacht-Gegenmacht. Grundfragen zur politischen Gegnerschaft in der DDR. Analysen und Dokumente. Wissenschaftliche Reihe, BStU, Bd. 21, Bremen 2001.

POPPE, ULRIKE / ECKERT, RAINER / KOWALCZUK, ILKO-SASCHA (Hg.), Zwischen Selbstbehauptung und Anpassung. Formen des Widerstandes und der Opposition in der DDR, Berlin 1995.

ROßBERG, KLAUS, Das Kreuz mit dem Kreuz – Ein Leben zwischen Staatssicherheit und Kirche, Berlin 1996.

SCHULZE, HARALD, Das Signal von Zeitz. Reaktionen auf die Selbstverbrennung von Oskar Brüsewitz, Leipzig 1993.

SCHULZE, RUDOLF / SCHMIDT, EBERHARD / ZACHHUBER, GERHARD, Gehen oder Bleiben. Flucht und Übersiedlung im geteilten Deutschland, Leipzig 2002.

SEE, WOLFGANG / WECKERLING, RUDOLF, Frauen im Kirchenkampf. Beispiele aus der Bekennenden Kirche Berlin-Brandenburg 1933-1945, Berlin 1984.

STEINLEIN, REINHARD, Die gottlosen Jahre, Berlin 1993.

STRAFGESETZBUCH der DDR, Seminarmaterial des Gesamtdeutschen Instituts Bonn.

VON SAß, RAHEL: Der Greifswalder Weg. Die DDR-Kirchenpolitik und die evangelische Landeskirche Greifswald von 1980–1989, Schwerin 1998.

WALTHER, JOACHIM, Sicherungsbereich Literatur. Schriftsteller und Staatssicherheit in der Deutschen Demokratischen Republik, Berlin 1996.

WANDER, FRED, Der siebente Brunnen, Berlin-Weimar 1971.

DERS., Das gute Leben. Erinnerungen, München – Wien 1996.

WINTER, FRIEDRICH, Ausreise von Pfarrern in die Bundesrepublik. Ein Selbstinterview, in: Kirche im Sozialismus, Zeitschrift zu Entwicklungen in der DDR, Heft 1/89, Berlin 1986, S. 34 f.

ZECH, KARL-ADOLF, Er traf den Nerv. Die Selbstverbrennung von Oskar Brüsewitz im August 1976 und die Folgen. In: Deutschland Archiv, Heft 4/96, Köln 1996.

Personenregister

Achmatowa, Anna	11, 469
Aitmatow, Tschingis	376
Althausen, Johannes	33
Anderson, Sascha	426
Antczak (MfS)	111, 132, 133, 198, 258, 330, 337, 489
Aris, Helmut	27
Arnim, Achim von	16, 18
Arnim, Bettina von	16, 66, 67, 68
Arnim, Lothar von	137
Baader, Andreas	53
Bahra, Manina	169
Bandur (MfS)	307, 489
Bartsch, Kurt	96
Bastian, Gert	426, 427, 429
Bautz (MfS)	310, 489
Becker, Jurek	372, 373, 374, 375
Becker, Manfred	394
Beer (MiS)	299, 353, 354, 389, 390, 487
Bellmann, Rudi (MiS)	128, 173, 295, 296, 487
Bernhardt, Karl-Heinz	33
Biermann, Wolf	69, 85, 121, 181, 222, 247, 255, 374, 425, 426, 427, 440
Blauert, Heinz	32
Böttcher (MfS)	204, 489
Böttger, Martin	342

Bohley, Bärbel	256, 257, 261, 262, 263, 266, 268, 340, 342, 424
Bransch, Günter	394
Brodska, Daniela	47, 55, 56, 129
Brodski, Peter	47, 55, 129, 130
Brüsewitz, Oskar	5, 10, 52, 57, 58, 59, 60, 61, 62, 63, 64, 85, 121, 469, 472, 473, 474
Buch, Hans Christoph	426, 427
Büchner, Eberhard	184
Büchner, Joachim (MfS)	100, 489
Butzner, Horst (MiS)	100, 160, 179, 187, 193, 210, 227, 281, 282, 283, 487
Coburger (MfS)	351, 489
D., Günter	48, 67, 68, 71, 72, 73, 74, 75
Dalos, György	426
Damm, Willi (MfS)	130, 489
Damme (MiS)	160, 487
Decker, Gisela	342
Defoe, Daniel	118, 119, 470
Delor, Ute	342
Demke, Christoph	343
Deutsch (MfS)	219, 279, 281, 283, 489
Dutschke, Rudi	69
Endler, Adolf	96
Ensslin, Gudrun	53
Eppelmann, Rainer	237, 241, 349, 351, 352, 353, 356, 366, 466
Faust, Siegmar	426

Forck, Gottfried	226, 254, 296, 302, 343, 352, 356, 357, 358, 377, 378, 383, 394, 396, 416
Fischer, Werner	407, 424
Franke (MiS)	164, 487
Fricke, Karl Wilhelm	10, 470
Fuchs, Jürgen	7, 255, 415, 423, 425, 426, 427, 429, 430, 431, 435, 457, 470, 472
Furian, Hans-Otto	394, 438
G., Christa	249, 312, 313, 401, 409
G., Edith	226
G., Michael	206
Geister (MfS)	107, 181, 489
Gerlach (MfS)	261, 489
Gienke, Horst	243
Giering, Achim	243, 302
Gilpin, Richard	179
Göricke, Wolfgang (MiS)	179, 219, 281, 487
Gotthardt, Bodo	202, 417
Gräber (MiS)	203, 487
Grell (MiS)	296, 487
Grünbaum, Hartmut	156, 286
Grunemann, Ulrike	342
Güldner (MiS)	240, 241, 487
Günther (KL)	394
Günther (MiS)	364, 365, 366, 487
Günther, Mechthild	417
Gysi, Klaus (MiS)	192, 226, 234, 352, 356, 487

H., Erika	263
Hain, Barbe Maria	382, 414
Hain, Charlotte	382
Hain, Hans Dieter	224, 225, 306, 310
Hanisch (MiS)	36, 487
Harder, Günther	54
Hartig, Roland (MfS)	306, 311, 489
Hasse (MfS)	119, 336, 489
Havemann, Katja	255, 263, 267, 268, 342, 349
Havemann, Robert	6, 69, 222, 225, 254, 255, 262, 454
Heinrich (MiS)	254, 487
Hermlin, Stephan	362
Hempel, Johannes	352, 356, 357
Hesse, Volker	342
Heydel (MfS)	98, 204, 239, 291, 294, 295, 297, 310, 311, 386, 389, 419, 489
Heym, Stefan	5, 6, 96, 97, 100, 101, 102, 103, 104, 105, 106, 109, 110, 111, 114, 115, 116, 117, 118, 119, 121, 131, 133, 174, 181, 247, 249, 250, 252, 277, 312, 371, 372, 470
Hildebrandt, Rainer	412, 413, 472
Hirsch, Ralf	424, 425, 427
Hoffmann, Günter (MiS)	343, 344, 345, 352, 488
Holst, Matthias	342

Honecker, Erich (MiS)	10, 69, 85, 90, 91, 101, 103, 153, 255, 343, 351, 487
Huber, Wolfgang	438, 442
Hubrich (MiS)	392, 488
Hüttner, Eberhard (MiS)	104, 105, 488
Jakobs, Karl-Heinz	96, 374
Janssen, Annemie	49, 53, 168, 188, 195, 196
Janssen, Wim	53, 168, 188, 196
Jaschke (MfS)	174, 175, 194, 489
Jonas, Anna	426, 427
K., Wolfgang	181
Kalb, Hermann (MiS)	105, 109, 488
Karsunke, Yaak	426
Kelly, Petra	426, 427, 428, 429
Kienberg, Paul (MfS)	130, 204, 247, 249, 253, 392, 466, 489
King, Martin Luther	361
Kirchner, Peter	32, 33
Klemm, Matthias	170, 180
Klier, Freya	425, 427
Klose (Pfr.)	200
Köhn, Peter	342
König, Martin	342
Kohl, Helmut	282
Kohlbrugge, Hebe	54, 55
Krawczyk, Stephan	424, 425, 426, 427
Krull (MfS)	239, 490
Krum, Horsta	422, 470

Krusche, Günter	302, 303, 304, 305, 321, 336, 343, 344, 345, 352, 368, 369, 370, 372, 377, 383, 394
Krusche, Werner	63
Kruse, Martin	418
Kunert, Kuno	426
Kunze, Reiner	374, 425, 426
Kupas, Willi	105, 107
Lahr, Horst	25, 31, 33, 34
Lehr (MfS)	312, 313, 319, 322, 401, 490
Lengert, Bertha	333, 395
Letzel (MfS)	63, 67, 68, 69, 70, 76, 490
Lewek, Christa	356, 357
Lewis, Robert	179
Liebknecht, Karl	424, 407
Liedtke, Joachim	27
Linke, Barbe Maria	73, 78, 97, 98, 115, 121, 133, 139, 140, 142, 143, 144, 146, 147, 148, 149, 150, 179, 257, 258, 259, 262, 264, 266, 267, 268, 287, 288, 297, 318, 319, 320, 323, 324, 335, 340, 349, 360, 362, 363, 364, 365, 366, 382, 388, 390, 402, 403, 404, 413, 414, 433, 435, 447, 457, 465, 471
Linke, Dietmar	3, 4, 7, 9, 10, 25, 27, 34, 41, 42, 51, 52, 60, 61, 63, 67, 70, 71, 72, 73, 75, 76, 83, 85, 86,

92, 93, 98, 100, 104, 105, 107,
111, 115, 121, 130, 132, 133,
134, 150, 154, 155, 157, 158,
160, 161, 162, 164, 165, 175,
177, 179, 182, 190, 191, 192,
193, 194, 195, 203, 204, 207,
208, 210, 211, 212, 218, 237,
239, 240, 241, 242, 243, 244,
246, 248, 249, 250, 251, 252,
258, 275, 279, 280, 283, 286,
287, 288, 294, 295, 296, 297,
298, 299, 300, 301, 303, 304,
305, 306, 307, 308, 310, 311,
313, 315, 316, 317, 319, 320,
323, 330, 334, 335, 336, 337,
339, 340, 343, 344, 349, 350,
351, 352, 353, 354, 355, 356,
357, 358, 360, 361, 362, 369,
370, 372, 375, 379, 382, 385,
386, 387, 388, 389, 390, 392,
393, 394, 398, 402, 403, 404,
408, 409, 410, 413, 414, 419,
420, 423, 426, 428, 431, 435,
439, 445, 447, 457, 465, 466,
468, 471

Linke, Jonas
2, 16, 19, 152, 161, 325, 327,
382

Linke, Martin	2, 26, 19, 152, 162, 163, 165, 228, 229, 302, 316, 317, 325, 327, 373, 382, 394
Linke, Mirjam	2, 19, 88, 152, 153, 245, 302, 325, 327, 382
Linn, Gerhard	195
Linstedt, Dieter	139, 141
Linstedt, Lotti	139, 141
Linstedt, Petra	139, 140, 141
Luckau, Alfred	313
Luxemburg, Rosa	224, 407
Magirius, Friedrich	33
Marx (MiS)	41, 488
Marx, Karl	318
Matscheroth, Roald	342
Mehner, Rommy	340, 342
Meier (MiS)	240, 488
Merseburger, Peter	352
Mertens, Irmgard	169
Mertens, Jutta (MiS)	179, 220, 488
Mertens, Steffen	169, 170, 171, 180, 197, 367, 415, 425
Mielcarek (MfS)	129, 490
Mielke, Erich (MfS)	351, 490
Mittig, Rudi (MfS)	100, 123, 125, 127, 392, 440, 490
Möbius, Christoph-Johannes	342

Möhle (MiS)	23, 24, 25, 27, 30, 31, 36, 41, 42, 51, 59, 60, 62, 65, 78, 79, 82, 488
Moll (MiS)	224, 488
Müller, G. (MiS)	158, 190, 191, 297, 299, 300, 301, 303, 304, 389, 488
Mußler (MiS)	299, 488
Naundorf (MiS)	101, 102, 105, 107, 179, 299, 303, 488
Nocke, Dieter (MiS)	219, 488
Oestreicher, Paul	144, 168, 197, 234
Oppermann (MiS)	263, 264, 488
P., Andreas	174, 175, 176, 182, 194
Pahnke, Rudi	453
Passauer, Michael	364, 365
Pettelkau, Ingemar	220, 242, 243, 287, 288, 302, 303, 335, 383, 393, 422, 438, 442
Piening, Annelies	255, 417
Pitschel (MiS)	161, 488
Plath, Siegfried	238, 239, 240, 242, 243, 244
Plenzdorf, Ulrich	197, 200
Poche, Klaus	96
Pohl, Sieghard	426
Poppe, Gerd	342
Poppe, Ulrike	259, 262, 263, 266, 473
Puder (MfS)	97, 490
R., Karin	111, 113, 114, 131, 169, 176, 193, 330, 378

R., Siegfried	170, 176, 197
Radziey (MfS)	204, 490
Rathenow, Bettina	262
Rau (MiS)	354, 355, 488
Rebling, Jalda	197
Reich, Ruedi	418
Reich, Susanne	418
Reichardt (MfS)	487
Reiche (MfS)	142, 146, 490
Richter (MfS)	187, 218, 490
Richter (MfS)	203, 226, 227, 280, 313, 490
Richter, Reinhardt	300
Ringhandt, Siegfried	446, 447, 448
Rißmann, Joachim	156, 158, 159, 202, 210, 287, 296, 301, 302, 354, 364, 386, 394, 159
Ritter (MiS)	220, 488
Röhl, Christian	43, 169, 171, 173
Römhild, Ute	133, 150, 347, 415
Römhild, Uwe	133, 150, 347, 415
Rosenthal, Rüdiger	423, 424
Roßberg, Klaus (MfS)	107, 108, 473, 490
Rudolph, Frank	318
Rütenick, Andreas	200, 312
S., Anita	88
Sacharow, Andrej	142, 143
Sch., Manfred	87
Schacht, Ulrich	426
Schädlich, Hans Joachim	426

Schäfer, Eberhard	44, 46, 317, 417
Schäfer, Edith	417
Scharf, Kurt	54
Schinkel (MfS)	30, 490
Schlesinger, Klaus	96, 105
Schmidt (MfS)	97, 135, 215, 490
Schmude, Jürgen	425
Schneider, Rolf	6, 247, 248, 249, 312
Schönherr, Albrecht	91, 107, 108, 109, 120, 192, 318
Schollack, Sigmar	426
Schröder, Walter (MiS)	204, 488
Schröter, Ulrich	452
Schubert, Dieter	96
Schuppan, Erich	108, 158, 177, 190, 191, 192, 289, 296, 297, 299, 300, 301, 302, 303, 304, 383
Seidel, Herbert	197, 199
Seigewasser, Hans (MiS)	109, 489
Sept-Hubrich, Gisela	200, 482
Seyppel, Joachim	96
Stachat, Friedrich	197
Stemmler, Konrad	331, 333, 334, 336, 400
Stoerk, Henning	169
Stöß (MfS)	100, 490
Stolpe, Manfred	92, 234, 242, 254, 286, 287, 288, 289, 334, 336, 343, 352, 396, 444, 445, 473
Strauß, Franz Josef	282

Strittmatter, Erwin	376
Tews, Heidi	417
Tews, Wolfgang	417
Theurer	395
Tschiche, Hans-Jochen	342
Tschiche, Wolfram	342
Valeri	141, 142, 146, 149, 151
Verner, Paul (MiS)	234, 489
Vlcek (MfS)	130, 490
W., Siegmar	280, 330
Walther, Joachim	170, 181, 474
Wander, Fred	32, 328, 359, 474
Wander, Maxie	89, 139, 328
Wegner, Bettina	105, 119, 426, 427
Wenzel (MiS)	34, 489
Wetzel (MfS)	97, 490
Wewerke, Dietrich	418, 420
Wiegand, Joachim (MfS)	97, 104, 122, 123, 125, 126, 127, 139, 173, 176, 186, 187, 252, 275, 293, 379, 386, 440, 452, 453, 456, 490
Wildner, Horstdieter	421, 422, 437
Winkler (MfS)	182, 490
Winter, Friedrich	105, 107, 240, 242, 286, 394, 470, 471, 474
Wolf, Matthias	342
Wünn	326

Mitarbeiter im Staatsapparat (MiS)

Beer	Rat des Kreises Strausberg, Stellvertreter f. Inneres
Bellmann, Rudi	ZK der SED, Leiter AG Kirchenfragen
Butzner, Horst	Rat d. Gemeinde Neuenhagen, Bürgermeister
Damme	SED Kreisleitung Strausberg
Franke	NVA Strausberg
Göricke, Wolfgang	Rat der Gemeinde Neuenhagen, stellvertretender Bürgermeister
Gräber	ABV Neuenhagen
Grell	SED-Bezirksleitung der SED, Frankf./O., 2. Sekretär
Güldner	Rat des Kreises Wolgast, Referentin für Kirchenfragen
Günther	Rat des Kreises Strausberg, Direktor f. Arbeit
Gysi, Klaus	Staatssekretär für Kirchenfragen
Hanisch	Rat d. Gemeinde Wiepersdorf, Bürgermeister
Heinrich	Staatssekretariat für Kirchenfragen
Hoffmann, Günter	Magistrat von Berlin, Stellvertreter f. Inneres
Honecker, Erich	Vorsitzender des Staatsrates

Hubrich	Ministerium des Innern, Leiter d. HA Innere Angelegenheiten
Hüttner, Eberhard	ZK der SED
Kalb, Hermann	Stellvertreter des Staatssekretärs f. Kirchenfragen
Marx	Rat d. Gemeinde Meinsdorf, Bürgermeister
Meier	Rat des Kreises Wolgast, Stellvertreter f. Inneres
Mertens, Jutta	Rat d. Gemeinde Neuenhagen
Möhle	Rat d. Kreises Jüterbog, Stellvertreter f. Inneres
Moll	Volkspolizei
Müller, G.	Rat d. Bez. Frankf./O., Stellvertreter f. Inneres
Mußler	Magistrat von Berlin, Referent f. Kirchenfragen
Naundorf	Rat d. Bez. Frankf./O., Sektorenleiter Kirchenfragen
Nocke, Dieter	Rat des Kreises Strausberg, Stellvertreter für Landwirtschaft
Oppermann	Rat des Kreises Strausberg, Vorsitzender
Pitschel	GST Zentralvorstand
Rau	Staatsanwaltschaft Strausberg
Ritter	Rat der Gemeinde Neuenhagen
Schröder, Walter	Rat des Kreises Strausberg, Referent f. Kirchenfragen

Seigewasser, Hans	Staatssekretär f. Kirchenfragen
Verner, Paul	ZK der SED, Sekretär
Wenzel	Rat d. Bez. Potsdam, Stellvertreter f. Inneres

Mitarbeiter des MfS

I. Hauptamtliche Mitarbeiter

Antczak	KD Brandenburg
Bandur	HA Kader u.Schulung
Bautz	BV Frankf./O., Abt. XX/4
Böttcher	BV Frankf./O., Abt. XX
Büchner, Joachim	HA VII, Leiter
Coburger	HA XX
Damm, Willi	Abt. X
Deutsch	KD Strausberg
Geister	BV Frankf./O., Abt. XX/4
Gerlach	HA XX, Stellvertretender Leiter
Hartig, Roland	HA Kader u. Schulung, AG OibE
Hasse	BV Berlin, Abt. XX/4
Heydel	BV Frankf./O., XX/4, Stellv. Leiter
Jaschke	HA XX/4
Kienberg, Paul	HA XX, Leiter

Krull	BV Rostock, Abt. XX
Lehr	KD Strausberg
Letzel	KD Jüterbog
Mielcarek	KD Strausberg, Leiter
Mielke, Erich	Minister für Staatssicherheit
Mittig, Rudi	Stellvertreter des Ministers
Puder	BV Frankf./O., Abt. XX
Radziey	BV Frankf./O., Abt. XX, Stellv. Operativ
Reichardt	KD Strausberg
Reiche	HA XX/4
Richter	KD Strausberg
Richter	HA XX
Roßberg, Klaus	HA XX/4
Schinkel	KD Jüterbog, Leiter
Schmidt	KD Strausberg
Stöß	BV Frankf./O., Leiter
Vlcek	Prager Staatssicherheit
Wetzel	HA XX
Wiegand, Joachim	HA XX/4, Leiter
Winkler	HA XX/4

II. Inoffizielle Mitarbeiter

„Adelheid Müller"
„André"
„Bertram"
„Beyer"
„Birke"
„Bleck"
„Bodo"
„Burkhardt"
„Carla May"
„Christian"
„Dorothea"
„Egon"
„Fritz Müller"
„Gabi"
„Reinfried Gellert"
„Giesela"
„Günter"
„Hannelore"
„Hannibal"
„Helena"
„Helga Grusche"
„Hiller"
„Igel"
„Johannes"
„Kalle"
„Landmann"
„Lastotschka"

„Paul"
„Paul Wende"
„Pflüger"
„Robert"
„Roland"
„Schwalbe"
„Seehausen"
„Sekretär"
„Siegfried Klein"
„Stern"
„Tenew"
„Tietzel"
„Tini"
„Ute Rauch"

Danken möchte ich

Karl Wilhelm Fricke, Köln
Ingrid und Uwe Mrose, Forst
Wolfgang Steger, Bregenz
Rainer Varchmin, Bielefeld
Heidrun und Wilfried Wäsche, Meinsdorf
und meiner Frau Barbe Maria
sowie Inge Witzlau und Alfred Büngen
vom Geest-Verlag

Dieses Buchprojekt wurde realisiert mit freundlicher Unterstützung durch den Bischof der Evangelischen Kirche Berlin-Brandenburg-schlesische Oberlausitz, Dr. Markus Dröge.

und

Landesbeauftragter für die Unterlagen
des Staatssicherheitsdienstes
der ehemaligen DDR

493